KB216216

The CONVERSION of the IMAGINATION

Paul as Interpreter of Israel's Scripture

Richard B. Hays

상상력의 전환:
구약성경의 해석자 바울

리처드 B. 헤이스 지음

김태훈 옮김

추천의 글

신약의 구약 사용 연구에 있어 우리 시대 최고의 학자 중 한 명인 리처드 헤이스는 바울이 구약을 사용하는 원리, 목적, 믿음을 섬세하고도 거시적인 석의 작업으로 보여 준다. 흥미롭게도 이 책에는 구약 해석자 바울의 해석자인 헤이스의 해석 여정이 고스란히 담겨 있다. 헤이스는 바울의 구약 이해를 그리스도, 공동체(또는 교회), 종말(또는 새 창조)의 시각에서 분석한다. 그가 분석한 바울의 구약 해석을 세심하게 관찰하는 독자는 구약의 거대 담론을 이야기하는 방식, 신뢰를 가지고 성경을 사랑하는 마음, 갱신된 믿음의 공동체를 향한 열정, 그리스도의 신실하심을 배울 수 있다. 대단히 전문적인 책이지만 서술 과정과 연구 결과 모두 감동적이다!

강대훈 | 개신대학원대학교 신약학 교수

사도 바울의 신학은 구약성경에 뿌리를 두고 있다. 사도 바울과 그의 신학을 이해한다는 것은 단순히 바울서신의 표층에 사용된 단어나 어구 몇 개를 분석한다고 되는 작업이 아니다. 바울서신과 신학의 기저에는 구약이 상상 이상으로 넓게 자리 잡고 있기 때문이다. 본문에 보이는 바울서신의 표현은 빙산의 일각으로, 물밑에 있는 심층부에는 구약이라는 엄청난 빙산이 있기 때문이다.

리처드 헤이스는 바울의 구약사용 연구에 획기적인 변화를 가져온 학자이다. 그는 "상호텍스트성"(intertextuality)이라는 문학비평 개념을 최초로 바울의 구약사용 연구 분야에 도입한 학자이기 때문이다. 이 개념을 도입하면서 바울의 직접적이고 분명한 구약 인용(citation)뿐 아니라 암시적이고 간접적인 인유(allusion) 그리고 심지어는 한 개의 단어에도 구약본문을 끌어들이는 힘이 있음을 증명한 학자가 바로 헤이스이다. 그가 바울서신에 적용한 상호텍스트성(intertextuality) 개념은 신약본문에 사용되고 있는 구약성경의 원문맥(original context)의 중요성을 드러내는 학문적 공헌을 하게 되었다.

신약에서의 구약사용, 더 나아가 바울의 구약사용을 연구하는 이들은 상호텍스트성(intertextuality)이라는 개념을 수용하든, 비판하든 간에 이제 헤이스의 방법론을 무시하고서는 이 분야에서 한 걸음도 나아갈 수 없게 되어 버렸다. 무엇보다도 이 책은 그전에 다소 모호하게 제시되었던 인유(allusion)의 판별 기준에 관해 헤이스가 더 명료하게 설명하고 있다는 데 가장 큰 의미가 있다. 헤이스는 바울서신에서의 구약사용 연구뿐만 아니라 이제는 복음서의 구약사용에도 해석의 새 지평선을 열어 놓았다. 그리고 이 책은 신약에서의 구약사용 특히 인유(allusion)의 해석학적 중요성, 그리고 바울서신에서 구약성경이 가지고 있는 영향과 비중을 제대로 보고 싶은 이들이면 빈번히 참고해야 할 귀중한 보화 같은 자료이다.

김경식 | 웨스트민스터 신학대학원대학교 신약학 교수

신약의 구약 인용과 성경 해석학에 관한 좋은 글들을 많이 저술한 리처드 헤이스 박사의 저서 *The Conversion of the Imagination*을 말씀 묵상 운동에 헌신하는 큐티엠에서 한글로 번역하여 관심 있는 한국의 많은 목회자들과 신학생들에게 손쉽게 읽을 수 있는 기회를 제공하게 되어 이에 추천하는 바이다.

노영근 | 칼빈대학교 신학대학원 신약학 교수

본 책은 듀크대학교의 리처드 헤이스(Richard B. Hays) 박사가 그동안 사도 바울의 성경해석에 대하여 발표하고 기고했던 글들을 모아 출판한 책이다. 이 책을 통해 헤이스 박사는 교회(우리)가 성경을 어떻게 해석해야 하는지 바울의 예를 통해 잘 제시하고 있다. 그는 성경(Bible)을 인류와 세상을 구원하시려는 하나님의 구속사에 대한 거룩한 말씀(Holy Scriptures)으로 이해하면서 성경을 정경(canon)의 문맥 안에서 해석해야 한다고 주장한다. 그에 따르면 바울의 성경 해석은 유대교 경전이었던 구약성경의 문맥(이스라엘 역사와의 서사적 연속성)을 고려하면서도, 묵시적이고도 종말론적인 전환으로서 예수 그리스도의 십자가의 사건과 부활의 관점에서 이해하려고 한다. 이러한 전환을 헤이스는 예수의 죽음과 부활로 인해 전환된 바울의 해석학적 상상력이라고 부른다. 바울에게 성경은 기독교 공동체가 자신의 정체성을 찾는 우주적 이야기로, 바울의 성경 해석은 목회적이면서도 공동체를 만들어 가는 신앙적 활동이기도 하다. 이런 까닭에 그는 바울의 성경해석학을 계몽주의 이후 '의심의 해석학'(hermeneutics of suspicion)으로 전락한 비평적 해석학을 넘어, 생명을 주는 '믿음의 해석학'(hermeneutics of faith)으로 정의한다.

우리는 이 책을 통하여 바울의 역동적이고도 상상력이 넘치는 성경 읽기를 배우게 된다. 더 나아가 서사적이면서도 시학적인 성경 읽기뿐 아니라, 십자가와 부활의 사건을 중심으로 하는 종말론적이고도 신앙적인 성경 읽기를 통해 하나님의 은혜와 화해의 모습을 깨우치게 된다. 보다 깊은 성경 읽기를 갈망하는 모든 분들에게 이 책을 강력히 추천한다.

심상법 | 총신대학교 신학대학원 신약학 교수

듀크대학교 신약학 교수인 리처드 헤이스는 구약성경과의 상호텍스트성을 신약성경 읽기에 적용하는 해석학적 방법론으로 세계적인 명성을 얻었다. 바울은 구약성경을 어떻게 읽고 적용했을까? 이 질문과 관련하여 『상상력의 전환: 구약성경의 해석자 바울』은 헤이스의 신약 속의 구약에 대한 해석 방법론을 자세히 알 수 있는 책이다. 헤이스는 구약성경의 새로운 해석자로서의 바울을 분석하면서 바울을 따라 성경을 재해석할 때 오늘날에도 교회의 해석학적 상상력은 우리로 하여금 성경과 세상을 완전히 새롭게 볼 수 있게 할 것이라고 제안한다. 바울 연구와 성경해석학에 관심이 있는 평신도와 목회자 그리고 신약학자들에게 중요한 필독서로 이 책을 강력하게 추천한다.

이상일 | 총신대학교 신학대학원 신약학 교수

의심의 여지없이 리처드 헤이스는 바울의 구약 사용 분야의 최고 권위자이다. 기념비적 저서 *Echoes of Scripture in the Letters of Paul* 이후 그가 십수 년간 발전시킨 생각들을 정리한 이 책은 바울의 성경해석학에 대한 헤이스의 결정판이라 할 만하다. 헤이스는 대가다운 솜씨로 바울의 구약 읽기가 그리는 해석학적 궤적을 입체적으로 보여 줄 뿐만 아니라, 오늘 우리의 성경 읽기 또한 끊임없이 되돌아보게 한다. 성경을 하나의 이야기로 간주하고 그 속에서 이야기의 일부인 우리 자신의 새로운 정체성과 행동 방식을 찾아낸다든지, 은유와 상상력이라는 도구를 통해 성경을 창조적으로 읽어 낸다든지 등의 해석학적 원리를 우리는 수용할 수 있는가? 그런 점에서 헤이스의 바울은 누군가에게는 해석학적 도전이겠지만 누군가에게는 성경의 새로운 세계를 열어 주는 안내자가 될 것이다. 헤이스가 바울의 성경 해석으로부터 도출하고 통합해 나가는 바울의 교회와 윤리에 대한 목회적 통찰들은 이 책을 읽어야 할 또 다른 이유이다.

정성국 | 아세아연합신학대학교 신약학 교수

바울서신에는 구약성경의 직접 인용과 간접 인용, 암시로 가득 차 있다. 바울은 그리스도의 죽음과 부활 사건을 구약의 관점에서 해석할 뿐만 아니라 그리스도의 사건의 빛 아래서 구약을 재해석한다. 바울에게 그리스도의 사건은 인류의 역사와 삶에 대혁명을 가져온 묵시적 종말론적인 사건이다. 이런 급진적인 이해를 기초로 바울은 해석학적인 상상력과 창의성을 가지고 구약성경을 읽는다. 그런데 해석의 목적은 단순한 지적 계몽이 아니라 하나님의 은혜 위에 신앙 공동체를 아름답게 세우기 위함이다. 이 책에서 저자 헤이스는 자신의 10편의 논문을 통해 바울이 실제로 성경을 어떻게 읽는지를 잘 보여 준다. 내가 볼 때, 현재 한국교회의 위기의 가장 깊은 뿌리는 영광스런 그리스도의 복음을 축소하고 왜곡한 데 있다. 따라서 교회 회복 운동은 반드시 바울의 혁명적 성경 읽기를 배움에서 시작해야 한다. 많은 목회자들과 신학생들이 이 책에서 큰 유익을 얻기를 바란다.

홍인규 | 백석대학교 신학대학원 신약학 교수

『바울서신에 나타난 구약의 반향』에서 리처드 헤이스는 보기 드문 문학적 기량을 가진 해석자로 유명해졌다. 그는 성경의 미묘한 차이를 분간하는 동일한 음감을 이 반가운 논문 수록집으로 가져온다: 『상상력의 전환: 구약성경의 해석자 바울』은 『반향』의 주장을 확장하고 강화시키면서, 사도가 구약성경과 심오하고 미묘한 교전을 역시 벌이고 있는 것에 대한 이해 없이는 바울을 좀처럼 이해할 수 없다는 것을 보여 준다.

루크 티모시 존슨 (Luke Timothy Johnson) | 에모리대학교 신학과 신약학 교수

리처드 헤이스는 우리를 단지 바울의 사고를 형성하는 구약성경의 역할을 깊이 생각하도록 초대한 것만이 아니다. 그는 또한 성경을 신실하게 읽는다는 것이 무엇인지, 그 '은혜로운 약속의 말씀'에 귀 기울인다는 것이 무엇인지를 사도로부터 배울 것을 우리에게 도전한다. 이 책은 저명한 신약성경 해석학자가 핵심적인 주제에 전념하여 쓴 중요한 논문들이다.

빅터 폴 퍼니쉬 (Victor Paul Furnish) | 서던 메소디스트대학교 신학과 신약학 교수

옮긴이의 일러두기[1]

1. 모든 역주는 소괄호 안에 ' — 역주'로 표기하였습니다.

2. 외경에 대한 명칭은 공동번역을 따랐고, 위경에 대한 명칭은 본서의 영문 제목을 번역한 것입니다.

3. 각주의 기능과 목적을 고려할 때, 인명과 서명을 번역하지 않고 그대로 실었습니다.

4. 헤이스에 따르면, 의(righteousness)란 철저히 신정론(하나님이 자신이 선택한 이스라엘을 버릴 수 있는가?)을 배경으로 하고 있는 용어이기에, 헤이스에게 있어서 의와 정의(justice)의 의미는 동일합니다(실제로, 헤이스는 이 두 용어를 서로 번갈아 사용합니다). 이에 독자들이 혼란을 겪지 않도록 본서에서는 righteousness와 justice 모두 '의'라고 번역했습니다.

5. 헤이스가 말하는 성경(Scripture)이란 기독교에서 말하는 구약성경(Old Testament)을 가리키는 말입니다. Scripture나 OT가 가리키는 것은 동일하지만 두 용어의 함의는 서로 다릅니다. 바울은 권위 있는 기독교 저작인 신약성경이 없었던 시대에 서신을 썼기 때문에, 그가 말했던 성경(Scripture)은 이스라엘의 신성한 문서를 구성했던 저작들, 곧 후대 기독교인들이 구약성경

---

1) R. B. Hays, *Echoes of Scripture in the Letters of Paul* (New Haven: Yale University Press, 1989), 이영욱 역, 『바울서신에 나타난 구약의 반향』(서울: 여수룬, 2017)에 나온 '옮긴이의 일러두기'를 사용하였습니다(1-7번). 사용을 허락해 주신 감은사의 이영욱 대표님께 감사드립니다.

(Old Testament)이라고 불렸던 것을 가리킵니다. 하지만 한국에는 Scripture와 OT를 구분할 만한 번역어가 존재하지 않기에, 두 경우 모두 '구약성경' 내지는 '구약'으로 번역했습니다. Scripture를 단순히 '성경'으로 번역할 경우 현대의 기독교 독자들이 이 용어를 보고 신구약을 모두 포함한 것으로 오해할 가능성이 있기 때문입니다.

6. 본서의 토라(Torah)와 율법(Law)은 구약성경(Scripture)을 가리키는 용어로 사용되기도 합니다. 이에 '구약'으로 번역된 것 중 더러는 Torah 내지는 Law의 번역어인 경우가 있습니다.

7. 본서에서 '상호텍스트성'이라고 번역된 intertextuality 용어는, 성경신학 안에서 주로 '상호본문성', '간본문성', '본문간상관' 등으로 번역되나, 본문(text)뿐 아니라 다양한 매체(text)를 다루는 문학 · 예술 분야에서는 예외없이 '상호텍스트성'이라는 번역어를 사용합니다. 성경신학에서 사용되는 intertextuality 용어 역시, 문학비평가인 쥘리아 크리스테바(Julia Kristeva)와 롤랑 바르트(Roland Barthes)가 썼던 개념으로, 헤이스에 의하여 도입된 것이므로 '상호텍스트성'이라는 번역어를 그대로 사용하였습니다. 아울러 이는 번역어의 사회성 역시 고려한 번역어입니다.

8. 히브리어로 된 구약성경을 헬라어로 번역한 칠십인역(Septuagint, 주전 2-3 세기)은 영문 약어인 LXX로 표기하였습니다.

9. 본서의 핵심 용어인 metalepsis는 영문 음역을 따라 '메타렙시스'라고 번역했습니다. 메타렙시스란 한 본문이 이전 본문을 명시적으로 인용하지 않고 이전 본문의 반향을 불러일으키는 방식으로 이전 본문을 암시하는 수사학적이고 시적인 장치입니다. 즉, 한 본문이 그보다 먼저 기록된 다른 본문을 암시할 때 원문을 명시적으로 인용하지 않으면서 그 원문의 반향들을 불러일으키게 만드는 문학적 방법입니다(제1장 참조).

감사의 말

이 책을 마칠 수 있도록 실질적으로 도와주신 많은 분들께 감사드립니다. 어드만스(Eerdmans) 출판사의 존 포트(Jon Pott)는 이 책이 출판될 수 있도록 격려해 주었고, 제가 이 글들을 모으고 교정하는 작업을 마치기까지 2년 넘게 기다려 주었습니다. 이 프로젝트의 초기 단계에서 저의 연구 조교인 데이빗 모핏(David Moffit)은 저의 글들을 읽고, 헬라어와 히브리어 원문을 검토하며, 편집상 유용한 조언들을 해 주었습니다. 메리 앤 앤드루스(Mary Ann Andrus)는 행정적인 지원을 해 주면서 저의 글들을 재판(再版)하는 데 필요한 허가를 받도록 도와주었습니다. 듀크신학교의 연구 조교수인 캐롤 베이커(Carole Baker)는 이 글을 읽고 감수하며 색인들을 편집하는 고된 작업을 기쁘고 유능하게 맡아 주었습니다. 듀크신학교에서 제게 2004년 가을 학기에 안식년을 준 덕분에 이 책의 편집과 개정 작업을 그사이 마칠 수 있게 되어 감사를 드립니다. 어드만스 출판사 편집부는 서로 다른 저의 글들을 종합하여 일관성 있는 한 권의 책으로 만들어 내는 데 전문적이고 유익한 도움을 주었습니다.

누구보다도 저의 아내 주디(Judy)는 자신의 전문적인 일을 하는 가운데 시간을 내어 이 프로젝트의 개념화와 추진을 위해 필요한 서신 왕래에 도움을 주었고, 매 순간 격려를 해 주었으며, 우리가 결혼서약을 했을 때는 예상할 수 없었을 만큼 생각나는 대로 떠드는 제 말을 잘 들어 주었습니다. 이것으로 충분하진 않지만, 진심 어린 감사를 아내에게 전합니다.

이 책에 개정되고 확장된 형태로 들어간 다음의 자료들을 재판(再版)
할 수 있도록 허가해 준 것에 대하여 깊은 감사를 드립니다.

"The Conversion of the Imagination: Scripture and Eschatology in
1 Corinthians," *New Testament Studies* 45 (1999) 391-412. Reprinted with
permission of Cambridge University Press.

"'Who Has Believed Our Message?' Paul's Reading of Isaiah," *SBL
Seminar Papers* 1998, 205-25. Reprinted with permission. This essay
has also appeared in John M. Court, *New Testament Writers in the Old
Testament: An Introduction* (London: SPCK, 2002), pp. 46-70.

"Psalm 143 and the Logic of Romans 3," *Journal of Biblical
Literature* 99 (1980) 107-15. Reprinted with permission of the Society of
Biblical Literature.

"'Have We Found Abraham to Be Our Forefather according to the
Flesh?' A Reconsideration of Rom 4:1," *Novum Testamentum* 27 (1985) 76-
98. Reprinted with permission of Brill Academic Publishers.

"Three Dramatic Roles: The Law in Romans 3–4," pp. 151-64 in J. D.
G. Dunn (ed.), *Paul and the Mosaic Law*. Wissenschaftliche Untersuchungen
zum Neuen Testament 89. Tübingen: J. C. B. Mohr, 1996. Reprinted with
permission.

"Christ Prays the Psalms: Paul's Use of Early Christian Exegetical
Convention." Reprinted by permission from *The Future of Christology*,
edited by Abraham J. Malherbe and Wayne A. Meeks, copyright 1993
Augsburg Fortress, pp. 122-36.

"'The Righteous One' as Eschatological Deliverer: Hermeneutics at
the Turn of the Ages," pp. 191-215 in J. Marcus and M. L. Soards (eds.), *The
New Testament and Apocalyptic*. Sheffield: JSOT Press, 1988. Reprinted
with permission of Sheffield Academic Press.

차례

서문

어떻게 구약성경을 읽는지
바울에게 배우기

이 책은 세 가지 주제를 제시합니다: (1) 구약성경 해석은 사도 바울의 사상
에 중요했습니다; (2) 우리는 바울의 예에서 성경을 어떻게 신실하게 읽는지
배울 수 있습니다; (3) 우리가 그의 예를 따른다면 교회의 상상력은 변환되어
성경과 세계를 혁신적으로 새롭게 볼 수 있을 것입니다.

이러한 주장들은 전혀 새롭지 않습니다: 이것들은 최소한 오리겐까지
거슬러 가는데, 그는 바울이 "이방인들을 모아 세운 교회에서 율법의 말씀
을 어떻게 이해해야 할지 가르쳤다"고 선언했습니다(출애굽기 강해 5.1). 이방
세계에 사는 그리스도인 해석자로서 오리겐은 회심한 이방인들이 그들의 생
각을 다시 새롭게 해야 할 필요가 있다는 것을 분명히 알 수 있었고, 어떻게
성경을 읽어야 할지에 대한 가르침이 바울의 목회 중심에 있었다는 것을 볼
수 있었습니다: 즉, 이방인들은 이스라엘의 성경을 자신의 것으로 받아들이
도록 해 주는 읽기 관습을 전수 받아야만 했었던 것입니다.[1] 따라서 그가 살
던 시대에 가장 위대한 성경 해석자였던 오리겐은 바울에게서 선구자와 스
승의 모습을 보았습니다. 그러나 근대에 와서 바울의 가르침 가운데 이러한
면들이 시야에서 점점 멀어지고 있습니다. 19세기와 20세기의 대다수 해석

---

1) 성경 해석자로서의 오리겐을 소개한 유익한 글을 읽으려면 루크 티모시 존슨(L. T. Johnson)의 다
음 글을 보아라. L. T. Johnson, "Origen and the Transformation of the Mind," in L. T. Johnson and
W. S. Kurz, S. J., *The Future of Catholic Biblical Scholarship: A Constructive Conservation* (Grand
Rapids: Eerdmans, 2002), 64-90.

학자들은 바울 신학의 구성 요소인 성경 해석에 거의 관심을 기울이지 않았습니다 — 혹, 그들이 바울의 성경 해석을 언급한 경우에도, 그들은 그것을 구약성경 본문의 문자적 의미에서 벗어난 당황스럽고 부주의한 것으로 여겼습니다.

지난 이십 년 동안 성경을 읽는 바울에 관한 관심과 이해가 다시 살아나고 있습니다. 특별히 저의 저서인 *Echoes of Scripture in the Letters of Paul*(『바울서신에 나타난 구약의 반향』)은 이 새로운 관심을 일으키는 데 어느 정도 역할을 했다고 봅니다.[2] 하지만 바울의 성경 해석이 이십 세기 말과 이십 일 세기 초에 주목을 받게 된 데에는 몇 가지 요소들이 합쳐졌기 때문이라고 생각합니다. 그 요소들은 이렇습니다: 홀로코스트 이후(post-Holocaust) 유대주의와 기독교의 유대적 기원에 대한 재평가; 유대교와 기독교 해석자들 사이에 재개된 대화; 성경 해석학의 지배적 패러다임 중 하나였던 근대적 역사주의의 소멸; 문예비평 연구 분야에서 "상호텍스트성"(intertextuality)이라는 매우 중요한 이론의 출현;[3] 신학적인 성경 해석학을 위한 주요한 배경으로서 정경에 대한 점증하는 관심; 그리고 "탈자유주의"(postliberal) 신학 안에서, 고전 기독교의 고백적 전통의 한 축을 이루는 특정 추론 방식을 되찾으려는 관심이 포함됩니다. 제 생각으로는 이러한 발전들은 반길 만한 것이며, 교회의 신학적 건강을 증진시킬 것입니다.

이러한 넓은 문화적 발전이라는 틀 안에서, 이 책에 있는 글들은 성경 해석자로서의 바울을 연속적으로 다룹니다. 저는 이 주제에 관한 관심을 저의 학문 연구 여정에서 일찍부터 갖게 되었는데, 그것은 단지 지적인 호기심

---

2) R. B. Hays, *Echoes of Scripture in the Letters of Paul* (New Haven: Yale University Press, 1989), 이영욱 역, 『바울서신에 나타난 구약의 반향』(서울: 여수룬, 2017).

3) 이 발전을 평가하기 위해서 다음 책을 참조하라. S. Alkier and R. B. Hays, eds., *Die Bibel im Dialog der Schriften: Konzepte Intertextuelle Bibellektüre* (Tübingen: Francke, 2005).

때문만은 아니었고 — 비록 이 주제는 그 자체만으로도 분명 흥미롭긴 하지만 — 교회가 성경을 이해하기 위해 더 좋은 길이 절실히 필요하다는 지속적인 마음을 가졌기 때문이었습니다.[4] 그것에 대한 일반적인 시도들은 (매우 대략적으로 말하자면) 자유주의적 비신화화 같은 것이거나 보수적인 문자주의 같은 것이었습니다. 각각의 시도들은 그 자체적으로 경직되었고 상상력이 없으며, 믿음의 공동체에 생명을 공급하지 못했습니다. (제가 지금에서 보건대, 그것들은 정말로 서로 배열만 다른 인식론적으로 속박된 근대주의의 발로일 뿐이었습니다.) 가장 중요하게는, 그 두 가지 시도들은 바울이 실제로 성경 본문을 읽는 방법을 적합하게 설명하지 못했습니다. 비신화화 성경 해석과는 달리, 바울은 하나님이 이 땅에서 행하시는 생생하고 급진적인 역사에 대한 성경의 증언을 세상에 알렸습니다; 문자주의적 성경 해석과는 달리, 바울은 큰 해석학적 자유를 가지고 성경 속으로 뛰어들었으며, 사실성과 저자의 의도에 대한 근대주의자의 염려 없이 그러하였습니다. 그래서 저는 바울을 더 자세히 조사하여, 바울이 자기가 알던 성경의 독자로서 과연 무엇을 하였는지 더 자세히 이해하기 원했습니다. (물론 그 성경은 그리스도인들이 나중에 구약이라고 부르게 된 성스러운 문서들의 모음집이었습니다.)

그렇다면 여기에 수집된 모든 글의 기본적인 목적은 바울이 상상한 서사 세계 안에서 성경이 어떻게 보이는지를 탐구하는 것입니다. 이 탐구의 결과는 — 일련의 시험적인 조사 과정들을 통하여 수행되는데 — 독자를 인식론적 변환의 자리, 즉 **상상력의 전환**(conversion of the imagination)으로 이끄는 독서의 방법을 발견하는 것입니다. 이 전환의 열매는 이 책의 절정이라고 할 수 있는 글, "믿음의 성경해석학"(A Hermeneutic of Trust)에 묘사되어 있습니다.

---

4) 이 주제에 관해서는 이제 다음을 보아라. E. F. Davis and R. B. Hays, eds., *The Art of Reading Scripture* (Grand Rapids: Eerdmans, 2003).

이 책의 글들은 1980-1999년도의 다양한 저널, 기념 논문집, 그리고 글 모음집에 실렸습니다. 그 가운데 일부는 *Echoes of Scripture in the Letters of Paul*(『바울서신에 나타난 구약의 반향』) 출간 이전에 쓰였는데, 이런 문제들을 해결하기 위해 고민했던 저의 초창기 시도들을 보여 줍니다. 이 책의 많은 글은 *Echoes*(『반향』) 출간 이후에 나왔고, 제가 *Echoes*(『반향』)에서 진술했던 바울의 독서에 관한 충분한 의미들을 이해하기 위한 시도로 썼습니다. 비록 이 글들은 다양한 필요를 위해 개별적으로 쓰였지만, 이것들이 모여서 제가 지난 이십여 년 동안 우리의 해석학적 모델이며 성경 읽는 법을 어떻게 새로 이 배울 수 있는지 보여 주는 모범으로서의 바울과 치열하게 씨름했던 일관된 노력을 나타내 주고 있습니다.[5]

이 책 제1장 "상상력의 전환: 고린도전서 안에 나타난 구약과 종말론"은 실제로 가장 마지막에 쓰인 것으로서 이러한 질문들에 관한 제 작업의 정점이라고 할 수 있습니다. 제가 이 글을 맨 앞에 둔 이유는 이 글이 다른 나머지 글들을 어떻게 읽어야 할지 알려 주는 개념적인 뼈대 역할을 하기 때문입니다. 저는 1998년 코펜하겐의 세계신약학회(Studiorum Novi Testamenti Societas)에 주요 발제자로 초대 받아 이 글의 초기 형태를 발표하였습니다.[6] 제가 고린도전서 주석[7]을 쓰는 동안 얻게 된 통찰들을 결집한 이 글은 종종

---

5) 여기 포함된 소논문들은 문체가 편집되었고 몇 곳에서는 내가 각주 개정과 함께 간략하나 꽤 많은 수정 또는 추가를 하였지만, 대체로 원래의 형식을 따라 재판된 것이다. 그 글들은 그것의 원래 배경을 누설하는 일부 표시들을 가지고 있으며(내가 아래에서 설명하려는 것처럼), 나는 그것들 사이에 중복되는 부분을 없애려고 하지 않았다. 이것은 약간의 장황함을 낳지만, 독자들은 이런 사례들에서 원래 문맥 표면에 있던 하나의 개념이 어떻게 이어지는 논거에서 옮겨지고 발전되는지 보는 데 흥미를 가질 수 있을 것이다.

6) 나는 그 국제적인 모임에서 다양한 동료들의 반응과 조언을 통해 현저한 유익을 얻었고, 그 글은 그 후 개정되어 출판되었다. *NTS* 45 (1999): 391-412.

7) R. B. Hays, *First Corinthians*, Interpretation (Louisville: John Knox, 1997). 『고린도전서』(한국장로교출판사 역간).

서로 대립한다고 여겨지는 바울 사상의 두 가지 측면들, 즉 이스라엘 역사와의 서사적 연속성 그리고 철저한 묵시적 변환을 연결하려고 시도하였습니다. 고린도전서에서 이 두 가지 요소들이 바울의 구약 읽기에 기초를 이루고 있습니다. 저는 이방인 회심자들의 의식을 바꾸기 위한 바울의 목회적 전략이 성경을 은유적으로 자기 상황에 적용하여 읽음으로써 그들이 이스라엘 역사 속으로 들어가도록 해 주고 — 정확히 그렇게 함으로써 그들이 묵시적으로 생각할 수 있도록 가르치는 것이라고 주장합니다.

제2장 "'누가 우리의 말을 믿었느냐?' 바울의 이사야서 읽기"는 1998년 플로리다의 올랜도에서 열린 성서학회(Society of Biblical Literature) 연차 총회에서 이사야서 형성 모임의 발제 글로 처음 발표되었습니다.[8] 이 글을 책 거의 앞부분에 놓은 이유는 이 글이 상호텍스트성에 대한 문예적–신학적 접근을 분명히 설명하면서, 제가 *Echoes*(『반향』)에서 처음으로 설명했던 바울서신에 남아 있는 구약의 반향들을 알아볼 수 있는 일곱 가지 기준에 관한 자세한 논의를 제공하기 때문입니다.[9] 따라서 이 글은 이어지는 다음 글들을 위한 중요한 방법론적 기초를 제공합니다. 저는 로스 와그너(J. Ross Wagner)의 특별한 도움과 격려에 감사하는데, 지금 프린스턴 신학교의 신약학 조교수가 된 그는 제가 이 글을 집필하고 있었을 때 듀크대학교에서 로마서 9–11장에 나타난 바울의 이사야 읽기를 주제로 박사 논문을 쓰는 중이었습니다.[10] 이 글에서 전개된 많은 생각은 바울과 이사야에 대하여 우리가 꾸준히 대화하는 과정에서 일어났으며, 이런 논점들을 보는 저의 방식은 그의 통찰에 많

---

8) 이 소논문은 *SBL 1998 Seminar Papers*, 205-24, 에서 출판되었고, 그다음에 J. M. Court, ed., *New Testament Writers and the Old Testament: An Introduction* (London: SPCK, 2002), 29-33, 에서 재판되었다.

9) Hays, *Echoes*, 29-33. 『반향』(여수룬 역간).

10) J. R. Wagner, *Heralds of the Good News: Isaiah and Paul "In Concert" in the Letter to the Romans*, NovTSup 101 (Leiden: Brill, 2002).

은 부분을 빚지고 있습니다.

다음 네 개의 장들은 로마서에 나타난 바울의 구약사용의 다양한 방법들에 집중하고 있습니다. 제3장 "하나님의 의에 대한 증언으로서의 시편 143편"은 이 책에서 가장 오래된 글입니다. 이것은 제가 에모리대학교 대학원생 시절 바울에 관한 린더 케크(Leander Keck)의 수업 때 썼던 글이었습니다.[11] 이 짧은 글은 바울의 구약 해석에 관한 저의 이어지는 작업을 자라나게 한 씨앗이라고도 볼 수 있습니다. 로마서 3장을 자세히 읽는 동안 저는 바울의 구약 인용과 비유에 있어서 폭넓은 문예적 정황을 이해하는 것이 얼마나 중요한지 바로 여기서 깨달았습니다: 로마서 3장에 나타난 바울의 논증은 시편 143편이 주는 상호텍스트성의 기반 안에서 일관성을 보입니다. 비록 존 홀랜더(John Hollander)가 아직 *The Figure of Echo*[12]를 출간하지 않았고, 그래서 제가 "메타렙시스"(metalepsis)라는 용어에 대한 그의 주해에 익숙하지 않았지만, 저는 이미 메타렙시스의 현상을 이 글에서 묘사했었는데, 그것은 의미상으로 반향을 일으키는 상호텍스트적 상호 작용의 종류로서 제가 나중에 『반향』 책에서 상세히 연구한 바 있습니다. 이 분야를 공부하는 동안 제가 깨달은 것은 에른스트 케제만(Ernst Käsemann)과 루돌프 불트만(Rudolf Bultmann) 사이에 있었던 δικαιοσύνη θεού[하나님의 의]의 뜻에 관한 논쟁이 잘못되었다는 것입니다. 케제만은 불트만이 "하나님의 의"를 신루터란적으로 해석한 것을 비판했는데 이것에 관해서는 케제만이 옳았지만, 불트만이 성경 밖에서 특별한 종교-역사적인 배경을 찾아내 그 주장을 뒷받침해야 한다고 주장한 부분에 있어서는 케제만이 틀렸습니다. 사실, 바울은 δικαιοσύνη θεού를

---

11) 그 소논문은 다음 제목으로 출판되었다. "Psalm 143 and the Logic of Romans 3," *JBL* 99 (1980): 107-115.

12) John Hollander, *The Figure of Echo: A Mode of Allusion in Milton and After* (Berkeley: University of California Press, 1981).

시편 안에서 찾아냈는데, 그가 로마서 3장 20절에서 암시하고 있는 바로 그 시편에서 그러하였습니다. 바울의 신학적 사유를 위한 핵심적인 원천이 불트만과 케제만처럼 통찰력 있는 해석자들에게 간과되었다는 사실은 아무리 줄잡아 말한다 하더라도 시사하는 바가 많습니다. 저는 얼마나 많은 바울의 논증이 성경적 배경을 전제하고 있을지 생각했었는데, 이것은 현대 해석자들로부터 충분히 인식되지 못한 부분이었습니다.

제4장 "유대인과 이방인의 조상 아브라함"은 로마서 4장에 나타난 아브라함 이야기를 바울이 어떻게 새롭게 다시 읽어 가는지를 탐구합니다.[13] 제가 예일대학교에서 교수생활 초기에 썼던 이 글은 바울의 서신에 나타나는 논리를 학생들이 붙잡을 수 있도록 도와주기 위해 쓴 것이었습니다. (따라서 저는 1980년대 초에 저의 예일대학교 학생들이 저의 주장에 관하여 유용한 질문들과 논평들을 해 준 것에 감사하게 생각합니다.) 비록 이 글이 처음에는 무척 난해한 헬라어 본문 로마서 4장 1절 번역에 관한 제안으로부터 시작하지만, 그 논의의 핵심은 바울이 로마서 3장 31절에 말하고 있듯이, 로마서 4장 전체가 바울의 복음이 율법을 부정하기보다 **확증**하고 있다는 바울의 논증으로서 읽어야 한다는 데 있습니다. 아브라함의 믿음이 그리스도의 신실함을 예표하며, 그를 통하여 많은 사람이 축복을 받는다는 이야기의 원형으로 아브라함을 이해해야만 바울의 논증이 세워집니다. 이러한 점은 아브라함의 믿음을 그리스도에 대한 그리스도인들의 주관적 믿음에 대한 전조로 보는 해석에 의하여 자주 간과되었습니다. 사실 "그리스도에 대한 믿음"은 로마서 4장에서 어떤 역할도 하지 않습니다. 저의 글은 어떻게 로마서 4장이 창세기 기사를 철저히 유대적으로 읽는지 탐구하기 위해 쓰였습니다; 바울은 그의 독자들에게 이방인들이 약속된 축복에 들어오게 된다는 복음이 이미 성경의 본문 안에 적

---

13) 처음에는 다음과 같이 출판되었다. "Have We Found Abraham to Be Our Forefather according to the Flesh?' A Reconsideration of Rom 4:1," *NovT* 27 (1985); 76-98.

어도 예기적으로(proleptically) 존재한다는 것을 보여 주려고 했습니다.

제5장 "세 가지 극적인 역할: 로마서 3-4장의 율법"은 원래 1994년 영국 더럼에서 초기 기독교와 유대주의를 주제로 하는 더럼-튀빙겐 연구 심포지엄에서 발표한 글이었습니다(Durham-Tübingen Research Symposium on Earliest Christianity and Judaism).[14] 그 모임에서 제가 맡은 역할은 바울이 로마서 3-4장에서 율법을 다루는 것을 설명하는 것이었습니다. 이 글은 바울의 사고에서 체계적인 일관성을 찾으려던 해석자들에게 항상 어려움을 끼쳐 왔던 율법에 관한 바울의 다양한 진술들이, 전개되는 극적인 배경 안에 있는 이야기처럼 질서 정연한 것으로서 이해될 수 있다는 주장을 전개합니다. 그래서 율법의 역할이 이야기의 다른 단계마다 변화한다는 것입니다. 이러한 접근은 이 책의 이전 장들에서는 다루지 않았던 여러 주제에 관한 연구를 가능케 합니다: 정체성을 나타내는 성경의 기능, 모든 인류에게 정죄를 선포하는 율법의 역할, 복음을 신비롭고 간접적으로 증언하는 율법의 예언자적 기능입니다. 바울이 이렇게 다른 목적으로 성경을 사용할 수 있다면, 우리는 이러한 다양한 용도에 대해 환원적이거나 동질화된 설명을 구하는 것이 좋지 않을 것입니다. 바울이 상상력을 가득히 발휘하여 성경을 사용하는 범위는 성경 자체에 있는 목소리의 범위와 일치합니다.

로마서에 관한 연구 가운데 마지막 글인 제6장 "시편을 기도하는 그리스도: 초기 기독론의 모체인 이스라엘의 시편"은 로마서 15장에 초점을 맞춥니다. 이번 장은 원래 린더 케크(Leander Keck)를 기념하기 위한 학술 논문집으로 쓰였다가[15] 현재 책에 실린 글 분량으로 늘어났는데, 이 글은 바울의 성

---

14) 그것은 이어서 J. D. G. Dunn, ed., *Paul and the Mosaic Law*, WUNT 89 (Tübingen: Mohr Siebeck, 1996), 151-64, 에서 출판되었다.

15) "Christ Prays the Psalms: Paul's Use of an Early Christian Exegetical Convention," in *The Future of Christology: Essays in Honor of Leander E. Keck*, ed. A. J. Malherbe and W. A. Meeks (Minneapolis: Fortress, 1993), 122-136.

경 사용에 관한 저 자신의 입장에 분수령적인 전환점이 되었습니다. 저의 초기 연구는 바울의 성경 해석에서 교회 중심적인(ecclesiocentric) 특색을 강조하였습니다: 그는 구약성경을 주로 교회에 "관한" 것으로 읽습니다. 하지만, 저는 이 글에서 바울이 놀랍게도 그리스도를 시편 69편에서 기도하는 소리로 소개하는 글을 연구하였습니다. 바울의 이 글은 초대 교회가 예수의 정체성을 이해하는 데 있어서 이스라엘의 탄원시들이 핵심적인 역할을 했다는 중요한 단서가 됩니다. 이 책의 개정된 글에는 교회의 전환된 상상력이 시편을 얼마나 창의적으로 해석하는지 — 반대의 경우도 마찬가지 — 이해하기 위한 로마서 15장 1-13절의 폭넓은 함의들에 관한 고찰들을 추가했습니다.

제7장 "묵시적 해석학: 하박국이 '그 의로운 자'를 선포하다"라는 글은 원래 루이스 마르틴(J. Louis Martyn)을 위한 기념 논문집에 실렸었습니다.[16] 마르틴이 바울에 관한 주요 연구에서 주장한 바 있는 묵시에 대한 강조는 바울의 성경해석학을 분석하는 데 있어서 매우 효과적으로 적용될 수 있습니다. 제가 이 글에서 주장하는 바는 바울의 성경 읽기가 우리로 하여금 성경 본문을 묵시적으로 지각하도록 이끌 뿐만 아니라 우리가 거하는 현실도 묵시적으로 바라보도록 한다는 것입니다. 이 글의 과제는 바울의 하박국 2장 4절 읽기에 나타난 ὁ δίκαιος("그 의로운 자")의 묵시적-메시아적 해석을 주장하는 데 있습니다; 그러나 이 해석은 전체적인 바울 성경해석학의 묵시적 특징을 위한 더 큰 의미가 있습니다. 제가 이제 그 문제를 내놓는 것처럼, 바울은 예수의 죽음과 부활로 인해 전환된 상상력을 가지고 성경을 다시 읽습니다.

이렇게 전환된 상상력은 우리가 살고 있는 이 도덕적인 세계를 필연적으로 새로운 눈으로 바라보게 할 것입니다. 이것이 제8장의 주제인데, 이 글

---

16) "'The Righteous One' as Eschatological Deliverer: A Case Study in Paul's Apocalyptic Hermeneutics," in *The New Testament and Apocalyptic*, ed. J. Marcus and M. L. Soards, JSNTSup 24 (Sheffield: JSOT Press, 1989).

은 원래 빅터 퍼니시(Victor Furnish)를 위한 기념 논문집에 기고되었습니다.[17] 이번 장의 목표는 바울이 성경을 율법과 도덕 규칙의 원천으로 호소하는 경우가 상대적으로 부족하긴 하지만, 그럼에도 불구하고 바울은 성경을 그리스도인 공동체가 그 안에서 자기 정체성을 찾게 되는 전 세계적인 이야기의 원천으로 사용한다는 것입니다. 이렇게 성경에 토대를 확립한 정체성은 공동체의 행위를 매우 특별한 방식으로 형성합니다. 이 책의 다른 몇몇 글들보다 이번 장이 공동체를 만들어 가는 바울의 해석학적 실천들의 단면을 강조합니다. 독자들은 이번 장과 이 책의 첫 장인 "해석학적 상상력의 전환" 사이에 있는 주요한 주제적 연결성을 알아차릴 것입니다.

제9장 서두에 설명한 바와 같이 이번 글("비평에 대한 반향: *Echoes of Scripture in the Letters of Paul*[『바울서신에 나타난 구약의 반향』]의 비평가들에 대한 답변")은 이 책의 다른 글들과는 다소 다른 성격을 지녔다고 할 수 있습니다. 이 글은 성서학회(Society of Biblical Literature, SBL)의 한 분과(초기 유대교와 기독교의 성서)에서 나오게 되었는데, 그 분과에서는 1990년에 제 책에 대한 비평적 반응들에 초점을 맞춘 특별 모임을 구성하였습니다. 이 책에 수록된 부분은 이러한 비평들에 대한 저의 답변이며, 지금은 독립적이고 보다 더 명료한 형식의 글로 편집되었습니다. 따라서 대부분의 다른 장들이 주해적인 특징을 지니고 있다면, 제9장은 주로 방법론적인 면을 다룹니다. 저의 응답자들[크레이그 에반스(Craig A. Evans), 제임스 샌더스(James A. Sanders), 윌리엄 스콧 그린(William Scott Green), 그리고 크리스티안 베커(J. Christiaan Beker)]로부터 제기된 몇몇 질문들은 바울의 성경 해석에 관한 지속적인 비평적 대화에서 다양한 방식으로 계속 드러나게 됩니다; 그러므로 저는 독자들이 이 장을

---

17) "The Role of Scripture in Paul's Ethics," in *Theology and Ethics in Paul and His Interpreters: Essays in Honor of Victor Paul Furnish*, ed. E. H. Lovering, Jr., and J. L. Sumney (Nashville: Abingdon, 1996), 30-47.

값지게 여기리라 기대합니다. 방법론에 관한 질문들에 관심이 덜한 독자들은 이 장을 건너뛰어서 마지막 장으로 가도 됩니다.

제10장 "믿음의 성경해석학"은 원래 1996년 성서학회(SBL) 모임의 성경과 기독교 신학 분과에서 발표되었는데, 그때 한쪽에서는 큰 지지를 보냈고, 다른 쪽에서는 당황과 우려의 반응을 나타냈습니다.[18] 이런 점에서 보면 이 글은 성경을 성령의 감동으로 기록했던 사도들이 당시 받았던 반응과 같은 반응을 받았다고 할 수 있습니다. 이 책의 다른 글들보다도, "믿음의 성경해석학"에서는 바울이 성경을 어떻게 읽는지 배우는 것의 함의들을 건설적으로 자세히 밝히려 합니다. 이러한 이유로 인해 이번 장은 이 책에 적합한 결론을 제공합니다. 이 글의 주요 주장은 바울이 외치는 믿음(πίστις)의 성경해석학이 현대 학계를 좀먹고 지배하려 하는 의심의 성경해석학을 대신하는 극적이며 생명을 주는 대안이 된다는 것입니다.

이러한 열 개의 글들을 함께 보게 되면, 특정한 주요 주제들이 반복적으로 드러납니다. 이 주제들에 관한 짧은 요약은 독자들이 나무들 사이를 뚫고 천천히 나아갈 때, 더 큰 경치를 시야에서 놓치지 않도록 돕습니다.

첫째로, 바울의 성경 해석은 언제나 목회적이고 공동체를 만들어 가는 활동입니다. 그의 성경 읽기는 단지 상상력의 기량을 드러내는 것이 아닙니다; 그보다도, 그것은 하나님의 은혜를 전하기 위해 하나님께 부름 받은 공동체의 정체성과 활동을 만들어 가기 위한 것입니다. 바울이 구하는 상상력의 전환은 단순히 개인들을 위한 영적 계몽만 아니라 믿음의 공동체를 위한

---

18) 그것은 이어서 "Salvation by Trust? Reading the Bible Faithfully," *Christian Century* 114, no. 7 (February 26, 1997)에서 나왔다; 그 후 지금의 제목으로 다음 선집에 수록되었다. R. Lischer, ed., *The Company of Preachers: Wisdom on Preaching, Augustine to the Present* (Grand Rapids: Eerdmans, 2002), 265-274.

변화된 의식입니다.

둘째로, 바울의 성경 읽기는 시적입니다. 그는 성경에서 풍부한 이미지와 은유의 원천을 찾아내는데, 이것은 그로 하여금 그의 시대에 하나님께서 이 세상에 행하시는 일들을 힘 있게 선포할 수 있도록 합니다. 그는 성경을 역사가나 조직신학자처럼 읽지 않습니다. 바울은 성경을 시적인 설교자로 읽으면서, 성경의 이야기와 그가 선포하는 복음 사이에 있는 유사한 연관성을 인식합니다.

셋째로, 바로 앞에서 발견했듯이, 바울은 성경을 **이야기식**(*narratively*)으로 읽습니다. 그에게 성경은 단지 개별적인 증거 본문들의 창고가 아닙니다; 그보다 그것은 오랜 시간에 걸친 하나님의 선택, 심판, 그리고 그 백성의 구원에 관한 하나의 대서사라 할 수 있습니다.[19] 바울은 그의 시대에 태어난 교회를 이스라엘 유구한 역사의 상속자로, 그리고 하나님께서 이스라엘과 맺으신 언약의 놀라운 성취로 봅니다.

넷째로, 이러한 언약들의 성취는 메시아인 예수의 십자가 죽음과 부활이라는 세계를 흔드는 묵시적 사건으로 인하여 전혀 예상치 못한 전환을 가져오게 됩니다. 바울이 이스라엘 역사를 과거로 거슬러 올라가며 읽을 때, 바울은 이 계시적 사건에서 수많은 예표들을[20] 발견하는데 — 그럼에도 이것들은 이스라엘을 매우 놀라게 하면서 믿지 않는 자들에게는 걸림돌로서 지속적으로 작용하게 됩니다. 성경을 이러한 해석학적 열쇠를 배경으로 보게 된다면, 놀랄 만큼 많은 성경의 종말론적 특징을 발견하게 됩니다; 그러므로 바울은 그의 독자들에게 성경을 **종말론적**으로 읽도록 가르치려 합니다. 그

---

19) 바울이 성경 본문 문맥상의 이야기 의미를 얻으려는 목적으로 성경을 읽는다는 주장을 지지한다. 다음 글을 역시 보라. Francis Watson, *Paul and the Hermeneutics of Faith* (London: T. & T. Clark, 2004).

20) 특별히 시편에서 그렇다.

래서 모든 인간의 마음과 행위를 판단하실 하나님의 최종 심판을 마음에 두게 할 뿐만 아니라, 마지막에 하나님께서 만물을 하나님 자신과 화목하게 하실 소망 또한 바라보게 합니다.

마지막으로 바울은 성경을 **믿음으로**(trustingly) 읽습니다. 그는 성경이 우리를 사랑하시고 우리가 믿을 수 있으며, 하나님의 의(righteousness) 안에서 그 언약을 지키시고 우리를 구원하시는 하나님을 보여 준다고 믿습니다. 따라서 바울이 이스라엘의 성경을 읽을 때마다 그가 이 성경 안에서 결국 발견하게 되는 것은 바로 하나님의 깊은 은혜라는 기대를 하고 성경을 항상 읽었습니다.

이 책에 수록된 모든 글은 이스라엘 역사상 가장 탁월하고 호기심을 불러일으키는 성경 독자들 가운데 한 사람을 이해하도록 초대합니다. 바울의 상호텍스트적 성경 해석에 대하여 정당하게 제기된 많은 반대에도 불구하고, 바울의 역동적이며 상상력 넘치는 성경 읽기는 새로운 독자들의 공동체들을 꾸준히 만들어 냈습니다. 그리고 그들은 그들의 마음을 새롭게 함으로 변화를 받아 그들의 삶을 자기를 부인하는 겸손과 자신을 내어 주는 섬김에 드렸습니다. 그들은 바울이 가르쳐 준 상상력으로 성경을 읽음으로써 자기를 부인하며 자신을 내어 주는 삶을 훌륭히 감당하고 있습니다. 저는 독자들이 이 책을 통해 바울의 성경해석이 우리에게 주는 그 상상력의 전환에 대한 깊은 이해를 얻게 되길 소망합니다.

약어

AB	Anchor Bible
ABD	*The Anchor Bible Dictionary* (ed. Freedman)
AGJU	Arbeiten zur Geschichte des antiken Judentums und des Urchristentums
AnBib	Analecta biblica
ANTC	Abingdon New Testament Commentaries
BAGD	Bauer, Arndt, Gingrich, and Danker, *Greek-English Lexicon of the NT*
BDF	Blass, Debrunner, and Funk, *A Greek Grammar of the NT*
BETL	Bibliotheca ephemeridum theologicarum lovaniensium
BevT	Beiträge zur evangelischen Theologie
BFCT	Beiträge zur Förderung christlicher Theologie
BHT	Beiträge zur historischen Theologie
Bib	*Biblica*
BZNW	Beihefte zur *ZNW*
CBQ	*Catholic Biblical Quarterly*
CRINT	Compendia rerum iudaicarum ad novum testamentum
EKKNT	Evangelisch-katholischer Kommentar zum Neuen Testament
ET	English translation
EvT	*Evangelische Theologie*
ExpTim	*Expository Times*
FRLANT	Forschungen zur Religion und Literatur des Alten und Neuen Testaments

HBT	*Horizons in Biblical Theology*
HeyJ	*Heythrop Journal*
HNT	Handbuch zum Neuen Testament
HNTC	Harper's NT Commentaries
HTKNT	Herders theologischer Kommentar zum Neuen Testament
HTR	*Harvard Theological Review*
HUT	Hermeneutische Untersuchungen zur Theologie
ICC	International Critical Commentary
IDBSup	Supplementary volume to *Interpreter's Dictionary of the Bible*
	Interpretation
JAAR	*Journal of the American Academy of Religion*
JBL	*Journal of Biblical Literature*
JRE	*Journal of Religious Ethics*
JSNT	*Journal for the Study of the New Testament*
JSNTSup	Journal for the Study of the New Testament — Supplement Series
JSOTSup	Journal for the Study of the Old Testament — Supplement Series
JSS	*Journal of Semitic Studies*
JTS	*Journal of Theological Studies*
KJV	King James Version
LXX	Septuagint
MeyerK	H. A. W. Meyer, Kritisch–exegetischer Kommentar über das Neue
	Testament
MNTC	Moffatt NT Commentary
MT	Masoretic Text
MTZ	*Münchener theologische Zeitschrift*
NCB	New Century Bible
NICNT	New International Commentary on the New Testament

NovT	*Novum Testamentum*
NovTSup	Novum Testamentum, Supplements
NRSV	New Revised Standard Version
NTD	Das Neue Testament Deutsch
NTS	*New Testament Studies*
OTP	*Old Testament Pseudepigrapha* (ed. Charlesworth)
ResQ	*Restoration Quarterly*
RSV	Revised Standard Version
SBLDS	SBL Dissertation Series
SBLSP	SBL Seminar Papers
SBS	Stuttgarter Bibelstudien
SEÅ	*Svensk exegetisk årsbok*
SNTSMS	Society for New Testament Studies Monograph Series
SVTP	Studia in Veteris Testamenti pseudepigrapha
TDNT	*Theological Dictionary of the New Testament* (ed. Kittel and Friedrich)
TLZ	*Theologische Literaturzeitung*
TS	*Theologcial Studies*
TSK	*Theologische Studien und Kritiken*
VT	*Vetus Testamentum*
WBC	Word Biblical Commentary
WTJ	*Westminster Theological Journal*
WUNT	Wissenschaftliche Untersuchungen zum Neuen Testament
ZNW	*Zeitschrift für die neutestamentliche Wissenschaft*
ZTK	*Zeitschrift für Theologie und Kirche*

상상력의 전환 : 구약성경의 해석자 바울

제 1 장

상상력의 전환:
고린도전서 안에 나타난 구약과 종말론

고린도인들은 이사야서의 말씀을 실행하고 있었나(고전 14:25)?

바울은 고린도인들에게 알아듣지 못하는 방언보다 알아들을 수 있는 예언 연습하기를 강하게 권면하면서, 그들의 말이 그들의 예배 모임에 참석하고 있는 외부인들에게 미칠 영향을 생각해 보라고 요청합니다. "그러므로 온 교회가 함께 모여 다 방언으로 말하면 알지 못하는 자들이나 믿지 아니하는 자들이 들어와서 너희를 미쳤다 하지 아니하겠느냐. 그러나 다 예언을 하면 믿지 아니하는 자들이나 알지 못하는 자들이 들어와서 모든 사람에게 책망을 들으며 모든 사람에게 판단을 받고 그 마음의 숨은 일들이 드러나게 되므로 엎드리어 하나님께 경배하며 하나님이 참으로 너희 가운데 계신다 전파하리라"(고전 14:23-25). 비록 여기에는 구약성경 인용을 보여 주는 분명한 인용구 공식이 없긴 하지만, 바울이 상상력을 가지고 묘사하고 있는 불신자들의 반응은 최소한 이사야 45장 14절과 스가랴 8장 23절의 두 본문을 암시한다고 많은 사람이 인정하였습니다. 사실, 네슬-알란트 27판(Nestle-Aland^{27})은 ὁ θεὸς ἐν ὑμῖν ἐστιν라는 단어들을 이사야 본문의 직접 인용구로 취급하며,[1] 스가랴서를 암시한다고 난외주에 표시합니다. 하지만 이러한 상호텍스트적 연결들의 잠재적 중요성은 좀처럼 지속적으로 주목 받지 못했습니다.[2] 최근

---

1) 네슬-알란트는 ὄντως도 인용문의 한 부분으로서 이탤릭체로 표시하지만, 칠십인경에서는 그 단어가 나오지 않는다. 그러나 אכן이 첫 단어로 나오는 맛소라 본문의 45:15을 보라.

2) 구약과의 관련성을 간략히 언급하는 주석가들로는 H.-D. Wendland, *Die Briefe an die Korinther*, NTD 7 (Gottingen: Vandenhoeck & Ruprecht, 1954), 113; C. K. Barett, *The First Epistle to the Corinthians*, HNTC (New York: Harper and Row, 1968), 327; H. Conzelmann, *1 Corinthians*, Hermeneia (Philadelphia: Fortress, 1975), 244 n. 35; G. D. Fee, *The First Epistle to the Corinthians*, NICNT (Grand Rapids: Eerdmans, 1987), 687; A. Lindemann, "Die Schrift als Tradition: Beobachtungen zu den biblischen Zitaten im Ersten Korintherbrief," in *Schrift und Tradition: Festschrift für Josef Ernst zum 70. Gebrtstag*, ed. K. Backhaus and F. G. Untergassmair (Paderborn, Munich, Vienna, and Zürich: Schöningh, 1996), 219-220; R. B. Hays, *First Corinthians*, Interpretation (Louisville: John Knox, 1997), 239. A. Robertson and A. Plummer (*A Critical and*

바울의 인용 기술에 관한 가장 포괄적인 연구들을 하고 있는 두 학자는 디트리히-알렉스 코흐(Dietrich-Alex Koch)와 크리스토퍼 스탠리(Christopher D. Stanley)인데, 그들은 고린도전서 14장 25절 마지막 문구가 구약의 인용이라는 것을 명백히 거부했으며, 그 부분에 대한 어떤 논의도 하지 않았습니다.[3]

몇몇 학자들은 인용구 공식이 없다는 것 때문에 바울이 그의 독자들에게 구약 본문을 상기시키려고 했다는 것을 회의적으로 생각합니다.[4] 암시와 반향은 그것을 들을 수 있는 귀가 있는 자들을 위한 것입니다. 그럼에도 불구하고, 스스로 공부하여 발견하는 연습 차원으로서 다음 질문을 제기해 보기 원합니다: **만약** 고린도전서 14장 25절이 이스라엘 선지자들의 언어를 실제로 메아리친다면, 이러한 반향이 우리가 이 본문을 해석하는 데 있어 어떠한 영향을 끼치게 될까요?

Echoes of Scripture in the Letters of Paul(『바울서신에 나타난 구약의 반향』)에서 저는 바울의 구약 인용들과 반향들이 빈번하게 메타렙시스(metalepsis)라

Exegetical Commentary on the First Epistle of St. Paul to the Corinthians, 2nd ed., ICC [Edinburgh: T. & T. Clark, 1914], 319)는 플라톤의 *Symposium*에서 관계가 먼 병행문구를 인용하지만 구약 인용은 간과한다. 내가 아는 것 중에서 이것을 가장 포괄적으로 다룬 책은 최근 출판된 Florian Wilk, *Die Bedeutung des Jesajabuches für Paulus*, FRLANT 179 (Göttingen: Vandenhoeck & Ruprecht, 1998), 331-333의 연구이다.

3) 코흐는 그 구절에 대해서는 논의하지 않고, 바울의 표현과 구약 출처라고 주장되는 것과의 관계는 그가 인용 표시가 없는 인용문이라고 인정하는 다른 경우들과 달리 "훨씬 더 느슨하다"고 논평한다 (*Die Schrift als Zeuge des Evangeliums: Untersuchungen zur Verwendung und zum Verständnis der Schrift bei Paulus*, BHS 69 [Tübingen: J. C. B. Mohr (Paul Siebeck), 1986], 18). 스탠리는 그 구절을 검토대상에서 제외하는데, 왜냐하면 그가 "인용문이 주어진다는 명시적 표시를 독자에게 제공하는 구절들에 한해서만 검토를 하겠다는 엄격한 지침"을 따르고 있기 때문이다 (*Paul and the Language of Scripture: Citation Technique in the Pauline Epistles and Contemporary Literature*, SNTSMS 69 [Cambridge: Cambridge University Press, 1992], 206 n. 85).

4) 모든 사람이 같은 단락에 있는 고전 14:21에서 바울이 사 28:11-12을 명시적으로 인용한다고 인정한다. 이 구절에 대한 그의 해석은 너무 모호해서 이 명시적 인용문을 향해 가장 중대한 관심이 쏠리고 있다. 14:21에 관하여는 Hays, *First Corinthians*, 238-240을 보라. 단락 안에 명시적 이사야 인용문이 있다는 사실은 바울이 14:25에서 이사야의 다른 구절을 암시하고 있다는 가능성을 높인다.

는 문학적 비유법(literary trope)을 예시한다는 것을 보여 주려 하였습니다. 메타렙시스란 한 본문이 **이전 본문을 명시적으로 인용하지 않고** 이전 본문의 반향을 불러일으키는 방식으로 이전 본문을 암시하는 수사학적이고 시적인 장치입니다. 그 결과는 메타렙시스의 해석이 독자에게 언급되지 않거나 감춰져 있는 두 본문들 간의 유사성을 찾아내도록 한다는 것입니다.[5] 만약 고린도전서 14장 25절에 나타난 바울의 말이, 제가 믿는 바로는, 메타렙시스의 한 예라 한다면, 우리는 상호텍스트적인 연결들로 인한 비유적 효과들을 이해하기 위하여 더 앞서 기록된 성경의 넓은 배경으로 돌아가서 그 문맥을 검토해야만 합니다.

이사야 45장은 이스라엘 포로생활의 끝과 예루살렘의 회복을 다루는 제2이사야 예언에 속합니다. 이스라엘의 운명이 극적으로 뒤바뀐 결과, 이방 나라들은 이스라엘의 하나님을 바라보며 그 영광을 깨달을 것입니다(참조. 사 49:23; 60:1-16). "그리고 그들이 네게 절하고(προσκυνήσουσίν) 네게 간구하기를, '주밖에는 다른 하나님이 없다; 왜냐하면 주가 하나님이시며, 그리고 우리는 그것을 알지 못했나이다, 구원자 이스라엘의 하나님이여'"(사 45:14b-15 LXX). 바울이 동사 προσκυνήσουσίν을 반향할 때 그것을 단수 동사 προσκυνήσει로 바꾸는 이유는 그가 한 명의 이방인 불신자에 관하여 말하고 있기 때문입니다. 그는 인용구인 "하나님이 너희 가운데 계시다"를 반

---

5) 바울의 상호텍스트적 반향 읽기에 대한 연구법을 다음 책에서 충분히 설명하였다. R. B. Hays, *Echoes of Scripture in the Letters of Paul* (New Haven and London: Yale University Press, 1989), 14-21. 『바울서신에 나타난 구약의 반향』(여수룬 역간). 고대와 현대 문학의 비유적 용법에 관한 충분한 논의는 다음 책을 보라. J. Hollander, *The Figure of Echo: A Mode of Allusion in Milton and After* (Berkeley: University of California Press, 1981). 유사한 문학적 현상이 히브리어 성경에서 발견되었는데 다음 책을 보라. Michael Fishbane, *Biblical Interpretation in Ancient Israel* (Oxford: Clarendon, 1985). *Echoes*에 관한 중요한 서평과 비평을 위해서는 다음을 보라. H. Hübner, "Intertextualität — die hermeneutische Strategie des Paulus," TLZ 116 (1991): 881-898; C. A. Evans and J. A. Sanders, eds., *Paul and the Scripters of Israel*, JSNTSup 83 (Sheffield: JSOT Press, 1993), 42-96.

복하면서 그 대명사를 단수 σοὶ에서 복수 ὑμῖν으로 바꾸는데, 이것은 그가 한 나라로서의 이스라엘을 말하는 것이 아니라 고린도에 있는 예배자들이 모인 공동체를 말하는 것이기 때문입니다.[6] 따라서 바울은 고린도 성도들의 예언적 활동을 통한 이방인 불신자들의 회심을 이사야의 종말론적 비전이 성취된 것으로 섬세하게 묘사합니다: 이방인들은 하나님의 백성 한가운데 하나님이 계시다는 것을 알게 될 것입니다.

비슷한 모티프가 스가랴 8장 20-23절과 다니엘 2장 46-47절에도 등장합니다.[7] 그러나 가장 강력한 언어적 연관성은 이사야 45장 14절입니다. 이러한 구약의 세 하위본문들 안에서 우리는 공통적인 경향을 발견합니다: 하나님의 백성이 맡은 중재자적인 증인 역할을 통하여 바깥에 있던 이방인들이 이스라엘의 하나님께 예배하기 위하여 모이게 됩니다. 그러나 이런 방식으로 사건을 말하는 것은 바울이 고린도전서 14장 25절에서 이사야를 메타렙시스(metalepsis)적으로 떠오르게 하는 바울의 혁신을 즉각 드러냅니다. 바울의 각본에서 하나님이 외부인들의 종말론적 회심을 성취하실 통로는 — 그 자체로 현저한 이방인의 공동체인 — 바로 **교회**였습니다. "대역 배우"인 이방인 성도들이 이사야의 종말론적 드라마에서 원래 이스라엘에게 할당된 그 역할을 맡게 된 것입니다. 성경의 표현을 은유적인 방식으로 사용한다면, 바울은 원래 이사야가 이방인들의 반응을 그리기 위하여 사용했던 "외부인들"의 회심에 대한 언어를 이제 종말론적으로 회복된 **이**

---

6) 코흐(Koch)와 스탠리(Stanley)가 보여 주었듯이, 이런 종류의 각색은 바울의 인용 관습이 갖는 표준적인 특징이다: 그는 인용문의 문법과 구문론을 그가 그것에 주려고 하는 적용에 적합하도록 맞춘다.

7) 네슬-알란트는 다니엘서 구절을 못 보고 지나쳤지만, 다음 책에 언급되었다. Wendland, *Briefe an die Korinther*, 113; Barrett, *First Epistle*, 327; H. Hübner, *Biblische Theologie des Neuen Testaments*, vol. 2(Göttingen: Vandenhoeck & Ruprecht, 1993), 197; Wilk, *Bedeutung des Jesajabuches*, 331.

스라엘을 묘사하는 데 씁니다.

고린도전서에 나타난
묵시적 종말론과 구약에 관한 주제들

저는 고린도전서 14장 25절에 관한 이러한 예비적인 논평들을 하나의 "호기심을 자극하는 광고"로 제공하면서, 고린도전서에 나타난 성경과 종말론에 대한 질문을 다시 엽니다. 우리는 바울을 "이방인의 사도"로 생각하는 데 너무도 철저히 익숙해져 있어서 이런 자기호칭이 의미하는 바가 무엇인지 간과할 위험이 있습니다: 바울은 자기 자신을, 온 세계를 향해 이스라엘의 성경에 약속된 — 주로 이사야서에서 — 종말론적인 구원의 메시지를 선포하기 위한 목적으로 이스라엘의 하나님에게 부름받아 "바깥에 있는" 이방인 세계로 보냄 받은 한 명의 유대인으로 이해하였습니다.

갈라디아서 1장 15-16절에서 바울은 이 사도적 사역을 위한 자신의 부르심을 이사야 49장에 나오는 "종"의 소명을 반향하는 언어로 묘사하는데, 하나님은 거기서 그 종을 "이방의 빛으로 삼아 나의 구원을 베풀어서 땅끝까지 이르게 하리라"고 하십니다(사 49:6; 갈 1:15과 사 49:1 사이의 유사함을 보라). 이것은 바울이 자신의 사도적 소명을, 종말의 사건들을 미리 보여 주는 **특정한 성경 본문에 대한 그의 묵시적 해석**과 분리될 수 없는 것으로 이해한다는 것을 보여 줍니다. 바울은 그의 복음에서 예수의 죽음과 부활을 통하여 이 종말이 세계에 침입했다고 선포한다. 바울이 고린도후서 6장 2절에서 그의 λόγος τῆς καταλλαγῆς [화목하게 하는 말씀]을 설명할 때 이사야 49장 8절을 처음으로 인용하고 ("내가 은혜 베풀 때에 너에게 듣고 구원의 날에 너를 도왔다"), 바로 "보라 지금은 은혜 받을 만한 때요 보라 지금은 구원의 날이로다"라고 선포하는 것은 우연이 아닙니다. 이 본문은 자신을 그리스도의 대사(고후 5:20)라고 이해하는 바울의 사도적 자기인식이 이스라엘의 성경을 놀랄 만하게 새로이 읽게 만드는 종말론적 성경해석학과 엮어지는 방식을 멋지게 보여 줍니다.

많은 사람들이 바울의 복음과 묵시적 세계관 사이의 중요한 연관성을 인식하였습니다. 이러한 통찰은 알버트 슈바이처(Albert Schweitzer)[8]와 에른스트 케제만(Ernst Käsemann)[9]에 의하여 다른 방식으로 지지 받았고, 영어권 세계에서 — 다시 흥미롭게도 다른 방식으로 — 크리스티안 베커(J. Christiaan Beker)[10]와 루이스 마르틴(J. Louis Martyn)[11]에 의하여 발전되었습니다. 하지만, 이방 문화와 맞서는 가운데 교회의 정체성을 분명하게 해 주고 그의 회중들의 마음을 새롭게 하기 위하여 어떻게 바울의 선교 전략이 종말론적으로 해석된 성경 본문을 꾸준히 이용했는지에 관해서는 명료하지 않았습니다. 이 글은 고린도전서를 시험 삼아 바울의 성경 이용을 다룰 것입니다.

고린도전서에서 우리는 바울이 그의 독자들과 청중들을 **상상력의 전환**으로 불러내는 것을 발견합니다. 그는 이방인들이 그들의 정체성을 예수 그리스도의 복음 — 하나님이 이스라엘을 다루시는 보다 더 큰 이야기와 관련해서만 이해할 수 있는 복음의 메시지 — 에 비추어 새롭게 인식하도록 부릅니다. 테렌스 도날드슨(Terence L. Donaldson)은 최근에 "이방인 구원에 관한 바울 수사학의 형태는 이방인들을 그리스도를 중심으로 재형성된 이스라엘

---

8) A. Schweitzer, *Die Mystik des Apostels Paulus* (Tübingen: Mohr [Siebeck], 1930).

9) 케제만의 독창적인 소논문은 "Zum Thema der urchristlichen Apokalyptik" and "Gottesgerechtigkeit bei Paulus," in *Exegetische Versuche und Besinnungen*, vol. 2 (Göttingen: Vandenhoeck & Ruprecht, 1964), 105-131, 181-193 이다.

10) J. C. Beker, *Paul the Apostle: The Triumph of God in Life and Thought* (Philadelphia: Fortress, 1980).

11) J. L. Martyn, *Theological Issues in the Letters of Paul* (Edinburgh: T. & T. Clark; Nashville: Abingdon, 1997); 또한 다음의 증보된 주석을 보아라. "Apocalyptic Theology in Galatians" in J. L. Martyn, *Galatians*, AB 33A (New York: Doubleday, 1997), 97-105.

로 개종한 자들로 이해할 때 가장 잘 설명될 수 있다"고 주장했습니다.[12] 이 주장은 제가 보기에 아주 정확한 것 같습니다. 우리는 도날드슨이 그랬던 것처럼 "재형성된"이라는 단어를 강조함으로써, 바울은 이방인들이 율법을 준수하는 유대적 기독교에 단순히 흡수되는 1차원의 **구속사**(Heilsgeschichte)를 전하는 것이 아님을 분명히 해야 합니다. 오히려 바울의 고린도 회심자들을 껴안는 "이스라엘"이란, 자신의 이야기가 십자가와 부활로 인하여 해석학적으로 재형성된 이스라엘을 말합니다. 그 결과는 유대인과 이방인이 똑같이 복음의 이야기에 의해 소환되어 그들의 정체성을 전면적으로 다시 평가하는 자리에 서게 되는 것입니다. 그것은 상상력 가득한 패러다임 변화로 매우 포괄적이어서 오직 "상상력의 전환"이라고만 표현될 수 있습니다.[13] 이렇게 철저한 변환은 오직 공동체의 믿음과 실천을 복음의 이야기 앞에 결정적으로 직면하게 해 주는 지속적인 작용에 의해서만 강화되고 지속될 수 있습니다.

이 해석학적 직면이 고린도전서보다 더 잘 드러난 데가 없습니다. 이 편지를 주의 깊게 살펴보면 다음의 두 가지 주요 주제들을 도출하게 됩니다.

1. 바울은 고린도교회가 종말론적으로 사고하는 것을 가르치는 데 힘썼습니다.
2. 바울은 고린도교회가 자신의 정체성을 구약성경에 비추어 재형성하도록 가르치는 데 힘썼습니다.

---

12) T. L. Donaldson, *Paul and the Gentiles*: *Remapping the Apostle's Convictional World* (Minneapolis: Fortress, 1997), 236.

13) Wayne Meeks와 바울 공동체에 관한 다른 사회적 역사가들은 내가 여기서 묘사하는 현상의 사회적 측면을 가리키기 위하여 "재사회화"(resocialization)이라는 용어를 사용했다. 예를 들어 다음을 보라. W. A. Meeks, *The Moral World of the First Christians* (Philadelphia: Westminster, 1986), 13-14, 126, 129.

이러한 두 주제들은 필연적으로 밀접하게 관련되었습니다: 바울은 성경을 종말론적인 성경해석학의 렌즈를 통하여 읽습니다. 그리고 반대로 그는 성경의 렌즈를 통하여 종말론적인 공동체의 정체성을 "읽어 냅니다."

두 주제들의 비평적 예리함은 내가 격론을 일으키는 두 부정적인 결과들을 진술한다면 명확해질 것입니다.

1. 고린도인들은 "과대 실현된 종말론"(overrealized eschatology)을 가지고 있지 않았습니다. 대신, 그들은 확실히 비종말론적인 헬라−로마의 문화 환경으로부터 파생된 자기이해의 범주들을 사용하였습니다. 그들이 지닌 특정한 형태의 "열광주의"는 스토아학파(Stoic)와 견유학파(Cynic)의 철학적 영향들, 당시 유행하던 소피스트학파 수사학, 그리고 은사주의적인 영적 열정의 혼합물로 보입니다. 바울은 고린도인들의 문제 있는 여러 행동들에 결정적인 영향력을 끼치기 위하여 그의 주장 안에 미래의 묵시적 언어[14]를 계속 넣습니다; 그러나 이것은 고린도인들의 잘못이 성급한 종말론적 시간표에 있다는 말이 전혀 아닙니다.

2. 아돌프 폰 하르낙(Adolf von Harnack)은 바울의 이방인 선교사역에 나타난 바울의 성경 사용을 매우 그릇되게 이해하였습니다. 하르낙은 잘 알다시피 다음과 같이 주장했습니다. "바울은 처음부터 구약성경을 기독교의 원천과 공동체를 유익하게 하는 책으로서 그의 젊은 회중들에게 주지 않았다." 그리고 바울이 그들과 구약성경 해석에 관하여 논하는 경우는 "단지… 그들이 유대주의의 오류에 빠질 위험에 있을 때만 그러하였다." 즉, 이 말은 바울이 유대주의 대적들로 인하여 그렇게 하도록 강요당했을 때만 그랬다

---

14) 바울이 이러한 언어를 목회적으로 사용한 것을 철저히 연구한 책들은 다음과 같다. D. W. Kuck, *Judgment and Community Conflict: Paul's Use of Apocalyptic Judgment Language in 1 Corinthians 3:5-4:5*, NovTSup 66 (Leiden: Brill, 1992); M. Konradt, *Gericht und Gemeinde: Eine Studie Zur Bedeuting und Funktion von Gerichtsaussagen im Rahmen der paulinischen Ellesiologie und Ethik im 1 Thess und 1 Kor*, BZNW 117 (Berlin: De Gruyter, 2003).

는 것입니다.[15] 이 설명은 고린도전서에 나타난 바울의 다양하고 풍부한 성경 사용을 올바로 평가하지 못하는데, 고린도전서에 나오는 문제들은 "유대 교회"[16]나 외부 대적들과는 관련이 전혀 없습니다. 이 편지는 오리겐이, 그의 *출애굽기 강해* 5.1에서, 사도 바울인 "'이방인들의 교사'가 이방인들 중에서 모은 교회를 가르쳤다. 어떻게 율법의 말씀들을 이해해야 하는지."라고 쓴 것이 옳다는 것을 증명합니다.

　　최근 학계에서는 다양한 각도에서 "과대 실현된 종말론" 가설과 바울이 그의 교회들에게 구약성경을 가르치지 않았다는 견해가 얼마나 문제가 많은지 보여 주었습니다. 하지만, 사람들은 그러한 견해가 출판물로 나오는 것을 여전히 볼 수 있습니다.[17] 그러므로 이러한 쟁점들에 관한 새로운 검토가

---

15) A. von Harnack, "Das Alte Testament in den Paulinischen Briefen und in den Paulinischen Gemeinden," *Sitzungsberichte der Preussischen Akademie der Wissenschaften*, Philosophisch-historische Klasse (1928), 124-141; 여기에 인용된 부분은 137, 130에서 가져왔다. 대조를 위하여 A. Lindemann ("Schrift als Tradition," 225)의 연구 결과를 보라. 거기서 그는 다음과 같이 결론을 낸다. "Paulus selbst im Zuge der Heidenmission die jüdische Bibel als die authoritative Tradition des Christentums eingeführt hat." [바울 자신이 이방인 선교를 하는 동안 유대인의 성경을 기독교의 전통적인 권위로서 소개한다—역주]

16) 나는 이 점을 강조하려고 했다. 비록 Michael Goulder가 고린도 내의 다툼을 바울 분파와 "지혜"가 율법 적용에 관한 유대교 율법 규례들의 내용으로 이루어진 유대교화된 베드로 분파 사이의 분쟁으로 보는 고전적인 "튀빙겐" 학파의 견해를 다시 살리려는 기발한 노력에도 불구하고 말이다(M. D. Goulder, "ΣΟΦΙΑ in 1 Corinthians," *NTS* 37 [1991]: 516-534). Goulder의 재구성이 갖는 약점은 그의 가설을 설명하려면 그가 서신의 주요 부분들을(5-6장, 8-10장 그리고 아마도 11장) 그의 바울 분파에 대한 외교적 비평으로 간주해야만 한다는 것이다(534).

17) "과대 실현된 종말론" 가설에 관한 가장 철저하고 미묘한 최근의 변호는 다음에서 찾아볼 수 있다. C. M. Tuckett, "The Corinthians Who Say 'There Is No Resurrection of the Dead' (1 Cor 15,12)," in *The Corinthian Correspondence*, ed. R. Bieringer, BETL 125 (Leuven: Leuven University Press, 1996), 247-275; Tuckett의 주석은 이 질문에 관한 문학 개론을 제공한다. 바울이 그의 교회에서 구약을 가르치지 않았다는 견해는 아마도 덜 널리 알려졌다. 그러나, 예를 들어 J. L. Martyn이 신중하게 서술한 다음 논평을 보라: "어떻게 널리 … [바울은] 구약 교사로서의 기능을 다했을까? 구체적으로 말하면, 그는 그의 회중들에게 길고 상세한 주석적 담화를 제공해 주는 것을 그의 과업 중 하나로 여겼을까? 그의 서신들은 그런 것을 전혀 암시하지 않는다" (*Theological Issues*, 159). 보다 더 일반적인 견해는 바울의 구약 사용은 원래 문맥에 대한 고려 없이 단순한 "증거 본문 제공"이라는 것이다.

필요합니다.

예비적인 설명을 위한 마지막 언급입니다: 저는 바울이 그의 회중들의 사고를 재형성하기 위한 노력으로 사용한 도구들이 오직 구약성경과 유대 묵시적 종말론뿐이라고 주장하는 것이 절대로 아닙니다. 바울은 그의 목회적인 목적을 성취하기 위하여 다양한 자원들을 가져다가 썼는데, 때때로 그리스-로마의 도덕 철학의 관습에 호소하기도 하였고[18], 기독론과 초기 기독교 고백 및 예전 전통들이 곳곳에 배어들게 하였습니다 — 그것들 다수가 그 특성상 매우 종말론적이었습니다. 저는 이렇게 짧은 글에서 바울이 그의 독자들의 사고를 전환하기 위하여 사용한 전략에 관한 포괄적인 설명을 감히 제시하려는 것이 아닙니다; 오히려, 저는 앞서 확인한 두 가지 주제들을 주목하는 데 집중하고 단일한 편지의 발췌된 단락에서 그것들이 완성되어 가는 과정을 따라가 보려고 합니다.

"말세를 만난 우리를 깨우치기 위하여 기록되었느니라" (고전 10:1-22)

고린도전서에서 바울은 광야의 이스라엘과 우상에게 바쳐진 제물을 먹는 문제와 직면한 고린도 교회의 상황 사이에 나타난 확장된 예표론적 일치를 말합니다. 비록 바울이 명시적으로는 단 한 개의 성경 구절을 인용하지만(출 32:6; 고전 10:7), 그의 주장은 출애굽기와 민수기[19]에 나타난 여러 개의 사건들을 암시하며 그의 고린도 독자들이 이 이야기에 친숙한 것을 전제로

---

18) 예를 들어 다음을 보라. A. J. Malherbe, *Paul and the Popular Philosophers* (Philadelphia: Fortress, 1989); H.-D. Betz, *Der Apostel Paulus und die sokratische Tradition*, BHT 45 (Tübingen: Mohr [Siebeck], 1972).

19) 예를 들어 다음을 보라. 민 14:26-35; 25:1-9; 26:62; 21:5-9; 그리고 16:41-50.

합니다.[20] 실제로 백성의 배반을 단적으로 보여 주는 출애굽기 32장의 금송아지 숭배 사건은 전혀 명시적으로 묘사되지 않았습니다; 대신 바울은 우상 숭배와 앉아서 "먹고 마시는 것"을 연결시켜 주는 출애굽기 32장 6절을 간접적으로 인용함으로 그 사건을 암시적으로 불러일으킵니다 — 그것은 이방 신전에서 **먹고 마시는 것**을 격렬히 반대하는 바울의 수사학과 연결됩니다. 이것은 메타렙시스(metalepsis)라는 비유적 장치에 관한 좋은 예입니다: 그 인용이 지니는 충분한 힘은 그것의 원래 이야기 배경을 인식하는 독자에 한해서만 발휘됩니다. 바울은 그 이야기**로부터** 주장하는 것이지, 그의 청중들에게 무언가 새로운 것을 이야기하는 것이 아닙니다. 여기서 새로운 것은 그가 이스라엘의 이야기를 고린도인들이 직면한 문제들과 은유적으로 연결시키는 방식입니다.[21]

바울의 첫 번째 중요한 해석학적 움직임은 이스라엘 광야 세대를 "우리 조상들"로 소개한 것입니다(οἱ πατέρες ἡμῶν, 10:1). 이방인들이 대다수였던 고린도 교회로서는 이것 자체가 이미 중요한 표시였습니다. 이스라엘 이야기는 다른 누군가의 역사가 아닙니다;[22] 그보다 바울은 이방의 고린도인들이 마치 이스라엘의 일부가 된 것처럼 말합니다.[23] 고린도인들은 스스로를 성경

---

20) Lindemann, "Schrift als Tradition," 215, 에서 올바로 진술된 것처럼 말이다.

21) 나의 책 *Echoes*, 91-104를 보라. 다음 책을 또한 보라. R. B. Hays, "The Role of Scripture in Paul's Ethics," in *Theology and Ethics in Paul and His Interpreters: Essays in Honor of Victor Paul Furnish*, ed. E. H. Lovering, Jr., and J. L. Sumney (Nashville: Abingdon, 1996), 30-47; reprinted in the present volume, 143-162.

22) 이것과 대조하여, 우리는 Rudolf Bultmann의 악명 높은 논평을 상기해 볼 수 있다: "교회 안에 서 있는 자에게 이스라엘의 역사는 닫힌 장이다. … 이스라엘의 역사는 우리의 역사가 아니고, 하나님이 그 역사에 은혜를 베푸신 한, 그런 은혜는 우리를 위한 것이 아니다. … 이스라엘에게 무엇인가를 의미했던 사건들은, 그것은 하나님의 말씀이었는데, 우리에게 더 이상 아무것도 의미하지 않는다" ("The Significance of the Old Testament for Christian Faith," in *The Old Testament and Christian Faith*, ed. B. W. Anderson [New York: Harper and Row, 1963], 8-35, 여기서는 14).

23) 참조. 롬 11:17-24.

에 등장하는 인물들의 후손들로서 이해하도록 초청 받고 있는 것입니다.

이 해석은 바울이 고린도인들을 과거에는 우상 숭배자였다고 언급한 고린도전서 12장 2절에서 확증됩니다. 바울은 그들에게 "너희도 알거니와 너희가 이방인으로 있을 때에(ὅτε ἔθνη ἦτ) 말 못하는 우상에게로 끄는 그대로 끌려 갔느니라." 이 표현은 그가 그들을 더 이상 ἔθνη로 생각하지 않는다는 것을 의미합니다. 바울의 상징적인 세계 안에서는 그들이 더 이상 *goyim*(히브리어, '이방인들' — 역주) 가운데 있지 않은데, 왜냐하면 그들이 이스라엘의 이야기 안으로 받아들여졌기 때문입니다.[24] 우리가 알아야 할 것은 바울이 그의 이방인 독자들에게 이러한 정체성에 대한 설명을 하나의 새로운 주장으로서 받아들이라고 설득한 것이 아니라는 것입니다; 그보다, 그는 그들이 이스라엘과 동일하다는 것을 하나의 전제로 가정하면서 이러한 동일한 정체성을 배경으로 그들의 행동을 재형성하려고 한다는 것입니다.

이번 경우 바울의 염려는 "강한" 고린도인들이 이방 우상들의 신전에서 제공하는 축제 음식을 먹는 데 참여하였고(8:10) 그 결과 위험할 정도로 "귀신의 식탁에 참여하게 되는 것"이었습니다(10:21). 신약학 분과 안에서는 고린도인들을 최초의 영지주의적 성찬주의자들로 이론적으로 복원하려는 오래된 역사가 있었습니다.[25] 하지만 "강한" 고린도인들이 그들의 행동을 어떤 실현된 종말론이나 신비한 성찬주의를 근거로 정당화했다는 분명한 증거는

---

24) 그러므로 10:1과 12:2에 나타난 바울의 스스럼없는 표현은 바울이 그의 회심자들을 종말론적으로 재형성된 이스라엘에 들어온 개종자들로 생각한다는 Donaldson의 논제를 지지한다(위 각주 12).

25) 이 이론은 다음 영향력 있는 소논문에서 분명하게 나타났다. H. von Soden, "Sakrament und Ethik bei Paulus: Zur Frage der literarischen und theologischen Einheitlichkeit von 1 Kor 8-10," in *Urchristentum und Geschichte: Gesammelte Aufsätze und Vorträge*, vol. 1 (Tübingen: Mohr [Siebeck], 1951), 239-275. 다양한 재구성과 가설에 관한 최근 개요는 다음을 보라. W. Schrage, *Der Erste Brief an die Korinther*, 2. Teilband, EKKNT 7/2 (Solothurn and Düsseldorf: Benziger; Neukirchen-Vluyn: Neukirchener, 1995), 385-386.

본문에 없습니다.[26] 인접 문맥에서, 그들의 행동에 관한 더 확실한 근거는 단순한 표어 πάντα ἔξεστιν [모든 것이 가하나] (10:23)입니다. 많은 주석가들이 언급한 대로, 이것과 가장 유사한 단어는 스토아학파/견유학파의 사상에서 발견됩니다.[27] 이 표어는 σοφός [지혜 있는 자]가 지식을 소유하고 있고 그 지식은 그를 사회적 관행의 열등한 금기사항 위에 있게 해 주기 때문에, 그가 선택한 것은 마음대로 할 수 있다고 외칩니다 (참조. 8:1); 그는 ἐξουσία를 소유합니다 — 철학적으로 내적 자유로 알려졌습니다.

이런 종류의 사상에 반대하여, 바울은 8:1-11:1에서 여러 주장을 펼칩니다; 10장 1-22절에서 그는 고린도인들에게 그들을 이스라엘과 예표론적 관계에 있는 것으로 보라고 주장합니다.[28] 그는 상상력의 전환을 요구합니다 — 상상력을 가지고 그들의 삶을 모세오경의 서사 구조 안으로 투영시

---

26) "성찬주의자" 해석에 대하여 최근 제기된 이의를 보려면 다음을 참조하라. K.-G. Sandelin, "Does Paul Argue against Sacramentalism and Over-Confidence in 1 Cor 10.1-14?" in *The New Testament and Hellenistic Judaism*, ed. P. Borgen and S. Giversen (Aarhus: Aarhus University Press, 1995), 165-182.

27) Conzelmann(*1 Corinthians*, 108)은 "오직 스토아학파와 견유학파만이 비교를 위한 자료를 제공한다"고 말한다. 참고를 위하여 다음을 보라. J. Weiss, *Der erste Korintherbrief*, MeyerK 5 (Göttingen: Vandenhoeck & Ruprecht, 1925), 157-158; R. M. Grant, "The Wisdom of the Corinthians," in *The Joy of Study: Papers on New Testament and Related Subjects Presented to Honor Frederick Clifton Grant*, ed. S. E. Johnson (New York: Macmillan, 1951), 51-55; J. Dupont, *Gnosis: La Connaissance Religieuse dans les Epitres de Saint Paul* (Louvain: Nauwelaerts; Paris: Gabalda, 1949), 298-308; Kuck, *Judgment and Community Conflict*, 217 n. 348.

28) 바울이 여기서 공식화되기 이전인 유대 기독교 미드라시[고대 유대인에 의한 구약성경 주석 —역주]를 이용한다는 생각을 변호하는 자들이 계속하여 나온다 (예를 들어, W. A. Meeks, "'And Rose Up to Play': Midrash and Parenesis in 1 Cor 10:1-22," *JSNT* 16 [1982]: 64-78; Koch, *Schrift als Zeuge*, 214-216). Richard Horsely는 그 구절을 바울 저작이라고 보기는 하지만, 바울이 "고린도의 신령한 자들이 쓰는 언어를 반향하고 있다"는 것과, 아볼로가 도입한 알렉산드리아 전통의 알레고리 주해로부터 그들이 배웠던 출애굽기 담화 해석을 없애려 한다고 제안했다(R. A. Horsely, *1 Corinthians*, ANTC [Nashville: Abingdon, 1998], 134-137). 내 판단으로 이 가설은 단락의 증거를 넘어선다. 바울은 그가 다른 담화 해석을 반박한다는 어떠한 표시도 주지 않는다; 그는 그 자신만의 권고적인 목적을 위하여 성경의 담화를 단순히 암시하고 있는 것이다.

키는 것을 말합니다. 모세오경을 반영한 내용은 1–13절에 한정된 것이 아닙니다; 바울은 그것을 22절까지 지속시킵니다. "그들이 제사하는 것은 귀신에게 하는 것이요 하나님께 제사하는 것이 아니니"의 구절은 신명기 32장 17절에 나온 모세의 노래에서 직접 가져온 것이고 (따라서 이것은 많은 영어 번역과는 반대로, "이방인들"이 아니라 신실하지 못한 이스라엘을 말하는 것입니다), 10장 22절에 있는 바울의 수사학적 질문은 신명기 32장 21절의 말을 크게 반향합니다: "그러면 우리가 주를 노여워하시게 [질투하게](παραζηλοῦμεν) 하겠느냐?"[29] 바울은 고린도전서 10장 14–22절에서 이 단어를 사용하여 고린도인들에게 이스라엘의 잘못을 반복하지 말 것과, 광야 세대가 우상을 숭배한 것처럼 하나님을 노여워하시게 하지 말 것을 경고합니다. 그가 충고한 요점은 독자가 상상력을 가지고 이스라엘과 자신을 동일시하는 행위에 근거합니다.

주장을 전개하는 과정에서 바울은 이렇게 상상력을 가지고 동일시하는 것에 관한 분명한 해석학적 근거를 제공합니다: "그들에게 일어난 이런 일은 τυπικῶς [본보기]가 되고 또한 말세를 만난 우리를 깨우치기 위하여 기록되었느니라"(10:11). 여기서 우리는 바울의 종말론적 해석학이 어떻게 그의 성경 읽기와 성경 적용을 특징 짓는지 보게 됩니다. 그는 그의 회심자들에게 그들이 시대의 전환점 가운데 살고 있다는 것을 이해하라고 요청합니다. 그래서 모든 성경 이야기들과 약속들이 그와 그의 교회들이 지금 서 있는 이 중요한 종말론적 순간을 가리키고 있는 것으로 이해되어야 한다고 말합니다. 그의 종말론적 사고는 고린도인들이 복합적으로 상상력 가득한 행동을 수행하도록 요청합니다. 한편으로, 그들은 그들 자신만의 경험에서 성경 이야기의 예표론적 성취를 보게 됩니다. 성경에 이야기된 사건들은 "τύποι

---

29) 고전 10:14-22에서 신명기 32장이 갖는 중요성에 관해서는 Hays, *Echoes*, 93-94를 보라. 또한 다음 책도 참조하라. R. H. Bell, *Provoked to Jealousy: The Origin and Purpose of the Jealousy Motif in Romans 9-11*, WUNT 2, ser. 63 (Tübingen: Mohr [Siebeck], 1994).

ἡμῶν[우리의 본보기]가 된다"(10:6). 이 문구는 ─ 비록 많은 번역에도 불구하고 ─ "우리를 위한 경고"를 뜻하지 않습니다. 그것은 "우리의 본보기" 즉 *ekklēsia*의 원형을 의미합니다. 바울은, 만약 성경을 바로 읽는다면, 성경이 교회라는 종말론적 공동체의 형성을 미리 보여 준다고 생각했습니다. 이것이 내가 *Echoes of Scripture in the Letters of Paul*(『바울서신에 나타난 구약의 반향』)에서 바울의 "교회 중심적 성경해석학"(ecclesiocentric hermeneutics)을 말하면서 강조하려고 했던 바입니다.

그러나 이것은 바울이 그의 독자들을 부르는 복합적인 상상력 가득한 행동의 절반만 말한 것입니다. 고린도인들은 그들의 공동체에서 성경이 어떻게 그 성취를 가리키는지 볼 뿐만 아니라, 하나님의 최종 심판이 그들의 현재 경험을 주시하고 있다는 것을 봅니다. 우상 숭배한 이스라엘 광야 세대의 멸망으로 상징화된 미래의 묵시적 심판에 관한 전망이 이 단락 전체를 덮고 있습니다. 만약 "강한" 자가 하나님의 질투를 계속 일으킨다면, 그들은 손해를 입고 멸망을 당할 것입니다(참조. 3:10-17; 4:1-5; 5:1-5; 6:9-10; 11:27-32). 바울과 그의 독자들은 시대의 전환점에 서 있기 때문에, 그들은 현재 그들의 경험을 성경 인물들의 성취로 마음에 그려야만 하고, 동시에 여전히 다가오고 있는 종말론적 완성에 관한 암시로 마음에 그려야만 합니다. 그러므로 바울의 성경 읽기는 "이면적"(bifocal)으로, 그의 종말론이 가지는 변증법적("이미/아직") 특징과 일치합니다.

바울은 우상의 제물에 관한 문제를 관련 규례나 구약에 나오는 계명을 찾는 유대교 율법 방식(halakic fashion)[30]으로 다루지 않습니다. 예를 들어서, 그는 우상숭배를 금하는 계명들을 인용하지 않습니다(예. 출 20:4-6; 신 17:2-

---

30) 반대 의견을 말해서 다음 저자에게는 실례를 표한다. P. Tomson, *Paul and the Jewish Law: Halakha in the Letters of the Apostle to the Gentiles*, CRINT III/1 (Assen and Maastricht: Van Gorcum; Minneapolis: Fortress, 1990), 187-220.

7). 이 점은 바울이 구약 성경을 그의 이방인 교회들의 도덕책(*Erbauungsbuch*) 으로 사용하지 않았다고 하는 하르낙(Harnack)의 관찰에 담긴 바른 통찰입니 다: 그는 구약을 하나의 규칙서로 다루지 않았습니다. 대신 그는 폭넓은 이 야기를 그리면서 그의 독자들에게 그 이야기에서 그들 자신의 상황을 찾아보 는 은유적 도약을 시작해 보라고 초대합니다.[31]

어떻게 성경을 이스라엘에 접붙여진 이방인 회중을 위한 종말론적 공 동체-형성의 말씀으로 읽을 것인가에 대한 명백한 의견을 제시함으로써, 고 린도전서 10장은 모든 서신에 나타난 바울의 구약 인용을 지배하는 해석학 적 전제를 드러냅니다. 그러므로 우리는 이 본문을 다른 여러 본문들을 보 다 더 또렷하게 볼 수 있는 렌즈와 같이 사용할 수 있습니다. 한 권의 책으로 는 구약과 묵시적 종말론 사이의 상호작용을 볼 수 있는 고린도전서의 모든 본문들을 검토할 수 없기 때문에, 이러한 모티프들이 나타나는 두 개의 중요 단락들을 살펴보기 원합니다: 서두의 "지혜"에 대한 공격(1:18-31)과 고린도 인들의 잘못에 대한 바울의 첫 번째 구체적인 반응으로 근친상간의 죄를 범 한 남자의 경우입니다(5:1-13).

"내가 지혜 있는 자들의 지혜를 멸하고" (고전 1:18-31)

교회 안에서의 일치를 호소한 후에(1:10-17), 바울은 파벌주의에 대항 하여 길고도 신중한 주장들을 전개하기 시작합니다.[32] 편지의 첫 번째 주요

---

31) Hays, "Role of Scripture," 39-42를 보라. 윤리적 판단에서 성경 담화의 은유적 사용에 관한 폭 넓은 논의를 위해서는 다음을 보라. Hays, *The Moral Vision of the New Testament* (San Francisco: HarperSanFrancisco; Edinburgh: T. & T. Clark, 1997), 298-304. 『신약의 윤리적 비전』(IVP 역간).

32) Margaret M. Mitchell (*Paul and the Rhetoric of Reconciliation: An Exegetical Investigation of the Language and Composition of 1 Corinthians*, HUT 28 [Tübingen: Mohr (Siebeck), 1991])은 고 린도전서가 일치를 호소하는 하나의 통일되고 신중한 저작으로 읽혀져야만 한다는 것을 분명하게 보

단락은(1:18-4:21), 최근 학자들이 설득력 있게 논증하고 있듯이, 당시 유명하던 소피스트학파 수사학(sophistic rhetoric)에 대한 고린도인들의 열광과 그에 따른 그들의 교만과 경쟁을 반대하는 것을 다룹니다.[33] 1장 17절에 나오는 σοφία λόγου라는 문구는 지혜의 유창한 수사학적 표현을 말합니다(참조. 2:4). 매끄럽게 철학적으로 포장된 수사학에 대항하여 바울은 "멸망하는 자들에게는 미련한 것이요 구원을 받는 우리에게는 하나님의 능력인" ὁ λόγος γὰρ ὁ τοῦ σταυροῦ [십자가의 도]를 완전한 대조로 세웁니다(1:18). 이미 이런 대조에서 바울은 모든 인류를 두 개의 그룹으로 구분하는 묵시적 모티프를 소개합니다: 현재의 악한 세대와 함께 멸망당하는 자들과 하나님의 간섭으로 건짐 받는 자들입니다. 구원 받는 자들은 다른 지혜의 빛 안에서 살아가도록 부름 받는데 ─ 십자가라는 충격적인 모습으로 정확하게 정의된 ─ 그 지혜는 고린도인들이 이전에 σοφία [지혜]로 여겼던 모든 것을 전복시킵니다. 바울은 그들의 의식을 이런 묵시적 양식으로 재형성하여, 그들이 그들의 주요 정체성을 고국의 시민 문화에서 지위를 정의하는 기준에 따른 정통성에서 찾기보다 동료 신자들에게서 찾기를 원했습니다.

1:18-3:23에서 논의의 중요한 요소는 여섯 개의 구약 인용구들인데

여 준다.

33) 특별히 다음을 보라. P. Marshall, *Enmity in Corinth: Social Conventions and Paul's Relations with the Corinthians*, WUNT 2, ser. 23 (Tübingen: Mohr [Siebeck], 1987); T. H. Lim, "Not in Persuasive Words of Wisdom, but in the Demonstration of the Spirit and Power," *NovT* 29 (1987): 137-149; S. M. Pogoloff, *Logos and Sophia: The Rhetorical Situation of 1 Corinthians*, SBLDS 134 (Atlanta: Scholars, 1992); D. Litfin, *St. Paul's Theology of Proclamation: 1 Corinthians 1-4 and Greco-Roman Rhetoric*, SNTSMS 79 (Cambridge: Cambridge University Press, 1994); B. W. Witherington III, *Conflict and Community in Corinth: A Socio-Rhetorical Commentary on 1 and 2 Corinthians* (Grand Rapids: Eerdmans; Carlisle: Paternoster, 1995); B. W. Winter, *Philo and Paul among the Sophists*, SNTSMS 96 (Cambridge: Cambridge University Press, 1997). 이 해석은 일찍이 다음 학자들에 의하여 지지받았다. J. Munck, "The Church without Factions: Studies in 1 Corinthians 1-4," in *Paul and the Salvation of Mankind* (Atlanta: John Knox; London: SCM, 1959); L. Hartman, "Some Remarks on 1 Cor 2:1-5," *SEÅ*, 1974, 109-120.

(1:19; 1:31; 2:9; 2:16; 3:19; 3:20), 모두 다 하나님을 심판하며 그의 백성을 구원하기 위하여 인간의 상상을 거부하는 방식을 따라 행동하시는 분으로 묘사하는 단락에서 취하여졌습니다. 따라서 바울은 그의 십자가 복음을 이전의 심판 메시지와 이스라엘의 성경 안에 선포된 은혜와 연결시키고, 자화자찬하는 독자들의 자부심을 문제 삼습니다.

이사야 29:14에서 가져온 첫 번째 인용구(1:19)는 하나님께서 인간의 지혜를 종말론적으로 멸하시는 것을 선포합니다. 바울이 이 인용구를 고른 것은 분명히 이것이 σοφία [지혜]에 대한 하나님의 심판을 선고하기 때문입니다. 바울의 상호텍스트적 연결이 끼치는 영향은 우리가 이사야 29:13-14의 예언을 전체적으로 듣게 될 때 더 분명해집니다.

주께서 이르시되
이 백성이 **입으로는** 나를 가까이하며
입술로는 나를 공경하나
그들의 마음은 내게서 멀리 떠났나니
그들이 나를 경외함은 사람의 계명으로 가르침을 받았을 뿐이라;
그러므로 내가 이 백성 중에
기이한 일 곧 기이하고 가장 기이한 일을
다시 행하리니
그들 중에서 지혜자의 지혜가 없어지고
명철자의 총명이 가려지리라.[34]

---

34) 사 29:13-14 NRSV, 강조가 추가됨. 바울이 29:14b을 인용한 것은 마지막 단어를 제외하고는 칠십인경을 정확히 따른다. 거기서 그는 κρύψω 대신에 ἀθετήσω를 쓴다. Stanley가 주목했듯이(*Paul*, 186), 이것은 하나님의 책망하는 행동에 관한 묘사를 강화하기 위한 바울의 수정이다.

이사야 본문은 신랄하게 σοφία를 "립 서비스"(lip service)와 연결시키는데, 그것은 순전히 말뿐인 경건으로 ― 그것은 바울이 1:18-31에서만 아니라, 편지 내내 고린도인들을 호되게 책망하는 이유가 되었습니다. 게다가 이사야 29:14a에서는 하나님이 "기이하고 가장 기이한" 일을 행하여 "지혜자의 지혜"를 없애시겠다고 합니다. 정확하게 이제 바울이 하나님께서 인간의 지혜를 전복시키기 위하여 예수의 불명예스러운 십자가 죽음을 사용하셨다고 선포할 때 그러합니다. 실제로 고전 1:18에서 바울이 τοῖς ἀπολλυμένοις [멸망하는 자들]이라는 문구를 선택한 것은 이사야 인용구에 있는 강한 동사 ἀπολῶ [멸할 것이다]를 예상합니다. 이러한 이유로 우리는 아마도 이 분사를 올바른 수동태 구문으로 읽어야 할 것입니다: 십자가를 미련한 것으로 여기는 자들은 단지 "멸망하는 자들"일뿐 아니라 실제로 **하나님에 의하여** "파괴되는 자들"입니다. 하나님의 종말론적 심판은 정확하게 그들이 하나님이 행하시는 구원을 전혀 이해하지 못할 때 그 효력을 발휘하게 됩니다(가까운 병행구절로 롬 1:18-32를 보시기 바랍니다).

여기서 우리는 바울이 다시금 고린도인들이 변증법적인 "이미/아직"의 종말론 사고체계 안에서 현실을 인지하도록 가르치기 위하여 애쓰는 것을 봅니다. 하나님은 이미 인간 지혜의 낡은 질서를 뒤흔드는 묵시적 사건인 십자가의 어리석음을 통하여 지혜 있는 자들을 부끄럽게 하셨습니다. σοφός [지혜 있는 자]와 γραμματεύς [선비]와 **이 세대의** 변론가는 모두 십자가에 의하여 효과적으로 폐하여졌습니다(고전 1:20; 참조. 1:28: καταργήσῃ). 그러므로 "이 세대"는 더 이상 힘이나 관련성이 없습니다. σοφία λόγου [말의 지혜]를 여전히 높게 평가하는 고린도인들은 하나님께서 그것의 권위를 그들의 상징적인 세계에서 실추시키셨다는 사실을 인지하지 못하는 것입니다. 반면에, 1:18의 현재 분사 ἀπολλυμένοις [멸망하는]와 σῳζομένοις [구원을 받는]는 바울이 종말론적인 시나리오의 전개가 아직은 완성된 것이 아니고 여전히 진행 중인 것으로 여긴다는 것을 보여 줍니다.

바울이 "십자가의 말"에 관한 그의 설명을 성경의 인용(1:19)으로 소개한 것이 단순히 우연일 수 있겠습니까? 바울이 요구하는 상상력의 전환은 σοφία [지혜]를 하나님의 심판에 관한 **성경의** 뼈대 안에 놓게 될 때 자라게 됩니다: 성경에 비추어서, 바울은 고린도인들에게 수사학을 소중히 여기는 그들의 가치관을 재평가하기를 요구합니다. 바울은 이사야 29장 14절을 하나님께서 늘 인간의 지혜를 어떻게 보시는지 알려 주는 일반적인 격언으로 단순하게 읽지 않습니다. 그보다, 이 주장은 이사야에 의하여 예언되었던 하나님의 변화를 일으키는 활동이 예수의 십자가에서 **이제 일어났다**는 바울의 확신으로부터 특별한 힘을 얻습니다. 그 결과, 바울과 그의 독자들은 이제 이사야의 말들을 단순히 오래전 유대 지도자들에 대한 심판으로서만 읽을 것이 아니라, 고린도인들의 수사학적 허세에 대한 고발로서 — 동시에 십자가의 말씀을 따라 살지 않는 자들을 위하여 "주 예수 그리스도의 날"(고전 1:8)에 임하는 멸망에 대한 경고로서 — 읽어야 하는 새로운 종말론적 상황에 서 있는 것입니다.

바울이 초점을 이사야 29장에서 다른 성경 본문으로 옮기는 1:26-31에서 성경의 재평가에 대한 요청은 더욱 뚜렷하게 나타납니다: "자랑하는 자는 주 안에서 자랑하라." 이 본문은 일반적으로 렘 9:24 (= 렘 9:23 LXX) 말씀과 같다고 알려졌는데, 로스 와그너(J. Ross Wagner)는 똑같이 좋은 사례가 매우 유사한 본문인 열왕기1서 2:10 LXX (= 삼상 2:10)의 인용 자료에서 찾을 수 있다고 최근에 주장했습니다.[35] 다행히도 우리는 고전 1:26-31의 배경으

---

35) J. R. Wagner, "'Not beyond the Things Which Are Written': A Call to Boast Only in the Lord (1 Cor 4.6)," *NTS* 44 (1998): 279-287. 이 가능성은 Koch (*Schrift als Zeuge*, 35-36)와 Schrage (*Der Erste Brief an die Korinther*, 1. Teilband, EKKNT 7/1 [Solothurn and Düsseldorf: Benziger; Neukirchen-Vluyn: Neukirchener, 1991], 205)가 언급했지만, Stanley (*Paul*, 186-188)는 못 보고 지나쳤다.

로 이 두 가지 구약 본문 중에서 하나를 골라야만 하는 것이 아닙니다. 중요한 저작은 종종 이전의 다양한 작품들의 반향을 섞습니다. 두 본문 다 바울의 주장을 위한 풍성한 언외의 의미들을 공급합니다.

고전 1:26에서 고린도인들이 부르심을 받기 전 그들의 낮은 사회적 지위에 대한 세 번의 언급은 ("지혜로운 자[σοφοί]가 많지 아니하며 능한 자[δυνατοί]가 많지 아니하며 문벌 좋은 자[εὐγενεῖς]가 많지 아니하도다") 렘 9:22 LXX에 나오는 삼중의 경고를 반영합니다: "지혜로운 자(σοφὸς)는 그의 지혜를 자랑하지 말라, 용사(ἰσχυρὸς)는 그의 용맹을 자랑하지 말라, 부자(πλούσιος)는 그의 부함을 자랑하지 말라."[36] 예레미야서 안에서 이 경고는 심판 예언들이 이어지는 배경 안에서 나옵니다: 백성이 거짓말, 악, 억압, 그리고 우상숭배에 빠져 있기 때문에, 하나님의 심판이 예루살렘과 유다에 다가옵니다(렘 8:3-9:26). 이 단락에서 반복되는 주제는 스스로를 "지혜롭다"고 주장하는 백성이 곧 하나님의 심판을 당하리라는 것입니다 (예를 들어, 8:9: "지혜롭다 하는 자들은 부끄러움을 당하며 두려워 떨다가 잡히리라. 보라 그들이 여호와의 말을 버렸으니 그들에게 무슨 지혜가 있으랴?"). 이 단락은 렘 9:23-24에서 모든 자랑하는 자를 경고하면서 하나님이 "한결같은 사랑과 정의와 공의를 이 땅에" 행할 것임을 다시 확인하는 가운데 절정에 이릅니다. 만약 바울이 이 단락을 염두에 두었다면, 그는 하나님이 이제 지혜 있는 자들과 강한 것들을 부끄럽게 하셨다는 (τοὺς σοφοὺς와 τὰ ἰσχυρά, 고전 1:27) 그의 선포에서 예레미야의 충고를 다듬었을 것이고, 렘 9:24을 간결한 격언으로 압축시켰을 것입니다: "자랑하는 자는 주 안에서 자랑하라."[37] 이런 성경의 인용은 — 바울이 성경해석학적으로 그것

---

36) 다음을 보라. G. R. O'Day, "Jeremiah 9:22-23 and 1 Corinthians 1:26-31: A Study in Intertextuality," *JBL* 109 (1990): 259-267.

37) 단축된 똑같은 인용문이 동일한 형식으로 인용 문구 없이 고후 10:17에 나타난다. 이것은 바울이 그 문장을 성경 인용문으로 여기지 않는다는 것을 보여 준다기보다, 그가 그것을 — 그가 고후 10-13장을 쓸 당시 — 그의 독자들에게 완전히 익숙한 것으로 간주했다는 것을 보여 준다. 만일 내가 "온유

을 재형성한 것같이 — 본래 종말론적인 심판에 대한 경고입니다.

반면에, 만약 바울이 삼상 2:10 LXX을 생각했다면, 그는 가난한 자와 짓밟힌 자의 운명을 역전시켜 주시는 하나님을 찬양하는 한나의 찬송을 암시했을 것입니다. 종말론적 심판의 주제가 여전히 있지만, 강조점은 하나님의 은혜로 인한 놀라운 반전에 더 맞춰져 있습니다. 이 모티프는 고전 1:18-31의 기본 주제인 십자가의 어리석음을 통한 역설적인 지위 반전에 관한 바울의 주해와 공명합니다. 한나의 노래 전체는 우리가 언변에 매료된 고린도인들을 책망하는 바울의 말을 들을 때 긴 공명을 남깁니다. 삼상 2:3 LXX에 있는 다음의 권면을 생각해 보시기 바랍니다: "자랑하지 말고 (μὴ καυχᾶσθε) 교만한 말을 하지 말라; 호언장담(μεγαλορημοσύνη)을 너희의 입에서 내지 말지어다, 왜냐하면 여호와는 지식의 하나님이시기 때문이고, 하나님은 그의 계획을 준비하신다." 이 단락이 바울의 편지 의도에 적절하다는 것은 설명이 필요 없습니다. 마지막으로 주 안에서 자랑하라는 삼상 2:10 LXX의 권면의 절정은 사실상 렘 9:24 병행구절과 사실상 동일합니다: ἀλλ' ἢ ἐν τούτῳ καυχάσθω ὁ καυχώμενος, συνίειν καὶ γινώσκειν τὸν κύριον. [자랑하는 자는 이것으로 자랑할지니, 곧 명철하여 주를 아는 것과]

어떤 비평가들은 바울이 고전 1:31에서 어떤 구약 배경에 관한 직접적인 인식 없이 초대 기독교에 잘 알려진 격언을 단순히 인용한 것이라고 주장합니다. 그렇지 않다면 어떻게 그가 렘 9:22 (LXX)을 명시적으로 인용하는 기회를 놓칠 수 있었겠냐고 (μὴ καυχάσθω ὁ σοφὸς ἐν τῇ σοφίᾳ αὐτοῦ) 그들은 주장합니다.[38] 저는 이런 종류의 사고는 문학적 암시(literary allusion, 간접 인용,

---

한 자는 복이 있나니 그들이 땅을 기업으로 받을 것임이요"를 설교에서 인용하거나 바꾸어 말한다면, 나는 회중들에게 내가 예수님의 말씀을 인용하는 것이라고 설명하기 위하여 인용 문구를 삽입할 필요가 없다.

38) Koch, *Schrift als Zeuge*, 36; T. Holtz, "Zum Selbstverständnis des Apostels Paulus," *TLZ* 91 (1966): 326.

인유)의 수사학적 효과를 거부하는 우리 조합(guild)의 특징을 순전히 드러내는 것이라고 생각합니다. 암시(allusions)는 그것이 가장 덜 명시적일 때 가장 강력합니다. 설령 일부 독자들이 메타렙시스를 인식하는데 느리다 해도 이것은 여전히 참됩니다. 바울의 주장은 구약의 반향이 있든지 또는 없든지 그 표면적 의미 차원에서는 완벽히 이해될 수 있습니다.[39] 하지만 이러한 인용들이 담긴 구약의 원래 배경을 엿듣는 독자들은 그러한 청취를 통해 훨씬 더 깊은 영향을 받게 됩니다.

두 가지 경우 모두 우리는 바울이 다시 한 번 구약을 가져와서 고린도인들의 공동체 정체성을 재형성하기 위하여 애쓰는 모습을 봅니다. 그는 상상력을 가지고 고린도의 σοφοί [지혜 있는 자들]을 이사야와 예레미야의 예언적 말씀에 의하여 경고 받았던 이스라엘과 유다의 "지혜롭고" 자랑하기 좋아하는 지도자들의 역할에 투영하였습니다. 그 지도자들처럼 고린도인들은 다가오는 하나님의 심판에 관한 경고와 그들의 길을 바꾸라는 요구 아래 서 있습니다. 이스라엘에게 주신 하나님의 말씀을 마치 그들 자신에게 하나님이 직접 하신 것처럼 들어야만, 그들은 바울의 편지에 합당하게 반응할 수 있습니다. 더 나아가 성경이 ὁ καυχώμενος ἐν κυρίῳ καυχάσθω [자랑하는 자는 주 안에서 자랑하라]고 말할 때, 바울은 κύριος [주]가 κύριος Ἰησοῦς Χριστό [주 예수 그리스도]라고 이해합니다. 따라서 바울이 그들에게 "주 안에서 자랑하라"고 말할 때, 그는 고린도인들에게 그들의 자기 인식과 행위를 성경이 가리키는 대상인 십자가에 못 박힌 예수 그리스도에 비추어서 재형성하라고 요구하는 것입니다.

---

39) Lindemann ("Schrift als Tradition," 205)은 논평한다: "[D]ie Tatsache, dass es sich um ein Schriftwort handelt, hat für den Inhalt der Aussage von 1,31 kein grundsätzlich entscheidendes Gewicht." ["이것이 기록된 말씀이라는 사실은 1:31의 진술 내용에 있어서 근본적인 중요성을 갖지 않는다."]

만약 논쟁하기 좋아하는 고린도인들에게 성경의 기준에 따라 그들 자신을 재평가하라고 요구하는 데 바울의 주장이 근본적으로 맞춰져 있다는 것이 옳다면, 고전 4:6에 나오는 표어 μὴ ὑπὲρ ἃ γέγραπτα [기록된 말씀 밖으로 넘어가지 말라]의 의미에 대한 논란은 더 이상 없어야만 합니다. 이것은 바울이 우쭐거리는 고린도인들에게 교만에 대한 성경의 경고들을 위반하지 말라고 가르치기 위해 노력하는 것을 말합니다. 그는 이러한 목표를 마음에 두고 자신과 아볼로에 관한 폭넓은 synkrisis [비교 대조법]을 해 준다(3:5-4:5). 와그너(Wagner)는 어떻게 1:18-4:21의 주장 전체가 자랑에 대한 성경적 경고에 초점을 맞추는지 설명하는데, 그 교훈을 강화하기 위한 성경 인용구가 두 개나 더 나온 후(욥 5:13 그리고 시 93:11 LXX) 3:21에서 그 부분이 명시적으로 반복됩니다.[40] 고전 2:9, 2:16, 3:19 그리고 3:20의 구약 인용에 관한 더 철저한 조사는 단지 이 점을 강조할 뿐입니다: 바울은 그의 독자들이

---

40) Wagner, "Not Beyond," 283-285. Wagner의 주장은 Morna Hooker가 말하는 다음 해석을 더 좋게 만들고 지지한다. Morna Hooker, "'Beyond the Things Which Are Written': An Examination of 1 Cor. IV.6," NTS 10 (1963): 127-132. 고전 4:6에 관한 다른 두 개의 학회 간행물 글이 Wagner의 소논문과 사실상 동시에 출판되어 나왔다. 그것들 중 하나는 (R. L. Tyler, "First Corinthians 4:6 and Hellenistic Pedagogy," CBQ 60 [1998]: 97-103) 바울에 의해 인용된 그 표어가 아이들이 그들의 선생님이 쓴 문자들을 베낌으로써 글자 쓰기를 배웠다는 관례를 언급한다는 가설을 (B. Fiore와 J. Fitzgerald를 따라서) 되풀이한다: μὴ ὑπὲρ ἃ γέγραπτα는 "그 선 안에 머물러 있고, 선생님의 본보기를 정확히 따르라." 이 해석은 문맥에서 어느 정도 뜻이 통하지만, 고대 교육학 관습에서 이 특별한 표어가 사용된 다른 예가 없다는 사실을 고려하는 것에는 실패한다; 더 강력히 말하면, 그것은 바울이 다른 곳에서 예외 없이 구약에 기록된 것을 언급하기 위하여 γέγραπται을 사용한다는 사실을 충분히 고려하는 데 실패한다. (Goulder의 번역은, "그 성경과 단지 성경뿐인" ["ΣΟΦΙΑ in 1 Corinthians," 519], 그 동사의 의미론적 분야를 올바로 식별하였지만, 역사적 상황에 대한 그의 해석은 설득력이 없다.) 동시에 발간된 다른 글은 (J. C. Hanges, "1 Corinthians 4:6 and the Possibility of Written Bylaws in the Corinthian Chruch," JBL 117 1998): 275-298) 교회 회중의 삶을 다스리기로 되어 있는 기록된 규칙들의 알맹이를 바울이 가리키고 있다는 결론을 내놓는다. 이것은 극도로 설득력이 없다: 만약 그러한 "교회 부칙들"이 존재했다면, 왜 이 서신이나 다른 바울의 서신에서 그것들에 관한 언급이 하나도 없는 것일까? 자랑하지 말라는 말씀을 어기는 것에 대한 경고가 문맥에서 가장 뜻이 통한다는 Wagner의 논증을 고려하여, 그리고 서신의 이 단락 두루 바울의 논증에서 성경 인용이 가지는 중심적인 역할 때문에, 나는 이 논쟁이 해결되었다고 간주한다.

그들의 삶을 종말론적으로 해석된 성경에 비추어 해석할 수 있도록 가르쳐서 그들의 사고를 다시 세우려고 노력한다는 것입니다.

이 점은 우리를 추가적인 지식으로 이끕니다. 만약 바울이 고린도인들로 하여금 종말론적인 용어로 생각할 수 있도록 그들을 가르치려고 애썼다면, 그들이 "과대 실현된 종말론(overrealized eschatology)"[41]을 가지고 있었다고 가정하는 것은 전혀 이치에 맞지 않습니다. 과대 실현된 종말론 가설은

---

41) 현대 학계에서 이 개념은 1931년에 처음 출판된 von Soden의 소논문 "Sakrament und Ethik bei Paulus" (위 각주 25)에서 비롯된다. 고린도인들을 "überspannte Enthusiasten des Pneumaglubens,"["성령론을 지나치게 열광하는 지지자들"]로서 이해하려는 von Soden의 제안으로 무엇을 할 수 있든지 간에, 그들의 열광주의는 실현된 종말론에 뿌리를 둔다는 그 제안에 대한 주해적 근거는 몹시 빈약하다. 예를 들어, 15:12은 몇몇 고린도인들이 부활을 이미 지나간 것으로 믿었음을 의미하는 것으로 해석되어야만 한다는 von Soden의 제안은 — 뒤이은 학자들에 의하여 지속적으로 인용이 되는데 — 단 하나의 각주에서 어떤 주해적 논증도 없는 텅 빈 주장으로 나타난다(259-260 n. 28). 이 주장은 J. Schniewind ("Die Leugner der Auferstehung in Korinth," in *Nachgelassene Reden und Aufsätze* [Berlin: Töpelmann, 1952], 110-139)에 의하여 보다 더 충분히 논증되는데, 거기서 Schniewind는 고린도인의 입장과 후기 영지주의 자료들 간의 연속성을 주장한다. 고린도인들을 실현된 종말론을 가진 "영지주의자들"로 묘사하는 것은 Bultmann의 *Theologie des Neuen Testaments* (Tübingen: Mohr [Siebeck], 1953), 168에서 "정경화"되었다. 영어권 세계에서 이 가설은 Bultmann의 번역을 통하여, Käsemann의 번역된 소논문들을 통하여 (특별히 "On the Subject of Primitive Christian Apocalyptic," in *New Testament Questions of Today* [Philadelphia: Fortress, 1969], 108-137), C. K. Barrett의 주석을 통하여 (예를 들어, 109), 그리고 J. M. Robinson and H. Koester, *Trajectories through Early Christianity* (Philadelphia: Fortress, 1971), 30-40, 148-152를 통하여 영향력을 끼쳤다. 이 가설을 주해적으로 변호하기 위한 가장 체계적인 시도는 A. C. Thiselton이 "Realized Eschatology at Corinth," *NTS* 24 (1977/78)에서 하였다. 그러나 사실 Thiselton의 주장은 **바울**이 그의 논증에서 고린도인들의 행동을 교정하기 위하여 미래의 종말론에 호소한다는 것을 반복하여 보여 주는 것에 의존한다; 하지만 이것은 고린도인들이 **실현된** 종말론을 가지고 있었다는 것을 증명하지 않는다! 이것은 단지 바울이 어려움을 가지고 그들이 종말론적인 범주 안에서 생각하도록 가르치려고 노력한다는 것을 보여 줄 뿐이다. 더 후대의 주석가들은 이 가설이 고린도의 영지주의에 관한 있음직하지 않은 설명에 근거하고 있음을 인식하고, 무르익은 가설에서 조심스럽게 물러나 고린도인들이 "영적인 종말론"(spiritualized eschatology)을 가졌다고 조심스럽게 더 말한다 (Fee, *First Epistle*, 12 and passim). 또한 다음을 보라. Schrage, *Der erste Brief an die Korinther*, 1:38-63. 이 가설에 관한 논쟁의 역사를 유용하게 개관한 것은 다음을 보라. Kuck, *Judgment and Community Conflict*, 16-31; G. Sellin, *Der Streit um die Auferstehung der Toten: Eine religionsgeschichtliche und exegetische Untersuchung von 1 Korinther 15*, FRLANT 138 (Göttingen: Vandenhoeck & Ruprecht, 1986), 15-37.

단지 이 편지에서 가장 희박한 증거에 기댈 뿐입니다. 그 한 가지 증거에 해당하는 예가 고전 15:12인데, 바울의 표현에 의하면 부활을 부인하는 일부 고린도인들은 이미 그들이 그것을 경험했다고 사실상 주장했다는 것입니다 (딤후 2:17-18에서 유추하여). 이런 길고 복잡한 해석은 바울이 고린도인들의 진짜 의견들을 오해했거나 잘못 전했다는 가정을 우리에게 요구하는데, 이런 주장은 최근의 많은 연구들에 의하여 결정적으로 그 토대가 허물어지고 있습니다.[42] 과대 실현된 종말론 가설을 위하여 외관상 더 강한 본문 근거는 고전 4:8으로, 거기서 바울은 고린도인들에게 질책의 역설적 말들을 쏘아 댑니다: "너희가 이미 배부르며, 이미 풍성하며, 우리 없이도 왕이 되었도다." 그러나 많은 학자들이 지적하듯이, 이러한 지위의 특성은 의심할 여지없이 고린도인들의 자기 묘사인 반면, 문구 χωρὶς ἡμῶν [우리 없이도]가 고린도인들의 자랑에 관한 바울 자신의 역설적인 해설인 것처럼, 부사 ἤδη [이미]가 보여 주는 시간적 틀은 그들의 것이 아니라 바울 자신의 관점을 드러내는 것입니다.[43]

---

42) 그중에서도 다음이 주목할 만하다: B. Pearson, *The Pneumatikos-Psychikos Terminology in* 1 *Corinthians*, SBLDS 12 (Missoula, Mont.: Scholars, 1973); Sellin, *Der Streit um die Auferstehung*; A. J. M. Wdeerburn, *Baptism and Resurrection*, WUNT 44 (Tübingen: Mohr [Siebeck], 1987); M. C. De Boer, *The Defeat of Death*: *Apocalyptic Eschatology in 1 Corinthians 15 and Romans 5*, JSNTSup 22 (Sheffield: Sheffield Academic Press, 1988); and Kuck, *Judgment and Community*, 특별히 214-220.

43) R. A. Horsley, "'How Can Some of You Say That There Is No Resurrection of the Dead?' Spiritual Elitism in Corinth," *NovT* 20 (1978): 203-205; Sellin, *Der Streit um die Auferstehung*, 24-25; D. Doughty, "The Presence and Future of Salvation in Corinth," *ZNW* 66 (1975): 61-90; M. A. Plunkett, "Sexual Ethics and the Christian Life: A Study of 1 Corinthians 6:12-7:7" (Ph.D. diss., Princeton Theological Seminary; Ann Arbor: University Microfilms, 1988), 116-118. 특별히 Kuck (*Judgment and Community Conflict*, 214-220)의 설득력 있는 논의를 보라. 거기서 Kuck는 Horsley를 따라서 4:8의 단어들은 "고린도인들의 사고방식에 관한 바울 자신만의 *reductio ad absurdum*(귀류법)"이라고 주장한다. 이러한 표현들은 "그들이 자신들은 바울이 여전히 기다리는 종말을 이미 경험했다고 생각했음을 뜻하는 것이 아니라, 그보다 그들이 자신들은 바울보다 더 빨리 성숙으로 나아갔다고 생각했음을 뜻한다. 바울은 그들이 그들의 스승을 영적으로 그리고 윤리적으로 넘어섰다고 생각

모든 것을 소유하고 자급자족할 수 있으며 왕답게 되는 것은 스토아학파와 견유학파의 사상 중 두드러진 특징이었습니다. 두 가지 익숙한 예를 들면 충분할 것입니다: 에픽테투스(Epictetus)에 의하면, 진정한 견유학파는 다음과 같이 말할 수 있습니다. "그 누가 나를 바라볼 때, 그가 그의 왕과 주인을 보고 있다고 느끼지 않을 수 있겠는가?"(*Dissertationes* 3.22.49). 또는 다시 플루타르쿠스(Plutarch)가 빈정대며 말하는 것을 들을 수 있습니다. "하지만 사람들은 스토아학파가 그들의 학파 안에서 σοφός가 슬기롭고 정의로우며 용감할 뿐만 아니라, **웅변가**, 시인, 장군, **부자**, 그리고 **왕**이라고 불리는 것을 들을 때 그들이 조롱한다고 생각한다; 그리고 그때 그들은 이러한 모든 칭호들을 그들이 받기에 합당하다고 여기면서, 만약 그들이 그런 칭호들을 받지 못하면 분해 한다"(*De tanquillitate animi* 472A, 강조표시 첨가됨). 당연히 스토아학파나 견유학파가 이러한 견해를 갖게 된 것은 종말론적 열광주의가 지나쳐서가 아니었습니다! 대신 그들은 우월한 철학적 지식과 개인적 수양을 주장했습니다. 고린도인들이 다를 거라고 생각할 이유는 전혀 없습니다; 그들은 단순하게 그러한 태도들을 그들 주위에 있는 유명한 철학자들과 웅변가들로부터 흡수하였고, 그것들에게 "세례를 베풀어" 기독교 담화로 만들었습니다. 그들의 자세에 기가 막혔던 바울은 그러한 과시적 주장들에 대하여 신학적 영향력을 끼치기 위해서 묵시적인 근거들에 계속 호소함으로써 반응합니다.

그들의 자랑이 잘못된 이유는 그것이 너무 이르게 종말론적 성취를 주장해서가 아니라, 종말론을 생각할 여지를 전혀 남겨 두지 않기 때문입니다. 그것은 어리석게도 모든 인간의 행동이 주님의 최후 심판 아래 서게 된다는 사실을 망각합니다. "그가 어둠에 감추인 것들을 드러내고 마음의 뜻을 나타

하는 것에 대하여 그들을 빈정대는 말투로 비난한다"(216). 이것은 왜 바울이 9-13절에서 자신의 고난에 대한 논의로 넘어가는지를 설명한다; 특별히 10절의 반어적인 *synkrisis*[비교 대조법]을 보라.

내시리니"(4:5). 심판을 하고 보상을 베풀 힘을 지닌 자는 오직 하나님 한 분이십니다. 그러나 지금 이 시대 그리스도인의 삶은 십자가의 이적 아래서 살아가는 것이며, 바울은 그것을 자신의 사도적 고난으로 보여 주었습니다(4:9-13).

만약 바울이 고린도인들의 과대실현된 종말론을 바로잡으려고 했다면, 그가 나중에 고후 6:2에서 "지금은 구원의 날이로다"라고 쓴 것은 터무니없는 목회적 실수를 범한 것이었습니다. 바울이 십자가와 재림 사이에 현재의 실존을 두는 묵시적 담화(참조. 고전 11:26) 안에서 그들의 정체성을 — 그들 현지 문화의 비종말론적 사고들로 형성된 — 재정의하려던 것을 인식한다면 우리는 고린도전서를 이끄는 쟁점들에 대하여 보다 많은 통찰력을 얻게 됩니다. 그 중간 기간 동안 바울은 이방 고린도인들에게 그들의 행동을 성경의 권면에 맞춰 형성할 것과, 종말론적인 이스라엘처럼 행동할 것을 요청합니다. 바울은 그들이 종말론적 이스라엘인 것을 믿었습니다.

"묵은 누룩을 내버리라" (고전 5:1-13)

마지막으로 고전 5장을 간략히 살펴보면 성경과 종말론에 대한 바울의 호소가 어떻게 교회를 향한 그의 행동 강령 형성에 작용했는지 명확히 나타납니다.

근친상간에 연루된 한 남자를 치리하지 못한 고린도교회를 바울이 꾸짖기 시작할 때, 그는 이런 종류의 πορνεία [음행]은 심지어 ἐν τοῖς ἔθνεσιν [이방인] 중에도 찾을 수 없다고 탄식합니다(5:1). 다시 한 번, 12:2에서와 같이, 이런 표현은 그가 그의 이방 고린도인 회심자들을 더 이상 ἔθνη [이방인]의 범주에 속하는 것으로 여기지 않는다는 것을 의미합니다. 바울이 이런 문제의 행위를 심지어 이방 도덕률에 대한 위반으로 보기는 하지만, 그것은 또한, 더 구체적으로는, 유대 율법에 대한 위반입니다. 가장 직접적으로 관련 있는 본문은 신 27:20입니다: "그의 아버지의 아내와 동침하는 자는…저주를 받을 것이라"(신 23:1[22:30]; 레 18:8; 20:11도 보기 바랍니다). 바울은 구약의 근거를 인용하지 않는데, 아마도 그가 이 사항에 대해 주장할 필요를 느끼지 못하기 때문일 것입니다; 그는 이런 행동이 그의 이방인 회심자들에게는 자명하게 혐오감을 불러일으켜야 한다고 생각했습니다. 그럼에도 불구하고, 범죄자가 이스라엘의 언약 율법을 위반했다는 사실은 바울의 반응을 이해하는 데 매우 중요하다는 것이 드러납니다. 그가 공동체에 지시하는 내용(고전 5:13)은 신명기에서 공동체를 우상 숭배나 눈에 띄는 부정으로 이끄는 범죄자에게 사형 판결을 내리기 위하여 반복적으로 사용되는 말씀을 인용한 것입니다: ἐξάρατε τὸν πονηρὸν ἐξ ὑμῶν αὐτῶν.[44] [이 악한 사람은 너희 중에서 내쫓으라.] 대부분의 주석들은 네슬-알란트 성경 난외주를 따르는데, 우상 숭배자를 돌로 치라고 명령하는 신 17:7의 인용으로 표시합니다. 이것과 바울이 말하는 상황 간에 관련성이 없어 보이기 때문에, 소수의 주석가들은 구약의 인용구가 바울의 주장에 어떠한 중요성도 없다고 봅니다.[45]

하지만, 똑같은 말씀의 관용어구가 신명기의 다른 배경들에서 나타나는 것을 우리가 인식한다면, 우리는 사형 판결을 받는 범죄 가운데 하나가

---

44) 이 정형화된 문구는 작은 변화와 함께 신 13:5; 17:7, 12; 19:19; 21:21; 22:21, 22, 24; 24:7에서 나타난다. 17:12과 22:22에서 그것은 ἐξαρεῖς τὸν πονηρὸν ἐξ Ἰσραήλ로 쓰여 있다. 바울의 인용문에서 그는 칠십인경의 ἐξαρεῖς를 ἐξάρατε로 바꿈으로써 그 동사를 고린도인들의 상황을 말하기 위하여 맞춘다. 바울은 교회가 실제로 범죄자에게 사형 집행하는 것을 마음에 그리지 않았음이 강조되어야만 한다; 그는 그 문구가 범죄자를 공동체로부터 추방시킬 것을 명령한다고 재해석하며, 이 점에 있어서 제2성전기 유대교의 이러한 본문들에 관한 일반적인 해석과 비교한다 (W. Horbury, "Extirpation and Excommunication," *VT* 35 [1985]: 13-38을 보라).

45) 다시 한 번, Stanley는 그 구절을 다루지 않는데, 왜냐하면 바울이 그 인용문을 인용 문구로 시작하지 않기 때문이다. *Echoes* (97)에서 나 역시 고전 5:13을 신 17:7의 인용으로 취급하는 관행을 따랐다. 여기에 설명된 이유들로 인하여, 나는 이제 이런 인식을 부정확한 것으로 간주한다; 더 관련이 있는 선행 본문은 신 22:22-23:1이다.

간음이라는 사실을 지나칠 수가 없을 것입니다. 모세는 신 22:22, 24에서 간음자들에 대한 사형을 정하면서 그때 정결을 위해 기도합니다: ἐξαρεῖς τὸν πονηρὸν ἐξ Ἰσραήλ/ἐξ ὑμῶν αὐτῶν. [이스라엘 중에/너희 가운데에서 악을 제할지니라.] 정확히 이 근접 문맥 안에서 우리는 아버지의 아내를 "취하는 것"을 금지하는 계명을 찾을 수 있습니다(23:1[22:30]).[46] 모세오경을 완전히 아는 모세가 고린도인이 행한 근친상간 사건을 신 27:20과 23:1에 나온 율법에 대한 위반으로 분류했다는 것은 즉시 쉽게 추론할 수 있습니다. 이런 범죄를 이렇게 분류한 다음, 그는 그것과 연관된 신 22장의 처벌을 요구하면서 신명기의 관용어구를 교회에 대한 직접적인 명령으로 인용합니다. 이것은 바울이 왜 그 범죄자에게 "육신은 멸하는" 철저한 징계를 내리라고 요구하는 것이 필요하다고 느꼈는지를 설명하는 데 도움을 줍니다(5:5). 따라서 고전 5:13을 신 17:7의 인용문으로 간주하기보다, 우리는 신 22:22-23:1을 그 배후에 숨은 말씀으로 보아야만 합니다.[47]

이런 분석은 다시 한 번 바울이 그의 이방인 고린도 독자들을 이제 이스라엘의 언약 특권과 의미들을 공유하는 방식으로 이스라엘 안으로 흡수된 자들로 생각한다는 것을 증명합니다. 고전 5:13의 드러나지 않는 인용문은 비유적으로 고린도인들을 이스라엘의 입장으로 옮겨 주는 하나의 은유로서 작용하며, 모세는 그 이스라엘을 향해 "이스라엘아 오늘 내가 너희의 귀에 말하는 규례와 법도를 들으라"고 선포하였습니다(신 5:1). 바울은 모세오경

---

46) 많은 번역본들은 신 23:1과 이전 문맥과의 연결을 알아보고 그것을 신 22:30로 장절을 매긴다.

47) 이 분석은 다음을 따른다. B, S. Rosner, *Paul, Scripture, and Ethics: A Study of 1 Corinthians 5-7*, AGJU 22 (Leiden: Brill, 1994), 82-83. (Rosner [61-93]는 고전 4장에 대한 다른 가능성 있는 성경 배경들에 관한 폭넓은 논의를 제공한다.) 바울이 그 문구를 "이 악한 사람은 ἐξ ὑμῶν αὐτῶν[너희 중에서] 내쫓으라"고 하고 "ἐξ Ἰσραήλ[이스라엘 중에서]라고 하지 않는 것은 특별한 중요성을 갖지 못한다. 그는 단지 그 문구가 신명기에서 아홉 번 나온 것 중에서 일곱 번 나타난 대로, 23:1과 가장 가까운 경우로서 22:24을 포함하여, 인용하고 있을 뿐이다. 그 두 문구들은 동의어이며, 바울이 이 언어를 고린도의 회중에 대하여 은유적으로 전이하는 것을 이해하는 데 있어서 중요하다.

전체가 이 이방인들에게 구속력이 있다고 생각하지는 않았지만 (그것은 따로 다뤄야 할 문제입니다),[48] 그럼에도 불구하고, 그는 성경의 언어를 사용하여 그들을 언약 공동체 안의 참가자라고 불렀습니다. 그는 그들의 의식을 새롭게 만들려고 애썼는데, 그럼으로 그들이 자신들의 공동체가 거룩해지기 위하여 공동의 책임을 질 수 있기를 원했습니다; 그는 성경을 가지고 그들을 이스라엘로 부름으로써 이것을 행했습니다.

이런 수사학적 장치가 너무 미묘한가요? 고린도인들은 구약 인용이 속한 본래의 문맥을 알아차리지 못하지 않았을까요? 이 단락의 한 가지 특징은 바울이 모세오경에 호소하는 것이 그의 고린도 독자들에게 전혀 소용없지는 않았다는 것을 암시합니다. 바울은 6-8절에서 한 번 더 공동체의 자랑을 질책하고 유월절 이야기를 은유로 사용하면서 공동체 훈육에 대한 필요를 다시 말합니다. 그리스도께서 유월절 양으로 죽임당하셨기 때문에, 그는 지금이 밀가루 반죽을 정결하게 할 때이고, 집에서 모든 누룩을 내버림으로 무교절 절기를 온전히 기념할 때라고 말합니다(출 12:14-15).

이러한 은유를 바울이 사용하는 데 있어서 매우 놀라운 점은 바울이 이것을 거의 설명하지 않는다는 것입니다. 그는 출애굽기 12장을 인용하지 않고, 예수를 유월절 양과 연결시키는 그의 놀라운 기독론적 예표론에 대하여 설명하지 않으며, 그리고 절기 준비를 위하여 집에서 모든 누룩을 제거하는 유대 관습에 대하여도 설명하지 않습니다. 그러나 그는 그의 독자들이 이 논증을 이해하리라고 기대하는 것으로 보입니다. 우리는 이것을 어떻게 평가해야 할까요? 이것은 단순히 수사학적 계산 착오이고 실패한 의사소통 행위일까요? 또는 바울이 디모데와 같은(고전 4:17) 그의 사절들이 이 단락을 고린도인들에게 설명해 주기를 기대했을까요? 아니면 그 대신에 이 편지의 암

---

48) 이 주제에 관해서는 다음을 보라. Markus Bockmuehl, *Jewish Law in Gentile Churches: Halakhah and the Beginning of Christian Public Ethics* (Edinburgh: T. & T. Clark, 2000).

묵적 독자들이 우리가 생각하는 것보다 성경에 관하여 더 많이 배웠을 것이라고 추론해야 하는 것일까요? 바울은 그들을 출애굽기 12장(또는 신 16:1-8)에 대한 암시를 인식하고, 본래의 문맥을 되찾고, 이스라엘과 고린도 회중 사이의 은유적 연합을 해석할 수 있는 독자들로 여깁니다. 이 편지의 독자들이 그들 자신과 이스라엘 사이를 예표론적으로 동일하다고 받아들이는 경우에 한해서만 이 본문은 이해가 가능합니다.

이 연결을 하는 독자들에게는, 은유가 삶을 복합적으로 들여다보도록 비춰 줍니다. 누룩과 같은 성적 부정은 퍼져서 온 공동체를 오염시킬 수 있습니다; 그러므로 악한 영향력은 제거되어야만 합니다. 그 결과 공동체는 무교절을 위해 예비된 누룩 없는 떡과 같이 될 것입니다. 유월절 양으로 희생하신 그리스도의 죽음은 공동체가 결박으로부터 건짐 받은 것과 자유로 옮겨진 것을 나타냅니다. 그때 공동체는 상징적으로 누룩 없는 떡으로만이 아니라, 절기를 기념하고 하나님에 의해 죄악과 사망의 권세로부터 구출된 백성의 정체성에 합당하게 살도록 부름 받은 출애굽 백성으로도 묘사됩니다. 반면에, 근친상간의 죄를 범한 그 남자는 유월절 양이신 예수의 피가 문에 발라진 가정들로부터 내쫓기게 되는 것입니다; 그러므로 그는 바깥에 남겨져서, 멸하는 자의 심판에 노출됩니다(고전 5:5; 참조. 출 12:12-13).

이 예표론적 읽기에 나타난 유월절 상징은 종말론적으로 해석됩니다. 유월절 양 되신 예수의 죽음은 공동체를 다가오는 진노로부터 건지며, 공동체는 그 정결함과 온전함을 유지하도록 부름 받아, 하나님이 바깥에 있는 자들을 종말론적인 심판 때 다루시도록 합니다(고전 5:12-13).

이 모든 것은 유월절 전통에 대한 바울의 언급에 의하여 설명된 것이 아니라 제안되었을 뿐입니다. 바울은 이 전통에 대한 은유적인 환기를 많은 부분 독자들의 상상력에 맡깁니다. 바로 이런 이유로, 고린도전서 5장은 바울이 상상력의 전환을 촉진하기 위하여 성경을 사용하는 방법을 그 예로 보여 줍니다.

제 2 장

"누가 우리의 말을 믿었느냐?"
바울의 이사야서 읽기

바울은 이사야서를 어떻게 읽었을까요? 이 질문은 대개 이런 식으로 제기되지 않았습니다. 대부분의 신약학자들은 바울이 구약성경을 본래의 문맥에 대한 고려 없이 순전히 계시적 증거 본문들의 묶음으로 활용했다고 가정하는 경향이 있습니다; 따라서 바울이 각각의 구약 책들을 하나의 문예적 또는 신학적 개체로 읽었다는 생각은 좀처럼 받아들여지지 않았습니다.[1] 하지만 증거를 면밀히 검토해 본다면 색다르고 흥미로운 결론들에 도달할 수 있을 것입니다.

바울은 이사야서에 대하여 특별한 관심이 있는 것으로 보입니다. 바울의 저작이라고 일반적으로 인정받는 일곱 서신들에서, 바울은 이사야서를 31번이나 인용합니다(대략적으로 총 89번의 구약 인용 중에서).[2] 더구나 로마에 보내는 그의 편지에서는 그가 이사야의 이름을 명시적으로 나타내면서 이사야서를 5번 인용합니다(롬 9:27, 29; 10:16, 20; 15:12). 여기서 주목할 것은 31개의 인용문들이 이사야서에서 두루 인용되긴 하지만, 상당한 인용문들의 묶음이 이사야서 일부분 가운데 나타난다는 것이며, 특히 28-29장(인용문 6개)과 49-55장(인용문 10개)이 그렇습니다. 이 증거는 분명한 인용(explicit quotations)만 아니라 암시(allusions)까지 포함시킨다면 한결 인상적입니다. 암시는 합계를 정확히 내기가 더 어렵지만, 헬라어 신약성경 네슬-알란트 27판(Nestle-Aland[27])에 있는 목록은 개략적인 지표가 될 수 있습니다: 바울의 일곱 서신들에 나타난 50번의 암시 중에서 21번의 암시가 이사야 49-55장

1) 내가 이 소논문을 1998년에 쓴 이후, 내가 하지 못했다고 말한 것을 정확히 수행한 두 개의 중요한 전문적인 연구가 나왔다 ─ 그것은 이사야서 독자로서의 바울에 초점을 맞춘다: F. Wilk, *Die Bedeutung des Jesajabuches für Paulus*, FRLANT 179 (Göttingen: Vandenhoeck & Ruprecht, 1998); J. R. Wagner, *Herald of the Good News: Isaiah and Paul "In Concert" in the Letter to the Romans*, NovTSup 101 (Leiden: Brill, 2002).

2) 구약 인용 총 89번은 다음에서 가져왔다. D.-A. Koch, *Die Schrift als Zeuge des Evangeliums: Untersuchung zur Verwendung und zum Verstandnis der Schrift bei Paulus*, BHT 69 (Tübingen: Mohr Siebeck, 1986), 21-24. 이사야서를 31번 인용한 목록은 내가 직접 한 것으로, 네슬-알란트 27판, 789-793에 있는 "Loci Citati vel Allegati"의 목록을 근거로 한다. Koch의 계산(p. 33)을 따르면, 바울 저작이라고 인정받는 서신들에서 28번의 이사야서 인용이 있다.

을 가리킵니다. 물론 바울은 현대의 비평적인 학계가 이사야서를 세 부분으로 나누는 것에 관하여 몰랐지만, 그는 현대 학계가 제2이사야(Deutero-Isaiah)라고 부르는 부분에 특별히 끌렸던 것으로 보입니다.

이 개략적인 통계 증거는 — 적어도 — 바울이 이사야의 예언을 특별히 중요하게 생각했다는 것과 이 예언의 책 몇몇 부분이 그의 복음을 해석하고 변증하는 데 특별히 유용하다는 것을 발견했다는 것을 넌지시 나타냅니다. 이것의 이유를 알아내는 것은 어렵지 않습니다. 이사야서는 구약의 다른 어떤 책보다도 더 분명하게 이스라엘의 구속과 회복에 대한 약속을, 이스라엘의 하나님이 이방인에게도 그의 자비를 베풀 것이고 온 땅에 하나님의 통치권을 세울 것이라는 소망과 연결시킵니다. 그러므로 바울은 이사야서에서 — 특별히 제2이사야의 예언에서 — 이방인을 향한 그 자신의 독특한 사도적 사역의 원형을 발견합니다.[3]

신약성경의 기독교 해석자들은 때때로 이사야 53장의 "고난 받는 종"에 대한 묘사를 바울 기독론을 이해하는 실마리로 보고 그것에 관심을 집중하였습니다(비록 이러한 접근 방식이 40여 년 전 후커(Morna Hooker)의 논문, Jesus and the Servant에 의하여 심각한 타격을 받았음에도 말입니다).[4] 바울이 이사야 53장을 그리스도의 대속적 고난에 대한 예언으로 읽었을 수 있지만, 이런 주장을 입증하는 것은 어렵습니다. 그러나 저는 바울이 이사야서를 명시적으로 사용한 것이 그가 더 일반적으로 구약을 사용한 것처럼 이론의 여지없이 "교회 중심적

---

3) 이러한 주제들은 다음에서 논의된다. J. R. Wagner, "The Heralds of Isaiah and the Mission of Paul," in *Jesus and the Suffering Servant: Isaiah 53 and Christian Origins*, ed. W. H. Bellinger, Jr., and W. R. Farmer (Harrisburg, Pa.: Trinity, 1998), 193-222. 또한 다음을 보라. Wagner, *Heralds of the Good News*.

4) "초대교회의 신학자들이 쓴 저서에서, 우리는 예수와 그 종의 동일시가 사도 바울, 사도 요한, 또는 히브리서 저자의 사고에서 중요한 부분을 차지했다는 것에 대한 증거를 거의 찾을 수 없고, 그들에게 이것이 알려졌다는 **증거**도 전혀 찾을 수 없다" (M. Hooker, *Jesus and the Servant: The Influence of the Servant Concept of Deutero-Isaiah in the New Testament* [London: SPCK, 1959], 127).

(ecclesiocentric)"이라고 믿습니다.[5] 그의 이사야서 읽기는 본질적으로 이방인들이 포함되는 하나님의 종말론적인 백성이 만들어지는 것을 향하고 있습니다. 실제로 그는 이사야서에서 이방인을 향한 그의 사도적 사역에 관한 **근거**만 아니라, 직접적으로 그것에 대한 선지자적 **예언**을 찾는 것으로 보이는데, 그것은 쿰란의 서약자들(Qumran covenanters)이 성경 본문을 그들 자신의 공동체 생활과 소명에 대한 예언으로 읽는 방식과 매우 유사하였습니다.

바울의 명시적인 이사야서 인용들을 주목함으로써 이러한 통찰이 확증된다면, 우리가 바울의 이사야서 전체 읽기에 대한 보다 넓은 윤곽을 식별할 수 있을 것입니다. 명시적 인용문들은 단지 빙산의 일각일 뿐입니다; 그것들은 수면 아래 있는 더 큰 덩어리를 가리키는데, 복음을 일관되게 증언하는 책인 이사야서에 대한 바울의 포괄적인 해석을 말합니다.[6] 저는 바울이 그가 사도로서 사역하는 수년간 이사야서 두루마리를 전체적으로 읽고 묵상하며 그것을 한결같이 다음과 같은 하나님의 계시로서 읽는 법을 발전시켰으리라고 믿습니다. "영세 전부터 감추어졌다가 이제는 나타내신 바 되었으며 영원하신 하나님의 명을 따라 선지자들의 글로 말미암아 모든 민족이 믿어 순종하게 하시려고 알게 하신 바 그 신비의 계시를 따라 된 것이니"(롬 16:25-26).[7]

---

5) 이 용어 사용에 관한 설명은 다음을 보라. R. B. Hays, *Echoes of Scripture in the Letters of Paul* (New Haven: Yale University Press, 1989), 84-87. 『바울서신에 나타난 구약의 반향』(여수룬 역간).

6) 비교를 위한 목적으로 다음을 보라. J. Marcus, *The Way of the Lord: Christological Exegesis in the Gospel of Mark* (Louisville: Westminster/John Know, 1992); R. Watts, *Isaiah's New Exodus and Mark*, WUNT 2, ser. 88 (Tübingen: Mohr Siebeck, 1997).

7) 본문 비평적인 이유들로 인하여, 다수의 주석가들은 롬 16:25-27을 로마서 원문의 한 부분으로 보기보다는 하나의 삽입된 어구로 간주한다. 이것에 관한 논의와 추가적인 참고를 위하여 예를 들어 다음을 보라. J. D. G. Dunn, *Romans* 9-16, WBC 38B (Dallas: Word, 1988), 912-913; J. A. Fitzmyer, *Romans*, AB 33 (New York: Doubleday, 1993), 753-756. 가령 이 구절들이 부차적인 것이라 하더라도, 그것들이 묘사하는 복음, 구약, 그리고 이방인을 향한 선포 간의 관계는 로마서에 나타난 바울의 논지를 적절히 요약한 것이다. 따라서, 아무리 못해도, 이 말들은 바울 전집 초기 편집자의 박식한 바울 신학을 읽기를 나타낸 것이다. 나 자신은 롬 16:25-27을 바울이 직접 쓴 것으로 여기고 그것을 오히려 서신의 고상한 결론으로 보는데, 왜냐하면 특히 그 구절이 롬 1:1-7과 함께 만족스러운 **수미쌍관법**

그러나 이 주장을 확실히 하기 위해서는 이 일에 우리가 가져온 읽기 모델을 검토하기 위하여 주제에서 벗어나야만 합니다. 바울의 이사야서 읽기는 단지 초기 기독교 저자들의 더 많은 상호텍스트적 읽기와 쓰기 현상들 가운데 한 예일 뿐입니다. 따라서, 어느 정도는 개괄적인 방법론적 고찰이 필요합니다.

상호텍스트적 읽기: 문예적-신학적 패러다임

만약 우리가 신약성경 저자들이 신학적으로 무엇을 하는지 이해하기 원한다면 — 특별히 그들이 복음과 하나님께서 이스라엘과 맺은 언약의 오래된 이야기를 어떤 관계로 해석하는지 보기 원한다면 — 우리는 그들의 구약성경 사용을 조사하고 이해하는 작업을 피할 수가 없습니다. 이것은 스스로 히브리인 중의 히브리인이라고 하는 바울에게 있어서 훨씬 더 그런데, 바울은 그의 동족들보다 그 조상의 전통에 대하여 더욱 열심이 있었습니다. 그는 예수의 죽음과 부활이 κατὰ τὰς γραφὰς [성경대로] 이루어졌다는 그 전통을 받았고 전하였으며 — 심지어 강력히 주장하였고(고전 15:3), 그의 신학적 진술들을 그가 구약에서 발견한 이야기와 계시와의 관련성 안에서 지속적으로 발전시켰습니다. 그의 로마서는 "하나님의 복음"이 "선지자들을 통해서 성경에 미리 약속하신 것"이라는 단언으로 시작하며(롬 1:2),[8] 이 서신에서 그

(inclusio)을 제공하기 때문이다.

8) 나는 전치사구 περὶ τοῦ υἱοῦ αὐτοῦ가 εὐαγγέλιον θεοῦ를 수식하기보다는, γραφαῖς ἁγίαις을 수식하는 것으로 할 때 가장 자연스럽게 읽힌다고 계속해서 주장한다(내가 Echoes, 85에서 제안했듯이). 그래서 그 문장은 "그의 아들에 관한 성경에 미리 약속한 것으로, 그의 아들에 관하여 말하면 육신으로는 다윗의 혈통에서 났고"로 읽혀야만 한다. 현재 나의 요점은 이런 문장 해석에 의존하지 않지만, 이런 읽기는 바울 기독론에 나타난 이사야 53장의 역할에 대한 문제와 관련이 없는 것이 아니다. 역시 상기되어야 할 것은 위에서 언급한 바와 같이, 로마서의 결론이 τὸ κήρυγμα Ἰησοῦ Χριστοῦ를 "선지자들의 글"(διά τε γραφῶν προφητικῶν)로 말미암아 이제는 모든 민족에게 나타내신 바 된 신비

가 진술을 하는 동안 그는 60번 넘게 구약을 인용합니다.[9] 비록 몇몇 신약학자들이 당혹스럽게 바울의 신학 형성에 미친 구약의 역할을 인정하기 싫어하긴 하지만,[10] 바울이 해석학적 신학자였다는 것과, 이 땅에서 행하시는 하나님의 역사에 대한 그의 사고가 그가 이스라엘의 성(聖)문서들을 읽는 결정적인 방식에 의해 형성되었다는 것은 지지 받아야만 합니다.[11]

따라서 구약이 바울의 사고에서 오직 그가 구약 본문을 명시적으로 인용한 경우에만 중요한 영향을 끼친다고 가정하는 것은 매우 인위적이라고 할 수 있습니다. 구약성경이 바울의 상징 세계를 형성했을 뿐만 아니라 그 안에 스며들어 있다는 것에는 의심할 여지가 없습니다.[12] 이것은 우리가 그의 저작들을 해석하려고 노력할 때 그의 저작들 안에 있는 구약의 암시와 반향을 다루어야만 한다는 것을 뜻합니다.

이러한 암시와 반향들 중 몇몇은 사도 바울에 의하여 정교하게 만들어졌을 수 있고, 이것들은 바울이 직접 어떤 성경의 모티프들을 이해하도록 분명하게 훈련시켰던 바울 공동체에 속한 기독교 독자들로부터 인식될 것을 전제했을 것입니다. 다른 것들은 이보다 덜 의도적일 수 있는데, 영어권 전통

의 계시와 관련시킨다는 것이다 (롬 16:25-26).

9) Koch가 집계한 것을 따르면 (*Schrift als Zeuge*, 88), 로마서에는 65번의 구약 인용이 있는데, 그중에서 56번은 명시적으로 그렇게 표시되었다.

10) 수년 전 예루살렘에서 휴가를 보냈을 때 나는 미국 박사과정 학생 한 명을 만났다. 그녀는 내게 미국 대학원에 있는 그녀의 신약학 교수가 바울서신에는 실제로 구약 인용이 하나도 없다고 수업 시간에 말한 것을 알려 주었다. 그는 말하기를, 모든 명백한 인용문은 헬라-로마의 유사한 문장들을 기초로 하면 실제로 더 잘 설명된다고 한다! 이런 어리석은 주장은 — 비록 그 학생의 설명이 어느 정도 과장되었다고 하더라도 — 몇몇 학자들이 바울을 그의 유대적인 뿌리로부터 잘라 내려고 할 만큼 극단적인 된 것을 보여 준다.

11) 나는 이 문제의 일부 양상들을 *Echoes of Scripture in the Letters of Paul*에서 조사하였다. 나의 연구 이전에 그 질문을 둘러싼 사태에 관한 간략한 논의는 다음을 보라. *Echoes*, 5-14.

12) 이것은 그의 은유적 세계가 **오직** 구약성경에 의해서만 형성되었다고 말하는 것이 결코 아니다. 다른 많은 요소들이 혼합물을 구성한다: 그가 살던 당시의 사회적 그리고 정치적 실체들, 유명한 헬라-로마 철학 전통들, 기독교 운동 발현으로 나타난 특색 있는 경험들과 전통들, 그리고 기타 등이다.

안에서 교육 받은 영어권 저자들이 쉽사리 셰익스피어나 밀턴의 작품을 암시하는 것처럼 — 또는, 이를테면 독어권 저자들이 루터나 괴테의 작품을 암시하는 것처럼 — 단순히 바울의 생각에서 이것들이 일어났을 수 있습니다. 하지만 이렇게 오랜 시간이 지난 바울 저작들에서 상호텍스트적 참조가 의도적인지 아니면 비의도적인지 구분하는 것은 어렵습니다. 저자의 의도에 관한 질문은 애매하기 때문에, 우리는 여기에 너무 큰 중요성을 부여하면 안 됩니다; 일단은 다음과 같이 정리하고 넘어가기 원합니다. 바울을 통찰력 있게 해석하기 위해서는, 그의 담화가 성경 언어에 파묻혀 있다는 것 (또는 성경 언어가 그의 담화에 파묻혀 있다는 것)을 우리가 인식해야만 하고, 그의 서신과 그 전에 있었던 성경 간의 상호텍스트적 관계에 의하여 만들어진 수사학적이며 신학적인 효과들을 연구해야만 합니다.

하지만 이전 문헌의 암시와 반향을 이후 문헌에서 찾아내는 것은 어마어마한 문제를 일으키는데, 특별히 우리가 고대 세계로부터 온 문헌들을 접할 때 그러합니다. 문학 학자로서 르네상스 문학작품의 고전 자료 사용을 연구해 온 토마스 그린(Thomas Greene)은 이러한 상호텍스트적 읽기의 어려움을 다음과 같이 서술합니다: "[이것은] 다른 대부분의 독서보다 더 많은 역사적 상상을 요구하며, 우리의 문화적 고독을 훨씬 더 가혹하게 강조한다. 이것은 우리에게 훨씬 이전의 **의미 세계**(mundus significans)로부터 낯선 감성을 직감하도록 요구할 뿐만 아니라, 또 다른 것에 대한 그 감성의 직감을 요구한다. 아마 이보다 우리의 시간적 소외를 더 많이 각인시키도록 의도된 것은 없을 것이다."[13] 그러므로 이런 종류의 해석학적 작업은 독자의 면밀한 주의와 인식을 요하며, 또는 더 정확하게 말하자면, 읽는 공동체의 면밀한 주의와 인식을 요합니다. 종잡을 수 없는 주관성과 잘못된 해석의 위험은 매우 큽니다.

---

13) Thomas M. Greene, *The Light in Troy: Imitation and Discovery in Renaissance Poetry* (New Haven: Yale University Press, 1982), 53.

따라서 훈련되고 아마 유능한 독자 공동체인 우리는 바울의 **의미 세계**(*mundus significans*)에서 구약의 역할에 대한 우리의 직감을 어떻게 계발할지 숙고해야만 합니다. 만일 바울 저작에 있는 암시와 반향의 식별이, 무한한 상호텍스트적 가능성의 장에서 벌이는 단지 개인적인 놀이가 아니라면, 특별히 이사야서 같은 구약성경을 향한 바울의 간접적인 문예적 제스처를 우리가 예감하는 것을 시험하기 위해 적용할 수 있는 **기준**은 무엇일까요?

이 기준을 만들기 위한 몇 가지 제안들이 있지만, 저는 이런 긍정적인 기준을 진술하기 전에, 다소의 혼란을 미리 막기 위하여 이 활동에 관한 세 가지 예비적인 주의사항과 설명을 표명하기 원합니다.

1. 바울은 "종의 노래"를 이사야서의 예언적 자료 안에서 하나의 분명한 작품이나 장르라고 보는 인식을 가지고 있지 않았습니다. 종의 노래의 모음에 대한 생각은 현대 비평 학계가 만들어 낸 개념입니다. 우리가 종의 자료에 대하여 특별히 집중하는 경향은, 일부분은 이 본문이 후대에 기독론을 만드는 데 쓰인 방식 때문에 생겼으며, 그리고 일부분은 구약 연구에 필요한 양식 비평 방법의 발전으로부터 생겨났는데, 이런 경향은 관점을 왜곡시킬 수 있습니다. 바울은 종에 관한 단락에 특별한 주의를 기울이지 않은 채 이사야서 자료를 획일적인 방식으로 사용한 것으로 보이지만, 우리가 관찰했듯이 그는 이사야 40-55장을 특별히 자주 인용하고 암시합니다. 따라서 우리는 최소한 처음에는 "바울이 이사야 53장에 나오는 종의 상징을 어떻게 해석하는가?"라고 묻기보다, 귀납적으로 "바울은 그가 인용하는 이사야서의 자료들을 어떻게 이용하는가?"라고 묻는 것으로 시작해야만 합니다.

2. 암시나 특별히 반향을 확인하는 것은 혈류 내 약물의 유무를 시험하는 것처럼, 확실한 증명에 적합한 하나의 엄격히 과학적인 문제가 아닙니다. 암시를 확인하는 것은 도리어 개별적인 본문들을 역사적이고 문학적인

다른 본문들의 연속체 (예를 들어, 정경)안에 두는 것에 대한 가치를 인정하는 읽기 공동체 안에서 훈련 받은 해석자들에 의하여 행해지는 하나의 예술입니다. 암시라고 주장되는 것에 관한 "예" 또는 "아니요"의 판단은 본질적으로 제안된 읽기의 적합함을 주장하는 하나의 **미학적**(aethetic) 판단입니다. 이 말은, 보충해서 말하자면, 어떤 모차르트 피아노 협주곡 공연의 수준을 판단하는 것이 임의적이지 않은 것처럼, 이런 판단도 순전히 임의적인 것이 **아니라는** 것을 뜻합니다; 이런 관례에는 규범과 표준이 내재되어 있고, 이 관례를 면밀히 연구한 자들은 현저하게 수렴하는 기준들을 밝혀 낼 수 있을 것입니다. 있을 수 있는 암시들을 인식하는 — 또는 배제하는 — 능력은 읽기 공동체에 의하여 가르침 받은 하나의 기술이고 독자의 역량입니다.

　3. 마지막으로, 우리는 지금 시작하고 있는 해석학적 작업의 목적들을 고려해야만 합니다. 우리는 이사야서가 예수의 죽음이 대속적 중요성을 지닌다는 초대교회의 사고 발달에 직접적인 영향을 끼쳤다는 역사적 가설을 증명하기 위하여 노력하는 것일까요? 아니면, 한 저자(바울)가 공동체에 잘 알려진 다른 본문을 예술적으로 회상하게 함으로써 한 본문에 의미 효과들을 만들어 내는 방식들을 이해하기 위하여 노력하는 것일까요? 이것은 매우 다른 작업들입니다: 전자는 본질적으로 역사적인 것이고, 후자는 문학적이며 신학적인 것입니다. 두 가지 다 정당한 연구이지만 — 사실 그것들은 방법론적으로 서로 밀접하게 관련되어 있습니다 — 우리의 관심이 어디에 놓였는지 분명히 하는 것은 중요합니다.

　신약의 이사야서 사용에 관한 많은 논쟁은 역사적인 쟁점들을 다루고 있습니다. 실례로서 후커(Hooker)의 다음 인용문들을 검토해 보기 원합니다. 그녀는 이사야 53장이 기독론적 사고의 유일한 원천이라고 하는 역사적 주장을 증명하기 위해 집중하는데, 저는 그것을 보여 주는 구문에 밑줄을 쳤습니다:

만약 증거가 단지 가능성이 있다면, 언어학적인 근거 하나만 가지고는 이 난제를 해결하려는 어떤 시도도 성공할 수 없다. 신약성경의 한 부분과 구약성경의 한 부분 사이에 축어적인 유사성이 있다고 주장하기 위하여, 신약성경에서 언급된 언어나 사상이 특정한 구약성경의 부분에서 왔으며 **그리고 오직 그 부분에서만 올 수 있다는 것**을 보여 주지 않으면, 직접적인 영향에 대한 결정적인 증거로 받아들일 수 없다. 신약성경의 단락이 구약성경에서 실제적으로 인용한 것이 아니거나, 또는 언급된 구약성경에서 유일하게 발견되는 사상을 담고 있지 않다면, 이런 주장은 오직 보조적인 증거로 머물 뿐이고, 어떠한 검증을 위한 증명으로서 받아들여질 수 없다.[14]

물론 이 사례와 비슷한 경우, 우리가 쓸 수 있는 증거의 부족을 감안한다면 출처와 직접적인 영향에 대해 **증명하기란** 어렵습니다. 이것이 왜 후커의 책이 영어권 세계에서 일어나는 논의에 영향력을 끼치는지 알려 주는 하나의 이유입니다: 증명을 위한 그녀의 엄격한 기준을 생각한다면, 그녀의 주장은 거의 반박할 수 없는 것처럼 보입니다. 실제로 이 책은 종의 상징에 관한 얼토당토않고 무모한 많은 주장을 제거하려는 중요한 목적을 위해 사용됩니다; 주후 일 세기 유대인들이 고난 받는 종의 역할을 성취할 메시아를 고대하지 않았다는 그녀의 주장은 특별히 중요했습니다.

그러나 보다 최근의 학계는 상호텍스트적 관계들의 사고에 대한 다른 패러다임을 주장하기 시작했습니다. 저는 바울의 구약 사용에 관한 연구를 통해 바울서신들 안에서 존 키아르디(John Ciardi)가 은유와 암시의 "잔물결을 일

---

14) Hooker, *Jesus and the Servant*, 62, 강조하는 굵은 글씨체가 원문에 있다. 이 인용은 그녀가 바울에 대해 논의한 것에서 가져왔다기보다는 그녀가 쓴 "The Servant in the Synoptic Gospels" 장에서 가져왔다. 하지만 그녀의 의도는 시종일관 지속적이다. 그녀는 신약의 언어가 하나의 특정한 출처에서만 독점적으로 왔다는 결정적인 증거를 찾으려고 한다.

으키는 저수지"(rippling pools)로 부르는 것들을 알아 보려고 했으며, 다른 해석 학자들은 바울 본문들 안에 있는 수사학적 효과들에 더 적응하게 되었습니다. 실은, 이런 접근들이 역사적인 질문들에 관한 판단력 형성에 이바지한다는 것 입니다: 예를 들어, 우리가 로마서 읽기를 진전시켜서 제2이사야에 대한 풍성 한 암시의 연결망을 발견하게 되었다면, 그것은 이사야 53장이 바울의 예수 해석을 위한 중요한 자료들 중에 하나라는 가능성을 높일 것입니다(그러나 "증 명"은 아닙니다). 하지만 이런 읽기의 주요 관심사는 다른 데 있는데, 바로 식별 할 수 있는 상호텍스트적 연결들의 문학적이고 신학적인 함의 안에 있습니다.

제가 다른 패러다임이라고 말한 것이 무엇을 의미하는 것인지 분명 히 하기 위해, 성경이 아닌 문헌에서 한 가지 예를 찾아보겠습니다. 우리 조 합에서 오랫동안 논쟁하는 신학적인 짐으로 채워져 있지 않은 예로 말입니 다.[15] 이십 세기 런던의 부패하고 음탕하며 무의미한 삶의 조건들을 생동감 있게 묘사한 시 『황무지』(The Waste Land)의 "불의 설교"(Fire Sermon) 거의 끝부 분에서 엘리엇(T. S. Eliot)은 갑자기 이렇게 씁니다:

카르타고로 드디어 나는 왔다.

탄다 탄다 탄다 탄다.
오 주여 당신이 저를 붙잡아 건지시나이다.
오 주여 당신이 붙잡아

탄다.

---

15) 내가 이런 예에 관심을 가지게 되고 그것에 관해 매혹적인 대화를 많이 하게 된 것은 Christopher B. Hays 덕분이다.

이것은 두서없고 당혹스러운 행들의 연속으로 보입니다: 왜 카르타고일까요? 이것은 런던이나 현대 생활의 부패와 무슨 관계가 있을까요? 만약 우리가 성 어거스틴의 『고백록』 제3권 시작에 대한 암시를 인식하지 못한다면, 이 행들은 당혹스러울 것입니다: "카르타고로 드디어 나는 왔다. 거룩하지 못한 사랑들의 가마솥이 내 귀에 모두 노래하는 곳에서." 이런 연결이 만들어지면서, 엘리엇의 능숙한 암시는 어거스틴의 부패한 도시 이미지와 그것에 대한 자신의 몰두를 상기시킵니다. 어거스틴의 카르타고는 엘리엇의 런던을 위한 은유가 되며, 그리고 "불타는" 언어는 — 감각들의 세계에 대한 반감을 표현하는 불교의 불의 설교에서 처음에 엘리엇이 차용하였습니다 — 어거스틴이 과거를 회고하며 깊이 뉘우치는 젊은 날의 불타는 정욕과 적어도 한 가지 면에서는 일치하게 됩니다. (다른 면에서 보면, "불타는"이란 말은 아마도 심판과 파괴이자 도시가 돌무더기로 몰락하는 상징이기도 할 것입니다; 이 두 가지 면은 밀접히 연관됩니다.) 그렇다면 "오 주여 당신이 저를 붙잡아 건지시나이다" 행은 『고백록』 3.11의 암시라고 해야 할 것입니다: "Et misisti manum tuam ex alto, et de hac profunda caligine eruisti animam meam."[16] 그러나 엘리엇의 확언이 이 시 끝에 있는 "탄다"에서 소실되고 무너지는 것은 히포의 주교와 황량한 현대 시인 사이에 거리를 만듭니다: 하나님을 향한 어거스틴의 확신 있는 감사의 외침이 『황무지』의 독백하는 등장인물에게는 단지 황량한 희망이 되었습니다.

이것을 다 넘어서 우리는 엘리엇이 어거스틴을 암시하면서 만들어 내는, 잠재의식에 대체로 호소하지만 흥미로운 하나의 반향을 관찰할 수 있습니다. 『고백록』 2.10의 마지막 문장으로, "카르타고에 그때 나는 왔노라" 바

---

16) "그리고 당신은 위에서 당신의 손을 보내 주셨고 나의 영혼을 깊은 어둠으로부터 건지셨나이다(eruisti)." 여기서의 영어 번역은 E. B. Pusey가 번역한 The Confession of Saint Augustine (New York: Modern Library, 1949)에서 가져온 것이다. 나는 엘리엇이 (만약 있다면) 어떤 번역본을 사용했는지 결정할 수가 없었다. "붙잡아"는 실제로 erusti를 매우 훌륭하게 — 그리고 훨씬 더 생생하게 — 번역한 것이다.

로 **앞에** 있는 행은 다음과 같습니다: "나는 당신으로부터 멀어져 가라앉았습니다. 그리고 나는 방황하였습니다. 오 나의 하나님, 나는 내 젊은 날 동안 너무 당신으로부터 멀어져 지냈습니다. 그리고 나는 나 자신에게 **황무지가** 되었습니다." 이것은 메타렙시스에 관한 하나의 세련되고 감질나게 하는 예로서, 이전 본문으로부터 가져온 암시되지만 말로 표현되지 않는 이미지의 환기로, 후대의 황무지 안에 있는 반향입니다.

이십 세기 영어 시 세계를 설명하는 목적은 암시와 반향이 **비유적 용법** (tropes)으로 쓰이는 방식을 설명하려는 것인데, 그 은유적 언어 양식의 효과는 부분적으로 처음의 모호성에 달려 있습니다. 우리가 만일 우리의 연구를 다음과 같은 질문들로 제한한다면 우리는 그러한 상징을 읽어가는 데 있어서 많은 발전을 이루지 못할 것입니다: "엘리엇의 시는 어거스틴의 작품을 암시한 것인가, 아닌가?" 그리고 "우리는 『고백록』이 『황무지』의 원재료라는 것을 증명할 수 있나?"(저는 일반적인 성경 연구 방식들로 훈련 받은 많은 독자들이 엘리엇은 어거스틴 작품의 "거룩하지 못한 사랑들의 가마솥" 부분을 실제로 인용하지 않았기 때문에, 엘리엇이 그 부분을 참조하지 않았다고 주장하지는 않을까 우려가 됩니다!) 엘리엇의 작품을 읽을 때 우리가 암시의 연주를 따라가고 그것이 어디로 인도하는지 보게 될 때에만 비로소 우리는 엘리엇 작품 읽기의 빛을 얻습니다. 이전 단락들에서 저는 이러한 상호텍스트적 표현의 읽기를 하나 간략히 소개하였습니다.

제가 믿기로 이것이 또한 바울서신에 적용된다면, 그것은 상당한 열매를 맺게 되는 읽기 방식이 될 것입니다. 그러면 이제 암시와 반향이라고 주장되는 것을 평가하기 위한 일부 기준들을 생각해 보기 원합니다.

바울의 이사야서 사용에 적용된 *반향들*의 일곱 가지 기준

저는 『반향』에서 바울의 저작에 있는 상호텍스트적 반향들을 분별하기 위한 일곱 가지 검사들을 제안하였습니다.[17] 제가 이미 보였듯이, 이런 경우에 정확성을 얻기는 어렵지만, 이것들은 — 제가 보기에 여전히 — 경험상 어느 정도 유용합니다. 우리가 가진 현재의 목적들을 위하여 저는 이것을 바울의 이사야서 읽기 질문에 대한 특별한 적용과 함께 다시 말하며 상세히 설명할 것입니다. 이러한 기준들 중 어떤 것도 결정적인 것이 아님을 마음에 새겨야 합니다: 그것들은 서로 다른 기준과 함께 사용되어야만 합니다. 또한 우리가 명심해야 할 것은 이런 기준의 사용이 어떤 특정한 읽기, 특별히 반향이 연관된 것에 대한 가능성을 단지 높이거나 낮출 뿐이라는 것입니다.

접근 가능성 (Availability)

반향의 출처라는 자료에 바울과/바울이나 그의 원독자가 접근할 수 있었을까요? 이사야서의 경우는, 이것에 대해 어떠한 의심도 없습니다. 바울 당시 유대주의에서는 이사야서를 구약성경으로 폭넓게 인정하였으며, 바울은 이것을 눈에 띄는 인용 공식을 사용하여 다음과 같이 반복적으로 인용합니다. λέγει γὰρ ἡ γραφή (롬 10:11), γέγραπται γάρ (롬 14:11), καθὼς γέγραπται (롬 2:24; 9:33; 10:15; 11:26; 15:21), ἐν τῷ νόμῳ ['] γέγραπται ὅτι (고전 14:21), 그리고 이사야의 이름을 언급하는 일련의 공식들입니다: Ἠσαΐας δὲ κράζει ὑπὲρ τοῦ Ἰσραήλ (롬 9:27), καθὼς προείρηκεν Ἠσαΐας (롬 9:29), Ἠσαΐας γὰρ λέγει (롬 10:16), Ἠσαΐας δὲ ἀποτολμᾷ καὶ λέγει (롬 10:20), 그리고 καὶ πάλιν Ἠσαΐας λέγει (롬 15:12). 바울은 분명히 이사야서를 알았고 그것을 빈번히 인용하였습니다. 그의 본문 해석은 논의의 여지가 있지만, 그는 그의 독자들이 그의 인용의 출처를 알아보고 그것을 성경으로 인정하기를 기대했습니다.

---

17) Hays, *Echoes*, 29-33. 『바울서신에 나타난 구약의 반향』(여수룬 역간).

음량 (Volume)

그 반향은 얼마나 "소리가 큰" 것인가요? 즉, 그것은 얼마나 명시적이고 명백한가요? 『반향』에서 제안된 일곱 가지 검사들 중에서 아마도 이것이가장 오해하기 쉬울 것 같은데, 왜냐하면 제가 그 책에서 이것을 충분히 설명하지 못했기 때문입니다. 변하는 반향의 "음량"에 관한 일반적인 개념은시사성이 풍부한 존 홀랜더(John Hollander)의 책 *The Figure of Echo*에서 가져왔으며, 그 책은 바울 저작 안에 있는 반향에 대한 저의 연구에 지대한 자극을 주었습니다.[18] 여기서 기본적인 질문은 반향이 얼마나 독자에게 반향그 자체를 끈질기게 밀어붙이느냐는 것입니다. 이 사항을 평가하는 데 관련된 요소들을 자세히 설명해 보겠습니다.

　a. 주요한 요소는 **단어들을 축어적으로 반복하는 정도**(*the degree of verbatim repetition of words*)**와 구문론적인 유형들**(*syntactical patterns*)입니다. 예를 들어, 로마서 8장 32절에서 (ὅς γε τοῦ ἰδίου υἱοῦ οὐκ ἐφείσατο), "자기 아들을 아끼지 아니하시고"는 창세기 22장 16절의 반향으로 들릴 수 있는데, 왜냐하면 "아들"과 "아끼지 아니하시고"의 단어들은 칠십인경의 언어를 충실히재현하기 때문입니다. 그러나 전체적인 표현은 이인칭에서 삼인칭으로 바뀌었고, 동사의 주어는 창세기에서 아브라함이었지만 로마서에서는 하나님으로 바뀌었습니다. 따라서 이 반향의 음량은 단지 보통 정도일 뿐이고, 해석자들은 이것의 중요성을 어떻게 평가할지 또는 심지어 이것을 정말 반향의소리로 들어야 할지에 관하여 오랫동안 의견이 나뉘었습니다. 다른 예를 들자면, 보다 더 큰 반향은 롬 8:33-34에서 찾을 수 있는데, 거기서 우리는 심판의 언어(사 50:8: τίς ὁ κρινόμενός μοι; 롬 8:34: τίς ὁ κατακρινῶν)와 하나님이

---

18) J. Hollander, *The Figure of Echo: A Mode of Allusion in Milton and After* (Berkeley: University of California Press, 1981).

택자를 신원하시는 언어(사 50:8: ἐγγίζει ὁ δικαιώσας με; 롬 8:33: θεὸς ὁ δικαιῶν)만 아니라, 두 본문들에 있는 짧은 비난의 수사적학 질문들에서 같은 구문론적 양식을 발견할 수 있습니다. 여기서 반향은 실제로 매우 큽니다; 오직 매우 완고하거나 귀가 먹은 독자만이 바울의 본문에 있는 반향의 존재를 거부할 것입니다. 하지만 데시벨 주파수역의 반대편 끝에 있는 하나의 예를 들기 위하여 이것을 고려해 보기 원합니다: 바울의 καινὴ κτίσις [새로운 피조물] (고후 5:17; 갈 6:15)용어 사용을 사 43:18-19, 그리고(또는) 65:17의 반향으로 이해해야 할까요? 저는 그렇게 이해해야만 한다고 주장할 것인데, 왜냐하면 이 반향이 다른 여러 가지 기준들을 만족시키기 때문입니다. 특별히 주제의 일관성이라는 기준에 부합하는 반면, 반향의 음량은 — 이사야서 단어의 축어적인 반복에 있어서는 — 작습니다: 이 연결을 드러내는 것은 오직 한 쌍의 단어 ἀρχαῖα/καινὴ 뿐입니다 (예외적인 병치가 전혀 아닙니다).[19]

물론, "축어적 반복"은 우리가 바울과 그의 독자들이 어떤 성경의 본문 양식에 접근 가능했는지 안다는 것을 전제합니다. 불행히도 이것은 확실한 대답을 거의 허용하지 않는 기술적으로 복잡하고 어려운 문제입니다.[20] 바울의 구약 인용은 맛소라 본문(MT)과 칠십인경(LXX)이 서로 다른 경우, 일반적으로 맛소라 본문보다 칠십인경을 따른다는 것이 입증되었습니다. 그러므로 우리가 일반적으로 진행해야 할 절차는 제가 이전 단락의 예에서 한 것처럼 바울 저작 안에서 구약의 반향이라고 주장되는 본문과 칠십인경을 제일 먼저 비교해야만 합니다. 만약 어떤 본문에서 후대의 헬라어 번역본들이 칠십

---

19) 실제로, 단지 τῶν προτέρων만 언급한 사 65:17은 ἀρχαῖα 마저 없다. 반면에, 사 65:17의 "새 하늘과 새 땅"은 명백히 "새 피조물"에 대한 바울의 개념을 — 심지어 사 43:18-19보다 더 확실히 — 암시한다.

20) 이 문제에 관한 가장 광범위한 연구를 위해서는 다음을 보라. Christopher D. Stanley, *Paul and the Language of Scripture*: *Citation Technique in the Pauline Epistles and Contemporary Literature*, SNTSMS 69 (Cambridge: Cambridge University Press, 1992).

인경보다 바울의 용어와 일치하는 증거가 발견된다면, 이것은 아마 바울이 현존하는 칠십인경 사본들과 다른 헬라어 본문을 — 아마 그의 독자들에게는 알려진 — 반향하고 있거나, 아니면 그가 칠십인경을 그 시대의 일반적인 언어 사용에 맞추어 수정하고 있다는 가능성을 열어 줍니다.[21] 학자들은 이따금 바울서신에서 어떠한 헬라어 번역본들과도 다른 내재된 히브리어나 아람어 본문의 반향이나 암시를 듣게 된다고 주장합니다; 이런 제안들은 불가능한 것은 아니지만 (바울이 분명히 히브리어를 알고 있었다는 것이 저 자신의 견해입니다); 그것들은 언제나 이론에만 머물 뿐이고,[22] 헬라어 원문인 출처에서 나왔다고 하는 반향보다는 가능성이 낮습니다. 분명 바울의 독자들 대부분은 히브리어나 아람어를 몰랐습니다; 따라서 그런 언어적인 기원을 갖는 어떠한 반향도 쇠귀에 경 읽기가 됐을 것입니다.

　b. 그러나 "음량"은 **이전 본문의 독특함, 현저함 또는 대중적인 익숙함**에 따라서도 결정됩니다. 예를 들어, 고린도전서 8장 6절에 나오는 바울의 신앙 고백문은 신명기 6장 4절을 반향합니다: "그러나 우리에게는 <u>한 하나님</u> 곧 아버지가 계시니 … <u>한 주</u> 예수 그리스도께서 계시니." 비록 신명기에서 반복되는 단어들의 개수가 적더라도, 셰마(Shema, 하나님의 절대 유일성에 대한 신앙고백 — 역주) 말씀은 유대주의에서 친숙하고 기본적인 본문이기에, 단지 약간의 언어적 암시만으로도 충분한 음량의 반향을 일으키는 것입니다. 비슷한 경우로 "(하늘에 계신) 우리 아버지"라는 단순한 단어들이 기독교인 독자들에게 주기도문의 전체 본문을 상기시키는 역할을 한다는 것을 우리가 생

---

21) 물론 헬라어 구약성경을 복사하던 후대 기독교 필사자들이 본문을 바울의 인용문에 맞도록 변경했을 가능성이 동등하게 있다; 이런 문제들은 사례별로 평가되어야만 한다.

22) 이런 문제들을 어떻게 다루어야만 하는가에 대해 내가 생각하는 바를 보여 주는 하나의 예로서, 고전 10:4에 있는 반석으로서의 하나님(신 32:4, 15, 18, 30, 31)에 대한 맛소라 본문 가능성 있는 반향을 내가 다루는 것을 보라(*Echoes*, 94).

각해 볼 수 있습니다. [23] 이것은 미국 독자들에게 "자명한 진리"(self-evident truths)에 관한 언급이 마치 미국 독립 선언서의 반향처럼 들리거나, 마틴 루터 킹(Martin Luther King, Jr.) 목사의 반향 없이는 그들이 "나에게는 꿈이 있습니다"라는 단순한 문장을 내뱉을 수 없는 것과도 비교해 볼 수 있습니다.

c. 끝으로, 반향의 음량은 이전 본문과 바울의 담화 양쪽의 해당 문구(들)에 놓인 수사학적 강조에 의하여 섬세하게 영향을 받습니다. 이것은 정확히 설명하기가 다소 어렵지만, 저는 자료 본문의 요지나 요약문들로부터 보게 되는 언어의 반복이나, 또는 바울 자신의 담화에서 정점인 (결정적인) 지점에 놓인 언어를 염두에 두고 있습니다. 고린도후서 4장 6절에 있는 창세기 1장 3-5절의 반향이 이런 종류의 한 가지 예입니다. [24]

간략히 말하면, 반향의 음량에 대하여 이야기할 때는 단어가 정확히 일치하는 정도만 고려할 것이 아니라 인용된 자료의 상대적인 중요성도 고려해야만 한다는 것입니다.

반복이나 밀집 (Recurrence or Clustering)

바울은 다른 곳에서 얼마나 자주 같은 성경 구절을 인용하거나 암시했을까요? 우리는 이것을 "다중 증언"이라고 부를 수 있습니다. 이 기준은 사실 매우 중요한 것으로 이것은 바울 작품에 나타난 이사야서의 반향을 우리가 알아보는 데 있어서 결정적인 역할을 하게 될 것입니다. 저자들은 보다 더 중요하고, 더 자주 읽히며 인용되는 확실한 본문인, 사실상 정경 내의 정

---

23) 고전 8장에서 문맥 역시 하나의 역할을 한다: 바울이 기독교의 신앙고백을 다신론의 우상숭배와 대비하고 있다는 사실은 고전 8장 배후에 있는 세마(Shema)의 반향이 정당함을 확증한다; 이것은 또 다시 주제적 일관성의 기준이 (아래를 보라) 어떻게 다른 기준들을 보완하는지 보여 준다.

24) Hays, *Echoes*, 30, 152-153. 고후 4:6이 사 9:2을 역시 반향한다는 나의 추가적인 의견을 거기서 (153) 보라.

경을 가지고 작업하려는 경향이 있습니다. 바울도 예외는 아닙니다: 그가 충분히 심사숙고한 것으로 보이는 몇몇 구절의 예들이 있습니다. **우리가 만약 바울이 구약의 어떤 특정한 구절을 반복해서 인용한 것을 발견한다면, 같은 구절을 바울이 추가적으로 암시했을 가능성은 더욱 높아집니다.** 저는 "구절"(passage)이라는 단어를 단지 명시적으로 한 번 넘게 인용된 특정한 한 개의 구절을 가리킬 때만 아니라(합 2:4이나 창 15:6처럼), 바울이 반복해서 언급하는 성경의 더 큰 단위들을 가리키기 위하여 폭넓게 사용합니다. 이에 대한 한 가지 예가 신명기 32장으로, 이 본문은 바울서신들 안에서 계속해서 나타납니다(예를 들어, 명시적인 인용은 롬 10:19; 12:19; 15:10에서 그리고 명백한 암시는 고전 10:20과 롬 11:11에서 발견됩니다).[25] 하지만 바울이 이사야 40-55장을 사용할 때 이런 현상의 예가 바울서신에서 줄지어 나타납니다.[26] 바울은 특별히 로마서에서 이 본문으로 돌아가고 다시 돌아갑니다.

여기서 우리는 하나의 특별한 성경 문맥으로부터 가져온 인용들이 **밀집**되어 있는 분명한 증거를 발견하게 됩니다. 그림1은 로마서에 나타난 바울의 이사야서 직접 인용에 대한 자료를 시각적으로 보여 줍니다.[27] 만일 우리가 조사하는 범위에 암시들까지 포함시킨다면 그 증거는 훨씬 더 인상적입니다: 네슬-알란트 27판의 도표 "Loci citati vel allgati: 직간접인용 색인"에 의하면, 제가 계산한 바로 바울서신들 안에는 이사야 40-55장으로부터 가져온 열네 개의 인용들이 있으며[28] (그중에 일곱 개가 로마서에 있고) 추가로 스물여섯

---

25) 충분한 논의를 위해서 다음을 보라. R. H. Bell, *Provoked to Jealousy: The Origin and Purpose of the Jealousy Motif in Romans 9-11*, WUNT 2, ser. 63 (Tübingen: J. C. B. Mohr [Paul Siebeck], 1994).

26) 나는 이 현상을 *Echoes* (30)에서 언급하였지만, 그것의 중요성을 충분히 설명하지는 못했었다.

27) 이 그림은 이제 예일 신학교의 신약학 조교수가 된 Diana Swancutt에 의하여 고안되었다. 나는 이 자료를 그녀의 허락을 받아 그녀에게 감사하는 마음을 가지고 사용한다.

28) 하지만, 이것들 중 하나인 롬 14:11의 사 49:18 인용은 아마도 인용이라기보다 반향으로서 설명해야 할 것이다.

개의 암시들까지 모두 합하여 총 사십 개의 참조 문구가 있습니다. 저는 이런 도표 작성이 단지 바울과 제2이사야 간에 있는 상호텍스트적 연락망의 표면만 건드리고 있다는 것을 알고 있습니다. 어떤 경우에든, 우리가 암시들의 정확한 범위나 개수를 어떻게 도표로 만드는지 관계없이, 바울이 이 특정한 성경 본문을 깊이 숙고하고 있었다는 인상을 피하기는 어려울 것입니다.

물론 바울이 이사야 40-55장을 그 전체적인 의미를 고려하지 않고 하나의 유명한 종교적 인용구들을 산만하게 모은 선집(anthology) 정도로 취급한다고 말하는 것은 원리적으로 가능합니다; 독자들은 이 점에 관한 그들만의 판단을 만들어 가야 할 것입니다. 그러나 비록 그렇다 할지라도 반복에 대한 기준은 이사야서 암시의 **존재**를 인식하는 데 여전히 유용할 것입니다. 하지만 이러한 암시들의 **의미**에 대한 질문은 우리를 다른 기준으로 이끕니다.

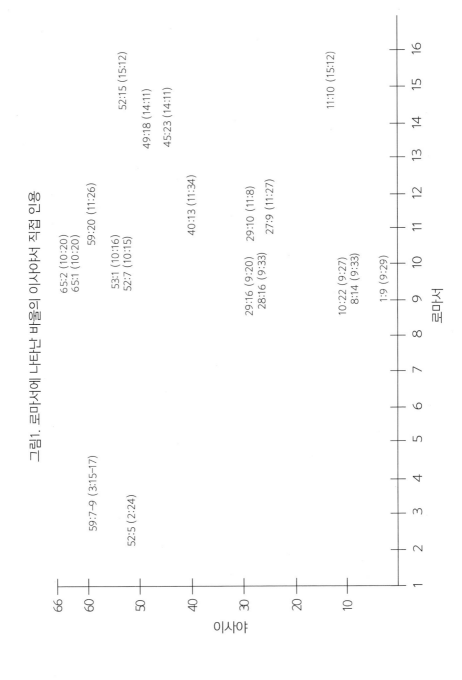

그림1. 로마서에 나타난 바울의 이사야서 직접 인용

주제적 일관성 *(Thematic Coherence)*

그러면 반향이라고 하는 것은 바울이 전개하는 논지의 흐름과 얼마나 잘 어울립니까? 이전 본문이라고 제안된 것은 바울이 전하고자 하는 요점과 잘 맞습니까? 바울의 자료 사용에서 원문에 대한 일관된 "읽기"를 볼 수 있습니까? 그의 이사야서 본문 사용이 다른 본문들에 나타난 그의 전반적인 주장과/주장이나 사용과 일치합니까? 물론 논지의 일관성에 기여하지 못하는 무작위의 흩어진 반향들이 발생할 수 있는 가능성은 충분히 있지만, 그런 반향들에 관한 직감을 자신감 있게 시험하는 것은 어려울 것입니다. 그러나 하나의 반향이 큰 주제적 경향과 어울린다면 우리는 그것을 더 안전하게 식별할 수 있을 것입니다.

사실 우리가 증거를 모은다면 우리는 바울의 이사야서 암시에서 그가 단지 임의적으로 증거 본문을 기록하는 것이 아니라, 하나님께서 복음 선포를 통해 이 세계에서 무엇을 행하시는지 이해하는 데 있어서 이사야 40-55장이 근본적으로 중요하다는 강력한 주장을 할 수 있게 됩니다: 하나님은 그분의 종말론적 의를 계시하고 계시며, 그분의 백성이 겪는 포로생활을 끝내시고, 이방인들을 데려와 보고 깨닫게 하십니다(롬 15:21, 사 52:15의 인용). 더구나, 로스 와그너(J. Ross Wagner)가 보여 주듯이 바울은 "그리스도가 아직 알려져 있지 않은 곳 어디든 자신이 유대인과 이방인 모두에게 복음을 선포한 것에 대한 예시와 예고를 이사야서에서 찾아내었습니다."[29] 예를 들어, 롬 10:15-16에서 바울이 사 52:7과 53:1을 그 자신의 설교 행위에 대한 예시로 인용한 방식을 생각해 보기 원합니다: "전파하는 자가 없이 어찌 들으리요. 보내심을 받지 아니하였으면 어찌 전파하리요. 기록된 바 '아름답도다 좋은

---

29) Wagner, "Heralds," 194.

소식을 전하는 자들의 발이여' 함과 같으니라[사 52:7].[30] 그러나 그들이 다 복음을 순종하지 아니하였도다; 이사야가 이르되 '주여 우리가 전한 것을 누가 믿었나이까'[사 53:1] 하였으니."[31] 이와 같은 다른 본문들이 제시될 수 있습니다. 그중에서 특별한 관심을 끄는 것은 갈 1:15에 나타난 사 49:1의 강한 반향인데, 거기서 바울은 그 자신의 "부르심"을 "열방에 빛"이 되라는 종의 소명에 대한 성취로 그리고 (아마도 그 때문에?) 야곱을 (즉, 이스라엘을) 주께로 데려오는 종의 소명에 대한 성취로 — 또는 최소한 그 예표론적 상대역으로 — 이해했다는 것을 암시합니다; 참조. 사 49:5-6. 그러므로 바울서신들 안에는 그가 이사야 40-55장을 그 자신의 사도적 활동을 예시하고 그것에 정당성을 부여하는 일관성 있는 예언적 비전으로 읽고 있다는 것에 대한 많은 증거가 있습니다. 놀랍게 드러난 하나님의 의, 열방을 향한 말씀의 선포, 이스라엘의 불신앙, 구원의 좋은 소식을 선포해야 하는 사도의 임무 — 이 모든 주제들은 바울이 인용하고 반향하고 있는 이사야서 본문에 의하여 풍성하게 암시되어 있습니다. (이 장 뒷부분에 나오는 요약을 보기 바랍니다.) 이렇게 한 특정한 본문에 관한 한결같고 사색적 읽기 양식의 증거가 보이는 곳에서, 그 편지의 다른 곳에 있는 동일한 본문의 다른 가능성 있는 반향들은 순전히 우리만의 해석학적 공상의 산물이 되기보다는 신학적으로 중요한 의미를 지니게 될 것입니다.

비록 후커(Hooker)가 수행한 그 종에 관한 초기 연구는 이사야 52-53장과 바울 기독론 사이의 주제적 연결을 부인하고 있지만, 그녀가 그 자료를

---

30) Wagner가 언급하듯이, 바울은 이사야서의 단수형 전령을 복수($\tilde{\omega}\nu$ $\epsilon\dot{\upsilon}\alpha\gamma\gamma\epsilon\lambda\iota\zeta o\mu\acute{\epsilon}\nu\omega\nu$)로 바꾸는데, 현존하는 어떤 헬라어 또는 히브리어 이사야서 성경에 대한 근거 없이 그렇게 한다. 이것은 바울이 그 구절을 기독론적으로 해석한 것이 아니라 (복수형) 그리스도인 복음 선포자들과 관련지어 해석한다는 것을 보여 준다.

31) 여기서 우리는 다시 한 번 바울의 유일한 이사야 53장 인용 구절이 그 종의 신비로운 모습에 초점을 맞춘 것이 아니라, 그에 관한 메시지를 — 듣는 사람들이 상당한 의심을 가지고 반응하는 메시지 — 선포한 자들의 활동에 초점을 맞추었다는 것을 알게 된다.

실제적으로 해석하는 것은 제가 여기서 말하고자 하는 바와 같습니다: "제2 이사야서로부터 뻗어 가서 유대교를 지나 예수 자신에게 향하는 [그리고 나는, 바울에게까지 향하는 것도 추가할 것인데] 하나의 일관된 그 '종'에 대한 해석이 있다: 그것은 그 '종'의 개념으로부터 나오는 것이 아니라, 세계를 향한 하나님의 백성의 사명에 대한 사유로부터 나오는 해석인 것이다."[32] 만약 정말로 이것이 바울 당시 유대교에서 이사야 52-53장이 어떻게 이해되는지를 보여 주는 것이라면, 자신의 사역에 대해 바울의 신학적 고찰 안에서 이 본문에 대한 암시들을 찾는 것이 믿을 만하지 않을까요?

역사적 개연성 (Historical Plausibility)

바울은 어떤 제안된 암시 속에 있다고 하는 그 의미 효과를 사실상 의도했을까요? 그리고 그의 1세기 독자들은 이것을 이해했을까요? 역사적 개연성의 기준은 바울서신들이 위치한 역사적 상황을 의사소통의 행위들로서 중요하게 간주할 것을 요구합니다. 바울은 바리새파 유대인이었고 초기 기독교 운동의 일원이기도 했습니다; 따라서 그는 이러한 두 공동체들 안에 있는 특별한 해석학적 전통들의 상속자였습니다. 이와 동시에 그는 대다수가 이방인인 독자들에게 새로운 종말론적 상황 안에서 이스라엘 구약성경의 의미를 전해 주려고 하였습니다. 그런 상황에서, 그리고 그런 배경에서 어떤 종류의 암시와 반향을 이해할 수 있었을까요? 이 부분에 추가적인 연구와 숙고할 여지가 — 실제로 큰 필요가 — 있습니다. 바울 시대에 살던 다른 유대인들은 어떻게 이사야서를 읽었을까요? 그의 읽기가 다른 사람들의 읽기와 같은 점과 다른 점은 무엇일까요? 다른 초기 기독교 해석들 안에서 이사야서

---

32) Hooker, *Jesus and the Servant*, xi-xii. 그녀는 이것을 그 문제에 관한 그녀의 연구로부터 나오는 두 가지 주요한 사안들 중 하나로서 서술한다.

의 예언들을 이용한 사례는 무엇일까요? 우리는 바울의 읽기와 비슷한 경우를 찾을 수 있을까요?

이 기준은 반드시 부정적인 제한 요소가 될 필요는 없는데, 왜냐하면 바울은 의심할 여지없이 꽤 창조적인 사상가여서 참신한 반향과 생각지 못한 읽기 방식을 만들어 낼 수 있기 때문입니다. 더구나 바울이 사용하는 더 미묘한 반향들의 상당수는 그의 이방인 독자들에게 잘 이해되지 않았을 것입니다. 그러나 만약 바울의 구약성경 암시들이 동시대 다른 저작들과 공통점 및 유사점을 갖는다는 것을 보여 줄 수 있다면, 우리는 보다 확실한 증거에 입각하여 그것들에 해석학적 중요성을 부여할 수 있습니다. 예를 들어, 갈 3:16에 나타난 아브라함과 그의 "씨"(σπέρματί)의 약속에 대한 바울의 놀라운 해설(ὅς ἐστιν Χριστός)을, 다윗의 "씨"(σπέρμα)를 "일으키고" "그의 나라 왕위를 영원히 견고하게 하리라"고 하나님께서 약속해 주시는 삼하 7:12-14에 대한 숨겨진 암시로서 이해해야 할까요? 이 의견은 4Q Florilegium 1:10-11이 메시아 본문들의 선집 안에 삼하 7:12-14을 포함시키고 있다는 발견에 의하여 더 설득력을 얻게 되었습니다.[33] 또는 다시 말하면, 롬 10:6-8에서 바울이 신 30:12-14을 기독론적으로 놀랍게 해석하는 것은 바룩 3:29-30을 배경으로 하면 보다 더 이해하기 쉬운데, 거기서는 율법에 관한 신명기의 언어를 의인화된 지혜로 이미 옮겼습니다:

누가 하늘에 올라가 지혜를 잡았는가?
누가 지혜를 구름 아래로 끌어내렸는가?

---

33) 논의를 위하여 다음을 보라. G. J. Brooke, *Exegesis at Qumran: 4Q Florilegium in Its Jewish Context*, JSOTSup 29 (Sheffield: JSOT, 1985), 197-205; D. Juel, *Messianic Exegesis: Christological Interpretation of the Old Testament in Early Christianity* (Philadelphia: Fortress, 1988), 59-77; Hays, *Echoes*, 85.

바다를 건너가 지혜를 발견하여

순금을 주고 사 온 사람이 누구인가?[34]

이 기준을 사용하기 위해서는 해석학적 지평선에 대한 보다 넓은 역사적 구성이 필요하며, 바울과 그의 1세기 독자들에 관한 독자의 역량이 요구됩니다. 저는 제2성전기의 제2이사야서를 철저히 조사한 학문적인 논문에 대해 알지 못하지만,[35] 이러한 연구들은 앞으로 우리가 이사야서에 대한 바울의 암시들을 식별하고 해석하기 위한 노력에 큰 도움이 될 것입니다.

해석사 (History of Interpretation)

이전의 기준이 바울과 **동시대**의 구약성경 읽기에 주의를 기울인다면, 이 기준은 **뒤이은 바울서신 읽기의 역사**에 관심을 쏟습니다. 전승에 나타난 다른 독자들은 우리가 지금 듣는다고 생각하는 그 동일한 반향들을 들었을까요? 또는 우리가 자칫하면 놓칠 수 있는 반향들에 대하여 해석사가 우리에게 주의를 환기시켜 줄 수 있을까요?

---

34) 이런 사례에 대한 논의를 위해서 다음을 보라. Hays, *Echoes*, 77-82. 나의 연구에 대하여 Craig A. Evans는 신 30:12-13에 대한 *Targum Neofiti*가 바울의 신 30장 해석에 있어서 보다 더 가능성 있는 배경을 자세히 설명한다고 역시 지적한다. 다음을 보라. Craig A. Evans, "Listening for Echoes of Interpreted Scripture," in *Paul and the Scripture of Israel*, ed. C. A. Evans and J. A. Sanders, JSNTSup 83 (Sheffield: JSOT, 1993), 47-51.

35) 최근의 소논문 전집 *Der leidende Gottesknech: Jesaja 53 und seine Wirkungsgeschichte*, ed. B. Janowski and P. Stuhlmacher, Forschungen zum Alten Testament 14 (Tübingen: Mohr Siebeck, 1996)은 올바른 방향으로 가는 첫걸음이지만, 오직 사 53장에만 초점을 맞춤으로써 관심 범위를 너무 좁게 잡았고, 그리하여 내가 여기서 제기하려고 하는 문제들에 대하여 충분히 숙고하지 않고 판단하는 위험을 무릅쓴다. Florian Wilk의 연구, *Die Bedeuting des Jesabuches für Paulus*, FRLANT 179 (Göttingen: Vandenhoeck & Ruprecht, 1998)는 이사야서에 대한 유대 해석들을 검토하려고 하지 않으면서, 유대 자료들에 있는 많은 유사한 것들에 주의를 기울인다.

다시 한 번 말하면, 이 기준은 어떤 특정한 반향들에 대한 우리의 직관을 거부하는 데 쓰이기보다 그 직관을 확장시키는 데 이바지할 수 있습니다. 기독교 전통은 초기에 바울이 살고 활동했던 유대 해석학적 기반과의 핵심적인 연결 고리를 잃어버렸습니다; 그 결과, 후대 기독교 해석자들은 바울의 기본적인 관심사들 중 일부를 놓치고 말았습니다. 예를 들어 기독론적 증거 본문에 대한 기독교인들의 강박관념은 독자들로 하여금 이사야 53장과 같은 본문들에 초점을 맞추게 하였고, 이방인들을 향한 선교와 이스라엘의 운명을 말씀과 관련해 설명하려는 바울의 관심사는 간과하도록 만들었습니다. 이런 경향은 대부분의 독자들이 바울의 이사야서 암시 양식 안에서 작동하고 있는 교회 중심적 해석학(ecclesiocentric hermeneutic)을 보지 못하게 한 것 같습니다.[36] 그러므로 해석사에는 사각지대가 (또는 난청 지역이) 있습니다. 따라서 전통적인 읽기 방식은 바울의 목소리가 원래 울려 퍼졌던 "공명하는 의미의 동굴"을 학술적으로 회복하여 거기서 유익을 취한 새로운 읽기 방식으로부터 부족한 점을 보완할 필요가 있습니다.[37]

그럼에도 불구하고 우리는 바울의 이사야서 사용에 대한 읽기 역사를 면밀히 검토하는 것에서 오는 유익을 얻고자 합니다. 후대 전통에서 이사야 53장이 바울서신 안에서 비록 명시적으로 인용되지 않았지만 그토록 높이 평가되었다는 사실은, 바울에게 있는 이사야 53장의 메타렙시스적 억제가 인용되지 않는 자료를 강조하는 비유적 용법으로서 효과적으로 작동하고 있음을 암시합니다.[38] 『반향』에서 저는 그 상황을 다음과 같이 표현했습니다:

---

36) Wagner는 "선교학적 해석학"(missiological hermueneutic)이라고 말하기를 좋아한다.

37) 참조. Hollander, *The Figure of Echo*, 65-66.

38) 간단히 말하면, "메타렙시스"(metalepsis)란 두 본문들 간의 상응관계를 만들어 내는 하나의 수사 기법으로서, 본문 B는 그 이전부터 존재한 본문 A와의 — 명시적으로 인용된 것을 넘어서 A의 양상들도 포함하여 — 폭넓은 상호 작용에 비추어서 이해되어야만 하는 것과 같다. Hays, *Echoes*, 18-21을 보라. 적어도 Quintilian까지 거슬러 올라가는 이 용어의 역사 추적에 대한 유익한 논의는 다음을 보

로마서는 이사야 40-55장에 관한 다수의 인용문들과 암시들로 가득한데, 그 안에 이사야 53장의 고난 받는 종 모티프를 반향하는 것으로 보이는 다양한 구절들이 포함된다 (예를 들어, 롬 4:24-25, 5:15-19, 10:16, 15:21). 그렇다면 왜 바울은 이 예언을 공표하지 않고, 종의 상징을 이스라엘이나 교회, 또는 예수를 해석하기 위한 명시적인 근거로 사용하지 않을까? 바울이 이렇게 회피하거나 삼가는 동기는 그것이 무엇이건 간에 우리가 오랫동안 알 수 없겠지만, 그의 수사학적 전략이 가져오는 효과는 쉽사리 설명될 수 있다. 그는 이사야 53장을 골고루 암시하고 속삭이지만, 그리스도와 이스라엘을 최상으로 통합하는 예언적 모형론은 결코 언급하지 않는다. 그 결과 이사야 53장의 반향은 설득력 있는 메타렙시스의 한 사례가 된다: 바울의 변환시키는 침묵은 독자에게 비유적으로 쓴 그 어구를 완성할 것을 요구한다.[39]

아마도 바로 이것이 교회의 해석사가 해왔던 일일 것입니다.

만족도 (Satisfaction)

제안된 상호텍스트적 읽기는 주변 담화를 비추면서 바울의 주장을 전체적으로 어느 정도 잘 이해할 수 있게 합니까? 이 마지막 기준은 정의하기가 어렵지만 공동체 안의 비평적 해석 작업을 하는 데 있어서 중요합니다. 이것은 주제적 일관성의 기준과 관련되지만, 다음 면에서 다릅니다: 주제적 일관성의 기준은 개개의 이전 본문 내용이 추정되는 반향이 생기는 곳에서 바울이

라. Hollander, *The Figure of Echo*, 133-149.

39) Hays, *Echoes*, 63.

주장하는 의미와 크게 연관되었는지를 묻는 반면에 (위의 예들을 보라), 만족도의 기준은 바울의 논의에 대한 종합적인 읽기가 제안된 상호텍스트들을 인식함으로 인하여 더 명료해지고 강화되는가를 더 폭넓게 묻습니다. 이 기준은 제안된 상호텍스트적 연결 안에서 서신의 의미를 전체적으로 인식하거나, 또는 최소한 그 서신 내 일부 문맥에 대한 의미를 인식할 것을 요구합니다. 제안된 상호텍스트적 읽기는 우리가 다음과 같이 말하는 것을 보게 될 때 만족도의 시험을 충족시킵니다. "맞아. 바로 **이것**이 구절 *x*에서 바울이 의미한 거였어; 게다가 만약 이것이 맞다면, 우리는 그가 구절 *y*에서 의미하는 바와 그가 저 자리에 왜 **이러한** 특정한 단어들을 쓰는지 이해할 수 있을 것 같아." 예를 들어, 만약 이사야 40-55장이 로마서에서 제가 여기서 제안한 것과 같은 역할을 한다면, 이 서신의 기조인 롬 1:16-17에 대한 우리의 이해는 이 본문과 쌍을 이루는 사 51:4-5을 함께 읽음으로써 분명해질 것입니다:

> 내 백성이여 내게 주의하라
> 내 나라여 내게 귀를 기울이라
> 이는 율법이 내게서부터 나갈 것임이라
> 내가 내 공의를 만민[ἐθνῶν]의 빛으로 세우리라
> 내 공의[ἡ δικαιοσύνη μου]가 가깝고
> 내 구원[τὸ σωτήριόν μου]이 나갔은즉
> 섬들[ἔθνη]이 나를 앙망하여 내 팔[참조. 롬 1:16에서 δύναμις]에 의지하리라

또는 다시, 사 52:10:

여호와께서 열방[ἐθνῶν]의 목전에서

그의 거룩한 팔을 나타내셨으므로[ἀποκαλύψει]

땅끝까지도 모두 우리 하나님의 구원[σωτηρίαν]을

보았도다

바울이 이 좋은 소식에 대한 이야기들을 자신이 선포하기 위하여 위임 받았던 그 메시지(사 52:7에서 반향하는 롬 1:16의 εὐαγγέλιον; 사 53:1에서 인용된 롬 10:15의 ἀκοῇ)로 믿었는지를 결정하는 문제는 독자에게 맡기겠습니다.

바울의 이사야서 이야기 읽기: 명시적 인용들

바울의 이사야서 읽기에 대한 완전한 연구는 바울이 이사야서를 명시적으로 인용한 서신들 안에 있는 모든 단락들을 귀납적으로 검토하는 것에서부터 시작해야만 합니다. 이런 검토에서 우리는 바울이 이사야 본문의 어떤 모티프들에 주의를 환기하는지 질문해야 하고, 어떻게 이런 모티프들이 그 인용들이 나타나는 서신들의 주장과 관련되어 있는지 물어야 합니다. 게다가 이러한 모티프들이 하나의 일관성 있는 서사 구조의 부분으로서 구성될 수 있는지 알아봐야 합니다. 이 정도 분량의 글로는 이런 귀납적인 조사가 불가능하지만, 그럼에도 저는 이러한 조사로부터 나온다고 믿는 결과들에 관한 종합적인 진술을 감히 표명해 보고자 합니다.

바울은 예수의 죽음과 부활을 통해 바울의 세대에 드디어 진행된 사건들을 마치 미리 서술했던 것처럼 이사야서를 읽습니다. 이런 결과들은 아래와 같은 방식으로 요약될 수 있습니다.

1. 이스라엘은 냉혹한 불순종에 빠졌습니다; 그들의 불법은 그들을 하나님으로부터 갈라놓았습니다. 언약에 대한 그들의 불성실은 하나님의

이름을 열방 가운데 불명예스럽게 만들었습니다. 언약에 대한 하나님의 인내하는 성실하심에도 불구하고 이스라엘은 "불순종하며 고집스러운 백성입니다."

사 59:7-8	롬 3:15-17
사 52:5	롬 2:24
사 65:2	롬 10:21

2. 비록 그렇다 하더라도 하나님은 이스라엘을 버리지 않으십니다. 그는 믿음을 지킨 남은 자들을 보존하십니다.

사 1:9	롬 9:29
사 10:2	롬 9:27

3. 하나님은 이제 종말론적인 구원에 대한 약속을 현재의 시간에 성취하기 위하여 행동하십니다. 그러나 하나님은 이것을 (그리스도에 대한) 믿음을 요구하는 방식으로 행하시는데, 이것은 이스라엘의 대다수를 걸려 넘어지게 만듭니다. 그를 믿는 자들은 부끄러움을 당하지 않을 것입니다.

사 49:8	고후 6:2 (참조. 사 43:18-19/고후 5:17)
사 8:14	롬 9:32-33
사 28:16	롬 9:33; 10:11

4. 이것이 이방인의 사도인 바울이 선포하도록 부름 받은 메시지입니

다. 모두의 예상과 달리 이방인들은 이 좋은 소식을 기쁘게 받아들였습니다. 이방인 사역은 열매를 맺고 있었습니다.

사 52:7	롬 10:15 (참조. 사 49:1/갈 1:15)
사 11:10	롬 15:12
사 45:14	고전 14:25
사 52:15	롬 15:21
사 54:1	갈 4:27 (사 54:1의 개정판 해석으로, 사라를 "약속의 자녀"[=이방인 신자들]을 낳은 어머니로 읽는다)[40]
사 65:1	롬 10:20

5. 그러나 모두가 믿는 것은 아닙니다. 왜냐하면 이 메시지는 인간의 지혜에 대한 모욕이기 때문입니다. 오늘날 이스라엘과 이방인 세계는 실제로 눈멀고 미련하나 스스로를 지혜롭다고 여기는 사람들로 가득 차 있습니다. 하나님은 그들에게 심판을 내리실 것입니다. 불순종하는 이스라엘을 향한 하나님의 심판은 그들의 눈을 감기고 그들의 마음을 완고하게 하는 형태의 신비로운 방식으로 임합니다.

사 53:1	롬 10:16
사 22:13	고전 15:32
사 28:11	고전 14:21
사 29:14	고전 1:19
사 29:16; 45:9	롬 9:20

---

40) Hays, *Echoes*, 105-121을 보라.

사 29:10   롬 11:8 (참조. 사 6:9-10)

사 65:2   롬 10:21

6. 그럼에도 불구하고, 결국 하나님께서는 이스라엘을 구속하시고, 그
   들의 죄를 사하시며, 온 세계에 하나님의 주권을 세우사 모든 무릎
   이 꿇고 모든 입이 하나님을 찬양하게 하실 것입니다. 이러한 하나
   님의 종말론적 승리는 사망 권세를 이기시는 하나님의 능력을 포함
   할 것입니다.

사 27:9   롬 11:27

사 59:20   롬 11:26

사 45:23   롬 14:11 (참조. 빌 2:10-11)

사 25:8   고전 15:54

7. 하나님의 자비는 저항할 수 없으며 이해할 수 없습니다.

사 40:13   롬 11:34;   고전 2:16

사 64:4?   고전 2:9

바울은 이 모든 것이 이사야서 안에 예언되었다는 것을 발견합니다.
"부딪칠 돌"(사 8:14 + 28:16/롬 9:32-33)은 예외가 될 수도 있겠지만 (이것도 논
쟁 중임), 우리는 바울이 이사야서를 해석할 때 기독론적 예표론에 의지하지
않았다는 것을 주목할 필요가 있습니다. 그가 이사야서 두루마리에서 읽는
이야기는 이사야가 원래 구상한 이스라엘의 포로와 회복이라는 줄거리 안에
빈틈없이 들어가 있으며, 모든 이방 세계를 품어 주는 하나님의 급진적이며

종말론적인 갱신을 수반합니다.

결론: 토론을 위한 주제

이 글의 제한적인 목표들은 바울서신 안에 있는 구약의 암시와 반향을 식별하기 위한 몇 가지 기준들을 설명하는 것이고, 바울이 이사야서를 반향한 실례로 보이는 본문들에 이러한 기준들을 적용한 것을 살펴보며, 이 예언서에 대한 바울의 명시적 인용들이 의미하는 줄거리를 설명하는 것입니다. 이 연구가 결론에 이르려면 우리는 이사야서에 대한 가능한 암시들을 찾고 그것들을 하나씩 평가하기 위해서 서신들을 철저히 조사해야만 합니다. 이 작업은 이 글에서 다루기에는 너무도 광범위한 일입니다.[41] 예를 들어, 저는 이사야 53장의 암시를 롬 4:24-25, 롬 5:15-19, 고전 15:3, 그리고 빌 2:6-11에서 들어야만 하는지에 관한 친숙한 토론을 과제로 삼지 않았습니다. 제가 제시한 기준들을 유용하다고 여기는 독자들은 이러한 본문들에 그 기준들을 적용해 보는 과제를 시도해 볼 수 있습니다. 마지막으로 다수의 논평과 도발적인 의견을 요약하여 제시하겠습니다.

1. 바울은 이사야서에서 이 세계를 종말론적으로 구속하시는 하나님의 이야기를 읽어 냅니다. 그가 사 40-55장을 폭넓게 인용했다는 것은 그가 이 본문을 반복하여 묵상했다는 것과, 하나님의 기쁜 소식을 이방 세계에 선포하는 자신의 사도적 사명에 대한 예시를 거기서 발견했다는 것을 암시합니다. 또는 같은 요점을 역으로 말하자면, 바울의 이사야서 읽기는 그의 이방인 사역 경험에 의하여 형성되었습니다. 바울이 거기서 단순히 흩어진 계시

---

41) 주의: 이 소논문은 1998년 봄에 쓰였는데, 그때는 Florian Wilk가 바울의 이사야서 인용 구절들에 관한 포괄적인 연구를 출판하기 바로 전이었다 (위 각주 35를 보라). Wilk의 결론은 나의 연구에 전혀 영향을 받지 않았지만, 그것은 내가 여기서 제안했던 많은 것들과 수렴하고 그 정확함을 입증해 준다.

들의 잡동사니가 아니라 하나의 일관성 있는 **이야기**(*story*)를 분명히 보고 있다는 주장은 그가 인용하고 반향하는 본문들에 대한 그의 해석을 이해하는 데 있어서 매우 중요합니다.

2. 바울의 실제적인 이사야서 **사용**에서 그의 주된 관심은 기독론적으로 여겨지지 않습니다. 다른 데와 마찬가지로, 여기서도 그의 성경 해석학은 교회 중심적(ecclesiocentric)으로, 하나님의 종말론적 백성인 교회에서 하나님의 은혜가 구현되고 역사하는 것에 집중하고 있습니다. 이것은 바울서신의 구체적인 목적과 관련되어 있습니다: 예를 들어, 로마서는 기독론에 관한 논문이 아니라 구원의 드라마 안에 있는 유대인들과 이방인들을 위한 하나님의 신비로운 목적들이 완성되어 가는 것을 신학적으로 숙고한 것입니다. 따라서 기독론은 함축적이고 전제적인 주장의 단계에 머뭅니다. 이것이 우리가 로마서에서 단지 구약의 초기 기독론적 읽기에 대한 암시와 반향만을 발견하는 이유입니다. 바울은 예수가 그 **종이었다는 것**을 증명하는 데 그렇게 많은 관심을 기울이지 않았습니다. 그보다 바울은 이사야가 유대인만 아니라 이방인도 포함하는 이 세계를 구속하시는 하나님의 예언적 언약을 계시했다는 것을 보여주고자 했습니다. 그러므로 우리는 바울이 이사야서를 암시했던 의도들이 현대 학문 연구를 이끌었던 의도들과 달랐다는 것을 되새겨야만 합니다.

3. 바울서신에서 인용과 암시를 찾게 되면, 우리는 항상 그것이 논지 안에서 무엇을 하고 있는지, 그것이 바울의 수사학적이고 신학적인 의제에 어떻게 이바지하는지 물어야 합니다. 이 말은 제안된 상호텍스트적 배열이 어떻게 우리의 서신 읽기를 형성해 가는지 계속해서 질문해야만 한다는 것입니다. 여기에는 피할 수 없는 해석학적 순환이 있습니다: 만약 상호텍스트적 연결에 대한 우리의 가설이 서신서 읽기를 밝혀 주는 결과를 가져온다면, 그것은 우리 가설의 정당성에 관한 우리의 확신을 강화시킬 것입니다.

4. 바울의 사고는 그의 구약성경 읽기에 의하여 깊은 영향을 받으며

형성되었습니다. 이로 인한 한 가지 결과로 바울은 자신의 담화가 만들어 내는 상호텍스트적 연결의 모든 가능한 의미들에 대한 생각 없이, 이따금 무의식적으로 또는 말이 나온 김에 본문을 반향했을 것입니다. 후에 독자들은 바울의 이사야서 반향을 인식하고 바울 자신에게는 떠오르지 않았던 상호텍스트적 연결의 신학적 의미들을 정당하게 발전시켰을 것입니다. 이사야 53장의 기독론적 읽기가 (비록 내 생각은 그러지 않을 것 같지만) 이런 범주에 들어갈 수 있을 것입니다.

5. 우리는 바울과 그의 독자들이 구약성경을 읽을 때 그들도 최소한 우리와 같이 박식하고 섬세했다고 보아야 합니다. 바울의 구약성경 본문 이용에 관한 모든 것은 그의 "내포된 독자"(implied reader)가 단지 구약성경을 알 뿐만 아니라 암시되고 있는 미묘한 본문을 인식하기까지 한다는 것을 보여 줍니다. 독자가 이 찬사를 받건 안 받건 간에, 사도는 상호텍스트적 연주를 여전히 즐깁니다.

6. 마지막으로 바울의 본문을 바르게 읽기 위해서 우리가 어떤 독자가 되어야 하는가에 대한 문제가 있습니다. 그는 독자들에게 그들의 몸을 산 제물로 드리고 그들의 마음을 새롭게 함으로 변화를 받으라고 말합니다. 이것은 암시들을 올바로 인식하기 위한 하나의 **기준**(criterion)은 아닙니다; 하지만 그것은 하나의 **전제조건**(prerequisite)이라고 할 수 있습니다. 내가 Echoes(『반향』)에서 길게 주장했듯이, 바울은 구약성경 위에 덮인 수건은 오직 주께로 돌아가는 자에게만 벗겨질 것이며, 구약성경의 의미는 오직 성령이 그 본문의 뜻을 실제적으로 변형된 공동체 안에서 구현하기 위해 일하실 때 분명해진다고 믿었습니다. [42] 만약 이것이 맞다면, 바울의 암시적인 본문

---

42) Hays, *Echoes*, 122-153. 이제는 다음을 또한 보라. The sixth of the "Nine Theses on the Interpretation of Scripture," in *The Art of Reading Scripture*, ed. E. F. Davis and R. B. Hays (Grand Rapids: Eerdmans, 2003), 3: "신실한 성경해석은 하나님의 구속적 역사에 의해 만들어진 공동체 ―

들은 단순히 궁금해하는 자들에게는 그 보물들을 가져오지 않을 것입니다 (우리 학자들을 정신 차리게 하는 말입니다): 그 본문들은 오직 이방의 빛과 같이, 하나님의 의를 구현함으로써 화해의 사역을 능동적으로 감당하는 자들에게만 말을 걸 것입니다.

교회 — 로의 참여를 초청하고 전제한다."

제 3 장

시편 143편,
하나님의 의에 대한 증언

바울서신에서 "하나님의 의"(the righteousness of God)가 무엇을 의미하는가에 관한 많은 학문적 논쟁이 잘못된 영역에서 전개되었습니다. 에른스트 케제만(Ernst Käsemann)은 아돌프 슐라터(Adolf Schlatter)[1]가 처음으로 제안했던 해석을 되살린 자로서, 1961년 그의 소논문 "Gottesgerechtigkeit bei Paulus" ['The righteousness of God' in Paul][2]에서 논쟁의 폭풍을 일으켰는데, 거기서 그는 바울의 로마서 특정 구절들에 있는 δικαιοσύνη θεοῦ("하나님의 의") 표현에 관한 개신교의 전통적인 해석에 문제를 제기하였습니다. 루터 이후 개신교 해석은 이 표현을 한 개인이 예수 그리스도를 믿음으로 받게 되는 선물로서, 하나의 전가되는 "외래적"(alien) 의로 여겨왔습니다. 그러나 케제만은 롬 3:21과 10:3 같은 구절들에 나오는 δικαιοσύνη θεοῦ는 하나님 **자신의** 의를 의미하며, 그것은 "구원을 창조하는 능력"으로 인류를 만나고 "세계를 향해 뻗어 나아가" 하나님의 피조물을 향한 하나님의 주권을 정당하게 선포하며 확립한다고 주장하였습니다.[3] 케제만의 논제 안에 있는 승부수들 중 하나는 δικαιοσύνη θεοῦ의 의미가 묵시적 사고의 배경 안에서 가장 잘 이해될 수 있다는 것으로, 쿰란 공동체의 감사 찬양을 그 예로 들었는데, 거기서 케제만은 δικαιοσύνη θεοῦ가 묵시적 의미가 포함된 "기존 표현"이라는 것을 발견하였습니다.[4]

Δικαιοσύνη θεοῦ가 묵시록에서 하나의 전문 용어였다는 그의 주장은 논쟁의 중요한 사항이 되었지만, 불행히도 그것은 그가 제기하려고 했

---

1) A. Schlatter, *Gottes Gerechtigkeit: Ein Kommentar zum Römerbrief* (Stuttgart: Calwer, 1935), 35-38, 135-139.

2) Käsemann, "Gottesgerechtigkeit bei Paulus," *ZTK* 58 (1961): 367-378. 이 소논문은 *NT Question of Today* (Philadelphia: Fortress, 1969), 168-182에서 영어 번역본으로 볼 수 있다. 뒤이은 참조들은 이 번역본을 말한다.

3) Käsemann, *NT Question of Today*, 181-182.

4) Käsemann, *NT Question of Today*, 172, 178-182.

던 더 실질적인 신학적 쟁점에서 딴 데로 주의를 돌리고 말았습니다. 예를 들어 루돌프 불트만(Rudolf Bultmann)은 케제만을 반박하려는 의도로, 그 표현에 관한 어떤 묵시적 배경도 단호히 거부했고, 이상하게도 그것을 "ein Neuschöpfung des Paulus" [바울의 창작물]이었다고 주장했습니다.[5] 논쟁의 다른 편에서는, 케제만의 제자들인 크리스티안 뮐러(Christian Müller)와 페터 슈툴마허(Peter Stuhlmacher)가 바울의 δικαιοσύνη θεοῦ 사용에 관한 묵시적 근거들을 확립하기 위하여 학술 논문들을 발간하였습니다.[6] 이후로도 찬성과 반대에 관한 다양한 반응들이 이어졌습니다.[7]

그 후에 샌더스(E. P. Sanders)는 케제만과 그의 지지자들이 인용했던 쿰란 구절들에 대한 정밀한 주해 작업을 시작하였습니다.[8] 샌더스는 이러한 본문들에 나오는 צדקה (= δικαιοσύνη)는 단순히 "자비"와 같은 말이며, 전문 용

---

5) R. Bultmann, "Δικαιοσύνη θεοῦ," *JBL* 83 (1964): 16.

6) C. Müller, *Gottes Gerechtigkeit und Gottes Volk*: *Eine Untersuchung zu Römer 9-11*, FRLANT 86 (Göttingen: Vandenhoeck & Ruprecht, 1964); P. Stuhlmacher, *Gerechtigkeit Gottes bei Paulus*, FRANT 87 (Göttingen: Vandenhoeck & Ruprecht, 1965).

7) 특별히, 다음에 오는 것들을 보아라: K. Kertelge, *"Rechtfertigung" bei Paulus* (Münster: Aschendorf, 1967); H. Conzelmann, "Die Rechtfertigungslehre des Paulus: Theologie oder Anthropologie?" *EvT* 28 (1968): 389-404, ET, "Paul's Doctrine of Justification: Theology or Anthropology?" in *Theology of the Liberating Word*, ed. F. Herzog (Nashville: Abingdon, 1971), 108-123; G. Klein, "Gottes Gerechtigkeit als Thema der neuesten Paulus-Forschung," in *Rekonstruktion und Interpretation* (Munich: Chr. Kaiser, 1969), 225-236; Klein, "Righteousness in the NT," in *IDBSup*, 750-752; M. Barth, "Rechtfertigung: Versuch einer Auslegung paulinischer Texte im Rahmen des Alten und Neuen Testaments," in AnBib 42 (1970), 137-207, ET, *Justification* (Grand Rapids: Eerdmans, 1971); N. A. Dahl, "The Doctrine of Justification: Its Social Function and Implications," in *Studies in Paul* (Minneapolis: Augsburg, 1977); J. Reumann, "The Gospel of the Righteousness of God: Pauline Reinterpretation in Romans 3:21-31," *Int* 20 (1966): 432-452. 논쟁에서 기본적인 입장들에 관한 개론은 다음을 보라. M. T. Brauch, "Perspectives on 'God's Righteousness' in Recent German Discussion," appendix to E. P. Sanders, *Paul and Palestinian Judaism*, (Philadelphia: Fortress, 1977), 523-542.

8) Sanders, *Paul and Palestinian Judaism*, 305-312. 샌더스는 이 본문들에 관한 그의 주해를 케제만을 반박하기 위한 것으로서 명시적으로 제시하지는 않지만, 만약 그의 해석이 정확하다면, 그것은 케제만의 입장에 파괴적인 일격을 가한다.

어도 아니고 능동적으로 구원을 창조하는 힘을 의미하는 것도 아니라고 결론 지었습니다.[9] 샌더스의 논거는 צְדָקָה 용어가 묵시적 서사 문맥이 아니라, 그 단어가 구약 시편에 의하여 많은 영향을 받았던 찬양시과 기도문에서 주로 나온다는 연구에 의하여 상당히 강화되었습니다.[10] 이 연구 결과는, 비록 이런 제안이 샌더스의 발견을 넘어서는 것일 수도 있지만, 구약 시편들이 바울의 δικαιοσύνη θεοῦ 표현 사용에서 가장 분명한 배경이 된다는 가능성을 제안합니다.

저는 이 소논문에서 δικαιοσύνη θεοῦ를 구원을 창조하시는 하나님의 힘으로 해석하는 것이 어떤 쿰란 자료에 호소하지 않고도 옳다고 입증할 수 있음을 제안하려 합니다. 이 주장의 무게는 다른 두 종류의 증거에 달려 있습니다: 로마서 3장에 나타난 바울 논지의 내적 논리에 대한 검토와, 그 주장을 위한 배경으로서의 시편 143편에 대한 조사입니다.

Δικαιοσύνη θεοῦ의 의미에 관한 논쟁은 로마서 3장 해석에서 기로에 서게 되는데, 왜냐하면 롬 1:17에서 그토록 두드러지게 선포되었던 이 주제가 바로 이 지점에서 마침내 바울 주해의 중앙 무대에 드러나기 때문입니다. 이 장을 해석할 때 종종 이것을 분리된 발췌문들로 나누어서 마치 이것들이 서로 어떤 관계도 없는 것마냥 개별적으로 논의하곤 하는데 — 예를 들어, 3:22에 나타난 δικαιοσύνη θεοῦ의 의미에 대한 결정이 3:5에서의 그 의미를 고려하지 않고도 가능한 것처럼 말입니다.[11] 하지만 이 표현을 적절하게 이해하기 위

---

9) Sanders, *Paul and Palestinian Judaism*, 307.

10) 참조. Dahl의 의견, "The Doctrine of Justification," 99: "쿰란 본문들이 실제로 증명하는 것은 하나님의 의에 관한 구약 사상이 신약 시대 당시 유대주의에서 활발했다는 것이다. … 바울의 용어가 쿰란 집단이나 그와 관련된 무리로부터 직접 물려받은 것이라고 가정할 필요는 없다."

11) 주석들은 자주 롬 1:17을 언급하지만, 대다수는 3:21-26을 한결같이 3-7절의 앞서 말한 논의에 대한 언급 없이 다룬다. 예를 들어, 다음을 보라. C. K. Barrett, *A Commentary on the Epistle to the Romans*, HNTC (New York: Harper and Row, 1957), 72-82; E. Käsemann, *An die Römer*, HNT 8a (Tübingen: Mohr, 1973), 84-94; K. H. Schelkle, *The Epistle to the Romans* (New York:

해서는 반드시 그 주장의 문맥과 흐름을 진지하게 고려해야만 합니다.

3장 서두에서 바울은 유대인이 하나님 앞에서 특별한 위치에 있다고 주장하는 문제와 씨름하고 있습니다. 그는 앞 장에서 유대인이 율법을 소유했다고 자랑할 이유가 없다고 하는데, 왜냐하면 "할례는 마음에 해야 하는 것으로, 영에 있고 율법 조문에 있지 않기 때문입니다"(2:29). 그러나 이 주장은 유대인의 특수성이 의미 없어 보이고, 그 특별함이 불분명한 일반적인 영성에 흡수되고 부정되는 것처럼 보이기 때문에 그를 곤란하게 합니다.[12] 특별히 유대인의 정체성은 역사 안에서 하나님과 그의 백성 간의 관계에 대한 주장에 그 근거를 두고 있기 때문에, 바울은 매우 확실한 신학적인 이유들로 그런 결론을 받아들이려 하지 않습니다. 만약 바울의 복음이 이러한 과거의 사건들을 통해 세워진 특별한 관계를 이제 어떻게든 무효로 한다면, 그것은 하나님께서 과거 그의 백성을 대하셨던 것은 거짓된 행동이었고, 그가 지금

Herder and Herder, 1964), 66-68; E. Brunner, *Der Römerbrief* (Berlin: Evangelische Verlagsanstalt, 1951), 21-25; K. Barth, *The Epistle to the Romans* (London: Oxford University Press, 1933), 91-107; A. Nygren, *Der Römerbrief* (Göttingen: Vandenhoeck & Ruprecht, 1951), 109-118; C. E. B. Cranfield, *A Critical and Exegetical Commentary on the Epistle to the Romans*, vol. 1, ICC (Edinburgh: T. & T. Clark, 1975), 202-203; C. H. Dodd, *The Epistle to the Romans*, MNTC (New York: Harper and Bros., 1932), 48-61; J. Murray, *The Epistle to the Romans*, vol. 1, NICNT (Grand Rapids: Eerdmans, 1959), 108-112. 하나의 예외가 H. Schlier (*Der Römerbrief*, HTKNT [Freiburg, Basel, and Vienna: Herder, 1977], 104)인데, 그는 적어도 3:5과 3:21-22 간의 관계를 알아차렸지만, 이런 지식이 그의 해석을 형성하도록 허용하지는 않았다. O. Michel (*Der Brief an die Römer*, MeyerK [Göttingen: Vandenhoeck & Ruprecht, 1963], 105) 역시 그 관계를 인식하지만 δικαιοσύνη θεοῦ가 21-22절에서는 다르게 사용된다고 주장한다: "Das Subjekt δικαιοσύνη θεοῦ wird wieder aufgenommen, aber nun auf den Menschen bezogen: Die Gerechtigkeit Gottes wird durch den Glauben an Jesus Christus geschenkt." ["Δικαιοσύνη θεοῦ 주제가 다시 다루어지지만, 이제는 사람과 관련이 된다. 하나님의 의는 예수 그리스도 안에서 믿음으로 말미암아 주어진다."] 여기서 Michel은 다른 성경 해석학자들이 주석 없이 당연한 것으로 여기는 견해를 분명히 만든다.

12) 이것이 정확히 다음에서 도출된 결론이다. Daniel Boyarin, *A Radical Jew: Paul and the Politics of Cultural Identity* (Berkeley: University of California Press, 1994). 바울은 그러한 비평에 분명히 자신을 열어 두었다. 하지만 Boyarin의 날카로운 읽기는, 바울이 로마서에서 그의 메시지를 정확히 이렇게 해석하는 것을 반박하기 위하여 지속적으로 노력하는 것에 대해 충분한 주의를 기울이지 않는다.

취소하는 약속들을 과거에 했었던 것을 의미합니다. 그러나 바울은 예수를 죽음에서 일으키신 하나님이 이스라엘에게 약속들을 주신 바로 그 하나님이라는 증언에 자신을 맡깁니다; 따라서 이러한 약속들을 이스라엘에게 하셨던 하나님은 신뢰할 만한 분이라는 것이 확인되어야만 합니다. 이 문제는 사실 하나님의 성실하심에 관한 질문입니다.[13] 이것이 로마서 3장의 논의를 떠받치고 활기 넘치게 하는 관심사입니다.

이런 점들을 고려하여 바울은 "유대인의 나음"이 "범사에 많음"을 긍정하면서도, 이스라엘이 계약에서 자기 몫을 다하는 데 실패했기 때문에, 하나님은 어떻게든 그분의 약속을 지켜야 하는 의무에서 벗어날 수 있었다는 생각을 예상하고 거부합니다. 이 지점에서(3:5) δικαιοσύνη라는 용어가 논의에 들어옵니다.[14] 우리는 그것을 어떻게 해석해야 할까요?

이 말은 독립적으로 나오지 않지만, 외관상 뜻이 같은 일련의 말들 중 하나로 나오며, 모두 인간의 부족한 성실과 대비된 하나님의 성실하심을 단

---

13) 다음에 나타난 명쾌한 논의를 보라. "The Moral Integrity of God and the Human Situation," by L. E. Keck (*Paul and His Letters*, Proclamation Commentaries [Philadelphia: Fortress, 1979], 117-130). Keck는 "하나님의 도덕적 성실성"이라는 문구를 사용함으로써 "하나님의 의"라는 바울 문구의 "요점을 바꿔 말할 것"을 제안한다.

14) Δικαιοσύνη θεοῦ는 바로 앞에 있는 인용문 시 51:4(= 시 50:6 칠십인경)의 단어 δικαιωθῇς를 반향한다. Müller (*Gottes Gerechtigkeit und Gottes Volk*, 65-68)는 이 구절의 언어가 우주적 재판 (*Rechtsstreitgedanke*) 개념으로 특징 지어졌다고 믿는데, 특히 시편 인용에 나타난 것처럼, 거기서 하나님은 세계에 그의 의로운 요구를 확립하려고 애쓰는 모습으로 은유적으로 묘사되고 있다. Müller 는 δικαιοσύν과 κρίνειν 같은 용어들이 재판 과정의 언어에서 유래됐다고 정확히 관찰했지만, 우리는 현재 본문을 그런 단어들의 어근 의미들과 관련된 이미지 집단에 비추어서 해석하는 것을 주의해야만 한다. 실제로, 시 51편은 그 용어가 가진 법정적 의미가 고백적 경건의 언어 속으로 이미 흡수된 본문 의 좋은 사례다. ("Sündenbekenntnis und Busse rechtliche Vorgänge sind"[죄의 고백과 회개는 법적 절차이다]라는 Müller의 주장[65 각주. 51]은 논점을 교묘히 피한다.) 바울은 앞에 말한 그의 단언(롬 3:4)을 위하여 시편 인용을 하나의 증거 본문으로서 (καθὼς γέγραπται) 그의 논거 안으로 가져오는데, 그 단언은 하나님이 "참되시다"(ἀληθής)는 것으로 이 문맥에서는 하나님이 그의 말씀에 신실하시다 는 것을 의미한다. 바울이 단지 그 시편 인용을 하나님의 미쁘심에 관한 그의 요점을 보강하기 위해 사용하고 있으므로, 롬 3장의 주변 본문을 심지어 시 51편에도 명백하지 않은 *Rechtsstreitgedanke*[우주적 재판]의 개념적 틀 안에서 해석하는 것은 방법론적으로 의심스러워 보인다.

언하고 있습니다. 이 대조는 아래와 같은 도식적인 양식에서 볼 수 있습니다:

ἄνθρωπος	θεός
3:3 ἡ ἀπιστία αὐτῶν	ἡ ἀλήθεια τοῦ θεοῦ
3:4 πᾶς ἄνθρωπος	ψεύστης ὁ θεὸς ἀληθής
3:5 ἡ ἀδικία ἡμῶν	θεοῦ δικαιοσύνην
3:7 ἐν τῷ ἐμῷ ψεύσματι	ἡ ἀλήθεια τοῦ θεοῦ

의심할 여지없이, 각 열의 용어들은 이 단락에서 바꿔서 사용이 가능하고, 따라서 서로를 해석합니다.[15] (일부) 유대인들의 신실하지 않음과 대조되고 있는 Ἡ πίστις τοῦ θεοῦ는 분명하게 주격 소유격인 "하나님의 미쁘심"으로 번역되어야 합니다. 마찬가지로, "나의 거짓말"과 대조되어 ἡ ἀλήθεια τοῦ θεοῦ는 다시 분명하게 주격 소유격인 "하나님의 참되심"을 의미해야 합니다.[16] 이러한 관찰들은 "우리의 불의"와 정반대인 δικαιοσύνη θεοῦ가 병행하는 용어들에서 유추하여, 또 다른 주격 소유격 구조로서, 하나님의 의의

---

15) James Barr (*The Semantics of Biblical Language* [Oxford: Oxford University Press, 1961], 187-194)는 Thomas Torrance의 주장에 대하여 움츠러들게 하는 비평을 전한다. "신약에 πίστις와 δικαιοσύνη 단어들이 있는 곳에서 우리는 그것들 뒤에 있는 히브리어 단어들 'emet와 'ĕmunāh를 보아야만 하고, 신약에 ἀλήθεια가 있는 곳에서 우리는 그것을 단순히 헬라어 단어로서가 아니라 진리의 개념 안에 πίστις와 δικαιοσύνη를 성경적으로 포함한 입장에서 이해해야만 한다" (T. Torrance, "One Aspect of the Biblical Conception of Faith," *ExpTim* 68 [1956-57]: 111-114, 여기서 112). 그러나 Torrance와 A. G. Hebert ("'Faithfulness' and 'Faith,'" *Theology* 58 [1955]: 373-379)에 대한 Barr의 설득력 있는 비평들은 현재 롬 3장을 주석적으로 관찰하는 것에는 적용되지 않는다. Barr는 문맥과 용법에 대한 고려 없이 신약에 있는 ἀλήθεια, πίστις, 그리고 δικαιοσύνη의 의미 범위를 좌우하는 특유한 (히브리의) "근본적인 의미"가 있다는 언어학적으로 순진한 가정에 대하여 기본적으로 반대한다. 여기서 나의 소견은, 기초적인 언어의 등가물이라고 주장되는 것에 의지하기보다는, 이 특별한 담화 안에서 기능상 같은 뜻의 용어로 이러한 단어들을 바울이 사용한 것에 관한 증거로부터 나온다.
16) 이러한 대조들에 있는 인간 편을 확인하는 바울 방식의 진행을 주목하는 것은 흥미롭다: "**어떤 자들의** 믿지 아니함 ⋯ **사람은** 다 거짓되되 ⋯ **우리** 불의 ⋯ **나의** 거짓말." 고발은 안쪽을 향하여 나선형으로 나아간다.

속성을 가리킨다고 이해되어야 합니다. 그러므로 롬 3:5의 "하나님의 의"는 "하나님의 신실하심"(3:3)과 "하나님의 참되심"(3:7)의 기능적인 동의어로 나타납니다.[17] 하지만 이것은 이러한 문구들을 하나님의 정적인 속성을 가리키는 것으로 해석한다는 말이 아닙니다; 도리어, 세 개 문구 모두 하나님께서 친히 자신의 믿음을 능동적으로 지키심(his active faith keeping)을 통하여 자신의 성실하심을 알리신다는 것을 주장하는 데 이바지합니다.[18]

언약의 개념이 여기에 명시적으로 언급되어 있지는 않지만, 틀림없이 존재합니다: 하나님의 의는 인간의 불성실함에도 불구하고 언약을 온전하게 지키시는 그의 인내에 있습니다.[19] 비록 "의"를 이와 같이 끊임없는 신실함

---

17) 비슷한 결론이 Stuhlmacher (*Gerechtigkeit Gottes bei Paulus*, 86)와 Kertelge ("*Rechtfertigung*" *bei Paulus*, 67)에 의하여 도출된다. Klein ("Righteousness in the NT," 751)조차도 θεοῦ δικαιοσύνη 가 롬 3:5에서 주격 소유격이라고 인정한다; 그러므로, 그는 이 용법이 예외적인 것이고 바로 몇 구절 뒤에 나오는 δικαιοσύνη θεοῦ 표현의 의미와는 아무 관계가 없다고 주장하지 않을 수 없었다. 이런 주해의 자의성은 롬 3:21의 평범한 주해가 가진 확고한 힘을 웅변적으로 입증하는데, 그것은 이 구절을 바울의 논지에서 완전히 새로운 단계의 시작으로 간주한다 (Bultmann의 칭호를 사용하여, "믿음의 계시 이전의 인간"과 대립하는 "믿음 아래의 인간").

18) Cf. Schlatter, *Gottes Gerechtigkeit*, 36: "Es ist offenkundig dass sich die Aussage des Paulus über die Gerechtigkeit Gottes nicht auf die Eigenschaft einer ruhenden Substanz beziehen liess. Paulus denkt in jeder Aussage über Gott an den Schöpfer, an den der will und wirkt, sich offenbart und den Menschen in das von ihm gewollte Verhältnis zu sich bringt."[하나님의 의에 관한 바울의 진술이 잠자는 실체의 속성과 관련되어 있을 수 없다는 것은 자명하다. 하나님에 관한 모든 진술에서, 바울은 창조자를 생각하는데, 그는 원하시고 일하시며, 자신을 계시하시고 사람을 그가 원하시는 관계로 데려오신다.]

19) 참조. Stuhlmacher (*Gerechtigkeit Gottes bei Paulus*, 86)는 이 점을 분명히 보지만, 그는 Müller (*Gottes Gerechtigkeit und Gottes Volk*, 108-113)와 Käsemann (*An die Römer*, 73-74, 93-94)이 하는 것처럼, 롬 3장에는 "언약" 신학에 대한 비평이 있는데, 바울이 하나님의 언약 성실(covenant faithfulness ["*Bundestreue*"])이라는 배타주의적인 사상을 "창조 성실"("creation faithfulness" ["*Schöpfungstreue*"])이라는 보다 더 보편적인 사상으로 바꾸려 한다는 것이다. 이 주장은 롬 3:24-26 의 매우 복잡한 주석에 기초를 둔다. (P. Stuhlmacher, "Zur Neueren Exegese von Rom 3:24-26," in *Jesus und Paulus*: *Festschrift für Werner Georg Kümmel zum 70. Geburtstag*, ed. E. E. Ellis and E. Grässer [Göttingen: Vandenhoeck & Ruprecht, 1975], 315-334.) 이 해석에 따르면, 바울은 하나님의 "의"를 그의 언약 신실함으로 이해하는 초기 기독교 전통을 인용할 뿐만 아니라 "교정도 한다." 24-26 절을 이렇게 읽는 것에 상세히 대답하는 것은 여기서 불가능하지만, 다음에 나오는 반대들을 간략히 진

(persistent faithfulness)으로 이해하는 것은 케제만이 δικαιοσύνη θεοῦ의 개념을 "구원을 만드는 능력"으로 이해한 것과는 완전히 같은 것은 아니지만, 그 개념은 손 닿는 곳 매우 가까이 있으며, 특별히 하나님의 신실하심/의가 하나님의 속성 그 자체로서 나타나는 것이 아니라, 그의 구원하는 **행위**에서 나타난다는 것을 우리가 인식할 때 그렇습니다.[20]

7-8절은 δικαιοσύνη θεοῦ와 윤리 간의 관계에 대한 문제를 다루는데, 이 문제는 인간의 불성실함이 하나님의 성실하심을 무효로 할 수 없다는 주장으로부터 지속적으로 발생하게 됩니다. 바울은 주제에서 벗어나 그의 복음을 방종의 면허증처럼 잘못 전하는 일부 대적자들에 대한 불평을 하다가 (3:8),[21] 갑자기 이 논의를 그가 이 장을 시작할 때 했던 질문으로 돌리는데, 이제 그는 놀랍게도 그 질문에 대한 전혀 반대의 답변을 줍니다: 유대인은 나으냐 결코 아니라, 왜냐하면 유대인이나 헬라인이나 다 ὑφ' ἁμαρτίαν [죄 아래에 있다]. 이 주장은 인류의 철저한 부패를 증명하는 구약의 긴 구절들의 연속에 의하여 지지를 받습니다. 우리는 이 연속적인 구절들의 구성을 검토하기 위하여 여기서 멈출 수는 없습니다.[22] 단순히 그것을 하나의 단일한

술할 수 있다: (1) 창조 성실의 사상은 본문에서 명시적으로 있지 않다; 그 대신, 그것은 해석학자에 의하여 설명을 위한 하나의 장치로서 도입되어야만 한다. (2) 복음의 보편적인 범위에 대한 신학적인 근거를 주기 위하여, 바울은 특징적으로 창조의 교리에 호소하는 것이 아니라 아브라함에게 주신 언약적 약속의 보편적인 결과에 호소한다 (참조. 롬 3:29-4:25; 갈 3:1-29). (3) 이 소논문에서 지지 받는 주해는 이스라엘과의 언약에 대한 하나님의 성실이 정확하게 바울이 단언하기 원하는 것임을 암시한다.

20) 참조. K. Barth, *Church Dogmatics* II/1 (Edinburgh: T. & T. Clark, 1957), 257-272 ("The Being of God in Act"). Barth는 다음과 같이 선포하면서 바울의 사상에 대한 믿을 수 있는 의견을 정확하게 제공한다. "우리가 하나님의 존재에 관하여 질문할 때, 우리는 사실상 그의 말씀 안에서 우리에게 계시되는 그의 행위와 역사의 영역을 벗어날 수 없다(260)."

21) 이 구절은 논지의 흐름에 들어가기가 가장 어려운 구절이다. 바울은 여기서 자신보다 앞서 나간 것 같고, 9절에서 곧 문제를 논의하러 돌아온 것으로 보인다. 8절의 질문은 3장에서는 대답을 듣지 못하지만, 6장에서 다시 한 번 언급되고 더 철저히 검토된다.

22) 그 연속에 대한 논의는 다음을 보라. L. E. Keck, "The Function of Romas 3:10-18 — Observation and Suggestions," in *God's Christ and His People: Studies in Honour of Nils Alstrup Dahl*, ed. J.

덩어리로 여기면서 그것이 논지의 흐름과 어떤 관계가 있는지 간략하게 고찰해 보기 원합니다.

바울은 첫 줄의 표어 δίκαιος로 인하여 이 연속적인 구절에 끌렸던 것이 분명해 보입니다. 확실히 이 줄은 전체 인용의 요점들을 요약해 주며 모두가 "죄 아래" 있다는 바울의 주장을 강화해 주는 역할을 합니다. 이 사항은 독자가 그것을 잊어버렸을 경우를 대비하여 연속적인 구절의 끝에 있는 3:19에서 되풀이되고 있으며, 율법의 기능은 온 세상이 하나님에게 책임이 있다는 것(ὑπόδικος)을 확신하게 함으로 말미암아 "모든 입을 막는 것"이라는 추가적인 주장이 들어갑니다. 이 용어들 ὑφ᾽ ἁμαρτίαν ... οὐκ ἔστιν δίκαιος ... ὑπόδικος 사이의 연결은 결코 우연이 아닙니다; 이 문구들의 순서는 3:9-10에 나타난 바울 사고의 흐름을 위한 골격을 제공합니다:

3:9   πάντας ὑφ᾽ ἁμαρτίαν

3:10-18 οὐκ ἔστιν δίκαιος

3:19   ὑπόδικος πᾶς ὁ κόσμος

전통적으로 로마서 3장을 읽는 방식은 3-8절을 삽입구적인 여담처럼 취급하고, 그 후 바울이 인간 존재의 δικαιοσύνη와 관련된 주요한 관심사로 돌아온다고 생각하는 것입니다(9절). 하지만 만약 로마서가 "나는 어떻게 구원받을 수 있는가?"[23]의 질문에 답을 주는 하나의 논문이라는 가정을 제쳐 놓는다면, 3:9-20에 나타난 바울의 기본적인 목적은 어떤 의심의 여지없이 세상에 대한 하나님의 심판이 의롭다 하는 주장을 세우는 데 있습니다. 바꾸어 말

Jervell and W. A. Meeks (Olso, Bergen, and Tromsö: Universitetsforlaget, 1977), 141-157.

23) K. Stendahl의 다음 논평을 참조하라. *Paul among Jews and Gentiles* (Philadelphia: Fortress, 1976), 특히 1-4, 78-96.

하면, 3:9-20은 하나님을 불의하시다고(ἄδικος) 생각하게 만들 수 있는 5-7절의 수사학적인 암시에 대하여 집중적으로 반론하는 것입니다. 9-18절은 모두가 하나님의 정죄를 받을 만하다는 주장을 입증하며, 19절은 하나님의 의에 대하여 항의하는 모든 입을 막는 것이 이 담화의 핵심이라는 것을 명확히 합니다.[24] 그러므로 우리는 대략적인 개요에서 논지의 흐름을 볼 수 있습니다:

3:1-8   하나님은 이스라엘과 맺으신 그의 약속들을 버리셨습니까? 그는 일관성이 없거나 불의하십니까?

3:9-20 이러한 모든 이의들은 근거가 없습니다: 하나님이 아니라, 바로 인간에게 불의의 죄가 있습니다.

3:21-26 하나님은 그의 백성을 버리지 않으십니다.[25] 그는 이제 그의 정의/공의를 새로운 방식으로 드러내시며, 그 자신의 힘에 의하여 인간의 불성실함을 극복하고 자신의 신실함과 의로움을 증명하십니다.

이러한 방식으로 이 단락을 읽는 것은 논의의 흐름을 보여 주고, 25-26절에서 하나님의 의로우심을 "나타내신 것"(ἔνδειξις)과 하나님 자신이 δίκαιος 라는 주장을 왜 그토록 당황스러울 정도로 강조했는지를 이해하게 해줍니다: 바울은 1-7절의 반대들에 대하여 21-26절에서 답을 줌으로써 이

---

24) 여기서 바울 사고의 발전은 롬 9:14-24과 매우 유사하게 흘러간다: "하나님께 불의가 있느냐? 그럴 수 없느니라! … 혹 네가 내게 말하기를 '그러면 하나님이 어찌하여 허물하시느냐? 누가 그 뜻을 대적하느냐?' 하리니, 이 사람아, 네가 누구기에 감히 하나님께 반문하느냐?" (9:14, 19-20 NRSV).

25) 참조. 롬 11:1. 여기서 지지받고 있는 해석은 롬 3장의 관심사와 롬 9-11장의 관심사 간의 현저한 상관관계를 드러내는데, 그 상관관계는 Müller (*Gottes Gerechtigkeit und Gottes Volk*, 51) 역시 지적하고 있다.

일주를 마칩니다.[26)]

만약 로마서 3장의 내적 논리를 이렇게 재구성해 본 것이 틀림없다면, 우리는 20절에서 21절로의 전이를 어떻게 이해할 수 있겠습니까? 바울은 20절에서 또 다른 구약 구절을 인용함으로써 9-19절의 주장들을 요약하는데, 이번에는 시 143:2에서 가져옵니다: οὐ δικαιωθήσεται ἐνώπιόν αὐτοῦ.[27)] [그의 앞에 의롭다 하심을 얻을 육체가 없나니] 이 인용구가 논의의 주요한 부분을 요약하고 마무리한다고 주석가들은 두루 생각합니다.[28)] 그러나 사실상 그 누구도 시편 143편 역시 그 다음에 **이어지는** 것의 출발점을 제공한다는 것에 주목하지 않았습니다.[29)] "주의 눈앞에는 의로운 인생이 하나도 없나이다"라는 분명한 말에 더하여, 시편 143편은 하나님의 의에 관한 몇 가지 언급들을 포함합니다. 바울이 인용하는 구절 바로 앞 구절은 다음과 같습니다:

Κύριε, εἰσάκουσον τῆς προσευχῆς μου,

ἐνώτισαι τὴν δέησίν μου ἐν τῇ ἀληθείᾳ σου,

---

26) 1-7절과 21-26절 사이의 이 관계를 인식하지 않으면, 후자 구절들을 해석할 때 추가적인 골칫거리가 생기게 된다. Käsemann (*An die Römer*, 85)은 이 구절들이(21-26) "einer der schwerfälligsten und undurchsichtlesten des ganzen Briefes."[전체 서신 중에서 가장 어색하고 이해할 수 없는 것 중의 하나]라고 하는 J. Weiss의 의견에 의해 동의를 받은 것을 인용한다.

27) 칠십인경(시 142:2)은 실제로 οὐ δικαιωθήσεται ἐνώπιόν σου πᾶς ζῶν라고 읽는다. 바울은 기억으로부터 막연히 인용한 것 같다. 이것은 시 143편이 롬 3장 논지의 큰 흐름을 알려 주는 방식에 대한 평가에서 어느 정도 중요한 사실이다. 아래의 각주 33을 보라.

28) 위 각주 11에 인용된 모든 주석가들은 롬 3:20을 서신서 주요 단락의 끝으로 여긴다. Nygren의 논평이 전형적이다 (*Der Römerbrief*, 107): "Wir stehen nun am Schluss des Gedankenganges, der seinen Anfang mit Kap. 1,18 nahm."[우리는 이제 1:18로 시작된 생각의 기차 끝에 있습니다]. W. Sanday와 A. C. Headlam (*A Critical and Exegetical Commentary on the Epistle to the Romans*, 2nd ed., ICC [New York: Scribner's, 1920], 76)은 그들의 3:20 번역에 실제로 이 말을 포함시킨다. "이것이 모든 논지의 결론이다." 명백히 이것은 διότι를 자유롭게 번역하려고 의도된 것이다.

29) 한 명의 예외는 F. J. Leenhardt (*The Epistle to the Romans* [London: Lutterworth, 1961], 97)로서, 그는 시 143(142):1에 있는 단어 δικαιοσύνη의 존재에 다소 주저하는 모습으로 주의를 환기시켰다. 하지만 그는 이렇게 관찰한 것의 결과를 롬 3장의 통일성으로까지 발전시키지는 못했다.

ἐπάκουσόν μου ἐν τῇ δικαιοσύνῃ σου.

[여호와여 내 기도를 들으시며,
내 간구에 귀를 기울이시고,
주의 진실과 의로 내게 응답하소서.]

(Ps 142:1 LXX [시 143:1])

칠십인경 문구 ἐν τῇ ἀληθείᾳ σου와 ἐν τῇ δικαιοσύνῃ σου는 히브리어 באמנתך와 בצדקתך를 번역한 것입니다. 이 문구에 대한 알맞은 번역은 무엇일까요? 이 기도는 하나님께 (성실과 의로 옷 입으셨거나 성실과 의에 거하시거나 존재하시는 분으로 묘사된 하나님께) 시인의 부르짖음을 단순히 들어 달라고 요청합니까, 아니면 "내 기도를 들으소서"라는 말이 이미 "듣고 응답하소서"라는 개념을 함축합니까?[30] 후자의 경우에는 이 전치사들을 (ἐν, ב) 도구적인 의미로 해석하여 "당신의 의로 내게 응답하소서"라는 의미로 이해하는 것이 가장 좋을 것입니다. 이런 도구적 번역이 정확하다는 결정적인 증거는 같은 시편 뒷부분의 이 기도에 대한 예상된 응답에서 나옵니다: ἐν τῇ δικαιοσύνῃ σου, ἐξάξεις ἐκ θλίψεως τὴν ψυχήν μου (시 142:11 LXX [시 143:11]). 여기서 ἐν은 분명히 도구적인 의미이며, 하나님의 의는 시인을 구원하기 위하여 펼쳐질 능력으로 이해됩니다.

이제 우리가 여기서 관찰한 것이 무엇인지 자세히 검토해 보기 원합니다. 바울은 그 누구도 의롭지 않다는 자신의 주장을 매듭짓기 위하여 시편 143편을 인용합니다 (= 그 누구도 하나님 앞에서 의롭다 함을 얻지 못할 것이

---

30) 예를 들어, RSV는 후자의 해석을 취한다.

다). 같은 시편은 하나님의 성실/진실(ἀληθείᾳ)과 의(δικαιοσύνη)로 인하여 이루어지게 되는 구원을 간구하며 기대합니다. 이러한 용어들은 두드러지게 롬 3:3-7의 논의를 떠오르게 합니다.[31] 하지만 보다 더 중요한 점은 시편의 언어가 바울이 롬 3:21에서의 중요한 전이를 밝히는 배경을 제공한다는 사실입니다: "(그러나) 이제는 율법 외에 δικαιοσύνη θεοῦ [하나님의 의]가 나타났으니." 시인이 바라던 (μαρτυρουμένη ὑπὸ τοῦ νόμου καὶ τῶν προφητῶν)[32] 하나님의 구원하시는 의가 드디어 나타났습니다! 바울의 선포에 의하면, 이 의가 이제 예수 그리스도 안에서 나타나게 되었습니다(3:22).[33] 그러므로 시편 143편은 로마서 3장의 기초가 되는 논리의 구조를 분명히 해 주는데, 왜냐하면 이 시편은 하나님 앞에 서기에는 전적으로 부적합한 인간의 모습에 대한 확언과 함께(참조. 롬 3:9-20), 시인을 건지기 위하여 주의 의를 발휘해 달라는

---

31) 롬 3:3-7에서 시 143편의 언어가 이미 바울의 생각 안에 있었다고 하는 것이 가능할까? 이것은 가능하지만, 필연적이지는 않다. 아래 각주 33을 보라.

32) Müller (Gottes Gerechtigkeit und Gottes Volk, 67-68)는 이 구절을 하나님과 세계 사이의 우주적 소송(Rechtsstreit)이라는 은유가 여전히 3장 21절에 나타난 바울 사고의 발전을 지배하고 있다는 증거로 삼는다: "'Gesetz und Propheten' 'zeugen' für die 'Gerechtigkeit' Gottes, indem sie die Schuldverfallenheit des Kosmos richtig feststellen. Die so 'bezeugte' δικαιοσύνη θεοῦ ist demnach wie 3,5 der Sieg des Anspruches Gottes über den schuldverfallenen Kosmos." ['율법과 선지자들'은 온 세상이 유죄라고 정확히 판결함으로써 하나님의 '의'를 '증언한다.' 그러므로 이와 같이 '증명된' δικαιοσύνη θεοῦ는 3:5처럼, 유죄인 우주에 대한 하나님 주장의 승리이다.] 이 해석은 3장의 연속성을 진지하게 고려하고 3:21의 δικαιοσύνη θεοῦ를 3:5와 일치하는 방식으로 해석하려고 하는 장점을 적어도 가지고 있다. Müller의 견해는 인접 문맥에 있는 "율법과 선지자들"로부터의 유일한 명시적 인용들이 오직 정죄의 증언들(10-18, 20절)이라는 관찰에 기초를 둔다. 하지만, Müller의 해석이 21-26절에 있는 δικαιοσύνη θεοῦ의 긍정적인 구원의 기능을 적절히 설명하고 있는지는 의심스럽다. 시 143편의 증거는 율법과 선지자들이 단지 세상에 반대하여 증언하는 것이 아님을 증명한다; 그들은 구원의 능력이 되는 δικαιοσύνη θεοῦ에 대한 증언 역시 하고 있다.

33) 어떤 의미로 하나님의 구원하시는 의 그 자체가 διὰ πίστεως Ἰησοῦ Χριστοῦ 나타났다고 말할 수 있을까? 분명히 "목적격 소유격"으로 번역하는 전통적 해석은 여기서 거의 이치에 닿지 않는다. 현재 해석의 논리는 διὰ πίστεως Ἰησοῦ Χριστοῦ 어구의 의미를 다시 고려할 필요성을 제안한다; 하지만 그것은 이 소논문의 범위를 뛰어넘는 과제다. 다음을 보라. Richard B. Hays, The Faith of Jesus Christ: The Narrative Substructure of Galatians 3:1-4:11, 2nd ed. (Grand Rapids: Eerdmans, 2002). 『예수 그리스도의 믿음』(에클레시아북스 역간).

하나님에 대한 호소를 둘 다 이미 포함하고 있기 때문입니다(참조. 3:21-26). 시편의 δικαιοσύνη [의]가 어떤 종류의 전가된 의로 해석될 가능성은 없습니다; 그것은 명백히 하나님 자신의 의를 의미하며, 이 의는 시편 143편에서 구원하시는 능력으로 나타납니다. 그러므로, 바울이 시편 143편 인용을 그의 주장 가운데 정확히 바로 이 지점에서 했기 때문에, 시편 143편은 케제만이 δικαιοσύνη θεοῦ [하나님의 의]를 "구원을 가져오는 능력"으로 해석한 것에 대한 훨씬 더 강력한 증거를, 그 어떤 쿰란의 비슷한 본문들이 할 수 있는 것보다 실제로 제공하게 됩니다.[34]

우리의 증거는 하나의 결론으로 수렴합니다. 주석가들이 일반적으로 가정하는 롬 3:20과 3:21 사이의 주요한 구조적인 단절은 본문에서 어떠한 "정당한 근거"가 없으며, 바울이 시편 143편의 용어(δικαιοσύνη)를 지속적으로 사용하는 것은 분명히 그 의도적 연속성을 보여 줍니다. 따라서 여기서 고려 중인 문제는 콘첼만(Hans Conzelmann)이 생각했듯이, "구원을 찾으려는 개인의 노력"[35]이 아니라, 롬 3:5에서와 같이, 여전히 하나님의 성실하심에 대한 문제로,[36] 인간의 불성실함을 지속적으로 극복하는 하나님의 의인 것입니다.

---

34) 바울은 그 시편의 1절과 11절을 마음에 간직하고 있었을까? 물론, 이 제안은 증명하는 것이 불가능하다. 그러나 사고의 양식은 시편과 롬 3장에서 동일하다. 비록 바울이 의식적으로 시 143편에 대한 미드라시를 만들고 있었던 것이 아닐지라도, 그는 시 143편이 매우 유용한 통찰력을 제공해 주는 신학적 범주와 가정의 배경으로부터 일하고 **있는** 것이었다.

35) Conzelmann, "Paul's Doctrine of Justification," 118.

36) 이 해석은 롬 15:8에서 바울이 그의 논지를 마지막으로 다시 요약하는 것에 의하여 확증된다: "내가 말하노니 그리스도께서 하나님의 진실하심을 위하여(ὑπὲρ ἀληθείας θεοῦ) 할례의 추종자가 되셨으니, 이는 조상들에게 주신 약속들을 견고하게 하시고."

제 4 장

유대인과 이방인의 조상 아브라함

로마서 4장에 나타난 아브라함의 모습은 바울의 복음 주해에서 어떤 기능을 할까요? 비록 이 질문은 신약 주석가들의 끈질긴 관심을 끌었지만,[1] 과거 많은 연구들은 로마서 4장을 자료에서 분리된 하나의 단위로 취급하는 경향이 있었습니다. 스토워스(S. K. Stowers)와 라인(C. T. Rhyne)이 쓴 두 개의 중요한 박사 논문은, 공식적인 연구 결과 로마서 4장이 보다 더 큰 문맥 안에서 읽혀져야 한다는 것을 보여 줌으로써 이 논의를 전진시켰습니다;[2] 하지만, 비록 이렇게 본문을 다루더라도, 롬 4:1의 의미와 기능에 대한 불분명한 점은 남아 있습니다. 이 소논문은 아브라함을 바울의 논지 안에 소개하는 이 구절을 재검토함으로써, 그리고 헬라어 본문 번역을 위한 새로운 제안을 함으로써 로마서 4장의 논의를 명료하게 하려고 합니다. 이 제안은, 만약 확실하다면, 바울이 그의 논의 안에서 아브라함의 모습을 다루는 방식에 대하여 새로운 빛을 던져 줄 것이고, 그것은 로마서 3장과 4장에 있는 논지의 연속성을 보다 더 쉽게 인식하게 해 줄 것입니다.

---

1) 주석들에 더하여, 다음의 연구들을 언급할 수 있다: G. Klein, *Rekonstruktion und Interpretation* (Munich: Kaiser, 1969), 145-224; U. Wilckens, "Zu Römer 3,21-4,25," in *Rechtfertigung als Freiheit* (Neukirchen: Neukirchener Verlag, 1974), 50-76; K. Berger, "Abraham in den paulinischen Hauptbriefen," *MTZ* 17 (1966): 47-89; L. Goppelt, "Paulus und die Heilsgeschichte," *NTS* 13 (1966-67): 31-42; H. Boers, *Theology out of the Perspectives on Paul* (Philadelphia: Fortress, 1971), 79-104; L. Gaston, "Abraham and the Righteousness of God," *HBT* 2 (1980): 39-68; C. K. Barrett, *From First Adam to Last: A Study in Pauline Theology* (New York: Charles Scribner's Sons, 1962), 22-45; H. J. van der Minde, *Schrift und Tradition bei Paulus* (Paderborn: Schöningh, 1976), 68-106; U. Luz, *Das Geschichtsverständnis des Paulus*, BevT 49 (Munich: Kaiser, 1968), 168-186.

2) S. K. Stowers, *The Diatribe and Paul's Letter to the Romans*, SBLDS 57 (Chico, Calif.: Scholars, 1981), 155-174; C. T. Rhyne, *Faith Establishes the Law*, SBLDS 55 (Chico, Calif.: Scholars, 1981), 25-61.

로마서 4장 1절: "육신으로 우리 조상인 아브라함"?

로마서 4장과 바울의 주장이 담긴 보다 더 큰 문맥 간의 관계를 결정하는 어려움 중 많은 부분이 아브라함을 바울의 논의 안으로 소개하는 문장 (롬 4:1)의 악명 높은 불명확함에서 발생합니다. 이 구절의 본문 비평학적 문제들은 의심할 여지없이 해석학적인 문제의 원인도 있고 그 문제의 반영도 있습니다.[3] 바티칸 사본(Codex Vaticanus)을 따라 본문에서 부정사 εὑρηκέναι 를 빼기로 선택한 RSV와 대조적으로,[4] 최근 주석가들은 사본학적 증거가 아래와 같은 본문 읽기를 명백히 선호한다는 의견을 일치하여 내고 있습니다:

Τί οὖν ἐροῦμεν εὑρηκέναι Ἀβραὰμ τὸν προπάτορα ἡμῶν κατὰ σάρκα.[5]

그렇다면 다소 독특한 εὑρηκέναι가 오토 미헬(Otto Michel)의 제안을 따

---

3) 본문 비평 문제에 관한 논의들은 다음을 보라. C. E. B. Cranfield, *A Critical and Exegetical Commentary on the Epistle to the Romans*, ICC (Edinburgh: T. & T. Clark, 1975), 1:226-227; M. Black, *Romans*, NCB (London: Oliphants, 1973), 74-75; B. M. Metzger, *A Textual Commentary on the Greek New Testament* (London and New York: United Bible Societies, 1971), 509-510.

4) 이리하여 다음 의미를 만들어 낸다. "그런즉 육신으로 우리 조상인 아브라함에 (관하여) 무엇을 말하리요?" 이런 읽기는 다음 학자들에 의하여 받아들여졌다. W. Sanday and A. C. Headlam, *A Critical and Exegetical Commentary on the Epistle to the Romans*, ICC (New York: Charles Scribner's Sons, 1895), 98-99; K. Barth, *The Epistle to the Romans* (London: Oxford University Press, 1933), 117; C. H. Dodd, *The Epistle of Paul to the Romans*, MNTC (New York: Harper and Bros., 1932), 65. 그러나 Cranfield (*Romans*, 1:226)가 언급하듯이, 이것은 "분명히 매우 이상한 헬라어이다."

5) Metzger (*Textual Commentary*, 509)에 더하여, 다음 역시 보라. C. K. Barrett, *The Epistle to the Romans*, HNTC (New York: Harper and Row, 1957), 85 n. 1; E. Käsemann, *Commentary on Romans* (Grand Rapids: Eerdmans, 1980), 106; Cranfield, *Romans*, 1:226-227; U. Wilckens, *Der Brief an die Römer*, EKKNT VI/I (Zürich: Benziger Verlag; Neukirchen-Vluyn: Neukirchener Verlag, 1978), 1:260-261.

라[6] 칠십인경 용어 εὑρίσκειν χάριν의 반향(참조. 창 18:3)으로서 일반적으로 설명되고, 그 문장은 "그런즉 육신으로 우리 조상인 아브라함이 무엇을 얻었다 하리요?"[7]라는 의미로 번역됩니다. 이 번역에 따른 어려움은 최소한 네 가지입니다: (a) 창 18:3에 대한 암시는 불명료하고 어색한데, 왜냐하면 이전의 그 어떤 논의도 독자에게 그것을 준비하도록 해 주지 않기 때문입니다; (b) 사실, εὑρίσκειν χάριν 문구는 바울서신들 어디에도 나오지 않습니다;[8] (c) 바울이 아브라함을 "육신으로 우리 조상"이라 불렀다고 보는 것은 의심스러워 보입니다(참조. 롬 9:6-8);[9] (d) 이어지는 논의가 앞서 제기되었던 질문에 답을 준다는 것이 결코 분명하지 않습니다. 만약 우리가 로마서를 한 개인이 어떻게 칭의를 "발견할 수 있는지"에 관한 문제를 다루는 하나의 논문이라고 가정한다면,[10] 그 문장의 뜻을 아는 것은 가능하겠지만, 바울에게 있어서 자신의 생각을 말하기 위한 롬 4:1의 구조는 기껏해야 매우 이상한 방식일 것입니다.

만약 κατὰ σάρκα가 εὑρηκέναι를 수식한다고 간주하면, 상황은 좋아지기보다 더 나빠져서, 이 질문은 다음과 같이 이해됩니다: "그런즉 우리 조상

---

6) Michel, *Paulus und seine Bibel*, BFCT 2/18 (Gütersloh: Bertelsmann, 1929), 57.

7) NRSV는 다음과 같이 번역한다: "그런즉 우리는 육신으로 우리 조상인 아브라함에 의하여 무엇을 얻었다 하리요?"

8) 신약에서 그 표현은 단지 눅 1:30; 행 7:46; 그리고 히 4:16에서 찾을 수 있다. Εὑρίσκειν ἔλεος가 딤후 1:18에서 나온다.

9) 그 표현의 기이함은 이미 J. A. Bengel (*Gnomon Novi Testamenti* [Berlin: Schlawitz, 1855; based on 3rd ed. of 1773], 354)에 의하여 언급되었는데, 그는 κατὰ σάρκα가 그 결과 εὑρηκέναι의 수식어로서 간주되어야만 한다고 결론짓는다.

10) 최근의 바울 연구는 이 가정을 더욱더 의심스럽게 만들었다. 다음을 보라. K. Stendahl, *Paul among Jews and Gentiles* (Philadelphia: Fortress, 1976); E. P. Sanders, *Paul and Palestinian Judaism* (Philadelphia: Fortress, 1977); R. B. Hays, "Psalm 143 and the Logic of Romans 3," *JBL* 99 (1980): 107-115; S. K. Williams, "The Righteousness of God in Romans," *JBL* 99 (1980): 241-290.

인 아브라함은 육체를 따라 무엇을 얻었다 하리요?" 비록 이어지는 구절들의 논의가 아브라함이 어떤 것을 "얻었다"는 것과 관련됨을 받아들인다 하더라도, 문제가 되는 점은, 울리히 루츠(Ulrich Luz)가 지적했듯이, 아브라함이 **무엇을** 얻었다는 것이 아니라 그가 **어떻게** 그것을 얻었느냐는 것입니다.[11] 이러한 이유들 때문에 블랙(Matthew Black)이 관찰하여 얻은 의견과 우리의 견해는 일치할 수 있습니다: "지금까지 제안된 해결책 가운데 중대한 어려움이 없던 경우는 없었다."[12]

하지만 로마서에 반복하여 나타나는 바울의 수사학적 문구 τί οὖν ἐροῦμεν [그런즉 우리가 무슨 말을 하리요] 사용을 조사해 봄으로써 이 문제를 참신한 방식으로 접근해 보는 것이 가능합니다.[13] 롬 4:1은 별도로 하고, 바울은 이 문구를 로마서에서 여섯 번 사용합니다(οὖν이 빠진 롬 3:5도 계수해서). 이 문구들은 아래와 같이 나옵니다:

---

11) Luz, *Geschichtsverständnis*, 174 n. 148. 동일한 관찰이 예를 들어 Sanday and Headlam, *Romans*, 99에 의하여 이루어졌다.

12) Black, *Romans*, 75. Black은 그 본문이 무엇을 말하고 있는지 아는 것에 관하여 너무 비관적이어서, 그는 확정적이지 않은 교정을 기꺼이 하려고 한다. Bultmann (*TDNT* 3:649) 역시 그 본문을 "어찌할 도리 없이 훼손된" 것으로 간주한다.

13) 흥미롭게도, 이 어구는 바울서신 그 어디에서도 찾을 수 없다. 이러한 바울의 공식적인 대화체 표현 사용에 관한 광범위한 조사는 다음을 보라. Stowers, *Diatribe*, 133-137; Rhyne, *Faith Establishes the Law*, 41-59; A. J. Malherbe, "MH ΓΕΝΟΙΤΟ in the Diatribe and Paul," *HTR* (1980): 231-240.

표 1.

로마서에서 바울의 τί οὖν ἐροῦμεν 사용

(롬 4:1은 별도로)

3:5 τί ἐροῦμεν;   εἰ δὲ ἡ ἀδικία ἡμῶν θεοῦ δικαιοσύνην
                      συνίστησιν, ⋯ μὴ ἄδικος ὁ θεὸς ὁ
                      ἐπιφέρων τὴν ὀργήν; κατὰ ἄνθρωπον λέγω.
                      μὴ γένοιτο.

6:1 τί οὖν ἐροῦμεν;   ἐπιμένωμεν τῇ ἁμαρτίᾳ, ἵνα ἡ χάρις
                      πλεονάσῃ; μὴ γένοιτο.

7:7 τί οὖν ἐροῦμεν;   ὁ νόμος ἁμαρτία; μὴ γένοιτο.

8:31 τί οὖν ἐροῦμεν   πρὸς ταῦτα; εἰ ὁ θεὸς ὑπὲρ ἡμῶν, τίς καθ᾽
                      ἡμῶν;

9:14 τί οὖν ἐροῦμεν;   μὴ ἀδικία παρὰ τῷ θεῷ; μὴ γένοιτο.

9:30 τί οὖν ἐροῦμεν;   ὅτι ἔθνη τὰ μὴ διώκοντα δικαιοσύνην
                      κατέλαβεν δικαιοσύνην, δικαιοσύνην δὲ τὴν
                      ἐκ πίστεως, Ἰσραὴλ δὲ διώκων νόμον
                      δικαιοσύνης εἰς νόμον οὐκ ἔφθασεν;

이 본문들을 검토하면 다음과 같은 결론에 이르게 됩니다.

1. 롬 8:31을 제외하고, τί οὖν ἐροῦμεν은 ἐροῦμεν 바로 다음에 물음
   표로 마무리되는 하나의 완벽한 문장을 이룹니다.
2. 여섯 사례 모두에서 이 문구는 또 다른 수사학적 질문을 도입합니다.
3. 모든 여섯 사례에서 두 번째 수사학적 질문은 이전 논의에서 이끌
   어 낸 추론을 분명하게 표현합니다.

4. 여섯 사례 중 네 사례에서 이 추론은 잘못된 것입니다. (롬 8:31은 분명히 이 경향을 따르지 않습니다. 롬 9:30-31에서 이 사안은 더 복잡하지만, 그래도 비록 논란은 있으나, 여기서의 추론은 옳은 것으로 여겨집니다.)

이러한 검토 결과들은 바울이 보다 더 간결한 형태의 동일한 수사학적 장치를 (τί οὖν) 사용하고 있는 로마서의 다른 세 구절들과 (3:9; 6:15; 11:7), 고전 10:19에 있는 한 개의 유사한 구절을 (τί οὖν φημι;) 고려한다면 더 보강될 것입니다. 롬 11:7은 롬 9:30-31과 매우 닮았지만, 다른 세 개의 본문들은 위에 서술된 경향을 따릅니다: τί οὖν 문구는 잘못된 추론을 제안하는 수사학적 질문을 도입합니다.[14]

이런 수사학적 양식이 널리 쓰이기 때문에, 우리는 롬 4:1을 구두점으로 끊어서 유사하게 이해해야 한다는 가능성에 대해 연구해 볼 수 있습니다. 그러면 본문은 다음처럼 읽힙니다: τί οὖν ἐροῦμεν; εὑρηκέναι Ἀβραὰμ τὸν προπάτορα ἡμῶν κατὰ σάρκα. 하지만 만약 이렇게 된다면, 아브라함에 관한 질문은 어떻게 번역되고 해석될까요?

---

14) Stowers와 Malherbe 모두 이런 잘못된 추론들을 "이의들"이라고 부른다. 만일 그 본문을 바울과 가상의 질문자 간의 대화로서 생각한다면, 이것은 적합한 용어다. 하지만, 본문에 뚜렷한 표지가 없으므로 (플라톤의 대화에서처럼), 화자들이 실제 교대로 대화한다고 가정하지 않는 것이 더 나아 보인다. 비록 바울이 그 자신의 견해와 반대되는 한 입장을 수사학적인 질문의 형식으로 진술하지만, **바울**은 여전히 화자로 남아 있다; 비록 두 개의 관점이 있지만, **목소리**는 오직 하나뿐이다. 다른 점에서 보면 탁월했던 Stowers의 연구는 이것을 구별하는 데 실패한다. 또한, S. K. Stowers의 *A Rereading of Romans: Justice, Jews, and Gentiles* (New Haven: Yale University Press, 1994)를 나의 소논문 평론과 함께 보라: R. B. Hays, "'The Gospel Is the Power of God for Gentiles Only'? A Critique of Stanley Stowers' *A Rereading of Romans*," *Critical Review of Books in Religion* 9 (1996): 27-44. 반면, Wilckens는 로마서에 나오는 바울 논지의 대화체 특성을 인지하면서도, 롬 3:27-31에서 "Paulus sowohl die Fragen stellt als auch selbst die Antworten gibt. Der Partner kommt seinerseits gar nicht zu Wort" [바울은 질문을 하면서도 스스로 답을 준다. 그의 편에서 보면, 상대방은 말할 것이 없다]고 정확하게 언급한다. (*Römer*, 1:244). 이런 이유로 나는 바울이 τί οὖν ἐροῦμεν을 사용한 다음 뒤따르는 역질문을 반대라기보다는 잘못된 추론이라고 부르기를 더 좋아한다.

바울의 수사학적 양식인 τί οὖν ἐροῦμεν 사용에 관한 중요성을 인식한 루츠(Luz)는 제가 제안한 대로 본문을 구두점으로 끊고 이 질문을 다음과 같이 번역합니다: "Hat es unser Vorvater Abraham nach dem Fleische gefunden?"("우리 조상인 아브라함이 육신을 따라 그것을 얻었는가?")[15] 비록 루츠가 "은혜"라는 단어를 그의 번역에서 실제로 사용하는 것은 아니지만, 그는 "χάριν offenbar selbstverständlich vorschwebt,"("χάριν은 물론 자연스럽게 떠오른다")고 인정하는 것은 피할 수 없다고 생각하면서, 다시 한 번 이 관용구 εὑρίσκειν χάριν을 가리킵니다. 롬 4:1을 해석하는 이러한 일반적인 접근 방식은 물론 새로운 것이 아닙니다. 예를 들어, 존 웨슬리(John Wesley)는 이 본문을 똑같은 방식으로 구두점을 찍어 끊었습니다: "그러면 우리가 무엇을 말하리요? 우리의 조상 아브라함이 육신을 따라 얻었다는 것인가?" 이 본문에 대한 그의 주석 설명은 εὑρηκέναι의 표현되지 않은 목적어가 "하나님께 받아들여짐"(acceptance with God)으로 이해되어야만 한다고 정확히 말합니다.[16]

이러한 제안의 장점은 두 가지입니다: 먼저 바울의 특징적인 수사학적 구문 τί οὖν ἐροῦμεν을 진지하게 다루며, 그다음 똑같이 중요하게, 4:2로의 전환을 자연스럽고 잘 이해되는 방식으로 4:1을 해석해 줍니다. 이러한 읽기 방식에 의하면, 4:2의 γάρ는 아브라함이 은혜/칭의를 "육신을 따라" 얻었다는 것을 가정한 설명을 소개하는 데 도움이 됩니다. 그러면 왜 이러한 해결책은 주석가들에게 호감을 얻지 못했을까요? 이 해결책과 반대되어 보이는 적어도 세 가지 고려 사항들이 있습니다. 첫째로, 어순의 문제입니다. τί οὖν ἐροῦμεν Ἀβραὰμ τὸν πατέρα ἡμῶν εὑρηκέναι κατὰ σάρκα로 읽는 법은 다수의 후대 사본들에 나타나는데, 그것은 이 어려운 본문의 의미를 분명히 하

---

15) Luz, *Geschichtsverständnis*, 174.

16) J. Wesley, *Explanatory Notes upon the New Testament* (1755; reprint, London: Epworth, 1966), 531. Wesley는 κατὰ σάρκα를 εὑρηκέναι의 수식어로 취하면서, KJV와 반대로 Bengel을 따른다.

려는 이차적인 시도를 명백하게 나타냅니다. 현대 비평학자들은 이렇게 읽는 법을 받아들이지 않습니다. 네슬-알란트 27판 본문을 생각하면(א, A, C, 등에 근거한), εὑρηκέναι와 κατὰ σάρκα 사이가 멀리 떨어진 것이 만약 후자가 전자를 수식하기 위하여 쓰인다고 한다면 매우 특이합니다; κατὰ σάρκα는 Ἀβραὰμ τὸν προπάτορα ἡμῶν과 보다 더 자연스럽게 어울립니다. 이런 고려 사항이 주석들에서 가장 많이 언급되는 내용입니다. 둘째로, εὑρίσκειν을 명시된 목적어 없이 "얻다, 획득하다"의 뜻으로 사용한 예는 바울의 경우에서 용례가 없으며, 실은 신약성경 안에서도 마찬가지입니다.[17] 마지막으로, 이런 해석의 관점에서 왜 바울이 부정과거, 부정사보다 완료 동사를 사용해야 했는지 이해하는 것이 어렵습니다. 이 구절을 둘러싼 다른 골치 아픈 문제들이 많이 있어서 마지막 사안에 대해 고민하는 주석가들은 거의 없지만, 나중에 확실히 알 수 있는 이유들로 인하여, 이 질문은 충분히 제기해 볼 만한 가치가 있습니다.

어떻든 간에 루츠(Luz)와 웨슬리(Wesley)를 통해 여기서 설명된 해석은 위에 자세히 언급된 더 알려진 해석과 함께 아브라함이 어떻게 칭의를 얻게 되었는지에 관한 문제에 (그리고 우리가 어떻게 칭의를 얻는지에) 몰두하는 서양

---

17) 그 동사는 ζητεῖτε καὶ εὑρήσετε (마 7:7 = 눅 11:9)와 같은 표현들에서, 또는 목적어가 이전 절에 간결하게 제시된 생략적인 구문들(마 2:8; 12:43; 행 11:25-26; 등등)에서 뚜렷한 목적어 없이 독립적으로 사용된다. 신약에 나타난 후자의 각 사례에서, εὑρίσκειν은 이전 절의 '찾다' 동사와 병치가 된다. 확실히 이러한 조건들 중 그 어느 것도 롬 4:1에 속하지 않는다. 칠십인경은 εὑρίσκειν이 "재산을 얻다, 부유하게 되다"의 뜻으로 독립적으로 사용된 몇몇 사례들을 제공한다. 예를 들어, 레 25:47을 보라: ἐὰν δὲ εὕρῃ ἡ χεὶρ τοῦ προσηλύτου ἢ τοῦ παροίκου τοῦ παρὰ σοί("만일 너와 함께 있는 거류민이나 동거인은 부유하게 되고…"). 이것은 오직 ἡ χεὶρ (τινος) 하고만 나타나는 관용구로 보인다. 하지만, 만일 롬 4:1이 이 관용구와 유사하게 이해된다면, "그런즉 우리가 무슨 말을 하리요? 우리 조상 아브라함이 육신을 따라 부유하게 되었는가?"라는 의미가 될 것이다. 이 번역은 (그 어떤 주석가들도 이것을 지지하거나 심지어 고려하지도 않았다는 것을 발견했다) RSV 읽기보다 분명히 더 변호할 수 있는 헬라어 읽기이며, 그것은 롬 4:4의 경제적인 이미지와 일치한다. 문장의 단어 순서에서 κατὰ σάρκα의 위치는 이 해석에서 문제의 소지가 있지만, 그것은 불가능하지 않다. 독자들은 이런 번역이 이 소논문에서 전개된 제안만 아니라 바울 논지의 보다 더 넓은 문맥과 적합한지를 판단해야만 할 것이다.

의 전통적 주해 특성을 공유합니다. 저는 이런 몰두가 로마서 주석가들로 하여금 롬 4:1을 보다 더 만족스럽게 읽을 수 있는 방식을 막는다고 제안할 것입니다. 만일 우리가 Ἀβραάμ을 주어가 아니라 부정사 εὑρηκέναι의 **직접 목적어**로 이해한다면,[18] εὑρηκέναι의 주어는 바로 앞에 있는 ἐροῦμεν의 "우리"로서 이해되어서 이 구절을 다음과 같이 번역할 수 있습니다: **"그런즉 우리가 무슨 말을 하리요? 우리가 아브라함이 육신으로 우리 조상(이 된다는 것을) 알아차렸는가?"** [*"What then shall we say? Have we found Abraham (to be) our forefather according to the flesh?"*][19]

롬 4:1의 해석적 난제를 위해 제시된 다른 해결책들과 달리, 이번 해석은 원문의 수정도, 부자연스러운 구문론도, 어색한 생략도 필요하지 않습니다.[20] 여기서 동사 εὑρίσκειν을 창 18:3의 신학적 관용구에 대한 모호한 암시로 이해하면 안 되고, 논의나 탐구의 "결과"(성과)를 가리키는 분명한 해석적—대화체 용어로서 이해해야 합니다.[21] 바울은 이 단어를 로마서 다른 곳에서 정확히 이런 방식으로 사용합니다(7:10, 21).[22] 실로, 우리는 εὑρίσκειν을 표현되지 않은 εἶναι와 주격 술어 또는 목적격 술어로 보완하는 구조를 바울서신에서 흔히 볼 수 있습니다: "(누군가가) (무엇이) 된다는 것을 알아차리다."

---

18) 이것은 고전 헬라어에서 흔한 나무랄 데 없는 구문이다: "생각이나 의사소통의 내용을 가리키는 (지각하다), 믿다, (보여 주다), 그리고 말하다 동사들의 보어는 부정사에 의하여 대부분 만들어진다. 만일 부정사의 주어가 주동사의 주어가 같다면, 그것은 명시되지 않는다" (BDF §396).

19) T. Zahn, *Der Brief des Paulus an die Römer* (Leipzig: Deichert, 1910), 215에서 정확히 이러한 본문 읽기를 제안하였다. 최근 주석가들은 Zahn이 이 구절을 매우 철저히 논의한 것을(212-219) 거의 대부분 간과하고 있다.

20) Zahn (*Römer*, 215)은 이 해석을 "grammatisch unanfechtbar"[문법적으로 논의의 여지가 없는] 것으로서 묘사한다.

21) 이것은 그 단어의 매우 일반적인 의미다; 예를 들어, 다음을 보라. Plato, *Meno* 74 a8. BAGD (325)는 εὑρίσκειν이 "숙고, 관찰, 검토, 또는 조사에 근거한 지적인 발견에 관하여" 사용되는 광범위한 구절들의 목록을 인용한다.

22) 로마서에서 이 동사가 다른 모습으로 나오는 유일한 경우는 10:20로, 구약 인용문 안에 있다.

이런 구조에 대한 사례들로서, 예를 들어 고전 4:2, 15:15, 고후 5:3, 9:4, 12:20, 갈 2:17을 보기 바랍니다.[23]

더구나, 이러한 롬 4:1 읽기에서 율법학자의 주해 관용구 동사 "찾아내다, 알다, 얻다"(to find)가 전문적으로 사용된 것에 대한 반향을 듣기가 어렵지 않은데, 거기서 일반적인 질문 מה מצינו ב'은 "우리는 (성경에서) … 관하여 무엇을 찾아내는가?"를 의미합니다.[24] 동사 מצא의 사용은 여기서 길게 인용되는 메킬타(Mekilta)의 본문에 의하여 (비록 의문문 형태로는 아니지만) 예시됩니다.

> 말씀으로 세계를 창조하신 그분 앞에서 진정 위대한 것은 믿음이다 … R. Nehemiah는 말한다: 진실한 믿음을 가지고 단 한 개의 계명이라도 받아들이는 사람은 거룩한 영이 그에게 머무는 자격을 가진다는 것을 당신은 어디에서 증명할 수 있는가? 우리는 이것을 우리 **조상들**의 사례에서 **찾아낸다**(מצינו). 왜냐하면 그들이 가진 믿음에 대한 보상으로 (האמנה בשכר) 그들은 거룩한 영이 그들에게 임하는 것이 합당하다고 여김 받았으며, 그래서 그들은 다음과 같이 노래할 수 있었다: "그리고 그들은 여호와를 믿었다 … 그때에 모세와 이스라엘 자손들은 찬양하였다." 그리고 이와 같이 **우리 조상 아브라함**이 이 세상과 세상 너머의 것 모두를 (העולם הזה יהעולם הבא) **오직** 그가 가진 믿음에 대한 보상으로 (בשכר אמנה) 상속 받았다는 것을 다음에서 발견하게 된다: "아브람이 여호와를 믿으니," 등(창 15:6). … 그는 **조상들**의 믿음을 기억하고 있다.[25]

---

23) 같은 구조가 행 13:22b에서 예시되어 있다: εὗρον Δαυὶδ τὸν τοῦ Ἰεσσαί, ἄνδρα κατὰ τὴν καρδίαν μου ("내가 이새의 [아들] 다윗을 만나니 내 마음에 맞는 사람[이라]").

24) 이 관용구는 다음에서 언급된다. M. Jastrow, *A Dictionary of the Targumim, the Talmud Babli and Yerushalmi, and the Midrashic Literature* (Brooklyn: Traditional Press, [1903]), 825.

25) *Mekilta* Beshallaḥ 7 (Lauterbach I, 252-253). 번역은 Lauterbach가 한 것이고, 강조는 내가 한 것이다.

이 문서에서 동사 "찾아내다, 알다, 얻다"(to find, מצא)는 "주해적 근거를 바탕으로 결론을 이끌어 내는 것"을 의미합니다. 유사하게, 롬 4:1은 "우리가 (구약성경을 근거로) 아브라함이 육신으로 우리 조상이라는 것을 찾아내었는가?"의 의미를 충분히 가질 수 있습니다.

그러므로, 제가 제안한 롬 4:1 해석은 그 구문론적 근거에 관하여 할 말이 많습니다. 이 해석은 본문의 헬라어를 이해하기 쉽고 자연스럽게 읽도록 해 주며, 바울이 τί οὖν ἐροῦμεν 표현을 다른 곳에서 사용할 때 나타나는 수사학적 양식과 일치하여 그 구절의 문장을 해석하도록 해 줍니다.[26] 더구나 이 구절을 이렇게 번역하면 완료 부정사(perfect infinitive)가 즉시 분명한 기능을 갖게 됩니다. 만약 바울의 질문이 아브라함이 무엇을 얻었는지에 관한 것이라면, 우리는 부정과거 부정사(aorist infinitive)를 기대해야만 합니다; 하지만, 만약 바울의 질문이 아브라함이 누구라는 것에 관하여 우리가 무엇을 찾아냈는지를 묻는 것이라면, 완료 부정사야말로 확실히 이 동사의 적합한 형식입니다. 따라서, 문법적이고 구문론적인 고려사항들을 근거로 하여, 이 해석은 제시된 다른 어느 해석들보다 분명히 바람직합니다.

그러나 우리는 이러한 읽기가 바울의 주장이 담긴 문맥 안에서 이해가 되는지 여전히 물어야만 합니다. 우리는 이 문제를 두 가지 제목 아래서 다룰 것입니다.

1. "아브라함이 육신으로 우리 조상"이라는 진술이 — 참이든 거짓이든 간에 — 로마서 3장에 나타난 바울의 이전 논의에서 나온 의미가 명료한 추론입니까?

---

26) 바울이 이 수사학적 질문 다음에 ἐροῦμεν에 종속적인 부정사를 둔 다른 사례가 없다고 한다면 반대를 받을 수 있다. 이 관찰은 정확하지만, 이치에 맞지 않다. 표1에 수집된 어구들의 다양성은 바울이 구문론적 변형을 분명히 할 수 있다는 것을 예증한다. 우리는 여기서 하나의 사고 경향을 다루는 것이지, 고정된 문구를 다루는 것이 아니다.

2. 제가 번역한 로마서 4장 1절의 질문은 이어지는 로마서 4장의 논의를 위한 알맞은 출발점입니까? 위의 질문들은 차례로 언급될 것입니다.

오직 유대인만의 하나님? 로마서 4장 1절 이전 논의와 관련하여

롬 4:1이 어떻게 바울 사고의 흐름에 들어맞는지 보기 위해서는 이전 단락을 주의 깊게 살펴봐야만 합니다(롬 3:27-31).[27] 바울은 27-28절에서 3장의 δικαιοσύνη θεοῦ 논의에 관한 하나의 암시를 분명히 표현합니다: 자랑은 전혀 용납되지 않는데, 왜냐하면 의롭다 하심을 얻는 것은 율법의 행위에 있지 않고 믿음으로 되기 때문입니다. 그러나 이런 단언은 바울의 주장이 이르게 하는 목표는 아닙니다; 대신, 그것은 하나님께서 이방인과 유대인을 **동일한** 방식으로 (즉, 율법의 행위로가 아닌) 의롭다 하신다는 주장으로 나아가기 위한 필수 단계로서 기능합니다. 바울이 로마서에서 씨름하고 있는 근본적인 문제는 어떻게 사람이 하나님께 받아들여질 수 있는지를 찾는 것이 **아닙니다**; 문제는 그리스도 안에서 유대인과 이방인 간의 관계의 참 모습을 밝히는 것입니다. 이것이 29-30절에서 분명히 표면에 드러나는 관심사입니다. 하나님은 다만 유대인의 하나님이십니까 (마치 의롭다 하심을 얻는 것이 율법을 지키는 데 달려 있는 것과 같이)? 또한 이방인의 하나님은 아니십니까?

이러한 수사학적인 질문들에 대한 바울의 대답을 이해하기 위하여 우

---

27) 나는 Stowers, *Diatribe*, 155-174에 일치하여 하나의 단위로서 롬 3:27-4:25을 다룬다. Rhyne (*Faith Establishes the Law*, 63-93)은 3:21-4:25을 인용구의 필수적인 경계들이라고 주장한다. 그러나 내가 다른 곳에서 주장한 바와 같이 ("Psalm 143 and the Logic of Romans 3"), 3:20과 3:21 사이의 구분은 적합하지 않다.

리는 29-30절의 구두점 사용법을 재고해야만 합니다. 이 구절들은 일반적으로 다음과 같이 구두점으로 나누어져서 번역됩니다:

ἢ Ἰουδαίων ὁ θεὸς μόνον; οὐχὶ καὶ ἐθνῶν; ναὶ καὶ ἐθνῶν, εἴπερ εἷς ὁ θεὸς

ὃς δικαιώσει περιτομὴν ἐκ πίστεως καὶ ἀκροβυστίαν διὰ τῆς πίστεως.

하나님은 다만 유대인의 하나님이시냐? 또한 이방인의 하나님은 아니시냐?
진실로 이방인의 하나님도 되시느니라. 왜냐하면 하나님은 한 분이시기 때문이다;
그는 할례자도 그들의 믿음으로 말미암아 또한 무할례자도 그들의 믿음으로 말미암아 의롭다 하실 것이다.[28]

그러나 여기서 구두점을 다르게 놓으면, 바울의 생각이 발전하는 것을 훨씬 더 명료하게 보여 주는 해석을 만들어 냅니다. 저는 29절 끝에 있는 ἐθνῶν 뒤에 마침표를 찍고 30절의 πίστεως 뒤에 쉼표를 넣어서 읽는 것을 제안합니다. 그러므로 καὶ ἀκροβυστίαν διὰ τῆς πίστεως 단어들은 εἴπερ로 도입되는 조건절을 가진 조건문의 생략적인 귀결절이 됩니다.[29] 이 생략적인

---

28) 이것은 RSV 번역이다. 지금은 이 문장에서 단어 "믿음" 앞에 소유격 대명사 "그들의"를 놓는 것이 적합한지에 관해서는 고려하지 않겠다. NRSV는 다음과 같이 읽는다. "그는 할례자도 믿음으로 말미암아 의롭다 하실 것이고 무할례자도 동일한 믿음으로 말미암아 의롭다 하실 것이다." 이것은 분명한 개선을 나타낸다.
29) RSV가 εἴπερ를 마치 그것이 ἐπείπερ인 것처럼 번역한 것에 대하여 Stowers (*Diatribe*, 166)가 적절히 언급한 것을 보라. Stowers는 εἴπερ의 조건적인 의미를 알았지만, 그는 그것을 "만일 그가 또한

절에서 표현되지 않은 동사는 δικαιώσει로, 문장의 조건절에서는 명백히 나타난 후 여기서는 무언으로 함축되어 있는 것입니다. 그 결과는 다음과 같을 것입니다:

ἢ Ἰουδαίων ὁ θεὸς μόνον; οὐχὶ καὶ ἐθνῶν; ναὶ καὶ ἐθνῶν· εἴπερ εἷς ὁ θεὸς
ὃς δικαιώσει περιτομὴν ἐκ πίστεως, καὶ ἀκροβυστίαν διὰ τῆς πίστεως.

하나님은 다만 유대인의 하나님이시냐? 또한 이방인의 하나님은 아니시냐?
진실로 이방인의 하나님도 되시느니라. 만약 할례자도 믿음으로 말미암아 의롭다 하실
하나님이 진실로 한 분이시라면, 그는 무할례자도 믿음으로 말미암아 의롭다 하실 것이다.

RSV역본 해석에 의하면, 바울은 하나님이 한 분이시기 때문에, 그분은 또한 이방인의 하나님이어야 한다고 결론 내립니다; 이런 읽기에서 바울은 평범한 격언을 단순히 진술합니다.[30] 제가 제안한 해석에 의하면, 바울은

실제로 이방인들의 하나님이시라면"과 같은 뜻을 가진, 본래의 권리를 가진 생략절로 취급한다. 이것은 분명히 가능한 본문 읽기 방식이다. 그러나 εἴπερ가 본문에서 명시적인 조건절의 첫 단어로서 꽤 자연스럽게 읽힐 수 있는 경우에서, 왜 εἴπερ를 분리된 생략절로 만들까?

30) 다음에 나온 논평을 보라. N. A. Dahl ("The One God of Jews and Gentiles," in *Studies in Paul* [Minneapolis: Augsburg, 1977], 189): "어떤 유대인이나 유대 그리스도인도 한 분이신 하나님이 유대인의 하나님만 아니라 이방인의 하나님도 되신다는 것을 부인하지 않을 것이다. 논의에 참여한 상대들은 보편적인 유일신론을 지지하는 것에 동의한다."

하나님께서 한 분이시기 때문에 그분은 유대인들을 의롭다 하시는 동일한 방식으로 이방인들을 **의롭다 하셔야만** 한다고 결론 내립니다.

이러한 해석들 간의 차이는 크지 않습니다. 어느 경우에나 본문은 유대인과 이방인이 모두 동일하게 믿음을 통하여 의롭다 하심을 얻는다고 단언합니다. 하지만 제가 제안한 본문 읽기는 인식하는 사람들이 거의 없는 하나의 사실을 더 예리하게 주목하라고 요청합니다: 바울은 변론이나 팡파르 없이 "하나님께서 할례자를 ἐκ πίστεως [믿음으로 말미암아] 의롭다 하실 것"을 당연히 여깁니다. 바울은 믿음으로 말미암는 칭의 교리를 고안하지 않았습니다. 갈 2:15-16이 틀림없이 보여 주듯, 그는 그것을 유대 기독교의 일반적인 확신으로 가정합니다. "우리는 본래 유대인이요 이방 죄인이 아니로되, 사람이 의롭게 되는 것은 율법의 행위로 말미암음이 아니요 오직 예수 그리스도를 믿음으로 말미암는 줄 알므로, 우리도 그리스도 예수를 믿나니 그리스도를 믿음으로써 의롭다 함을 얻으려 함이라. 율법의 행위로써는 의롭다 함을 얻을 육체가 없느니라." 여기서와 같이, 거기서 바울 주장의 목표는 자신들이 ἐκ πίστεως Χριστοῦ ("그리스도의 믿음에 기초하여") 의롭다 함을 얻었다고 고백하지만[31] 바울이 이 고백의 논리적 추론으로 보는 그것을 도출하는데 실패한 그리스도인들에게 향합니다: 이방인들이 의롭다 함을 얻기 위하여 율법의 지배를 받아야 할 필요가 없다는 것입니다. 거기에 문제의 핵심이 있습니다.[32]

---

31) 이것을 색다른 번역이라고 여기는 자는 다음을 찾아보라. M. Barth, "The Faith of the Messiah," *HeyJ* 10 (1969): 363-370; L. T. Johnson, "Romans 3:21-26 and the Faith of Jesus," *CBQ* 44 (1982): 77-90; R. B. Hays, *The Faith of Jesus Christ: The Narrative Substructure of Gal 3:1-4:11*, 2nd ed. (Grand Rapids: Eerdmans, 2002).『예수 그리스도의 믿음』(에클레시아북스 역간).
32) 이신칭의 교리가 "율법의 행위"와 날카롭게 대조되는 매우 논쟁적인 방식의 바울 표현법으로 우리에게 알려졌기 때문에, 우리 자신을 바울의 시대에 놓아 보기 위해서, 그리고 자신들이 ἐκ πίστεως

이런 고려 사항들 때문에 바울은 31절에서 다른 질문을 제기합니다: 만약 이방인들이 의롭다 함을 얻기 위하여 율법의 지배를 받아야 할 필요가 없다면, 믿음으로 말미암아 우리는 율법을 파기하는 것입니까? 이런 추론을 바울은 단호히 거부하고 (μὴ γένοιτο), 그는 도리어 믿음으로 말미암아 "우리가 율법을 굳게 세운다"고 주장합니다. 로마서 해석자들은 4장의 아브라함 논의가 복음이 율법을 파기하기보다 굳게 세운다는 바울의 도발적인 주장에 주해적인 근거를 제공하기 위한 바울의 시도라는 것을 오래전부터 인식하고 있었습니다. 그는 **율법**이 이미 아브라함은 믿음으로 의롭다 함을 받았다는 것을 가르쳤다는 것을 주장하고 있습니다.[33] 그러면 우리는 롬 4:1에 관하여 무엇을 말해야 합니까? 그것은 어떻게 주제에 들어맞거나 주제를 진척시킵니까?

아브라함이 다소 갑작스럽게 바로 이 지점에서 논의 안으로 들어와 소개되고 있다는 사실을 인정해야 합니다.[34] 하나님께서 어떻게 이방인들을 의롭다 하시는지에 관한 문제와 아브라함 상징 간의 관련성은 바울이 창세기 15장을 주해하는 일련의 과정 속에서 명백히 드러납니다. 겉으로 보기에는 어떻게 "아브라함이 육신으로 우리 조상이다"라는 진술이 지금까지 바울이

Χριστοῦ [그리스도의 믿음에 기초하여] 의롭다 함을 받는다고 믿으면서, 동시에 어떤 모순도 느끼지 않은 채, 이방인 신자들은 율법에 충실해야만 한다고 주장하는 유대 그리스도인들이 있을 수 있다는 것을 인식하기 위해서 상상력이 필요하다. 우리가 이 그림에 우리 마음을 확실히 쏟을 수 있을 때에만, 우리는 갈라디아서와 로마서의 서신들을 실제로 이해하기 시작한다; 두 서신에서 바울은 이신칭의 교리를 합의된 전제로서 취급하는데, **그 전제로부터** 그는 유대인과 이방인 간의 관계 및 기독교 공동체 생활 내 율법의 역할에 대한 그의 입장을 만들어 갈 수 있었다.

33) 하지만, 율법에 대한 이런 평가는 3장에서 전통적으로 율법을 매우 부정적으로 해석하는 것과 대립한다는 사실을 사람들은 좀처럼 알아차리지 않는다. 나의 글 "Psalm 143 and the Logic of Romans 3"를 보라. 거기서 나는 δικαιοσύνη θεοῦ를 증언하는 보다 더 적절한 바울식 기능을 율법에 수여하려고 시도하였다. 다음을 또한 보라. Rhyne, *Faith Establishes the Law*, 여러 곳에.

34) 이 사실이 E, E. Ellis (*Prophecy and Hermeneutic in Early Christianity*, WUNT 18 [Tübingen: J. C. B. Mohr (Paul Siebeck), 1978], 217)로 하여금 롬 4장은 미리 형성된 미드라시 주석의 한 덩어리로서 바울에 의하여 여기서 새로운 논쟁적인 배경에 통합됐을 것이라고 가정하도록 만들었다.

주장한 것의 추론으로서 도출될 수 있는지 이해하기가 — 그것이 옳든 그르든 간에 — 어렵습니다.[35] 이런 점은 우리가 제안한 롬 4:1 해석에 분명한 장애가 됩니다.

하지만 이 장애는 극복할 수 없는 문제가 전혀 아닙니다. 바울의 주장을 따라가기 위하여 우리는 단지 그 추론이 ("아브라함은 κατὰ σάρκα [육신으로] 우리 조상이다") 바울의 직전 진술("우리가 도리어 율법을 굳게 세우느니라")에서 직접 나온 것이 아니라, "하나님은 다만 유대인의 하나님이시다"(3:29)라는 이전의 가설적인 (그리고 잘못된) 주장으로부터 나온 것임을 인식할 필요가 있습니다. 이런 신념은 바울이 부적절한 자기 민족 중심주의로 여기는 유대주의의 한 종류를 나타냈을 것입니다. 바울은 4:1에서 그것의 거짓을 논증하려는 목적으로 이러한 사고의 흐름을 다시 과제로 삼습니다. 따라서 4:1의 문구 τί οὖν ἐροῦμεν은 바울이 주장하는 것과 반대되는 입장의 결과를 계속하여 말하게 하는 하나의 추론을 소개합니다.[36] 이것에 대한 확실한 증거는 아브라함을 τὸν προπάτορα ἡμῶν κατὰ σάρκα로 묘사하는 데서 찾을 수 있습니다. 이 구절에 대한 일반적인 해석을 따라 바울은 아브라함이 "육신으로" 그리스도인들의 조상이라고 단언하는 것을 의도했을까요?[37] 분명 이것은 용납할

---

35) Zahn이 이 구절을 다룰 때 (*Römer*, 212-219) 발생한 주요한 어려움은 그가 여기서 바울 논지의 논리에 대하여 설득력 있는 설명을 못한다는 데 있다. Zahn은 4:1의 "우리"가 (유대인들과 반대되는) "우리 그리스도인들"을 의미해야만 한다고 가정했다; 따라서, 그는 그리스도인들이 오직 [육신으로] 아브라함의 자손이라는 수사학적 고발은 **유대** 그리스도인들을 향해 퍼부어졌던 유대인의 비난을 반영해야만 하는데, 왜냐하면 그런 비난은 이방인 그리스도인들을 향해서는 이치에 닿지 않기 때문이라고 간주한다. 그러나 4:1-2을 이렇게 이해하는 것은 더 큰 논쟁의 문맥을 등한시한다: 바울은 여기서 유대인과 유대 그리스도인들 간의 관계에 신경 쓰는 것이 아니라 그리스도 안에 있는 유대인과 이방인 간의 관계에 신경 쓰고 있는 것이다(참조. 3:29-30; 4:11-12).

36) 이 의견은 그 추론에서 명시적 부정어(μὴ γένοιτο)가 결여된 것을 설명하는데, Käsemann (*Romans*, 106)은 이런 사항을 Zahn과 Luz의 해석에 반대하는 결정적인 증거로 간주한다.

37) Stowers가 이 구절을 대화로 취급하는 것은 이 어려움을 교묘히 회피한다: 대사는 바울이 아니라 질문자에게 돌려진다(*Diatribe*, 164-167). 비록 Stowers가 기본적으로 정확한 통찰력을 가지고 있다 하더라도 (여기서 표현된 관점은 바울 자신의 것이 아니다), 그는 바울의 대답이 "육신으로 조상"이라

수 없는 해석입니다. 바울은 롬 9:7-8에서 아브라함의 씨로 여기심을 받는 자는 "육신의 자녀"가 아니라 "약속의 자녀"라고 주장합니다(참조. 갈 4:21-31). 그러므로 아브라함을 "육신으로 우리 조상"이라고 묘사하는 것은 결코 우연한 도입부의 칭호가 될 수 없습니다; 그것은 바울이 반박하려고 하는 아브라함에 대한 이해를 (그리고 그와 하나님의 백성과의 관계를) 나타내야만 합니다.

바울이 주장하는 논리는 다음과 같이 의역하면 명료해질 수 있습니다: "하나님은 다만 유대인의 하나님이시고 또한 이방인의 하나님은 아니시냐? 물론 그렇지 않다! 그는 진실로 이방인의 하나님도 되시느니라. 그러나 이것은 만약 유대인을 믿음으로 말미암아 의롭다 하시는 하나님이 일관되고 온전하시다면, 그는 이방인도 믿음으로 말미암아 의롭다 하셔야 한다. 그런즉 우리가 믿음으로 말미암아 율법을 파기하느냐? 그럴 수 없느니라. 도리어 율법을 굳게 세우느니라. 그런즉 우리가 무슨 말을 하리요? 우리가 (이런 일련의 주장에서) 아브라함이 육신으로 우리 조상인 것을 — 즉, 우리가 아브라함의 육적 가계에 속한다는 것을 — 알게 되었는가?"

바울은 그리스도 안에 있는 자들이 — 이방인들만 아니라 유대인 신자들도 포함하여 — 아브라함의 육적 혈통에 의해서가 아니라(κατὰ σάρκα)[38] 약

는 아브라함의 특징 부여에 반박하기 위하여 정확하게 설계된 정도를 인식하지 못한다.

38) 이것은 내가 이 소논문을 처음 출판했을 당시에 했던 나의 주장을 약간 수정한 것이다. 거기서 나는 다음과 같이 썼다: "바울이 주장하려고 한 것은, 내가 정확히 이해했다면, 유대주의 자체는 아브라함의 육적 혈통에 의하지 않고 아브라함과의 관계를 주장했다는 것이다." 나는 N. T. Wright에 의하여 설득되어 내 해석을 바꾸게 되었다. N. T. Wright, "Romans and the Theology of Paul," in *Pauline Theology*, volume 3: *Romans*, ed. D. M. Hay and E. E. Johnson (Minneapolis: Fortress, 1995), 30-67. Wright는 내가 제안한 해석을 받아들였지만, 그 질문을 다음과 같이 해석했다: "이것은 우리 그리스도인들이, 유대인과 이방인 모두, 이제 우리가 아브라함의 육적 가계의 일원임을 발견했다는 것을 뜻합니까?" (40). 이 읽기는 롬 4장의 전체적인 일관성을 뚜렷하게 하는데, 특히 1절과 2-8절 간의 논리적 관계를 분명히 한다 (R. B. Hays, "Adam, Israel, Christ," in *Pauline Theology*, volume 3, 81). 물론, κατὰ σάρκα 표현은 바울에게 있어서 신학적 함의가 있는 어구다. 표면적으로 그것은 자연스러

속하시는 하나님을 향한 아브라함의 믿음을 공유함으로써 아브라함과의 관계를 주장한다고 논증합니다.[39] 그런 의미에서 이방인들을 포함한 모든 사람을 믿음으로 말미암아 하나님과의 바른 관계 안으로 초대하는 복음은 율법을 굳게 세웁니다; 그것은 율법이 가르치는 진정한 실체와 일치합니다. 이것이 바로 바울이 롬 4:3부터 시작하는 그의 창세기 주해를 통하여 논증하려는 명제입니다.

이런 본문 읽기는 만약 우리가 바울이 유대주의와 대조적인 메시지를 설명하고 있다는 전제 조건에 얽매여 있다면 낯설게 보일 것입니다. 우리가 만약 이 견해를 선험적으로 가지지 않는다면, 바울이 말한 것이 바로 그가 의미한 바임이 명확해질 것입니다: 복음은 율법을 굳게 세웁니다. 오직 자민족 중심주의를 가진 좁은 시각의 유대주의만이 하나님은 다만 유대인의 하나님이라고 주장하며,[40] 아니면 아브라함이 하나님의 백성의 조상인 것은 오직 "육신으로", 즉 타고난 육적 계보의 효력에 의해서 되는 것이라 주장합니다. 바울은 그의 논지를 전개하기 위하여 이러한 (명백히 틀린) 주장들을 이방인 그리스도인들이 율법 아래 놓여야만 한다는 (논쟁 중인) 주장과 연관시킵니다. 유대 전통 **안에서** 말하고 있는 바울은[41] 율법 자체가, 한 분이신 하나님이 유대인만 아니라 이방인의 하나님도 되신다는 것과, 아브라함은 그의 육적 후손으로 태어난 자들을 넘어서 더 많은 사람들의 조상이라는 것을 확언하는 더 보편적으로 포괄적인 신학에 이론적 근거를 제공한다고 주장합니

운 육적 혈통의 과정을 단순히 말하는 것이지만, 바울이 그 용어를 사용하는 데에는 적어도 두 개의 다른 의미가 있다: 그것은 할례를 암시하면서, 동시에 하나님으로부터 분리된 인간의 존재 양상을 언급한다. 롬 4:1에 있는 문구의 의미는 이런 가능성 있는 것들에서 하나를 뽑음으로써 결정할 것이 아니라, 현재의 문맥 안에 그것들이 복합적으로 뒤섞인 것을 분별함으로써 결정해야 한다.

39) 이런 사고의 흐름은 롬 2:26-29에서 바울이 이미 표현한 입장과 유사한데, 그는 거기서 육체의 할례(ἐν σάρκι)가 아니라 "마음의 할례"가 참된 유대인을 특징짓는다고 주장한다.

40) 참조. Dahl, "The One God," 182-188.

41) 본문에 대한 이런 접근은 Gaston ("Abraham," 39-41, 59)가 설명한 해석학적 원리들과 일치한다.

다. 이것이 4장에서 나옵니다.

그러므로, 우리가 제안한 롬 4:1 읽기는 이 구절을 철저히 일관성 있는 방식으로 이전 논의와 연결시킵니다. 롬 3:27-31의 중심 주제는 한 분이신 하나님이 유대인과 이방인을 동일하게 대하신다는 것입니다.[42] 이런 주장은 할례자에게 더 특별한 지위를 주어야 한다고 주장하며 이방인들에게 유대 민족 정체성을 보여 주는 육체적 표지를 요구하는 수사학적 "허수아비"와 싸움을 붙여 이득을 보도록 했습니다. 바울은 롬 4:1에서 어느 정도 의심을 가지고 이런 입장의 결과를 체계적으로 말합니다: 아브라함은 "육신으로 우리 조상이다." 이어지는 바울의 주해는 이 허수아비를 흩어 놓으려고 합니다.

조상으로서의 아브라함: 로마서 4장 1절 이후 논의와 관련하여

4장 1절의 수사학적 질문은 어떤 방식으로 독자의 관심을 이어지는 논의의 내용으로 향하게 합니까? 그 질문이 소개하는 내용은 무엇입니까?

롬 4:1에 대한 관행적 해석은 문제의 핵심을 아브라함이 무엇을 "얻었는가(찾았는가)"에 있다고 암시합니다: 행위와 관계없는 칭의.[43] 실제로 이런 해설은 2-8절을 매우 멋지게 설명하는 것처럼 보입니다. 바울은 이 구절들에서 창 15:6과 시 32:1-2을 자세히 주해함으로써 이신칭의 교리를 구약에서 찾을 수 있다는 것을 입증합니다. 그리하여 그는 복음이 율법을 굳게 세운다는 그의 주장을 뒷받침합니다(3:31).

그러나 우리는 로마서 4장을 단지 2-8절만 아니라 전체적으로 고려해

---

42) 참조. J. M. Bassler, *Divine Impartiality, Paul and a Theological Axiom*, SBLDS 59 (Chico, Calif.: Scholars, 1982), 156-158.

43) 예를 들어, 다음을 보라. Käsemann, *Romans*, 105-111; Cranfield, *Romans*, 1:224-232.

야 하고, 이전 논의와의 연속성에 대한 질문을 연구해야만 합니다. 로마서 3장 27절부터 4장 1절에 대한 저의 해석은 바울의 관심사가 칭의의 방법에 있는 것이 아니라, 칭의의 말씀에 비추어서 본 유대인과 이방인 간의 관계에 있다는 것을 나타냅니다. 이제는 제가 제안한 롬 4:1 읽기가 우리에게 하나의 렌즈를 — 이렇게 같은 주제가 로마서 4장에서 통합된 관심사로 확장된다는 것을 알아차리게 해 주는 — 제공해 준다는 사실을 입증해야만 합니다.

바울은 4:1에서 그의 메시지가 율법을 굳게 세운다고 하는 것이(3:31) 이방인 신자들은 (율법 준수를 가리키는 할례의 육적 행위를 통하여) 아브라함의 육적 가족의 일원이 되어야만 한다는 결론으로 이끌고 있는지 묻습니다. 바울은 이런 추론을 단호히 거부합니다. 곧이어 그는 2-8절에서 아브라함 자신이 율법의 "행위"와는 관계없이 의롭다고 여겨지게 되었음을 (하나님과의 언약 관계 안으로 받아들여졌음을) 논증합니다. 이 주장을 옹호하여 바울은 훗날을 바라보며 "무할례자"를 향한 예언적 축복(9절)으로 이해되는 다윗의 말들도 인용합니다(시 31:1-2 LXX). 이 주제가 9-22절의 논의를 좌우합니다. 9절에서 바울은 시 32:1-2의 인용과 관련하여 묻습니다. "그런즉 이 복이 (유대인) 할례자에게냐 혹은 (이방인) 무할례자에게도냐?" 그러면서 이 질문은 시편의 문맥에서 창 15:5의 논의로 부드럽게 옮겨집니다. 바로 이 지점에서부터(9-12절) 바울은 더 이상 아브라함이 **어떻게** 의롭다 함을 받았는지는 관심 갖지 않고, 대신 그가 **언제** "의로 여기심을 얻게 되었는지" 관심을 갖습니다. 그것은 그가 할례 받기 이전이었습니까, 아니면 이후였습니까? 이 질문이 바울의 논지에서 **왜** 결정적인 것으로 나타나는지 알아보는 것은 매우 중요합니다. 이 질문은 아브라함이 "행위"(할례)로써 의롭다 하심을 받았다는 견해를 바울이 반박하기 원했기 때문에 나온 것이 **아닙니다**(이것은 아무리 강조해도 지나치지 않습니다). 바울이 아브라함을 다른 이들의 운명을 그 자신의 운명에 "포함하는" 하나의 **대표적인** 인물로 간주하기 때문에 이 질문이 나온 것입니다;

그에게 선포된 축복은 단지 그에게만 적용되는 것이 아니라 그의 "씨"에게도 역시 적용됩니다. [44] 그러므로 그가 아직 무할례자였을 때 그가 "의로 여기심을 받았다"는 것은 **상징적인** 중요성이 있습니다: 그 때문에 그는 유대인들만 아니라 이방인들의 "조상"이 될 수 있습니다. 바울은 이것을 11-12절에서 명시적으로 말합니다:

그가 할례의 표를 받은 것은 무할례 시에 믿음으로 된 의를 인친 것이니, **이는**(*in order that*):

> a. 무할례자로서 믿는 모든 자의 조상이 되어 그들도 의로 여기심을 얻게 하려 하심이라;
> b. 또한 할례자의 조상이 되었나니 곧 할례 받을 자에게뿐 아니라 우리 조상 아브라함이 무할례 시에 가졌던 믿음의 자취를 따르는 자들에게도 그러하니라.

아브라함의 이야기는 아브라함이 유대인 신자들만 아니라 이방인 신자들의 원형 역할을 잘 할 수 **있기 위하여** 그것이 전해진 그대로 진술됩니다 (또는 바울이 말한 대로, 이러한 일들은 그것들이 일어난 **순서대로** 아브라함에게 일어났습니다). 그는 두 집단 모두의 "조상"으로 불리는데, 왜냐하면 그들이 그로부터 κατὰ σάρκα [육신으로] 자손이어서가 **아니라** 그들의 믿음이 그의 믿음을 반영하고 (그들은 "그의 자취를" 따른다) 그들의 운명이 아브라함 안에서 예시되

---

44) 이것은 ἡ ἐπαγγελία τῷ Ἀβραὰμ ἢ τῷ σπέρματι αὐτοῦ ("아브라함이나 그 후손에게 하신 언약")을 말하고 있는 롬 4:13에서 특히 명백하다. 바울이 처음으로 모든 이방인이 ἐν σοί [너로 말미암아] 복을 받으리라는 약속을 인용하고 나서 그러므로 οἱ ἐκ πίστεως [믿음으로 말미암은 자는] 믿음이 있는 아브라함과 함께 복을 받는다는 주석을 제공하고 있는 갈 3:8-9을 참조하라. 뒤에 있는 구절에 대한 충분한 논의는 다음을 보라. Hays, *The Faith of Jesus Christ*, chap. 5.

었기 때문입니다.

같은 주제가 이어지는 부분의 논의를 역시 강화합니다(13-18절).[45] 13-14절에서 바울은, 여기서 그의 추론은 갈 3:15-18의 논거와 매우 유사한데, 언약이 아브라함에게만 아니라 그의 "씨"에게도 적용된다는 사실에 관심을 기울이면서, 약속된 유업은 διὰ νόμου [율법으로 말미암아] 주어진 것이 아니라 διὰ δικαιοσύνης πίστεως [믿음의 의로 말미암아] 주어진[46] 것이라고 단언합니다. 왜 그럴까요? 이 논증은 다시 한 번 11-12절에서와 같이 이 배열의 목적을 (우리가 추론하기로는 하나님의 목적을) 설명하도록 재촉합니다. 바울은 우리에게 그 유업은 ἐκ πίστεως [믿음으로] 주어진다고 말하는데, 모든 것이 은혜에 달려 있도록 하기 위함이고, 약속이 유대인만 아니라 (τῷ ἐκ

---

45) 이상하게도, 주석가들은 자주 17절 중간에 구분선을 그어서, 13-17a절을 한 부분으로 그리고 17b-22절을 다른 부분으로 취급한다. Cranfield (*Romans*, 1:225)는 이런 경향을 설명하는데, 그는 "17b절이 문법적으로는 16절에서 시작하는 문장의 일부"임을 인정하는 반면, 여전히 "그것은 그 내용 때문에 뒤이어 오는 것에 속한다"고 주장한다. Cranfield나 내가 의견을 구했던 다른 주석가들 그 누구도 18절이 Ἀβραάμ을 수식하는 두 병행 관계절의 두 번째 부분을 구성한다는 사실을 충분히 중요시하지 않았다. 그 병행은 다음과 같이 설명될 수 있다:

Ἀβραάμ

-ὅς ἐστιν πατὴρ πάντων ἡμῶν   단언
  καθὼς γέγραπται ὅτι   인용 문구
  πατέρα πολλῶν ἐθνῶν τέθεικά σε …   증거 본문

-ὅς παρ᾽ ἐλπίδα ἐπ᾽ ἐλπίδι ἐπίστευσεν   단언
  εἰς τὸ γενέσθαι αὐτὸν
  πατέρα πολλῶν ἐθνῶν
  κατὰ τὸ εἰρημένον   인용 문구
  οὕτως ἔσται τὸ σπέρμα σου   증거 본문

이 구조는 네슬-알란트 27판의 구두법에 의하여 그 의미를 알아듣기가 힘들게 됐는데, 네슬-알란트는 18절과 함께 새로운 도미문(掉尾文)이 시작한다고 가리킨다. 만일 어딘가에 분리가 되어야 한다면, 그것은 19절 시작 부분에 이루어져야지, 18절에 되어서는 안 된다.

46) 또는 받게 된? 어떤 동사가 추가되어야만 한다.

νόμου) 이방인도 포함하는 (τῷ ἐκ πίστεως Ἀβραὰμ) "모든 씨"를 위하여 확증되도록 하기 위함입니다. 여기서 11-12절의 주제가 반복되며, 바울은 다시 아브라함을 비록 그가 κατὰ σάρκα [육신으로] 우리 모두의 조상이 아니더라도, "하나님 앞에서 [κατέναντι θεοῦ] … 우리 모든 사람의 조상이라"고 부릅니다(4:16, 17b).

바울은 아브라함이 이방인들의 조상이라는 그의 주장을 다른 구약 인용문으로 강화합니다: καθὼς γέγραπται ὅτι πατέρα πολλῶν ἐθνῶν τέθεικά σε [기록된 바 내가 너를 많은 민족의 조상으로 세웠다 하심과 같으니] (롬 4:17a, 창 17:5 LXX를 인용). 그리고 나서 비록 아직 논지가 충분히 입증되지는 않았지만, 바울은 다시 한 번 18절에서 논지의 핵심을 찌릅니다: 아브라함이 바랄 수 없는 중에 바라고 믿었는데 이는 그가 많은 민족의 조상(ἐθνη)이 되게 **하려 하심입니다**(in order that). 다시 이번에는 창 15:5의 인용을 통해서 구약의 근거 구절이 제시되는데, 그 인용은 율법학자 방식으로 더 자세한 인용문(롬 4:18b)을 나타내기 위하여 이목을 끄는 문구를 사용합니다.

여기서 19-22절을 상세하게 논의할 필요는 없지만, 두 가지는 언급할 만한 가치가 있습니다. 첫째로, 바로 이 지점에서 그리고 유일하게 여기서만 바울은 아브라함이 가진 믿음의 견고함 또는 특성에 주목합니다; 따라서 이 구절들은 바울이 강연에서 애써서 권고하려는 양식을 나타냅니다. 그러나 심지어 여기서도 독자에게 아브라함의 예를 본받으라는 명시적인 호소가 나타나지 않는다는 것을 주목할 필요가 있습니다. 아브라함에 대한 서술은 암묵적인 모범으로 간주될 수 있겠지만,[47] 그런 견해를 진술할 때 몇 가지 주의하는 것이 적절합니다. 우리가 아는 것처럼 바울은 직접적인 권면을 삼가지 않았습니다; 그가 여기서는 그러지 않았다는 것이 중요할 것입니다.

---

47) Stowers (*Diatribe*, 168-174)가 그랬던 것처럼.

둘째로, 이 구절들의 다른 기능은 약속의 성취가 하나님의 약속과 능력에 달려 있는 것이지, 아브라함과 사라의 자연적인 역량에 달려 있는 것이 아님을 강조하는 것입니다. 다른 말로 말하면, 이 약속은 κατὰ χάριν [은혜로] (참조. 16절) 성취되었지, κατὰ σάρκα [육체로] 성취된 것이 아니었습니다(참조. 1절). 다시 롬 9:8은 적절한 주석을 제공합니다: οὐ τὰ τέκνα τῆς σαρκὸς ταῦτα τέκνα τοῦ θεοῦ ἀλλὰ τὰ τέκνα τῆς ἐπαγγελίας λογίζεται εἰς σπέρμα. [육신의 자녀가 하나님의 자녀가 아니요 오직 약속의 자녀가 씨로 여기심을 받느니라.] 아브라함의 믿음보다 더 중요한 것이 하나님의 신실하심입니다.

이 장의 끝맺는 구절들을 검토하러 가기 전에 우리가 지금까지 관찰한 것들의 결과들을 합쳐 보기 원합니다. 바울은 3-22절에서 그의 논증을 **주해적인** 이유로 전개하는데, 아브라함 이야기를 아브라함을 유대인과 이방인 신자들의 "조상"으로 그리기 위한 목적으로 하나님이 쓰신 한 편의 드라마로 다룹니다. 그는 모든 신자들의 운명을 그 안에 포함하고 앞으로 나타낼 전형적인 인물입니다; 그에게 주어진 약속은 결과적으로 그들에게도 역시 주어집니다. 그런 의미에서 그는 그들의 조상입니다; 그의 육적 혈통이냐 아니냐는 전혀 문제 되지 않습니다.

이 분석을 고려하여, 몇 가지 중요한 결론들을 도출할 수 있습니다.

1. 바울은 롬 4:1-22의 아브라함에 관한 이런 해석을 기독교 신조의 언어에 호소함 없이 직접 구약 주해를 통하여 발전시켰습니다; 이렇게 아브라함을 표현한 것은 아브라함의 중요성에 대한 **유대의** 신학적 해석이 될 것이며 그 해석이 됩니다. 바울이 공인된 유대의 주해 게임의 규칙 안에서 설득력 있는 주장을 하는 한, 그는 율법 바깥에 있는 이방인들을 위한 그의 칭

의의 복음이 율법과 일치한다는 그의 주장을 (3:31) 견지합니다.[48]

2. 3장 27절에서 4장 22절까지 이어지는 바울의 논의에 이론상 세 개로 구별할 수 있는 뒤섞인 모티프들이 곳곳에 있습니다: 율법의 행위에 의한 칭의, 할례, 그리고 아브라함의 육적 혈통. 이러한 모티프들의 결합은 조직적인 것이 아닙니다; 그것들은 바울의 독특한 방식인 **결합적인**(associative) 논리에 의하여 모두 묶여진 것입니다. 세 가지 모두 바울이 교정하고자 하는 유대의 민족적/종교적 자기이해에 대한 특별한 "프로필"(profile)의 구성 요소들입니다. 그것들을 거의 교환할 수 있도록 사용하는 바울의 경향은 롬 4장의 논지를 따라가기 어렵게 만듭니다.

3. 오직 2-8절에서만 바울의 논의가 믿음으로 인한 칭의와 행위로 인한 칭의의 대조를 중심으로 전개됩니다. 논지의 발전 과정에서 이러한 구절들은 9-18절에서 공들여 세워지는 이 장의 주요 주제로 가는 예비적인 단계로서 기능합니다: 아브라함은 그들의 믿음을 하나님의 약속에 둔 모든 이의 조상으로서, 유대인들과 이방인들 다 해당됩니다. 이것이 로마서 4장의 일관된 관심사입니다.

로마서 4장이 이와 같은 방식으로 이해된다면, 우리가 제안한 로마서 4장 읽기가 바울의 아브라함 해석에 전적으로 적합한 소개를 제공한다는 것이 분명해집니다. 이 장 전체가 "조상"으로서의 아브라함 지위에 관한 논쟁에 초점을 맞춥니다: 정말로 그는 누구의 조상이고, 그는 어떤 방식으로 그의 "씨"와 관련된 것일까요? 이러한 점들을 염두에 둔다면, 바울이 다음 질문으로 논의를 시작하는 것을 완벽하게 이해할 수 있습니다. "우리는 아브라함이 육신으로 우리 조상이라는 것을 찾아냈는가?" 그다음에 그의 주해는 아

---

48) 이 주장은 당연히 "율법"이 사실상 "구약"을 의미하는 것으로 이해되었음을 필요로 한다. 이 지점에서 바울의 논의는 결코 복음과 시내산 율법 간의 관계에 대한 문제를 다루는 것이 아니다. 참조. 갈 3:15-29.

브라함이 심지어 유대인 신자들에게조차 κατὰ σάρκα [육신으로]가 아니라 보다 더 중요한 방식으로 조상이 된다는 사실을 보여 줌으로 그러한 입장을 반박하기 위해 노력합니다.

로마서 4장 23-25절: "기록된 것은 아브라함만 위한 것이 아니요…"

바울은 드디어 4장 마지막 문장에서 그가 아브라함에 관해 "찾은 것 [얻은 것]"을 기독교 신자들의 상황에 직접적으로 적용하는 일을 시작합니다. 그렇게 함으로써 그는 이 장의 나머지 부분을 조용하게 형성했던 그 적용을 더욱 뚜렷하게 만듭니다. 그러므로 그가 여기서 무엇을 말하며 그리고 무엇을 말하지 **않는지** 세심하게 주의하는 것이 중요합니다.

신앙고백문의 단편으로 보이는 로마서 4장 25절의 기독론적 서술은 주석가들의 광범위한 수고를 끌어당겼지만,[49] 23-24절은, 논증의 논리적 구조에서 중요한 위치를 차지하고 있음에도 불구하고, 거의 주목 받지 못했는데, 그것은 아마 그 의미가 자명하다고 여겨졌기 때문일 것입니다: 아브라함이 믿어서 의로 여겨졌던 것처럼, 우리도 만약 믿으면 의로 여기심을 받을 것입니다. 이런 해석에 의하면, 아브라함의 경우는 이신칭의(以信稱義)의 일반적 원리를 보여 주는 한 사례입니다. 그것이 그를 위해 일한다면, 그것은 우리를 위해서도 역시 일할 것입니다. 이런 해석의 한 예를 본 구절에 대한 칼빈의 주해에서 찾을 수 있습니다: "바울은 아브라함이라는 인물 안에서 모두에게 똑같이 적용되는 한 공통의 의에 대한 예가 나타난다는 것을 명백히 주장합니다."[50] 하지만 이 본문은 이런 해석이 무엇을 요구하는지 명시적으

---

49) 참조. van der Minde, *Schrift und Tradition*, 89-102, 그리고 거기서 인용된 문헌.
50) J. Calvin, *The Epistles of Paul the Apostle to the Romans and to the Thessalonians*, Calvin's Commentaries (Grand Rapids: Eerdmans, 1961), 100. 참조. L. Goppelt, *Typos* (Grand Rapids:

로 말하지 **않습니다**; 다른 의미가 손 닿는 곳 가까이에 있습니다: 구약의 선언은 개인으로서의 아브라함에게만 적용되는 것이 아니라 하나님께서 의로 여겨 주심 안에 **대리적으로**(*vicariously*) 포함된 다른 사람들에게까지도 적용되는 것입니다.

칼빈의 본문 읽기는, 비록 그것이 진리의 한 요소를 담고 있기는 하지만, 아브라함을 지나치게 모범적인 사람으로 간주하면서 아브라함이 모든 것을 포함하는 대표 인물이라는 바울의 강한 강조점을 놓치고 있습니다. 우리는 아브라함에 대한 바울의 해석에 있어서 필수적인 창세기의 여러 "약속" 본문들이(예. 창 12:3; 18:18; 22:18) 모든 나라가 아브라함 "안에서" 복을 받으리라고 선포한다는 것을 상기해야만 합니다.[51] 갈라디아서 3장 8절에서 바울은 아브라함에 참여하는 것을 매우 중요하게 여기는 가운데, 창 12:3에 18:18 또는 22:18이 명백히 섞여 있는 이 약속을 정확하게 인용합니다. 동일한 개념이 로마서 4장에서 바울이 시 32:1-2의 단어들을 아브라함에 처음 적용하고 그 뒤에 (아브라함을 향한) 이 축복이 유대인들 또는 이방인들에게 적용되는지 묻는 9-12절에 나타납니다. 그것이 분명히 함축하는 것은 아브라함에게 선포된 축복이 그의 "씨"인 다른 이들에게 대리적으로 적용된다는 것입니다. 이 약속을 "아브라함이나 그 후손에게" 적용 가능하다고 여기는 것이 정확히 13절의 요점입니다.

이 모든 것을 고려하여 우리는 롬 4:23-24이 다음처럼 의역될 수 있는 비슷한 의미를 담고 있다고 짐작해 볼 수 있습니다: "구약은 말한다, '아브라함이 하나님을 믿으매 그것이 그에게 의로 여겨진 바 되었느니라.' 그러

Eerdmans, 1982), 136-138.

51) J. Van Seters (*Abraham in History and Tradition* [New Haven: Yale University Press, 1975], 272-278)은 아브라함의 운명에 참여한다는 개념이 원래 제왕적 모티프가 (참조. 시 72:17) 포로기 동안 아브라함 전통으로 이전된 결과라고 생각한다.

나 그것은 단지 한 개인 아브라함에게만 의로 여겨진 것이 아니었다: 이러한 말들은 의로 여기심을 받을 (예수 우리 주를 죽은 자 가운데서 살리신 이를 믿는) 우리에게도 적용된다 (대리적으로, 왜냐하면 우리는 아브라함의 씨이기 때문이다)." 우리는 이러한 본문 읽기 방식을 관습적인 해석과 대조되는 해석으로 이해해서는 안 됩니다. 분명히 아브라함의 믿음과 기독교 신자의 믿음 간에는 유사한 점이 있습니다; 바울은 이런 유사한 점을 "우리"를 οἱ πιστεύοντες로 묘사하는 절에서만 아니라(24절) "우리 조상 아브라함이 무할례 시에 가졌던 믿음의 자취를 따르는 자들"이라고 동의하는 절에서도 강조합니다(12절). 원형의 믿음/순종의 결과를 통하여 대리적으로 얻게 되는 복("아브라함 안에서")과 원형의 믿음/순종을 재현함으로 얻게 되는 복("아브라함처럼") 사이의 이분법은 우리의 이분법이지, 바울의 것은 아닙니다. 바울은 그 두 개를 나눌 수 없는 것으로 보았습니다. [52] 우리가 그에게 선포된 복 안에 참여하기 때문에, 우리는 그의 믿음을 반영하기 때문입니다. 우리의 믿음이 그의 믿음과 유사하기 때문에, 우리는 그의 씨라고 불릴 수 있습니다. 제가 생각하기에 바울은 두 진술 다 만족할 것입니다.

만약 이렇게 롬 4:23-24을 해석하는 것이 옳다면, 그것은, 그중에서도 특히, 로마서 4장에서 바울이 그의 칭의 교리를 "조상들의 공로"에 대한 유대인의 개념과 유사한 말로 설명하고 있다는 것을 의미합니다. 이런 개념이 바울에게 맞는 것임을 보여 주는 예가 하나님 앞에서 이스라엘의 신분에 대한 그의 평가에 잘 나타나 있습니다(롬 11:28): κατὰ μὲν τὸ εὐαγγέλιον ἐχθροὶ δι᾽ ὑμᾶς, κατὰ δὲ τὴν ἐκλογὴν ἀγαπητοὶ διὰ τοὺς πατέρας ("복음으로 하면 그들이 너희로 말미암아 원수 된 자요 택하심으로 하면 조상들로 말미암아 사랑

---

52) 오직 우리가 이 통찰력을 굳게 견지할 때에만 우리는 바울의 기독론과 그의 윤리 간의 관계를 올바르게 다시 생각하기를 시작할 수 있다. 예를 들어, 다음을 보라. R. B. Hays, "Christology and Ethics in Galatians: The Law of Christ," *CBQ* 49 (1987): 268-290.

을 입은 자라"). 이스라엘이, 그 당시 상당히 불성실했음에도 불구하고, 조상들로 말미암아 하나님께 사랑을 입은 자로 남는다는 진술은 조상들의 공로에 대한 율법학자의 이해의 본질을 나타낸 것입니다.

배럿(C. K. Barrett)은 롬 11:29에 대한 그의 주석에서, 율법학자의 사고와 유사한 점에 유념하지만, 그것은 "단지 외면상 유사한 것이다. 왜냐하면 바울이 인간의 공로가 아니라 신의 선택을 말하기 때문이다"라고 주장합니다.[53] 하지만 이 견해는 유대주의 자료를 칭의와 "공로의 보고"에 관한 종교개혁 시대 논쟁의 필터를 통하여 시대착오적으로 읽을 때 발생하게 되는 오해를 반영합니다. 샌더스(E. P. Sanders)가 이 문제를 다루는 유용한 책에서 보여 주었듯이,[54] 조상들의 공로에 대한 모티프는 종종 그의 약속에 대한 하나님의 신실함이라는 개념과 언약 선택 모티프와 매우 밀접하게 연관될 수 있습니다. 예를 들어, 랍비 엘르아잘(Eleazar ben Azariah)의 진술을 생각해 보기 원합니다: "우리 조상 아브라함의 공로 때문에 (כזכות) 하나님은 이스라엘을 다음에 말한 바와 같이 애굽에서 데리고 나오셨다: '왜냐하면 그가 그의 종 아브라함에게 하신 거룩한 말을 기억하셨기 때문이다', 그리고 '그는 그의 백성을 기쁨으로 낳으셨다.'"[55] 여기서 샌더스는 כזכות이 단순한 전치사적인 의미로 번역되어야만 한다고 주장합니다(="때문에"). 어떤 아브라함의 공로적 행위도 여기서 인용되지 않습니다; 오직 하나님의 약속만이 드러납니다.[56] 시편 105편은 분명히 랍비 엘르아잘의 증거 본문과 관련된 예로서, 하나님의 언약적 신실함을 강하게 강조합니다.

---

53) Barrett, *Romans*, 225; 참조. Käsemann, *Romans*, 315.

54) Sanders, *Paul and Palestinian Judaism*, 183-198.

55) *Mekilta* Pisḥa 16 (Lauterbach I, 140).

56) 다음을 보라. Sanders, *Paul and Palestinian Judaism*, 195; 참조. Gaston, "Abraham," 58-59: "아브라함이 후손들을 위하여 '공로로 얻은' 것은 순전한 은혜였다."

그는 그의 언약 곧 천 대에 걸쳐 명령하신 말씀을

영원히 기억하셨으니,

이것은 아브라함과 맺은 언약이고

이삭에게 하신 맹세이며…

…

반석을 여신즉 물이 흘러나와

마른 땅에 강같이 흘렀으니

이는 그의 거룩한 말씀과

그의 종 아브라함을 기억하셨음이로다.

(8-9, 41-42절)

이런 식의 사유와 바울의 사유 사이에 있는 연속성은 분명합니다. 시인이 하나님께서 이스라엘에게 광야에서 물을 주신 것이 오래전 그의 종 아브라함에게 주신 약속에 대한 그의 신실하심 때문이라고 주장할 수 있는 것처럼, 바울 역시 "그리스도께서 하나님의 진실하심을 위하여 할례의 추종자가 되셨으니 이는 조상들에게 주신 약속들을 견고하게 하셨다"고 주장할 수 있습니다(롬 15:8).

하지만 바울이 이러한 신학적 개념 상태를 사용할 때 우리는 거기서 두 단계의 특이한 발전을 볼 수 있습니다. 첫째로, 바울은 구약 본문을 근거로, 아브라함의 신실함이 이스라엘의 유익을 위해서만이 아니라 (랍비의 주해 전통에서와 같이) 이방인들의 유익을 위해서도 하나님에 의해 의로 여겨졌다는 것을 주장함으로써, 조상들의 공로 개념에 결정적으로 새로운 강조점을 도입합니다. 로마서 15장에서 방금 인용된 구절에서 바울은 그리스도께서 "할례의 추종자가 되셨는데" "이는 조상들에게 주신 약속들을 견고하게 하실" 뿐만 아니라 "이방인들도 그(의) 긍휼하심으로 말미암아 하나님께 영광을 돌리게 하려" 하심입니다. 둘째로, 샌더스는 탄나임 랍비들(Tannaitic rabbis)이 *zekut*(공로)에 대한 그들의 논의를 절대로 구원론과 연관시키지 않았다고 주장하지만,[57] 바울은 분명히 아브라함에게 간주된 복의 의미를 종말론적인 구원의 단계로까지 확대하였습니다. 그럼에도 불구하고 바울 설명에 나타난 특이한 특징들이 아브라함의 신실함이 가진 대리적인 효과에 대한 랍비의 전통들과 바울 설명 간의 매우 명백한 연속성을 모호하게 만들도록 하면 안 됩니다. 창 15:6을 랍비의 눈으로 읽는 바울은 구약 선언이 (ἐλογίσθη αὐτῷ) 잠재적으로만 아니라 실제적으로 기독교 신자들에게 적용된다고 주장하는데, 부활하신 예수에 대한 그들의 현재 믿음은 아브라함에게 선포된 복에 그들이 참여했다는 표지가 됩니다.

결론

로마서 4장 1절에 나오는 명백히 모호한 바울의 헬라어 의미를 다시 살펴보는 노력에 착수하고 나서, 우리는 전체로서의 로마서 4장 읽기 방식에 도달하였는데, 그것은 바울의 논의에서 전통적인 읽기 방식이 아브라함을 이해하는 것과 약간 다르지만 중대하게 다른 방식입니다. **이 장의 결정적인 쟁점은 아브라함이 어떻게 의롭다 여김 받았느냐는 것이라기보다 그가 누구의 조상이고 그의 후손이 그와 어떤 방식으로 연관되는지에 대한 것입니다. 바울 주장의 중심 요소는 아브라함이 유대인과 이방인 모두의 조상이라는 것을 확언하는 것이고 유대인과 이방인 모두 하나님이 아브라함에게 선포한 복 안에, 특별히 "천하 만민"(πάντα τὰ ἔθνη)에게 적용된다고 언급된 복 안에, 대리**

---

57) Sanders, *Paul and Palestinian Judaism*, 198. Sanders의 진술은 아마도 부주의하게 오해를 낳는다; 만일 누군가 공동체의 역사적 경험 안에서 받는 축복들을 차단하기 위하여 "구원론"을 정의하는 경우에만 그것이 참되다.

적으로 포함된다는 것입니다. 이 주장은 하나님의 구원을 율법과 별도로 이방인들에게 전하는 바울의 복음이 실상은 율법 언약의 정점이고 확증이라는 것을 만족스럽게 증명합니다. 유대인들은 (적어도 마음에 할례를 받은 자들; 참조. 롬 2:28-29) 아브라함이 "육신으로"가 아니라, "약속으로" 그들의 조상이 된다는 것을 알게 되었습니다.

이 모든 것들과 관련된 매우 큰 신학적 난제는 어떻게 **그리스도**가 아브라함에게 주신 약속의 성취와 관련되는지 아는 것입니다.[58] 이 소논문에서 전개된 주해는 이 문제에 대한 해답을 이어지는 개요의 흐름에서 찾게 될 것이라고 제안합니다. 우리는 아브라함의 믿음/순종을 (그것은 아브라함을 조상으로 여기는 자들에게 대리적인 구원의 결과들을 준다) 기독교 신자들의 믿음을 위한 하나의 패러다임(paradigm)으로서 우선 이해하기보다는, 무엇보다 예수 그리스도의 믿음에 대한 하나의 예표(prefiguration)로서 (그리스도의 믿음/순종이 이제 그를 주로 아는 자들에게 대리적인 구원의 결과들을 준다) 이해해야만 합니다(참조. 롬 3:22).[59] 그러면 대체로 바울이 아브라함 이야기에 호소한 것은 그가 거기에서 하나의 개념을 위한 한 가지 선례를 **구약 안에서** 찾았다는 사실과 관련이 있습니다. 그 사상은 신에게 택함 받은 한 주인공의 신실함이 주인공의 행위에 그 운명이 앞으로 나타나게 될 "많은 사람들"을 향해 하나님의 복을 가져다 줄 수 있다는 것입니다. 이 점에 있어서 아브라함은 바울에게 있어서 그리스도인의 믿음에 대한 본이 될 뿐만 아니라, 그의 순종을 통하여 "많은

---

58) 이 문제는 Boers가 논의한 "The Significance of Abraham for the Christian Faith" (in *Ghetto*, 74-104)에서 예리하게 제기되었다: "롬 4장에서 [바울은] 놀라운 열심을 가지고 … 믿음으로 말미암는 칭의의 본질이 무엇인지 발견하려고 노력하였다. 그렇게 하는 가운데, 그는 신자의 칭의에서 그리스도를 언급한 것이 믿음으로 말미암는 칭의의 정의에서 우발적인 사물이 되지 않게 하는 것을 막을 수 없었다" (102).

59) 이러한 용어들로 롬 3:21-26을 해석한 것은 다음을 보라. Johnson, "Faith of Jesus," 87-90. Johnson은 "롬 5:19은 롬 3:21-26을 평이하게 해석한 것이다"라고 제안한다(89).

사람이 의롭다 하심을 받은" 그 "한 사람"인(롬 5:19) 그리스도를 예표론적으로 미리 보여 주기까지 합니다.

제 5 장

세 가지 극적인 역할들:
로마서 3-4장의 율법

아주 오래된 대학 건물의 돌계단처럼 "바울과 율법"이라는 주제는 여러 세대 학자들이 지나치면서 닳은 것처럼 매끈해졌습니다. 이 주제에 관한 우리의 견해 가운데 참신하거나 독창적인 것은 거의 없다고 추측합니다. 그러므로 이 소논문의 목표는 최근 연구 결과들을 하나로 묶어 정리하고 논쟁 중인 주요 쟁점만 아니라 의견이 일치된 몇몇 분야들을 확인하는 것입니다. 우리는 특별히 로마서 3-4장에 나타난 율법에 대한 바울의 진술을 주목하려고 하며 그러고 나서 이 질문에 관한 몇 가지 의견을 제시하려고 합니다.

저는 로마서 3-4장에 나타난 바울의 주장 안에서 율법의 역할에 관련된 세 가지 논제를 제안합니다. 바울은 다음과 같이 주장합니다: (a) 율법은 유대인의 정체성을 정의합니다; (b) 율법은 온 인류가 하나님의 심판 아래 있다고 선포합니다; (c) 율법은 예수 그리스도 안에 나타난 하나님의 의를 예시하는 예언자적인 증인입니다. 제가 이야기 할 앞의 두 가지 논제들은 상당히 분명한 것으로서 제 생각에는 상대적으로 논쟁을 일으키지 않습니다. 하지만 세 번째 논제는 추가적인 검토와 토론이 필요한 일부 쟁점들을 낳을 수 있습니다.

율법은 유대인의 정체성을 정의한다

우선 바울의 용례에서 ὁ νόμος라는 용어는 모세에 의하여 이스라엘에게 주어진 율법을 언급하는 것으로 쓰입니다(롬 9:4; 10:5). 구별된 행동 기준들을 규정함으로써 율법은 동시에 두 가지 일을 수행합니다: 율법은 명백하게 하나님의 뜻을 드러내 보이고, 택한 백성을 다른 나라들과 구별합니다. 이것들을 각각 교대로 살펴보기 원합니다.

첫째로, 하나님의 뜻은 율법에서 드러나게 되며, 이스라엘 백성은 하나님에 대한 그들의 언약 관계를 보여 주는 표현으로써 율법에 무조건적으

로 순종하도록 부름을 받았습니다(참조. 신 30:11-14). 하나님의 백성의 일원
이 된다는 것은 자신이 모세의 율법 안에 명확히 진술된 규범에 충실해야 할
의무가 있음을 깨닫는 것입니다. 이런 언약적 의무가 유대주의 배경 안에서
는 하나의 짐이 아니라 하나의 특권으로 이해되었다는 것은[1] "율법을 자랑하
는"(롬 2:23) 가상의 유대인 대화 상대자를 향한 통렬한 연설에서 분명히 인식
가능합니다:

> 유대인이라 불리는 네가 율법을 의지하며 하나님을 자랑하며(καυχᾶσαι
> ἐν θεῷ) 율법의 교훈을 받아 하나님의 뜻을 알고 지극히 선한 것(τὰ
> διαφέροντα)을 분간하며, 맹인의 길을 인도하는 자요 어둠에 있는 자의
> 빛이요 율법에 있는 지식과 진리의 모본을 가진 자로서 어리석은 자
> 의 교사요 어린아이의 선생이라고 스스로 믿으니, 그러면 다른 사람을
> 가르치는 네가 네 자신은 가르치지 아니하느냐? … 율법을 자랑하는
> (ἐν νόμῳ καυχᾶσαι) 네가 율법을 범함으로 하나님을 욕되게 하느냐?(롬
> 2:17-21a, 23)

하나님의 뜻을 안다는 것이 물론 문제가 되지 않는 상황은 아닙니다.
바울의 주장은 유대인 독자에게 율법을 통해 하나님과 특별한 관계를 갖는 것
에서 오는 자기만족적인 안정감을 조심할 것을 요구합니다: 의롭다 하심을
얻는 자는 오직 율법을 **행하는** 자뿐입니다(2:13).[2] 율법에 관한 단순한 지식은

---

1) E. P. Sanders (*Paul and Palestinian Judaism* [Philadelphia: Fortress, 1977])의 연구는 이 사안을
바울 학계에 깊이 새겨 주었다. 사람들은 그 인상이 지워지지 않을 것으로 기대한다.
2) 롬 2장과 바울서신 다른 곳에 표현된 칭의 신학과의 관계를 둘러싼 잘 알려진 문제들을 여기서
추적할 수는 없다. 예를 들어, 다음을 보라. E. P. Sanders, *Paul, the Law, and the Jewish People*
(Philadelphia: Fortress, 1983), 123-135; K. R. Snodgrass, "Justification by Grace — to the Doers:
An Analysis of the Place of Romans 2 in the Theology of Paul," *NTS* 32 (1986): 72-93. N. T.

그것이 순종과 함께하지 않으면 어떤 가치도 없게 됩니다(참조. 2:25-29). 그럼에도 불구하고 바울은 결코 짝을 이루는 전제들을 의심하지 않는데, 그것들은 하나님의 뜻이 율법에서 확실히 드러난다는 것과 따라서 유대인은 율법으로 말미암아 하나님께서 무엇을 요구하시는지에 관한 지식을 특권으로 소유한다는 것입니다(참조. 7:7-12; 9:1-5). 이 주장은 3장 2절에서 "유대인의 유익이 범사에 많다"고 하는 바울의 외관상 놀라운 단언을 뒷받침합니다. 비록 "어떤 자들이 믿지 아니하였어도", 이스라엘은 — 오직 피조 세계를 통하여 하나님을 인식할 수밖에 없었던 이방인들과는 다르게(1:19-20) — 하나님의 계시된 뜻을 분명한 언어로(expressis verbis) 아는 유익을 받았습니다.

둘째로, 율법은 하나님을 위하여 "어둠에 있는 자의 빛"으로 섬기게 될 특별한 백성을 따로 떼어 놓는 역할을 합니다(2:19, 사 49:6을 반향합니다). 따라서 율법의 두드러진 특징들 중 하나는 특정한 백성을 위하여 하나의 **정체성**을 창조해 내는 율법의 역할입니다. 이런 이유로 바울은 유대인을 οἱ ἐν τῷ νόμῳ(롬 3:19)와 οἱ ἐκ νόμου(4:14) 같은 표현으로 부를 수 있었습니다. 그들의 정체성은 율법에 근거를 두고 있습니다; 그것은 이스라엘과 이방인들 사이의 경계선을 정의하는 독특한 특징들, 정체성의 표지들을 제공합니다. 제임스 던(James D. G. Dunn)의 연구는 이러한 정체성-표시 기능(identity-marking funciton)을 강조하였습니다;[3] 그는 "율법의 행위"(3:20, 28; 참조. 4:2-6)를 "율법의 백성을 그들의 특수성으로 구분하는 율법의 사회적 작용"에 대

Wright ("The Law in Romans 2," in *Paul and the Mosaic Law*, ed. J. D. G. Dunn, WUNT 89 [Tübingen: Mohr Siebeck, 1996], 131-150)는 이러한 문제들을 새롭게 비출 수 있는 하나의 중요한 제안을 제공한다.

3) 예를 들어, 다음을 보라. Dunn, "Works of the Law and the Curse of the Law (Galatians 3:10-14)," *NTS* 31 (1985): 523-542; Dunn, *Romans 1-8*, WBC 38A (Dallas: Word, 1988), 153-155, 158-160; Dunn, "Yet Once More — 'The Works of the Law': A Response," *JSNT* 46 (1992): 100-104. 다음 역시 참조하라. F. Watson, *Paul, Judaism, and the Gentiles*, SNTSMS 56 (Cambridge: Cambridge University Press, 1986).

한 언급으로 해석합니다.[4) 할례, 음식법 준수, 그리고 안식일 지키기는 유대인을 세상의 나머지 사람들과 가장 두드러지게 구분해 주는 관습들입니다; 따라서 이러한 관습들은 유대인의 정체성을 확립해 주는 "율법의 행위"의 보다 더 포괄적인 본체를 상징합니다. 이런 통찰력은 로마서 3-4장을 해석하는 데 있어서 중요한데, 왜냐하면 그것은 우리로 하여금 "율법의 행위"에 대한 바울의 비판이, 종교개혁에서 생각하는 것처럼, "행위의 의"를 통해 하나님의 승인을 획득하기 위한 인간의 노력에 초점을 맞춘 것이 아니라는 것을 이해하도록 돕기 때문입니다. 그 대신 "자랑하는 것"에 대한 그의 비판은 자기 민족중심적인 배타주의의 문제점을 표적으로 삼습니다.

마이클 윙어(Michael Winger)는 바울서신 안에 나타난 νόμος [법]의 의미에 관한 최근 연구에서 "유대인의 νόμος"에 대한 일반적인 정의를 다음과 같이 제안합니다: "이 말은 유대인에게 주어지고 유대인에 의해 소유된 것으로서, 이것은 이것을 받아들인 사람들을 인도하고 지배하며, 이것에 따라서 이것을 받아들인 자들은 판단을 받습니다."[5) 또는 그가 그의 정의를 보다 간결하게 바꾸어 말한 것처럼, "Νόμος는 유대인이 행하는 것입니다."[6) 만약 Νόμος가 정말로 유대인의 민족적 특징을 구성하는 관습들과 동일시된다면 — "유대인이 행하는 것" — 그렇다면 왜 바울이 예수 그리스도를 믿게 된 이방인들에게 율법주의적인 관습들을 부과하는 것을 반대했는지 이해하기가 어렵지 않습니다.

Νόμος에 대한 이러한 이해를 마음에 분명히 새겨 두어야만 비로소 로마서 3:27-31에 나타나는 바울 논지의 흐름이 명확해집니다. 자랑은 — 즉,

---

4) Dunn, *Romans* 1-8, 159. 보다 더 광범위한 논의를 위해서 lxiii-lxxii를 보라.

5) Michael Winger, *By What Law? The Meaning of Νόμος in the Letters of Paul*, SBLDS 128 (Atlanta: Scholars, 1992), 104.

6) Winger, *By What Law?* 109.

율법 안에서 갖는 유대인의 민족적 자만심(2:17, 23) — 유대인과 이방인 사이에 "차별이 없느니라"고 선포하는 복음에 의하여 배제되는데, 왜냐하면 모든 사람이 선물인 하나님의 은혜에 의하여 의롭다 하심을 얻은 자 되었기 때문입니다(3:22b-24). 그러나 이러한 자랑은 그것 자체가 유대인의 특수성에 대한 근거가 되는 "행위의" 율법에 의해서는 도저히 제외될 수가 없습니다. 그러므로 바울은 능숙한 수사학적 솜씨를 발휘하여 그런 자랑은 διὰ νόμου πίστεως [믿음의 법으로] 배제된다고 단언합니다(3:27). 이때 νόμος πίστεως [믿음의 법]에 대한 정확한 의미를 결정하기가 어려운데, 왜냐하면 여기서 νόμος τῶν ἔργων [행위의 법]에 대한 대조어로 바울에 의하여 자연스럽게 새로 만들어진 이 문구는 그의 저작들 중 다른 곳에서는 나타나지 않기 때문입니다.[7] 하지만 만약에 νόμος τῶν ἔργων [행위의 법]이 "두드러지게 유대인 관습들의 해석학적 필터를 통하여 해석된 율법"과 같은 것을 의미한다면, 그 반대인 νόμος πίστεως [믿음의 법]은 "πίστις [믿음]의 해석학적 필터를 통하여 해석된 율법"을 의미해야 하는데, 이것은 믿음의 눈을 통하여 읽혀진 율법을 말합니다.[8] (이러한 종류의 읽기에 대한 놀라운 예가 10:6-13에 주어집니다.) 이러한 구절에서 단어 νόμος를 순전히 "원리"나 "규범"이라는 일반적인 의미로 해석하는 것은 신학적인 의미가 담긴 바울의 언어를 과소평가하는 것이고 그가 꾸준히 νόμος를 사용하여 이스라엘의 율법을 언급했다는 사실을

---

7) 하지만 ὁ νόμος τοῦ πνεύματος τῆς ζωῆς ἐν Χριστῷ Ἰησοῦ (롬 8:2)와 ὁ νόμος τοῦ Χριστοῦ (갈 6:2)와 같은 유사한 표현들을 참조하라.

8) 다음을 보라. C. E. B. Cranfield (*A Critical and Exegetical Commentary on the Epistle to the Romans*, ICC [Edinburgh: T. & T. Clark, 1975], 1:219-220), H. Hübner (*Law in Paul's Thought* [Edinburgh: T. & T. Clark, 1984], 210), 그리고 Dunn (*Romans 1-8*, 185-187). 이들 모두는 νόμος πίστεως가 기독교 믿음의 관점에서 해석학적으로 새롭게 해석된 모세 율법을 가리킨다고 주장한다. F. Thielman (*Paul and the Law* [Downers Grove, Ill.: IVP, 1994], 183)은 "믿음의 법"이 "새 언약"과 같은 표현이라고 제안한다. 이것은 C. K. Barrett가 "여기와 다른 곳에서 바울에게 율법이란 '종교적 체계'와 같은 것을 의미한다" (*The Epistle to the Romans*, HNTC [New York: Harper and Row, 1957]).

무시하는 것입니다.[9] 자랑을 배제하는 "법"은 정확하게 이미 바울이 인류가다 죄 아래에 있다는 것에 대한 증인으로 불렀던 법과(3:10-20) 하나님의 구원하시는 의에 대한 증인으로 불렀던 그 법을 말합니다(3:21-22). 바꾸어 말하면, 바울이 그렇게 읽어야 한다고 이미 주장한 대로 읽혀진 그 법은 νόμος πίστεως [믿음의 법]입니다.

3장 29절의 수사학적인 질문은 "율법의 행위"가 유대인의 민족적 정체성에 대한 구별된 표지들을 지칭해야 한다는 것을 확인합니다: "이 하나님은 다만 유대인의 하나님이시냐? 또한 이방인의 하나님은 아니시냐?" 만약에 의가 오직 율법의 행위를 통해서만 얻을 수 있다면 (마치 할례와 *kashrut*[유대교의 식사 규율 — 역주]에 구현되어 있는 것처럼), 하나님은 — 바울이 암시한 대로 — 유대인만의 하나님이시며, 단지 하나의 민족만을 위한 부족신일 뿐입니다. 그러나 바울은 그것이 아니라고 합니다. 이러한 견해에 반대하는 그의 주장은 셰마(Shema)에 분명히 표현되어 있는 것처럼 이스라엘의 신앙고백 교리에 근거하고 있습니다: 하나님은 한 분이십니다. 이것으로부터 바울은 유대인과 이방인을 다루시는 하나님의 길은 결국 모두 같아야 한다고 결론짓습니다: "할례자도 믿음으로 말미암아 또한 무할례자도 믿음으로 말미암아 의롭다 하실 하나님은 한 분이시니라"(3:30).[10] 그러므로 모세의 율법이 이스라

---

9) 여기서 취한 입장은 내 생각이 바뀐 것을 보여 준다. 심포지엄에 처음 제출되었던 이 소논문의 초고는 νόμος πίστεως를 "믿음의 원리"로 해석하는 것에 보다 더 수용적이었지만, 나는 모임의 이어지는 논의를 통하여 이 단락에서 주창된 견해를 채택하도록 설득되었다. 나는 이 사안에 대해 유익한 대화를 나누었던 Otfried Hofius 교수에게 나의 특별한 감사를 전하기 원한다.

10) 이 구절에 대한 나의 번역은 29절의 끝에 마침표를 두고, εἴπερ를 새로운 문장의 시작으로 취급하며, καὶ ἀκροβυστίαν διὰ τῆς πίστεως를 이전 절로부터 이해하기 위하여 동사 δικαιώσει를 요구하는 하나의 생략절로서 읽는다. 이것은 믿음으로 말미암는 무할례자의 칭의가 하나님은 한 분이시고 하나님이 할례자를 ἐκ πίστεως [믿음으로 말미암아] 의롭다 하신다는 전제로부터 도출된 결론이라는 것을 분명히 해 준다. 이런 읽기에 대한 자세한 변호는 다음을 보라. R. B. Hays, "Have We Found Abraham to Be Our Forefather according to the Flesh?" *NoveT* 27 (1985): 76-98; 이 책에서 재인쇄되었음 (4장).

엘을 구별된 백성으로 증명하는 데 이바지한다는 바로 그 사실은 하나님께서 모든 사람을 의롭다 하시는 보다 더 보편적인 사역(*Rechtfertigung*)의 근거가 되기에 부적합함을 보여 줍니다.

　이러한 신학적 주장은 바울이 3:31에서 예상한 대로 불가피하게 이의를 일으킵니다: "그런즉 우리가 믿음으로 말미암아 율법을 파기하느냐?" 바울이 지금까지 말해 온 거의 모든 것들은 우리로 하여금 그가 다음과 같이 말하리라 기대하게 만듭니다: "그렇다. 우리는 정말로 율법을 파기하고 그것은 잘된 것이다!" 하지만 그는 그렇게 말하는 대신에 그가 살던 시대에서 우리 시대에 이르기까지 기독교인 사상가들의 머리를 혼란하게 만드는 하나의 변증법적인 역설을 소개합니다: "그럴 수 없느니라! 도리어 율법을 굳게 세우느니라"(3:31). 어떤 의미에서 복음이 율법을 세운다는 것일까요? 바울은 4장에서 아브라함을 논하는 가운데 νόμος πίστεως가 율법과 — 그러나 이제는 모세 언약이 아니라 하나의 전체적인 **서사**로서의 성경을 의미하는 것으로 이해되는 율법— 일치한다는 것을 보여 주려고 합니다. 이것은 바울이 율법과 복음 사이의 연속성을 주장할 수 있도록 해 주는 해석학적 변환입니다. 창세기 15장 6절의 렌즈를 통해 읽은 아브라함의 이야기는 믿음으로 말미암는 칭의에 대한 바울의 주장을 강화하는 데 이바지합니다; 실로 그것은 하나님께서 경건하지 아니한 자를 의롭다 하시는 것을 분명히 설명합니다(롬 4:3-8). 더구나 하나님은 아브라함을 그가 할례 받기 **이전에** 의롭다고 여겨 주셨습니다; 따라서 그는 그의 믿음의 자취를 따르는 할례 받은 신자들만 아니라 할례 받지 아니한 신자들의 "조상"으로 상징적으로 서 있는 것입니다(4:9-12). 이 모든 것은 바울의 주장에서 매우 중요한 세 가지 사항을 논증합니다: (1) 아브라함에게 약속된 유업은 율법 관습들의 준수를 통해서가 아니라 오직 하나님의 은혜를 통해서만 받게 됩니다(4:13-17); (2) 약속은 단지 유대 백성만을 위해서가 아니라 아브라함의 "모든 씨"를 위한 것입니다(παντὶ τῷ σπέρματι, 4:16); (3)

복음은 율법(=구약)의 파기라기보다 오히려 서사의 완성입니다.[11] 이 해석학적 변화의 결과는 이 소논문의 세 번째 부분에서 다루어질 것입니다.

율법은 유죄를 선언한다

로마서 3-4장에 나타난 율법의 두 번째 주요 기능은 모든 사람의 불의를 향하여 심판을 선언하는 것입니다. 유대인이나 헬라인이나 다 죄 아래에 있고(ὑφ' ἁμαρτίαν, 3:9), 율법은 그들의 정확한 상황을 단호한 심판 선언을 통하여 드러냅니다: "의인은 없나니 하나도 없으며." 3장 10-18절에 연속하여 나오는 인용 구절들은 모든 사람이 하나님으로부터 돌이켜서 불순종과 피 흘리는 데로 갔다는 것을 확증합니다.[12] (흥미롭게도, 연속적인 인용구절들의 강조점은 1장 24-27절에서 강조된 성적인 범죄들에 있기보다 속이는 말과 폭력에 있습니다.) 따라서 온 세상은 하나님의 의로운 심판 아래에 서서 "하나님에게 책임을 져야 합니다"(3:19-20; 참조. 3:3-7).

그러나 심지어 여기서도 바울은 그가 인용하는 본문에 해석학적으로 독특한 "견해"(spin)를 가합니다. 던(Dunn)이 언급했듯이, 연속된 다섯 개의 시편 인용 구절들은 원래 이스라엘의 대적을 향한 정죄이거나, "의로운 자"와 구별되는 "불의한 자"에 대한 정죄였습니다(시 13:2-3; 5:10; 139:4; 9:28; 35:2, 모두 LXX). 바울은 이 구절들을 인류의 불의에 대한 전반적인 기소가 나오는 전도서 7장 20절과 함께 서문으로 넣었고 이스라엘의 부정을 예언적

---

11) 이 주장에 대한 나의 더 정교한 해석은 다음을 보라. Hays, "Have We Found Abraham to Be Our Forefather according to the Flesh?"

12) 연속하여 나오는 구절들의 구성에 관한 논의는 다음을 보라. L. E. Keck, "The Function of Romans 3:10-18 — Observations and Suggestions," in *God's Christ and His People*, ed. J. Jervell and W. A. Meeks, Festschrift for N. A. Dahl (Oslo, Bergen, and Tromsö: Universitetsforlaget, 1977), 141-157.

으로 비난하는 이사야 59장 7-8절의 강력한 말씀을 여기저기에 배치하였습니다.[13] 이러한 복합적인 인용은 시편 구절들을 이방인만 아니라 유대인에 대해서도 정죄하는 말씀으로 변형시키는 결과를 가져왔습니다. 던(Dunn)은 그 효과를 요약합니다: "그들의 나라는 하나님 앞에서 특별한 지위에 있다는 유대인의 자만심을 뒤엎기 위하여 바울이 시편 인용들을 사용했다는 것은 의심할 여지가 거의 없다. 시편 기자가 하나님의 은총과 의 밖에 거하는 자들을 향해 썼던 묘사는 전도서와 이사야 본문에 비추어 보면 자기 묘사와 자기 정죄로 볼 수 있다."[14] 그러므로 성경 말씀은 바울이 로마서 2장 1절에서 요구하듯이 겸손한 마음으로 읽어야만 합니다: "그러므로 남을 판단하는 사람아 누구를 막론하고 네가 핑계하지 못할 것은 남을 판단하는 것으로 네가 너를 정죄함이니 판단하는 네가 같은 일을 행함이니라."

구약성경의 이런 말씀을 단지 율법 밖에 있는 자들을 향한 말씀으로만 아니라 유대인들을 향한 말씀으로 읽는 것에 대한 바울의 해석학적 근거가 3장 19절에 나옵니다: "우리가 알거니와 무릇 율법이 말하는 바는 율법 아래에 있는 자들에게(τοῖς ἐν τῷ νόμῳ) 말하는 것이니" 비록 그 인용구절들은 시편, 전도서, 이사야서에서 가져온 것들이지만, 바울은 이 말씀들을 "율법이 말하는 바"(3:19)라는 표현으로 취급하며, 그럼으로써 그가 νόμος 용어를 전체로서의 성경을 언급하는 것으로, 즉 γραφή와 잠재적인 동의어로 종종 취급할 수 있다는 것을 보여 줍니다.[15] (우리가 이미 보았듯이, 이 의미론적 연결은 3장 31절 이후에 나오는 그의 주장에서 매우 중요합니다.) 이 구절들을 "율법"의 목소리로 읽음으로써, 바울은 율법이 "모든 입을 막기 위하여" 온 세상에 유죄를

---

13) Dunn, *Romans* 1-8, 149-151.

14) Dunn, *Romans* 1-8, 151.

15) 다음을 역시 보라. 갈 4:21; 고전 14:21.

제5장 세 가지 극적인 역할들 **165**

선포하는 역할이 있음을 분명히 합니다.[16] 하나님의 공의에 항의하는 것은 있을 수 없는데, 왜냐하면 가정적인 항의(3:3-7)가 인간의 죄를 고발하는 율법에 대한 호소에 의하여 결정적으로 답변 되었기 때문입니다. 따라서 θεοῦ δικαιοσύνη(3:5)가 진실하다는 것이 입증됩니다.

이 주장은 3장 20절에서 한 번 더 구약에 호소함으로써 완전하게 됩니다: "그러므로 율법의 행위로 '그의 앞에 의롭다 하심을 얻을 육체가 없나니', 율법으로는 죄를 깨달음이니라." 여기서 그는 시편 143:2을 인용하는데 (142:2 LXX), 원래의 배경은 정죄의 말이 아니라 회개하는 간구입니다:

주의 종에게 심판을 행하지 마소서
주의 눈앞에는 의로운 인생이 하나도 없나이다.

요점을 선명하게 하기 위하여 바울은 시편 본문에는 없었던 ἐξ ἔργων νόμου라는 말을 추가합니다. 신학적으로 말하면, 이러한 추가는 시인이 가지는 소망의 근거인 하나님의 언약적 신실하심(ἀλήθεια)과 의로우심(δικαιοσύνη)에 호소하는 시편의 강조점과 일치합니다(시 142:1 LXX). 신원에 대한 기대는 사람의 율법 준수에 달려 있지 않고 (또는: 유대 민족의 특수한 관습들에 달려 있지 않고) 하나님께서 약속하신 언약에 대한 하나님의 은혜로운 충실하심에 달려 있습니다. 그러므로 시편 143편의 사용은 바울의 주장에서 다음의 방향 전환을 예상하게 하는데, 바로 인간의 곤경에 대한 답은 "하나님의 의"에 있다는 그의 선포입니다.[17]

그러나 우선은 로마서 3장 20절에서 바울이 말하려고 하는 요점은 "율

---

16) 참조. 갈 3:22a: "그러나 성경이 모든 것을 죄 아래에 가두었으니 …"
17) 이 주장에 대한 상술은 다음을 보라. R. B. Hays, "Psalm 143 and the Logic of Romans 3," *JBL* 99 (1980): 107-115; 이 책에서 재인쇄됨 (3장).

법으로 말미암아 죄를 깨닫게 된다는 것입니다." 이 주장은 7장 7-12절에서 전개되지만, 그 논의의 상세한 심리학적 복잡성을 3장 20절로 가져와서 읽는다는 것은 아마도 잘못일 것입니다. 인접한 문맥에서, 즉 사고의 단위인 3장 9-20절의 결론에서 "죄를 깨닫는 지식"은 단순히 하나님의 심판 아래 서 있음을 인식하는 것을 의미하는 것으로 — 율법의 엄격한 정죄에 의해 우리에게 강요된 자각으로 — 보입니다.

이것이 아마도 "율법은 진노를 이루게 한다"(4:15)는 바울의 수수께끼 같은 선언을 통해 의미하고자 했던 것 같습니다: 그것은 "하나님의 판결"(τὸ δικαίωμα τοῦ θεοῦ, 1:32)과 하나님을 반역한 인류에게 내려지는 하나님의 사형선고를 선언합니다(1:18-32). 아니면 율법은 죄의 책임을 묻기 위해 필요한 조건들을 만들어 준다는 의미에서 하나님의 진노를 가져온다고 할 수도 있습니다. 즉, 선과 악에 대한 지식을 말합니다(참조. 5:13b: "율법이 없었을 때에는 죄를 죄로 여기지 아니하였느니라"). 어떤 경우라도 진노와 정죄와 연관되어 있는 율법은 믿음과 아브라함에게 주어진 **약속**과 나란히 대치되어 있습니다(4:13-17). 이런 움직임이 가지는 도발적인 수사학의 힘은 간과되어서는 안 됩니다. 율법은 안전한 발판, 생명의 근원, 택함 받은 공동체의 소망이라고 하는 유대인의 일반적인 견해와 대립하여,[18] 바울은 율법의 부정적인 기능들과 저주하며 정죄하는 권세를 강조합니다. 율법을 자랑하는 자는 율법이 그렇게 쉽게 뜻대로 다룰 수 있는 것이 아니라는(nicht verfügbar) 경고와 직면하게 됩니다. 율법을 의지하는 자들은 율법이 그들에게 되돌아온다는 것과 예기치 않는 방법으로 그들에게 책임을 묻는다는 것을 발견할 것입니다. (갈라디아서 4장 21절을 상기합니다: "내게 말하라, 율법 아래에 있고자 하는 자들아, 율법을 듣지 못하였느냐?")

---

18) 다음을 보라. Hermann Lichtenberger, "Das Tora-Verständnis im Judentum zur Zeit des Paulus: Eine Skizze," in *Paul and the Mosaic Law*, 7-23.

바울은 율법에 대한 긍정적인 관점을 모르지 않았습니다. 로마서 2장 17-24절과 빌립보서 3장 4-6절은 바울이 그 당시 유대주의 안에서 어떻게 율법이 전형적으로 인식되었는지 완벽하게 알고 있었다는 것을 보여 줍니다. 하지만 바울은 로마서에서 율법이 만들어 낼 수 없는 의를 요구함으로써 심판을 선포하고 유죄 판결을 가져오는 율법의 무서운 능력에 집중합니다(참조. 8:3-4). 율법에 관한 이런 진술들을 서신서의 넓은 문맥 안에서 그리고 서신서의 우발적이고 논쟁적인 목적과 관련하여 살펴보는 것이 중요합니다.[19] 바울은 율법의 조직신학적 교리를 말하고 있는 것이 아닙니다; 그보다 바울은 일부러 도발적인 방식으로, **선택 받은 유대인의 특권적 지위에 율법을 연관시키는 쉽게 변하지 않는 입장을 약화시키려고 하는 것입니다.** 따라서 그는 온 세상이 하나님께 책임이 있고 "모든 사람이 죄를 범하였으므로 하나님의 영광에 이르지 못했다"(3:23)는 것을 보여 주는 성경 본문에 상당한 수사학적 힘을 집중합니다. 그와 동시에, 바울이 율법을 의심하기 위해 단순히 값싼 수사학적 계략을 쓰고 있는 것이 아님을 강조해야 합니다; 더 정확히 말하자면, 율법의 파괴적인 힘에 관한 그의 개정된 진술은 십자가와 이방인 선교에 의해 형성된 새로운 해석학적 필터를 통하여 구약을 새롭게 읽음으로써 나오게 된 단호한 신학적 결과들입니다.

율법은 예언자적인 증인이다

그렇다 하더라도 율법의 역할에 관한 바울의 진술들은 심지어 로마서 3-4장에서조차 결코 완전히 부정적인 것은 아닙니다. 본문의 세 구절들은

---

19) Thielman (*Paul and the Law*)은 율법에 관한 바울의 진술을 각 서신서에서 개별적으로 검토하는 방법을 유용하게 채택함으로 바울이 쟁점을 다루는 방식이 어떻게 언급된 우발적인 상황과 관련되는지 보여 주려고 한다.

우리가 이미 살펴본 율법의 두 가지 기능들(유대 백성을 위한 생명의 길을 정의하는 것과 온 세상에 심판을 선언하는 것)과는 구별된 율법의 한 기능을 제안합니다.

1. 3장 21절에서 바울은 비록 하나님의 의가 율법과 별도로 나타났지만(즉, 그리스도를 통하여), 그럼에도 불구하고 그 의는 율법과 선지자들에게 증거를 받은 것임을 단언합니다(μαρτυρουμένη ὑπὸ τοῦ νόμου καὶ τῶν προφητῶν).

2. 바울이 "우리가 믿음으로 말미암아 율법을 굳게 세운다"(3:31)고 주장한 후 아브라함의 이야기에 호소함으로써 이 주장을 입증할 때, 세워진 그 "율법"은 단지 셰마(Shema)만이 아니라(3:30a) 복음의 예표로서 해석된 모세오경의 서사인 것 같습니다.

3. 3장 2절에서 바울은 유대 백성이 "하나님의 말씀(τὰ λόγια τοῦ θεοῦ)을 맡았기 때문에" "유익"(τὸ περισσὸν)이 있다고 주장합니다. 용어 νόμος가 여기서 실제로 쓰인 것은 아니지만, 문맥은 이것이 구약성경을 의미하는 것임을 분명히 합니다.

이러한 세 구절들은 율법을 예기적인(proleptic) 것, 즉 복음 안에서 드러난 구원의 경륜을 예시하는 것으로 보는 관점을 공유합니다. 이 주장은 위 본문의 첫 번째와 두 번째 구절에서 명시적으로 나타나며, 세 번째 구절에서는 함축적으로 드러납니다. 그러면 3장 2절에서 바울이 독특하게 언급한 "하나님의 말씀"에 대해 살펴보기 전에, 보다 더 명료한 경우들을 다루어 보기 원합니다.

1. 어떻게 δικαιοσύνη θεοῦ가 율법과 선지자들에게 증거를 받았습니까? 우리의 이전 논의는 하나의 답을 제시합니다: 로마서 3장 20절에서 인용한 시편 142편 LXX는 구원을 바라는 시편 기자의 소망에 초점을 둔 하나님의 δικαιοσύνη에 대한 두 개의 참조문구를 포함합니다. 특별히 주목할 것은 시편 142:11b LXX입니다(143:11b): ἐν τῇ δικαιοσύνῃ σου, ἐξάξεις ἐκ θλίψεως τὴν ψυχήν μου("주의 의로 내 영혼을 환난에서 끌어 내소서"). 이 언외의

뜻은 3장 20절이 불러일으키는 곤경과 3장 21절에서 선포된 해결책 사이에서 메타렙시스적 연결 고리를 제공합니다.[20] 바울은 하나님 앞에서 의로운 인생이 하나도 없다는 것을 선포하기 위하여 그 시편에서 2절을 인용하지만, 하나님의 의를 생각해 내는 반향들이 인용구절로부터 물결처럼 퍼지면서 이어지는 문장의 새로운 주제를 제공합니다.

물론, 하나님의 구원하시는 의에 대한 개념은 구약 시편 한 개에 제한되는 것이 전혀 아닙니다. 시편 97:2-3 LXX와 이사야 51:4-5 같은 구절들은 바울의 사고를 위하여 마찬가지로 중요한 배경을 제공합니다. 그 예로서 뒤의 본문을 살펴보기 원합니다:

> 내 백성이여 내게 주의하라,
> 내 나라여 내게 귀 기울이라.
> 이는 율법이(νόμος) 내게서부터 나갈 것임이라,
> 내가 내 공의를 만민(ἐθνῶν)의 빛으로 세우리라.
> 내 공의(ἡ δικαιοσύνη μου)가 가깝고,
> 내 구원(τὸ σωτήριόν μου)이 나갔은즉,
> 섬들(ἔθνη)이 나를 앙망하여 내 팔에 의지하리라.

이런 본문이 복음은 "모든 믿는 자에게 구원을 주시는(εἰς σωτηρίαν) 하나님의 능력이 됨이라, 먼저는 유대인에게요 그리고 헬라인에게로다. 복음에는 하나님의 의(δικαιοσύνη θεοῦ)가 나타나서 믿음으로 믿음에 이르게 하나니(롬 1:16-17)"라고 선포하는 바울 뒤에 있음을 알아차리는 데에는 그리 큰 상상력의 도약이 필요하지 않습니다. 따라서 δικαιοσύνη θεοῦ가 율법과 선

---

20) 다음을 보라. R. B. Hays, *Echoes of Scripture in the Letters of Paul* (New Haven: Yale University Press, 1989), 51-53. 『바울서신에 나타난 구약의 반향』(여수룬 역간).

지자들에게 증거를 받았다는 것은 모든 민족을 구원하는 힘으로서의 하나님의 의에 대한 약속이 이미 위에서 인용한 구약 본문들에 명시적으로 선포되었다는 것을 말합니다. (이왕 하는 김에, 우리는 시편과 이사야에 있는 하나님의 구원하시는 의에 대한 선포가 불트만(Bultmann)과 케제만(Käsemann) 사이의 오래된 δικαιοσύνη θεοῦ 논쟁에 종지부를 찍어야 한다는 것을 주목해야 합니다: 케제만이 하나님의 의가 하나님이 종말론적으로 구원하시는 능력이라고 말한 것은 옳지만, 하나님의 의를 이스라엘을 향한 하나님의 언약적 신실함에서 분리한 것은 그릅니다. 케제만이 그랬던 것처럼 δικαιοσύνη θεοῦ가 유대 묵시문학에서 하나의 *terminus technicus*(전문 용어 — 역주)였다고 주장하는 것 또한 불필요합니다.21) 우리는 그것을 쿰란 본문들에서 찾아낼 필요가 없습니다; 그것은 바울이 이 서신에서 광범위하게 인용한 구약 본문들 안에 명시적으로 존재합니다.)

하나님의 의에 대한 이런 특수한 참조 구절들은 별도로 하고, 바울의 이해 안에서 율법은(=구약) 보다 더 일반적으로 복음을 증언합니다.22) 바울은 로마서의 인사말에서 "하나님의 복음"은 "선지자들을 통하여 그의 아들에 관하여 성경에 미리 약속하신 것이고 그의 아들에 관하여 말하면 육신으로는 다윗의 혈통에서 나셨다"(1:1-3)고 선언합니다. 영어 번역본들은 대개 전치사구 περὶ τοῦ υἱοῦ αὐτοῦ를 εὐαγγέλιον의 수식어구로 여기는데, 그러나 이것은 구약성경이 예수 그리스도에 "관하여" 약속하신 것이라고 주장한 것에 대한 당혹감을 바울이 느끼지 않도록 고안된 인위적인 수단입니다. 하지만 바울의 문장을 헬라어로 크게 읽는 것을 누구든지 듣는다면 자연스럽게 περὶ τοῦ υἱοῦ αὐτοῦ가 γραφαῖς ἁγίαις을 수식하는 것으로 들을 것입니다. 그러므

---

21) E. Käsemann, "Gottesgerechtigkeit bei Paulus," *ZTK* 58 (1961): 367-378.

22) 다음을 참조하라. D.-A. Koch, *Die Schrift als Zeuge des Evangeliums: Untersuchungen zur Verwendung und zum Verständnis der Schrift bei Paulus*, BHT 69 (Tübingen: J. C. B. Mohr [Paul Siebeck], 1986).

로: "그의 아들에 관한 성경···" 이 정형화된 문구는 물론 바울 이전의 것이겠지만, 다른 초기 기독교인들과 더불어, 바울이 구약성경은 예수를 가리킨다고 믿지 않았다고 가정할 이유가 전혀 없습니다. 사실대로 말하자면 바울은 다른 곳에서 예수의 죽음과 부활이 "성경대로" 일어났다는 것이 가장 중요한 문제라고 주장합니다(고전 15:3-4). 그리고 로마서 15장 3절과 같은 구절에서 그는 그리스도께서 시편 69편의 화자라고 생각하는데, 이런 엄청난 주장을 뒷받침하는 근거를 제공해야 할 필요도 느끼지 않습니다.[23]

이런 지식들로부터 나오는 결론은, 바울이 구약성경을 예수 그리스도에 대한 증언으로 읽는 것에 관한 모든 질문에는 세심한 주의가 필요하다는 것입니다.[24] 전치사구 μαρτυρουμένη ὑπὸ τοῦ νόμου καὶ τῶν προφητῶν이 로마서 3장 22절에서 충분히 설명되지는 않았지만, 그것은 바울의 율법 해석에 기초적인 해석학적 하부구조를 가리키는 단서가 될 수 있습니다. 만약 그렇다면, 로마서 10장 4절의 의미를 ("그리스도는 율법의 τέλος [마침]이 되시니라") 새롭게 고려할 필요가 없게 됩니다.

2. 바울의 아브라함 이야기 읽기는 믿음으로 말미암는 의의 복음이 율법 안에, 즉 창세기 서사 안에 예시되어 있음을 보여 줌으로 "율법을 세우려" 합니다. 명백히, 율법에 대한 이러한 해석은 오직 깊은 해석학적 전환에 비추어서만 가능합니다. 이 전환은 최소한 두 개의 중요한 측면이 있습니다.

---

23) 시편을 그리스도의 외침으로서 바울이 읽는 것에 관하여 다음을 보라. R. B. Hays, "Christ Prays the Psalms: Paul's Use of an Early Christian Exegetical Convention," in *The Future of Christology*, ed. A. J. Malherbe and W. A. Meeks (Minneapolis: Fortress, 1993), 122-136; 이 책에 재인쇄됨 (6장).

24) 이것은 내가 이전에 바울의 해석학은 "그리스도 중심적"이라기보다는 "교회 중심적"이라고 했던 내 자신의 단언과 **반대**된다(*Echoes*, 84-121). 이 입장에 대한 적합한 소견은 다음을 보라. R. B. Hays, "On the Rebound: A Response to Critiques of *Echoes of Scripture in the Letters of Paul*," in *Paul and the Scriptures of Israel*, ed. C. A. Evans and J. A. Sanders, JSNTSup 83 (Sheffield: JSOT Press, 1992), 72-96, esp. 77-78; 이 책에 재인쇄됨 (9장).

첫째, 바울은 **계명**(*commandment*)으로서의 율법 읽기에서 **언약의 서사**(*narrative of promise*)로서의 율법 읽기로 이동합니다. 제임스 샌더스(James A. Sanders)가 이 전환의 특징을 나타냈듯이, 바울은 율법을 할라카(halakhah, 유대교 관례 법규집 — 역주)로 읽지 않고 하가다(haggadah, 유대교 전승에서 율법적 성격을 띠지 않는 이야기 — 역주)로 읽습니다.[25] 제가 이전에 이 문제를 말한 바와 같이:

> 바울은 구약성경을 본질적으로 하나님의 선택과 약속이라는 하나의 **서사**로서 읽어 가는 해석학을 통하여 율법과 복음 사이의 연속성을 발견합니다. 하나님은 이 서사의 주인공으로, 아브라함 때부터 이스라엘을 만드시고 보존하신 분이며…, 그리고 하나님의 의는 율법과 복음 사이를 잇는 서사적 통일성의 근거가 됩니다. … 바울은 이전에는 이해할 수 없었던 성경 서사의 통일성이 예수 그리스도 안에 있는 하나님의 행위에 의하여 드러났다고 주장합니다. 이것이 로마서 3장과 4장에 나오는 논쟁의 요지입니다: 그리스도 안에서 새로운 방식으로 드러난 하나님의 의는 율법과 선지자들이 증언했던 동일한 하나님의 성품과 목적에 — 과거 이스라엘을 다루셨던 하나님의 이야기에 나타난 — 정확히 부합합니다. … 모세와 시내산의 율법은 하나님의 구속적인 목적의 드라마 안에서 주연이 아니라 임시 조연 역할을 부여 받았습니다. 따라서 율법은 대체되거나 파기된 것이 아니라 복음의 증인으로 변형되었습니다.[26]

아브라함 이야기를 주목 받는 해석학적 중심으로 옮김으로써, 바울은

---

25) J. A. Sanders, "Torah and Christ," *Int* 29 (1975): 372-390.

26) Hays, *Echoes*, 157.

무엇보다도 율법이 하나님의 언약 약속의 수단임을 주장하는데, 이 약속은 모든 민족에 미치며 시내산 언약에 의해 정의되어 있는 나라의 제한된 범위를 훨씬 더 뛰어넘습니다.

둘째, 구약성경 서사에 나타난 약속은 바울 당시의 교회에 즉시 주어지는 말씀입니다. 바울은 구약성경 말씀이 직접적으로 자신과 그의 독자들에게 주어진 말씀이라는 것을 거듭해서 당연한 사실로 여깁니다. 마치 아래에서 그가 한 쌍의 중요한 해석학적 격언들을 설명하는 것처럼 말입니다:

그들에게 일어난 이런 일은 τυπικῶς [본보기]가 되고 또한 말세를 만난 우리를 깨우치기 위하여 기록되었느니라(고전 10:11).

무엇이든지 전에 기록된 바는 우리의 교훈을 위하여 기록된 것이니 우리로 하여금 인내로 또는 성경의 위로로 소망을 가지게 하려 함이니라 (롬 15:4).

바울의 요점은 딤후 3:16-17에서처럼 성경이 단지 교리적인 교훈을 위하여 유익하다는 것이 아닙니다. 그보다, 그는 성경을 공동체에 직접적으로 말씀하시는 살아 있는 소리로 간주합니다.[27]

이것이 바울의 아브라함 이야기 읽기에서 작동하는 해석학의 종류입니다. 이 이야기는 단순히 하나님께서 어떻게 인간들을 대하시는지 보여 주는 예가 아닙니다; 대신, 그것은 자신들을 아브라함의 후손으로 여기는 바울의 독자들에게 직접적으로 주어지는 약속의 말씀입니다: "ἐλογίσθη αὐτῷ

---

27) 집중적인 논의를 위해서 다음을 보라. Hays, *Echoes*, 165-117, 165-168; H. Hübner, *Gottes Ich und Israel: Zum Schriftgebrauch des Paulus in Römer 9-11*, FRLANT 136 (Göttingen: Vandenhoeck & Ruprecht, 1984).

[그에게 의로 여겨졌다] 기록된 것은 아브라함만 위한 것이 아니요, 의로 여기심을 받을 우리도 위함이니, 곧 예수 우리 주를 죽은 자 가운데서 살리신이를 믿는 자니라"(롬 4:23-24). 그러므로 "율법"은 — 아브라함 이야기는 — 믿음의 공동체 안으로부터 오직 회고적으로만 분별이 가능한 실체들을 가리키는 것으로 읽혀져야 합니다. 그 믿음의 공동체란 율법이 항상 만들어 내려고 노력했던 공동체를 말합니다. 믿음의 공동체 안에서 서사로서의 율법은 복음과 교회를 **예시하는** 것으로 보입니다.

3. 마지막으로 우리는 로마서 3장 2절의 의미를 살펴보아야 하는데, 거기서 바울은 그의 다른 서신들에는 나타나지 않는 표현을 쓰면서 τὰ λόγια τοῦ θεοῦ [하나님의 말씀]을 언급합니다. 이 표현은 구약성경에 나오는데, 하나님의 말씀에 대한 순종이나 반항이 강조되는 문맥 안에서 자주 등장합니다: 그 예가 시편 107편 10-11절입니다:

사람이 흑암과 사망의 그늘에 앉으며
곤고와 쇠사슬에 매임은
하나님의 말씀을 거역하며
　　(LXX: τὰ λόγια τοῦ θεοῦ)
지존자의 뜻을 멸시함이라.

따라서, 문구 τὰ λόγια τοῦ θεοῦ [하나님의 말씀]은 비록 바울서신에서 드물지만, 그것은 구약의 어법에 애착을 갖는 바울의 성향과 일치하며, 이스라엘의 불성실함이 강조되고 있는 로마서 3장 1-3절의 인접한 문맥에도 잘 들어맞습니다.[28]

---

28) 또한 τὸ λόγιον τοῦ ἁγίου Ἰσραὴλ이 사 5:24 LXX에서 사용된 것을 참조하라. 거기서 τὸν νόμον Κυρίου σαβαώθ과 동의어 병행구로 사용되었다.

그러나, 단어 λόγια는 일반적인 헬라어 어법에서 예언의 발설을 가리킵니다. (필로[Philo]는 이 용어를 성경의 내용을 기술하는 단어로 빈번하게 사용했으며, 그럼으로써 이 단어가 가진 신적으로 계시된 특성을 강조했습니다; 그는 이 언어를 단지 하나님께서 직접 말씀하시는 것을 가리키는 것에만 사용한 것이 아니라 서사 안에서 다른 구절들을 가리키는 것에도 사용하였습니다. 예를 들어, *De Abrahamo* 62; *De vita Mosis* 1.57 [χρησμοί와 동의어 병행으로 사용됨, *De virtutibus* 63에서도 마찬가지로]; *De vita Mosis* 2.176; *De migratione Abrahami* 85, 166.)[29] 이 함축적인 뉘앙스는 바울과 그의 독자들의 눈에 띄지 않을 수 없습니다. 이 구절에 대한 던(Dunn)의 주해는 여기서 바울의 특별한 단어 선택이 가지는 의미들을 강조합니다:

하지만 이방인 독자들에게 "말씀"(oracle, 신탁, 계시)은 과거로부터 보전된 영감을 받은 말이라는 생각을 불러일으키는데, 이는 그 성격상 종종 신비적이고 어리둥절하게 하는 것일 수 있으며, 그 의미를 풀기 위해서 어떤 열쇠를 기다리는 것일 수 있다. 바울은 유대인에게 그 열쇠의 오심 즉 그리스도의 복음이 오기까지 이 하나님의 말씀을 보호하고 보존할 수 있는 청지기권이 부여되었다는 것을 함축적으로 설명하고 있는데, 이 예수 그리스도의 복음은 항상 하나님의 목적이 되었던 것의 신비를 풀어 주지만 종말의 때까지는 숨겨져 있다(참조. 11:25-27: 16:25-26).[30]

---

29) Philo가 성경 구절들을 "계시"로 서술하기를 좋아한다는 것에 관한 논의는 다음을 보라. H. Burkhardt, *Die Inspiration heiliger Schriften bei Philo von Alexandrien* (Giessen and Basel: Brunnen Verlag, 1988), 111-125, 특별히 λόγια에 관해서는, 119-122. 또한 다음을 보라. Y. Amir, "Authority and Interpretation of Scripture in the Writings of Philo," in *Mikra: Text, Translation, Reading, and Interpretation of the Hebrew Bible in Ancient Judaism and Early Christianity*, ed. M. J. Mulder, CRINT (Assen and Maastricht: Van Gorcum; Minneapolis: Fortress, 1990), 421-453, 특별히 429-432.

30) Dunn, *Romans* 1-8, 138-139.

율법/구약성경을 복음의 예기적(proleptic)인 원형(原型)으로 파악했던 우리의 이전 관찰에 비추어 보면, 던의 읽기는 로마서 3장 2절의 주해로서 시사하는 바가 매우 풍성합니다. 저는 여기에 다만 한 가지를 추가하기 원합니다: 유대인이 "하나님의 말씀을 맡았다(ἐπιστεύθησαν τὰ λόγια τοῦ θεοῦ)"는 진술은 로마서 9-11장에 나타나는 유대인과 이방인 신자들 간의 변증법적인 신비의 관계에 대한 바울의 이후 사상 또한 어렴풋이 예시합니다. 유대인은 구약성경의 계시적인 말씀들을 정확히 이방인들을 위하여 맡았는데, 그 이방인들은 궁극적으로 이 계시들을 자신들에게 주어지며 자신들을 위한 말씀으로 받아들이게 될 것입니다.[31]

그렇다면 율법의 한 가지 기능은 — 아마 바울에게 있어 가장 중요한 기능은 — 그리스도의 오심을 가리키면서, 유대인과 이방인 모두를 하나님의 신실하심을 확증하고 그의 자비를 인해 하나님께 영광을 올려 드리는 하나의 공동체로 부르시는 하나님의 뜻을 가리키는 것입니다(참조. 롬 15:7-9). 율법의 **이러한** 의미를 이해하는 율법의 독자들은 율법의 τέλος를 진실로 이해한 것입니다; 이 예시의 속성을 이해하지 못하는 독자들에게 율법의 계시적 기능은 "하나님으로부터 오는 의"에 대하여 무지한 상태로 남습니다.

결론

이제 우리는 로마서 3-4장에서 보았던 율법의 세 가지 기능들이 어떻게 서로 조화를 이루는지, 만약 정말 조화를 이룬다면, 물어야 합니다. 제가 제안하려는 그 답은 복잡합니다; 그 세 가지 기능들은 하나의 조직신학적 교리를 서로 보완하는 측면들이 아닙니다. 그보다, 우리는 로마서에서 바울이

---

31) 심포지엄에서 이 구절에 대해 우리가 논의했을 때, 이 사안은 N. T. Wright에 의하여 특히 명료해졌다.

하나의 해석학적 관점에서 다른 관점으로 옮겨 가는 것을 봅니다. 율법은 본래 **하나님께서 택하신 백성인 유대인의 정체성을 정의하는** 주요한 기능을 가지고 있었습니다. 이러한 해석학적 관점 안에서, 율법은 본질적으로 **계명**으로 이해되었습니다. 하지만 바울이 예수의 죽음과 부활이 옛 세계의 질서를 끝내는 하나의 묵시적 사건임을 확신하게 되었기 때문에, 그는 이제 율법이 본질적으로 **약속과 복음의 서사적 예시**로서 작동하는 완전히 새로운 해석학적 관점으로 옮기게 되었습니다. 이러한 두 개의 해석학적 세계들 사이에 세상에 유죄를 선언하는 율법의 기능이 서 있습니다. 이러한 견해는 (정죄하는 말씀으로서의 율법) 율법의 목적에 대한 유대주의의 설명과도 맞지 않고, 율법을 하나님의 의에 대한 긍정적인 예시로 보는 바울의 구별된 기독교적 입장과도 맞지 않습니다. 그렇다면 아마도 우리는 율법의 정죄하는 기능에 대한 바울의 설명을 율법에 대한 유대인의 자랑을 무너뜨리기 위한 하나의 **변천하는 수사학적 움직임**으로 보아야 할 것입니다. 바울은 이 작업을 위해 하나님의 완전한 은혜일 따름인 자신감을 율법 그 자체가 어떻게 약화시키는지 보여 줍니다.

만약 이것이 맞다면, 우리는 율법의 기능들에 대한 바울의 설명을 서사적으로 배열된 3막 드라마로 보아야 합니다. 제1막에서 율법은 하나님의 뜻을 정의하며 하나님의 계시된 뜻에 따라 살도록 부름 받은 백성의 정체성을 형성합니다. 제2막에서는 심지어 언약 백성이라도 하나님의 거룩하심에 대한 철저한 요구 앞에 설 수 없다는 것이 분명히 드러납니다. 모든 사람이 죄를 범하였고, 율법은 그들만 아니라 세상의 다른 사람들에게도 유죄 판결을 선언했습니다. 그러나 제3막에서 하나님은 예수의 죽음과 부활을 통하여 세계의 구원을 위해 일하십니다. 이 사건으로, 모든 것이 재정의되었고, 율법은 하나님의 구원하시는 의에 대한 증인과 전령이라는 완전히 새로운 역할을 맡게 됩니다. 각각의 막에서 율법은 다른 역할을 맡은 하나님의 종입니다 — 말하자면, 하나님의 프로스페로 [Prospero: Shakespeare 작(作) *The Tempest*의 주인공 — 역주]에게 에어리얼 [Ariel: Prospero의 충복인 공기의 요정 — 역주]처럼 섬깁니다. (그리고 아마도 — 에어리얼처럼 — 자신의 봉사가 끝나면 "그 요소들"을 연결하기 위하여 마침내 물러갑니다.)[32] Ὁ νόμος는 언제나 본문들의 동일한 집합이지만, 그러한 본문들의 의미는 전개되는 드라마의 각 무대의 해석학적 관점에 따라 급격하게 변합니다.

---

32) W. Shakespeare, *The Tempest*, act 5, scene 1; 참조. 갈 4:9.

상상력의 전환 : 구약성경의 해석자 바울

제 6 장

시편을 기도하는 그리스도:
초기 기독론의 모체인 이스라엘의 시편

저는 *Echoes of Scripture in the Letters of Paul*(『바울서신에 나타난 구약의 반향』)에서 바울의 구약성경 사용은 "교회 중심적 해석학"(ecclesiocentric hermeneutics)의 특징을 나타낸다고 주장했습니다: 마태, 요한, 순교자 유스티누스, 그리고 다른 초기 기독교인 작가들과 다르게 바울은 구약성경에서 기독론적 증거 본문들을 찾는 것을 일반적으로 중요하게 생각하지 않습니다. 바울이 다른 무엇보다도 구약성경에서 찾는 것은 하나님의 백성인 **교회**의 원형입니다. 바울이 구약성경을 사용해서 예수 그리스도의 정체성을 정의하거나 그것에 대하여 신학적으로 숙고하는 모습은 좀처럼 찾기 힘듭니다.

하지만 이런 일반화에 대한 예외들은 어떻게 되는 것일까요? 어찌 되었건 바울은 예수의 죽음과 부활이 "성경대로" 이루어졌다고 주장합니다(고전 15:3-4). 바울이 구약성경을 기독론적으로 해석한 본문들은 어떤가요? 그는 이 본문들을 어떻게 사용하고 있으며, 왜 그는 이것들을 이처럼 새롭고 창의적인 방식으로 읽을 수 있었을까요? 그가 전제로 하는 해석학적 전통은 무엇이고, 그의 손안에서 발생한 그 전통의 해석학적 변환은 무엇일까요? 이 소논문에서는 이런 구절들을 다룰 것이며 — 특별히 로마서 15장 3절에 초점을 맞추어서 — 그 구절들이 가장 초기 신약성경의 기독론 형성에 미친 영향들을 살펴볼 것입니다.

여기서 기도하는 자는 누구인가? 로마서 15장의 문제

로마서 15장 3절에서 바울은 그가 보통 하던 방식과는 현저히 다른 방식으로 구약성경에 호소합니다. 그는 — 평소답지 않게 — 시편의 구절을 그리스도를 가리키는 것으로 읽을 뿐만 아니라,[1] 시편의 말씀을 직접적으로 **그**

---

1) 바울의 교회 중심적 해석학에 대한 나의 논의를 다음에서 보라. R. B. Hays, *Echoes of Scripture in the Letters of Paul* (New Haven: Yale University Press, 1989), 특히 84-87. 『바울서신에 나타난 구약

리스도의 말씀이라고 생각합니다. 바울의 시편 69:9 읽기에서, 성경본문 말씀을 가지고 하나님께 일인칭으로 말하는 이는 바로 그리스도입니다.[2] "믿음이 강한 우리는 마땅히 믿음이 약한 자의 약점을 담당하고 자기를 기쁘게 하지 아니할 것이라. 우리 각 사람이 이웃을 기쁘게 하되 선을 이루고 [공동체의][3] 덕을 세우도록 할지니라. 그리스도께서 자기를 기쁘게 하지 아니하셨나니 기록된 바 '주를 비방하는 자들의 비방이 내게 미쳤나이다' 함과 같으니라"(롬 15:1-3). 놀랍게도, 바울은 시편 기자의 일인칭 단수 대명사와 그리스도의 상징을 동일시하는 것에 대하여 어떠한 설명이나 정당화도 하려고 하지 않습니다. 따라서 이 시편의 기독론적 해석은 바울의 로마서 저작 이전에 확립된 초기 기독교의 전통이어야 합니다.

비록 그리스도를 시편의 기도하는 목소리로 묘사하는 것은 바울서신에서 변칙적으로 보이지만, 우리는 동일한 해석학적 장치가 바로 몇 구절들 뒤에 반복되는 것을 발견하는데, 거기서 시 18:49의 "나"는 다시 그리스도의 목소리로 간주됩니다:[4] "내가 말하노니 그리스도께서 하나님의 진실하심을 위하여 할례의 추종자가 되셨으니 이는 조상들에게 주신 약속들을 견고하게 하시고, 이방인들도 그 긍휼하심으로 말미암아 하나님께 영광을 돌리게 하려 하심이라. 기록된 바 '그러므로 내가 열방 중에서 주께 감사하고

의 반향』(여수룬 역간).

2) J. D. G. Dunn (*Romans* 9-16, WBC 38B [Dallas: Word, 1988], 840)은 ὁ Χριστὸς 문구의 정관사가 이곳과 7절에서 중요하게 다뤄져야 한다고 올바르게 주장한다: 그 용어는 직함이지, 적합한 이름이 아니다.

3) NRSV역본은 바울의 πρὸς οἰκοδομήν를 개인주의적으로 읽음으로써 심각하게 뜻을 잘못 해석한다: "이웃을 세우도록 할지니라." 바울이 οἰκοδομή 용어를 사용할 때에는 항상 공동체를 염두에 둔다. 이번 장의 이곳과 다른 곳에 나오는 성경 본문 번역은 내가 직접 한 것이다.

4) 예를 들어, C. E. B. Cranfield, *A Critical and Exegetical Commentary on the Epistle to the Romans*, ICC (Edinburgh: T. & T. Clark, 1979), 2:745-746; U. Wilckens, *Der Brief an die Römer*, 3 vols., EKKNT 6/3 (Zürich, Einsiedeln, and Cologne: Benziger; Neukirchen-Vluyn: Neukirchener Verlag, 1982), 3:108.

주의 이름을 찬송하리로다' 함과 같으니라"(롬 15:8-9). 열방 중에서 주께 감사하고 주의 이름을 찬송하는 그리스도에 대한 개념은 너무 생소해서, 일부 주석가들은 그 개념을 받아들이는 데 주저했습니다. 에른스트 케제만(Ernst Käsemann)은 롬 15:9b을 바울이 이방인들 중에서 자신의 사도적 사역을 언급하는 것으로 읽었습니다.[5] 디트리히-알렉스 코흐(Dietrich-Alex Koch)는 먼저 임시로 케제만에 동의한 다음, 조심스럽게 그 제안에서 뒤로 물러섭니다: "Doch ist es überhaupt fraglich ob Pls, der ja primär an der Feststellung des Bereichs des Gotteslobs interessiert ist, das Zitat darüber hinaus mit einer derart präzisen Interpretatation verbunden hat."("그러나 하나님을 찬양하는 범위를 정하는 데 주로 관심 있는 바울이 거기에 더하여 그 시편 인용구를 그렇게 특정한 해석과 연결시켰는지는 여전히 의심스럽다.")[6] 제임스 던(James D. G. Dunn)은 다음과 같이 제안합니다. "이것은 디아스포라 유대인의 상황을 예견하는 경건한 유대인(다윗)의 말이고, 지금은 특별히 유대 그리스도인의 말이다."[7]

하지만, 이러한 해석들은 9b-12절에 나오는 네 개의 인용문들과 그 인접 문맥 사이의 연결을 약화시킵니다. 7-9a절에서 그리스도는, 1-3절에서와 같이, 본받아야 할 예로 제시됩니다: 그는 유대인과 이방인을 모두 받아 주셨습니다. 그렇다면 9b-12절에 나오는 인용문들의 기능은 그리스도를 이방인과 유대인으로 구성된 종말론적 회중 한가운데 서 계시며 (특별히 신 32:43을 인용한 10절을 보기 바랍니다), 하나님께 영광을 올려 드리는 분으로 나타내는 것입니다.[8] (이 해석은 9b절에서 바울의 인용문이, 다른 상황에서는 시

---

5) E. Käsemann, *Commentary on Romans* (Grand Rapids: Eerdmans, 1980), 386-387.

6) D.-A. Koch, *Die Schrift als Zeuge des Evangeliums: Untersuchungen zur Verwendung und zum Verständnis der Schrift bei Paulus*, BHT 69 (Tübingen: Mohr-Siebeck, 1986), 282 n. 24.

7) Dunn, *Romans 9-16*, 849. 시편의 말들이 구약 배경 안에서 명확하게 다윗의 말들로서 이해된다는 Dunn의 관찰이 중요하다; 그 중요성은 아래에서 추후 자세히 설명될 것이다.

8) 물론, 그 모방 주제는 15:3에서 명시적으로 시작한다. 만일 5절의 κατὰ Χριστὸν Ἰησοῦν 역시 "그

17:50 LXX을 정확히 따랐을 텐데, 왜 호격 κύριε를 생략했는지 설명합니다: 말하는 자는 κύριος입니다.) 따라서 어떤 점에서는 이 구절이 히브리서 2장 11-13절과 매우 닮았습니다.[9] 9절의 καθὼς γέγραπται는 일련의 구약성경 인용문들을 이전의 부정사구(τὰ δὲ ἔθνη ὑπὲρ ἐλέους δοξάσαι)에 연결시킬 뿐만 아니라, 이전 문장의 주요 주장(λέγω γὰρ Χριστὸν διάκονον γεγενῆσθαι περιτομῆς)과도 연결시켜 줍니다.

리앤더 케크(Leander Keck)는 9b-12절에 나오는 네 개의 인용문들 중 처음 세 개는 원래 하나의 별개 자료에서 나왔을 것이며, 그 자료에서 "나"는 "미리 그의 성육신의 목적을 선언하는" 선재하신 그리스도로 이해되었을 것이라 합니다.[10] 이 제안이 어떻게 두 번째와 세 번째 인용문들에 들어맞는지 설명하는 것은 어려우며(10-11절), 저는 시편 말씀을 **선재하신** 그리스도로부터 나오는 말씀으로 해석해야만 한다는 그 제안에 대하여 의심할 것입니다. 그럼에도 불구하고, 케크(Keck)는 여기서 바울 이전의 주해 전통을 바르게 식별했으며, 우리가 로마서에서 독특하지만 결정적인 이 부분에 대하여 더욱 세심한 주의를 기울여야 한다는 것을 알려 주었습니다.[11]

어째서 바울은 시편 69편과 18편에서 예수 그리스도의 소리를 듣는 것

리스도를 따라' 만들어진 행실"(*Romans* 9-16, 840)임을 암시한다고 하는 Dunn이 옳다면, 그 주제는 본문의 이 전체 부분을 흐른다. 그러면 우리는 그리스도의 본이 되는 자기희생적인 특성이 이미 14:15에 깊이 간직된 σύγκρισις 안에 이미 내재한다고 추측해도 좋을까?: "**그리스도**께서 대신하여 죽으신 형제를 **네** 음식으로 망하게 하지 말라"

9) 이 유사점은 다음에 의하여 역시 언급되었다. L. E. Keck, "Christology, Soteriology, and the Praise of God (Romans 15:7-13)," in *The Conversation Continue: Studies in Paul and John: In Honor of J. Louis Martyn*, ed. R. T. Fortna and B. R. Gaventa (Nashville: Abingdon, 1990), 93. 히브리서 구절에 대한 추가적인 논의는, 아래를 보라.

10) Keck, "Christology," 93.

11) 롬 15:7-13이 전체 서신을 위한 *peroratio*[결어]로서 그 중심 주제들을 재연하는 기능을 한다는 사실에도 불구하고, 정평 있는 주석들 상당수가 이 구절에 대하여 놀라울 정도로 관심을 거의 보이지 않는다; Käsemann과 Dunn은 이 일반화에서 두드러진 예외 사례들이다.

일까요? 어떻게 그는 그의 독자들이 이스라엘의 시편을 이처럼 새롭게 읽는 것을 당연하게 받아들이고 이해하리라 생각했을까요? 바울의 전형적인 교회 중심적 읽기 전략에서 벗어난 것처럼 보이는 읽기를 통하여 여기서 파생된 수사학적 효과는 무엇일까요? 마지막으로, 이러한 쟁점들에 대한 관심은 우리가 로마서 15장에 나타난 논지의 흐름을 이해하는 데 어떤 도움을 줄까요?

케크(Keck)는 이 구절을 내재하는 긴장이 가득한 것으로 보아서 그것을 설명하기 위해 그는 다양한 원자료의 층들을 제안해야만 했으며, 후대 편집 자에 의한 난외주(15:4)를 추가하기까지 했습니다.[12] 그러나 저는 이 소논문 에서 바울의 상호텍스트적 해석학을 철저히 조사할 때, 우리가 바울 기독론 의 일부 근원들을 밝혀낼 수 있으며, 그와 동시에, 그 구절의 논리를 그대로 명확하게 설명할 수 있다는 것을 주장할 것입니다.[13]

시편에서 화자인 그리스도: 다른 예들

비록 로마서 15장이 바울서신들 가운데 외따로 나타난 기독론의 복화 술 사례로 보이지만,[14] 이 기법은 신약성경에서 결코 전례가 없는 것이 아닙 니다. 시편 본문들을 그리스도의 말씀처럼 유사하게 취급하는 경우가 나타 나는 구절들이 몇몇 있습니다. 로마서의 구절은 바울 이전의 전통을 충분히 반영했을 것이기 때문에, 바울이 저작하지 않은 가장 중요한 신약성경의 예 들 가운데 일부를 예비적으로 조사해 보는 것은 바울이 전제로 하는 관행에

---

12) L. E. Keck, "Romans 15:4 — an Interpolation?" in *Faith and History: Essays in Honor of Paul W. Meyer*, ed. J. T. Carrol, C. H. Cosgrove, and E. E. Johnson (Atlanta: Scholars, 1991), 125-136.

13) 그러므로 이 소논문은 Lee Keck과 장기간에 걸친 대화를 지속하는데, Keck는 나에게 스승이며, 동료이고 그리고 본받고 싶은 모범이었다.

14) 하지만, 아래에 있는 고후 4:13에 관한 논의를 보라.

빛을 비출 것입니다.

예수께서 성전의 상인들과 돈 바꾸는 사람들을 내쫓으시는 상징적인 행동을 서술한 후에, 요한은 예수의 제자들이 "성경 말씀에 '주의 전을 사모하는 열심이 나를 삼키리라' 한 것을 기억했다"고 전합니다(요 2:17; 시 69:9을 인용). 비록 요한복음에서는 예수가 성전을 깨끗하게 하실 때 이 말들을 했던 것으로 기록하지 않지만, 이 인용구절은 여기서 제자들이 시편의 "나"를 예수라고 이해했을 때에만 뜻이 통합니다.[15] 그러나 요한은 이 말들을 예수의 입에 직접 넣도록 서사를 만들지 않았습니다; 십중팔구 그는 시편을 예수 그리스도에 대한 예언적 **예표**로서 이해했습니다. 이것은 그가 모세와 이사야 같은 구약성경 인물들이 예수에 "대하여" 기록했다고 보는 그의 일반적인 경향과 일치할 것입니다(요 5:46; 12:41).

바울이 로마서 15장 3절에서 인용한 같은 구절의 나머지 반을 요한복음 2장 17절이 인용했다는 것은 상당히 흥미롭습니다. 도드(C. H. Dodd)는 그의 가설에 대한 중요한 증거의 하나로 이것을 취하는데, 그는 초대교회가 기독론의 발전을 위한 중요한 소책자들로서, 시편 69편과 같은 특정한 핵심 구약성경 본문들에 집중했다고 주장합니다.[16] 수난 기사에 나타난 예수의 목마름에 대한 상세한 설명(요 19:28) 역시 요한에게 시편 69편의 성취로 여겨집니다.

마가의 수난 기사는 더 대담한 해석학적 전략을 사용합니다: 죽어 가는 예수가 시편 22편의 첫 구절을 실제로 소리 내어 이렇게 말합니다. "나

---

15) 복음서 저자가 22절에서, 죽은 자 가운데서 살아나신 후에야 제자들이 이 말씀하신 것을 기억하고 "성경과 예수께서 하신 말씀을 믿었더라"고 언급한 것은, 19절이 아니라 17절에도 적용되는 것으로 아마도 이해되어야만 한다. 그렇지 않다면, 왜 **성경**을 믿었다고 언급했을까? 이 사안에 관하여 다음을 보라. R. B. Hays, "Reading Scripture in Light of the Resurrection," in E. F. Davis and R. B. Hays, *The Art of Reading Scripture* (Grand Rapids: Eerdmans, 2003), 221-224.

16) C. H. Dodd, *According to the Scriptures: The Sub-structure of New Testament Theology* (London: Nisbet, 1952), 57-60.

의 하나님, 나의 하나님 어찌하여 나를 버리셨나이까?"[17] 그전에 마가의 예수는 겟세마네 동산에서 그의 고뇌를 시편 42:6, 12 말씀으로 나타냈습니다: περίλυπός ἐστιν ἡ ψυχή μου. [내 마음이 심히 고민하여 죽게 되었으니.] 마가복음 기사는 여기서 시편의 발언을 직접적인 담화로 가져옵니다. 요한과 다르게, 마가는 독자의 주의를 이 담화에 — 구약과 예표론적 연결 고리를 만드는 수행 발화(performative utterance)의 한 종류 — 환기시키지 않습니다; 분명한 저자의 해설이 빠졌음에도 불구하고, 여전히 예표론적 상관관계는 확실하고 강력합니다. 이 결합은 시편 22편과 예수의 처형 기사 부분들 사이에 있는 서사적 일치들에 의하여 강화됩니다: 막 15:24/시 22:18, 막 15:30-32/시 22:7-8, 그리고 아마도 막 15:36/시 22:15입니다. 예수는 그의 죽음에서 시편의 기도 때 그 목소리가 들려지는 고난 받은 의인의 운명을 재현하였습니다.[18]

초기 기독교 당시 이러한 해석학적 관행이 가졌던 영향력은 누가가 마가의 예수 죽음 기사를 편집하여 수정한 것에 의하여 추가적으로 입증됩니다: 마가복음 15장 34절이 그의 기독론과 차이가 현격하다는 것을 알고, 누가는 시편 22편 1절의 외침을 시편 31편 5절에 나오는 믿음의 선언으로 바꾸는데, 이것 역시 고난에 관한 다윗의 다른 시입니다: "내 영혼을 아버지 손에 부탁하나이다." 그러므로, 누가는 시편의 애가를 그리스도의 말씀으로 보는 읽

---

17) 나는 이것이 반드시 전적으로 마가의 문학적 창조물이라는 제안을 말하는 것은 아니다. 신실한 유대인은 죽음의 고통 속에서 이런 말들이 솟구치는 것을 볼 수도 있다고 제안하는 것은 비합리적이지 않다; 만일 그렇다면, 그리고 예수의 절규가 들리고 기억된다면, 그 암시는 부활절 이후의 공동체가 시편을 기독론적으로 더 폭넓게 해석하도록 자극하는 하나의 실마리가 되었을 것이다. 하지만, 이 질문을 연구하는 것은 이번 장의 범위를 벗어난 일이다. 다음을 보라. H. Gese, "Psalm 22 und das Neue Testament," in *Vom Sinai zu Zion*, BevT 64 (Munich: Chr. Kaiser, 1974), 180-201.

18) 예수의 죽음에 관한 이 해석은 Lothar Ruppert, *Jesus als der leidende Gerechte?* SBS 59 (Stuttgart: KBW, 1972)가 제안하였다. 마가의 수난 기사에 있는 다양한 구약 인용들과 암시들은 J. Marcus, *The Way of the Lord: Christological Exegesis of the Old Testament in the Gospel of Mark* (Philadelphia: Westminster, 1992)가 정밀히 조사하였다.

기 관행 안에 머무는 동시에 예수의 죽음을 재해석하는 목적도 달성합니다.

예수 그리스도가 시편 22편의 화자였다는/화자라는 전통은 히브리서에서 이 본문을 다르게 사용하는 경우를 만들어 냈습니다. "그러므로 만물이 그를 위하고 또한 그로 말미암은 이가 많은 아들들을 이끌어 영광에 들어가게 하시는 일에 그들의 구원의 τὸν ἀρχηγὸν ('지도자를' 또는 '창시자를') 고난을 통하여 온전하게 하심이 합당하도다. 거룩하게 하시는 이와 거룩하게 함을 입은 자들이 다 한 근원에서 난지라. 그러므로 형제라 부르시기를 부끄러워하지 아니하시고, 이르시되, '내가 주의 이름을 내 형제들에게 선포하고; 내가 주를 교회 중에서 찬송하리라'"(히 2:10-12; 시 22:22을 인용). 히브리서 저자는 여기서 시편 22편의 의기양양한 절정의 구절을 부활하신 그리스도가 하나님의 백성이 모인 회중 한가운데 서서 하시는 말씀으로 인용합니다. 여기서 시편 22편 22절의 인용은 분명히 전체적으로 그 시편의 더 넓은 배경을 전제로 합니다: 회중 가운데서 기도하며 노래하는 의기양양한 인물은 (22:21b-31) 조롱과 고난을 견뎠던 바로 그 사람입니다(22:1-2a). 그 인용문은 그리스도가 그의 백성과 결속되었다는 것을 확인시켜 주는 역할을 합니다. 이 결속은 시편 22편의 그리스도가 그들을 형제들이라고 불렀다는 사실로부터 나올 뿐 아니라, 나머지 시편이 보여 주는 바와 같이 그가 그들과 함께 고난으로 연합되어 있다는 사실로부터도 나옵니다.

마지막으로 히브리서 10장 5-7절은 시편 40편 7-9절을 그리스도가 εἰσερχόμενος εἰς τὸν κόσμον [세상에 임하실 때에] 하신 말로 읽습니다: 번제와 속죄제 대신에, 그는 순종함으로 자신을 희생제물로 드립니다: "보시옵소서 (두루마리 책에 나를 가리켜 기록된 것과 같이) 하나님의 뜻을 행하러 왔나이다."

이렇게 익숙한 본문들을 빠르게 검토함으로써 시편 안에서 그리스도의 목소리를 듣는 해석학적 관행이 얼마나 널리 퍼져 있는지 명백해졌습니

다: 요한복음, 공관복음,[19] 그리고 히브리서 모두, 바울서신과 및 서로 간에 별개로, 이 해석학적 전통을 증언합니다. 더구나 위의 책 모두, 마치 바울이 로마서 15장에서 그러한 것처럼, 어떠한 논평이나 변명 없이 이런 주목할 만한 관행을 전제로 하고 있습니다; 분명히 이 주해 전략은 확인 가능한 가장 이른 시기부터 기독교인의 구약 읽기 안에 깊이 새겨져 있었습니다.[20] (초대 교회 기독론의 발전을 이해하기 위하여 이 관찰이 어떤 의미를 갖는지에 대하여는 추가적으로 조사해 볼 가치가 있습니다.) 그러므로 로마서 15장 3절과 9절은 정도(正道)에서 벗어난 것으로 보아서는 안 되고 대신 공통적인 초기 기독교 전통의 사례들로 보아야 합니다.

여기서 검토한 구절들은 "다윗의 시편들"에서 정선한 그룹으로부터 얻은 것으로(시 18; 22; 31; 40; 42; 69), 그것들은 의로운 왕이 겪는 불의한 고난을 묘사하고 하나님께서 고난 받는 자를 건지시는 소망이나 경험을 찬양합니다. 게다가 이 시편들 각각은 칠십인경에서 수수께끼 같은 표제어 εἰς τὸ τέλος로 소개됩니다(히브리어 למנצח의 번역). 이 표제어가 원래 무엇을 의미하든 간에, 초창기 기독교 해석자들이 칠십인경을 읽으면서 어떻게 그것을 이 본문들의 종말론적 해석을 위한 하나의 해석학적 지침으로 이해했는지 보는 것은 그리 어렵지 않습니다.[21]

---

19) 복음서 저자들의 명부를 완성하기 위하여 우리는 명단에 시 78:2을 인용하는 마 13:34-35을 덧붙일 수 있다.

20) 현존하는 가장 이른 복음 전도 어구(고전 15:3-5)는 예수의 죽음과 부활이 κατὰ τὰς γραφὰς [성경대로] 이루어졌다고 단언했을 때 정확히 제왕의 탄원시를 마음에 두었다고 가정하는 것은 추측일 것이다 ― 그러나 설득력 없는 추측은 아닐 것이다.

21) 시편 제목에 대한 문제에 관하여는 다음을 보라. B. S. Childs, "Psalm Titles and Midrashic Exgesis," *JSS* 16 (1971): 137-150. 시편 해석의 메시아적 그리고 종말론적 궤도는 다음을 보라. Childs, *Introductio to the Old Testament as Scripture* (Philadelphia: Fortress, 1979), 515-518.

바울 안에서 전통의 자취

탄원시를 기독론적으로 읽는 것이 얼마나 곳곳에 배어 있는지 알게 된다면, 우리는 바울이 동일한 해석학적 장치를 사용하거나 전제로 할 것 같은 다른 장소들을 분간할 수 있습니다. 예를 들어, 로마서 11장 9-10절에 나타난 시편 69편 22-23절의 인용은 우리가 이 시편을 그리스도의 수난에 대한 묘사로 읽는 관행을 고려한다면 더 많은 설득력을 갖습니다:[22] 이스라엘을 고난받는 의인의 대적과 동일시함으로써 이스라엘이 질책 받을 일은 더 커집니다. 이러한 연결이 로마서 11장 28절에서 이스라엘을 일시적인 ἐχθροὶ [원수]로 부르는 배경에 있을 수 있습니다; 이 단어를 시편 69편 4절과 18절에서 쓰는 것과 비교해 보기 바랍니다(시 68:5, 19 LXX).

눈에 안 띄는 바울의 다른 구절 고린도후서 4장 13-14절은, 만약 우리가 거기서 시편 인용문을 기도하는 그리스도의 또 다른 목소리를 듣게 된다면, 훨씬 더 명료해집니다:[23] Ἔχοντες δὲ τὸ αὐτὸ πνεῦμα τῆς πίστεως — κατὰ τὸ γεγραμμένον· ἐπίστευσα, διὸ ἐλάλησα — καὶ ἡμεῖς πιστεύομεν, διὸ καὶ λαλοῦμεν, εἰδότες ὅτι ὁ ἐγείρας τὸν κύριον Ἰησοῦν καὶ ἡμᾶς σὺν Ἰησοῦ ἐγερεῖ. [기록된 바 **내가 믿었으므로 말하였다** 한 것같이 우리가 같은 믿음의 마음을 가졌으니 우리도 믿었으므로 또한 말하노라. 주 예수를 다시 살리신 이가 예수와 함께 우리도 다시 살리실 줄을 아노라.] 전체 구절(고후 4:7-15)은 바울의 사도적 사역과 그리스도의 고난에 대한 구현으로서 바울의 고난을 기술한 본문입니다: "우리가 항상 예수의 죽음을 몸에 짊어짐은 예수

---

22) 우리가 이미 보았듯이, 롬 15:3은 이 시편을 정확히 이와 같이 읽는 것에 대한 바울의 전제를 증명한다. 하지만, 롬 11:9에서 화자는 그리스도라기보다는 다윗이라고 언급된다. 아래 논의될 이유로들, 두 개의 목소리는 사실상 교환할 수 있는 것으로 보인다.

23) 내가 알고 있는 바로 이 해석은 맨 처음 A. T. Hanson, *Paul's Understanding of Jesus* (Hull: University of Hull Publications, 1963), 11-13에 의하여 제안되었다.

의 생명이 또한 우리(ἡμῶν) 몸에 나타나게 하려 함이라"(10절). 따라서 바울은 자신의 경험을 기독론적 패러다임의 요약으로 묘사합니다. 만약 우리가 바울의 시편 116편 10절(= 115:1 LXX) 인용을 그리스도의 발언으로 읽는다면,[24] 그 양식은 자기 역할을 끝까지 다합니다:

예수	바울
다른 이들이 생명을 얻기 위해 죽었다	다른 이들이 생명을 얻도록 고난당하다
믿었고 말했다	믿고 말하다
하나님이 그를 죽음에서 살리셨다	예수와 함께 살리실 것이다

더구나, 최소한 시편 115편 LXX의 두 가지 특징들은, 비록 그것에 표제어 εἰς τὸ τέλος가 없기는 하지만, 바울이 그것을 기독론적으로 해석하는 것을 격려할 것입니다. (1) 시편의 "줄거리"는 자기 비하로부터 찬양으로 나아가는 전형적인 애가의 움직임입니다; 실로, 여기 단어의 일부는 빌립보서 2장의 그리스도 찬양을 연상시킵니다(ἐταπεινώθην, 1절; δοῦλος, 7절); 그리고 (2) 4-6절의 언어는 주의 죽음을 선포하는 수단인 주의 만찬에 대한 예시로 즉시 해석될 수 있습니다: "내가 구원의 잔을 들고 여호와의 이름을 부르며…그의 경건한 자들의 죽음은 여호와께서 보시기에 귀중한 것이로다"(시 116:13, 15).

그러므로 신약성경 저자가 시편 본문에서 그리스도의 기도 소리를 듣는 구절들 목록 안에 고린도후서 4장 13절이 들어가야 한다는 주장은 맞는 것으로 보입니다. 이 구절에서 바울은, 우리가 다른 구절들에서 관찰한 바와 같이, 그의 기독론적 읽기를 설명하거나 변호하려는 시도를 하지 않습니다; 그것은 *selbstverständlich* [자명한 것으로] 여겨집니다. 만약 그것이 이십 세기 후의 뒤늦은 독자들에게는 덜 그렇게 여겨진다면, 그것은 우리에게 꼭 필

---

24) 히 2:13a에 있는 사 8:17 (LXX)의 마지막 절을 매우 유사하게 인용한 것을 참조하라.

요한 해석학적 열쇠가 없기 때문입니다: 바로 ὁ Χριστὸς가 이스라엘의 애가와 찬양의 참되고 궁극적인 화자라는 것입니다(롬 15:3, 7).

바울이 이 메시아 시편들을 전개시키는 수사법이 현혹시키거나 조작적인 것이 아니라면 (물론 모두가 이미 이런 것들을 안다는 것을 암묵적인 핑계 삼아 새로운 주장들을 소개함), 우리는 이런 읽기 방식이 우리가 확인할 수 있는 가장 초기 전통의 층들 안에서 일반적이었다고 생각해야 합니다. 탄원시를 메시아 예표론적으로 읽는 것은 로마서 1장 2-4절에 나오는 바울 이전 신앙 고백문의 기초가 또한 될 수 있는데, 거기서 이 복음은 "하나님이 선지자들을 통하여 그의 아들에 관하여 성경에 미리 약속하신 것이라. 그의 아들에 관하여 말하면 육신으로는 다윗의 혈통에서 나셨다"고 단언합니다.[25] 어떤 저작들을 말하는 것일까요? 이 악명 높은 수수께끼는 만약 이러한 제왕시가 우리가 논의 중인 저작들 가운데 중요하다는 가정을 한다면 만족할 만한 답을 얻게 됩니다: 따라서 "다윗의 자손"과 관련이 있습니다. 이 예감이 맞든지 틀리든지 간에 상관없이, 고전 15장 25-27절이 시편 8편과 110편의 기독론적 읽기를 전제한다는 것은 논의의 여지가 없습니다. 두 개 다 다윗의 시이며, 시편 110편을 다윗 왕위 전통과 연결시키는 것은 초기 기독교 논쟁의 한 주제로서 잘 알려져 있습니다(참조. 막 12:35-37; 행 2:33-36). 이번에도, 바울의 시편 사용에서 가장 인상적인 것은 그 암시적인 특징입니다; 인용 형식으로 소개되지도 않았으며, 메시아적/종말론적 해석이 단언되기보다 가정됩니다. 물론, 둘 중 어떤 경우도 그리스도를 화자로 취급하지 않습니다. 그럼에도 불구하고, 우리는 바울 이전에 확립된 메시아 시편 해석의 전통에 관한 추가

---

25) 문구 περὶ τοῦ υἱοῦ를 γραφαῖς ἁγίαις의 수식어로 취하고 있는 이 번역에 대한 변호를 보려면 다음을 참조하라. R. B. Hays, "ΠΙΣΤΙΣ and Pauline Christology," in *The Faith of Jesus Christ: The Narrative Substructure of Galatians* 3:1-4:11 (Grand Rapids: Eerdmans, 2002), 280 n. 18. 『예수 그리스도의 믿음』(에클레시아북스 역간).

적인 증거를 여기서 찾습니다.[26)]

메시아 시편 읽기의 해석학적 논리

도널드 주엘(Donald Juel)은, 그의 중요한 책 *Messianic Exegesis*에서, 시편 89편은 신약의 기독론에서 잃어버린 연결 고리라는 가설을 세웠습니다; 비록 본문이 신약성경에서 결코 명시적으로 인용되지는 않았지만, 주엘에 의하면, 그 시편은 수난의 시편들을 메시아적으로 인식하기 위한 이론적 근거를 제공해 줍니다: "그리스도는 [시편 89편] 50-51절에서 자신의 고난을 이야기하는데, 이것은 다른 탄원시에 있는 '나' 또한 그리스도라는 것을 암시할 수 있다."[27)]

주엘의 제안은 불확실하지만, 그는 주석가들이 거의 언급하지 않았던 한 가지 중요한 문제를 해결하기 위해 노력하려고 합니다: 왜 초대교회는 시편을 메시아의 기도 책으로 읽었습니까? 안타깝게도, 주엘의 제안은 신약성경의 어떠한 증거에서도 직접적인 근거를 취하지 못합니다: 혹자는 신약성경 저자들이 만약 주엘의 이 시편 읽기에 관하여 생각했었더라면, 그들은 그것을 기뻐했을 것이라고 말할지도 모릅니다. 그러나 만약 시편 89편이 메시아가 고난 받아야 했다는 개념의 **출처**였거나, 또는 제왕의 탄원시를 그리스도의 말씀으로 읽는 본래 이론적 근거였다면, 그 시편의 일부 인용이 신약성경 어딘가에 나타날 것입니다. 주엘의 제안은 시편 89편에만 편협하게 집중하고 있으며, 초대 교회의 예표론적 해석학의 범위를 과소평가하고 있습니

---

26) 다른 점에서는 바울-이전의 주해적 전통을 통찰력 있게 다루었던 D.-A. Koch가 이 증거는 간과하고 있는 것으로 보인다 ("Beobachtungen zum christologischen Schriftgebrauch in den vorpaulinischen Gemeinden," *ZNW* 71 [1980]: 174-191; *Schrift als Zeuge*, 232-256).

27) D. Juel, *Messianic Exegesis*: *Christological Interpretation of the Old Testament in Early Christianity* (Philadelphia: Fortress, 1988), 109.

다. 저는 이어지는 글에서 다른 설명을 위한 개요를 제안할 것입니다.[28]

가장 초기의 그리스도인들은 (우리는 여기서 물론 유대 그리스도인들을 말하는데) 하나님의 대적들이 경멸하는 대상인 χριστὸς를 말하고 있는 별개의 문장을 찾을 필요가 없었습니다(시 85:51처럼). 왜냐하면 그들은 다윗과 그의 자손을 위한 영원한 왕국의 모든 약속들을 예표론적으로 읽었기 때문입니다. 이스라엘의 역사적 경험은 본문을 완전히 문자 그대로 읽는 것이 그릇되었음을 증명하였습니다; 다윗의 혈통은 사실상 왕위를 잃었고, 이스라엘의 대적들은 사실상 권력을 차지했습니다. 따라서, 하나님께서 다윗의 자손을 일으키시고 그의 왕국을 영원히 세우실 것이라는 약속(예. 삼하 7:12-14; 시 89:3-4)은 종말론적인 미래를 가리키는 것으로 **읽혀져야만** 했습니다.

그렇다면, 우리는 제왕의 탄원시를 어떻게 이해할 수 있을까요? 그것들은 — 그리스도인들만 아니라 많은 유대인들에 의해서도 — 현재 이스라엘이 공동으로 당하는 국가적 고난에 대한 전형으로 해석되며, 그리고 그들의 특징적인 승리의 결말은 하나님께서 이스라엘을 종말론적으로 회복하시는 것을 가리키는 것으로 읽혀질 것입니다. 그러므로 이 시편들의 "다윗"은 모든 백성을 위한 상징이 되며 — 그와 동시에 — 약속의 상속자와 왕위의 복구자가 될 미래의 기름 부음 받는 자(ὁ Χριστὸς)에 대한 원형이 됩니다. 이런 기대의 구체적 형태는 솔로몬의 시편(Psalms of Solomon)에서 분명히 서술되는데, 특별히 솔로몬의 시편 17편과 18편에서 그렇습니다; 이러한 국가적 희망의 외침을 위해 "시편" 장르를 선택했다는 사실은 정경 시편들이 주후 1세기 때 종말론적인 양식으로 해석되었을 것이라는 사실을 증언합니다.[29] 초기 기독교

---

28) 물론, 이 소논문의 범위는 여기에 나타난 개념들을 충분히 발전시키거나 변호할 수 있게 하지는 못한다. 당분간 나는 롬 15장이 이러한 제안들에 의해 분명해질 수 있다는 것을 보여 주는 시도에 만족할 것이다.

29) 『솔로몬의 시편』(Psalms of Solomon) 저작연도에 관하여는 다음을 보라. R. B. Wright's introductory survey in OTP 2:640-641.

의 특색 있는 해석학적 움직임은 이러한 시편들에 나타난 이스라엘의 고난이 (또는, 같은 것을 달리 말하자면, 이스라엘을 대표하는 왕의 고난이) 십자가에 달린 예수에 의해 종말론적으로 결정적인 방식으로 성취되었다고 보는 것이며, **그리고** 이스라엘의 신원이 그의 부활 안에서 예기적(proleptically)으로 성취되었다고 보는 것입니다.[30] 따라서, 고난에서 승리로 향하는 제왕적 탄원시의 움직임은 예수의 죽음과 부활의 이야기와 해석학적으로 관련이 있습니다. 이 모든 것이 우리가 위에서 검토했던 시편들의 생소한 사용 뒤에 놓여 있습니다.

바울의 주해전통 사용

저는 시편의 기독론적 읽기는, 이 본문들에서 기도하는 목소리인 그리스도의 이미지를 포함하여, 바울 이전의 것이라고 주장해 왔습니다. 마지막으로 우리는 바울이 로마서 15장에서 이 전통적인 수사 어구를 가지고 무엇을 **하고 있는지** 검토해야만 합니다.

로마서 15장 3절에 있는 시편 69편 9절의 인용은 강한 자와 약한 자 간의 갈등으로 일어난 목회적 문제에 대하여 바울이 세심히 답변하는 정점의 순간에 나옵니다. 강한 자는 그들의 특권을 내려놓고 공동체를 세우기 위하여 이웃을 기쁘게 하기를 요청 받습니다(1-2절); 자기를 기쁘게 하기보다 남을 기쁘게 하는 이 행동은 시편 인용문에서 예시된 바와 같이 그리스도의 모범에서 근거를 찾습니다. 권면과 그 근거와의 연결은 약간 부정확하지만, 바

---

30) 이 문제에 관한 나의 생각은 N. T. Wright의 다양한 소논문들에 의하여 명료해졌고 영향을 받았다. 특히 다음을 보라. "Jesus, Israel and the Cross," in SBLSP (1985), 75-95; and Wright, "Adam, Israel and the Messiah" and "ΧΡΙΣΤΟΣ as 'Messiah' in Paul," both in Wright, *The Climax of the Covenant* (Edinburgh: T. & T. Clark, 1991), 18-40 and 41-55 respectively. Wright 달리, 나는 예수가 자신의 죽음을 이러한 용어들로 이해했었다는 것이 충분히 납득되지 않는다; 하지만, 유대 기독교 내 초기 기독론의 발전에 관한 설명으로 Wright의 제안은 매우 설득력이 있다.

울의 요점은 명료하게 그리스도가 고난과 비방을 **우리를 대신하여** 견디셨다는 것으로 볼 수 있습니다: 그는 결백하셨지만 비방을 받으셨습니다. 따라서, 강한 자는 자기를 기쁘게 하기보다 만약 필요하다면 마찬가지로 남들을 위하여 기꺼이 고난 받기를 원해야 합니다.[31]

시편 69편 6절 이하의 인접 문맥을 기억하는 독자들에게는 그 인용문의 적합성이 한층 강화될 것입니다:

> 주 만군의 여호와여 [Κύριε τῶν δυνάμεων]
> 주를 바라는 자들이 [ὑπομένοντές; 참조. 롬 15:5–6의 ὑπομονή]
>> 나를 인하여 수치를 당하게 [αἰσχυνθείησαν; 참조. 롬 1:16; 5:5; 9:33; 10:11] 하지 마옵소서.
> 이스라엘의 하나님이여
>> 주를 찾는 자가 나로 말미암아 욕을 당하게 하지 마옵소서.

이것은 메타렙시스라고 하는 암시적 기법의 한 예로서, 바울서신에 배어든 것입니다;[32] 바울서신 배후의 의미 가운데 가장 인상적인 요소들은 숨겨져 있지 않은 그의 인용 안에 감춰져 있습니다. 시편 69편을 그리스도의 기도로 듣는 자마다 이 탄원들과 로마인들을 향한 바울의 권면이 서로 관련됐다는 것을 바로 인식할 것입니다: 고난 한가운데서 이런 기도를 드리는 메시아는 바울이 촉구하는 다른 행실들을 위한 하나의 강력한 모범이십니다. 바울은 로마의 그리스도인들이 사실상 다음과 같이 말함으로써 메시아의 기

---

31) 참조. D. Worley, "He Was Willing," *ResQ* 18 (1975): 9: "자신이 아니라 남을 기쁘게 하려는 동일한 태도는 바울에 의하여 약한 형제와 강한 형제와의 관계에 필요한 기질로 분리되었다."

32) 정의와 예들을 위해서 다음을 보라. Hays, *Echoes*, 20, 87-88, 그리고 곳곳에. 『바울서신에 나타난 구약의 반향』(여수룬 역간).

도를 반향하기 원했습니다. "그리스도께서 대신하여 죽으신 형제가 나로 인하여 수치를 당하지 않도록 하라"(참조. 롬 14:15). (이러한 해석에서 그 시편이 만들어 낸다고 여기는 뜻은 역사비평에서 본문의 원래 의미라고 간주하는 것과는 다릅니다. 하지만 바울은 이러한 제약들에 의하여 구속 받지 않았습니다.)

이 배경을 바탕으로 우리는 로마서 15장 4절에 나타나는 "해석학의 원리"(*hermeneutischer Lehrsatz*)가 갖는 기능을 보다 더 적절히 이해할 수 있는데, 케크(Keck)는 그것을 이후 추가된 구절이라고 간주할 만큼 문맥상 자연스럽지 못한 것으로 봅니다.[33] 우리가 재구성한 대로 가설상의 바울 이전 전통에서는 제왕적 탄원시에 대한 기독론적 해석이 변증법적 주장이나 (어떻게 십자가에 못 박힌 예수를 메시아라고 고백할 수 있을까? 그의 죽음은 어떻게 κατὰ τὰς γραφάς? [성경대로] 되었는가?) 또는 구원론에 대한 사상에 이바지했을 것입니다(예수의 죽음과 부활이 어떻게 남들을 위해 구원을 가져다 주는가?). 그러나 바울은 그 전통을 매우 색다르게 적용합니다. 그는 단지 예수의 죽음이 구약성경을 이루었다고 주장하는 것이 아닙니다; 대신에, 그는 다른 사람들을 위해 죽은 예수의 이미지를 **그리스도인의 순종을 위한 하나의 패러다임**으로 제시합니다. 이것이 그가 시편 69편에 나오는 그리스도의 이미지를 **권고적**으로 사용하는 것을 정당화하기 위하여 멈추어 서야만 했던 이유입니다.[34] 그는 제안하기를, 이러한 것들은 단순히 예수 안에서 어떻게 하나님의 구속사적인 목적이 이루어졌는지에 관한 신학적인 설명을 제공하기 위해서만 쓰인 것이 아니라, 우리의 교훈(διδασκαλία)과, 우리의 훈련과 그리고 이제 그리스도 안에 있는 자에게 합당한 인격의 자질들을 위하여 쓰인 것이기도 합니다. 그 결과, 구약에서 고난 받는 의인의 모습으로 "이전에 기록된" 그리스도의 형상

---

33) Keck, "Romans 15:4."
34) Käsemann, *Romans*, 382에서도 이처럼 정당하게 말한다.

을 알아차리는 자들은 자신들이 그의 모범에 의해 가르침을 받고 그의 모범을 따라야 한다는 것을 깨닫습니다.

성경은 **소망**을 불붙이고 북돋아 줍니다(롬 15:4). 어떻게 그럴까요? 인간의 삶을 기독론적이며 종말론적인 구조 안에 둠으로써 그렇습니다. 바울의 시편 69편 읽기에서 그리스도에 의하여 정의된 남들을 위하여 고난 받는 삶의 양식은 오직 하나님의 궁극적인 신원에 소망을 두는 자들에게만 가능합니다. 다툼과 고난 중에도 하나님께서 공동체의 종말론적 일치를 바라신다는 것을 신뢰했던 예수처럼 우리가 희생적으로 살기 위해서는 반드시 소망을 가져야만 합니다(5-6절). 그렇다면 로마서 15장 4-6절에 따라, 구약성경의 목적은 — 여기서는 특별히 탄원시들이 고려 중인데 — 역경 한가운데서도 소망을 잃지 않기 위하여 기독론적으로 근거가 있는 견고함의 모델을 제공하여, 공동체 지체들이 반목과 불일치 중에서도 공동체의 덕을 세우기 위하여 지속적으로 행동할 수 있게 해 주는 것입니다.[35] 비록 "소망"이라는 단어가 시편 69편에 나타나지는 않지만, 그 말은 탄원시들 곳곳에 끊임없이 반향을 일으킵니다(그러나 30-36절의 내용을 참조해 보기 바랍니다). 예를 들어, 시편 22편을 기도하는 목소리는 족장들의 예를 듭니다: ἐπὶ σοὶ ἤλπισαν καὶ οὐ κατῃσχύνθησαν(참조. 롬 5:5).

그러므로 로마서 15장의 "3절과 4절 사이에 실질적인 관계는 없다"는 Keck의 주장은 사실이 아닙니다.[36] 그 관계는 미묘하지만 중요합니다. 그것은 두 가지를 보는 것에 달려 있습니다: (1) 바울에게, 시편 69편은 모범으로서의 그리스도를 설명합니다; 그리고 (2) 이 시편의 메시아 해석을 바울이 **권고적**(hortatory)으로 사용한 것은 전통의 참신한 각색입니다. 바울은 그의 독

---

35) "로마서 15장의 원독자들"이 고난 한가운데 주어진 격려의 말을 그들의 상황에서 부적절하다고 여겼다는 Keck의 반대("Romans 15:4," 131)는 의외인데, 롬 5:3-5와 8:18-39로 미루어 보면 그렇다.

36) Keck, "Romans 15:4," 126.

자들이 시편을 기도하는 분은 예수 그리스도라는 그의 전제를 공유할 것이라고 가정할 수 있었습니다; 하지만, 그는 그들이 그리스도의 말씀에서 그들 자신의 삶을 위한 본보기를 자동적으로 인식할 것이라고 가정할 수 없었습니다; 따라서 4절의 **원리**가 필요한 것입니다.

그러나 케크(Keck)가 관찰에 의거하여 제시하는 의견은 정확합니다: "[4절에 나오는] 내용의 범위는 요구된 것을 지나치지만, 그것은 삽입된 자기 충족적인 교훈에는 적합하다."[37] 로마서 15장 4절은 이전에 만들어진 해석학적 격언으로, 바울이 메시아 시편으로 인정받던 한 시편의 교훈적 사용을 정당화하기 위해 인용한 것이라는 주장은 전적으로 가능성 있습니다. (참조. 롬 4:23-25, 고전 9:9b-10, 그리고 고전 10:11의 매우 유사한 해석학적 표현들.) 이것은 바울이 근본적이고 일반적인 신학적 이유에 호소함으로써 매우 특별한 목회적 금언을 지지하는 유일한 경우는 아닐 것입니다. 이것은 그가 목회적 문제에 관하여 신학적으로 사유하는 실로 일상적인 방식입니다.

로마서 15장 5-6절의 기도는 강한 자와 약한 자에 관한 바울의 구체적인 권면들을 마무리하며, 로마에 있는 공동체를 모두가 한 목소리로 하나님 아버지와 주 예수 그리스도께 영광을 올려 드리는 종말론적 공동체의 예표로서 상상합니다. 이렇게 하나님을 찬양하는 하나 된 공동체 이미지는 7-13절에 나타나는 서신서의 수사학적 정점으로의 전이를 제공하는데, 당면한 로마의 파벌 문제를 넘어 이 서신서의 큰 주제가 된 유대인-이방인 화합의 더 큰 문제로 옮겨 갑니다. 다시 한 번 바울은 구약 인용문들을 가지고 그의 요점을 이해시키며, 그리고 또 한 번 바울이 시편의 말씀을 그리스도의 말씀으로 다루고 있는 것을 봅니다. 비록 지면상의 문제로 로마서 15장 9-12절에 있는 네 개 인용문들을 모두 분석하는 것은 불가능하지만, 이 일련의 인용문

---

37) Keck, "Romans 15:4," 129.

들 중 첫 번째인 시편 18편을 바울이 사용한 것을 특별히 검토해 보면 유용할 것입니다.

바울이 로마서 15장 9절에서 시편 18편 49절(17:50 LXX)을 인용할 때, 이방인들 가운데 하나님을 찬송하는 그리스도의 이미지는 이방인들에 관한 고립된 증거 본문으로서가 아니라 전체적으로 시편의 담화에 대한 암시로서 해석되어야만 합니다: "다윗"은 그를 사망과 죽음에서 건지시고(4-6절) 그의 원수들에게서 구원하신 하나님을 찬송합니다. 이 시편의 마지막 구절들(46-50절)은 제가 여기서 세부적으로 설명한 기독론적 틀 안에서 읽게 되면 특별히 도발적입니다:[38]

> 여호와는 살아 계시니 [ζῇ Κύριος] 나의 반석을 찬송하며
> 내 구원의 하나님을 높일지로다 [ὑψωθήτω].
> 이 하나님이 나를 위하여 보복해 주시고
> 민족들이 내게 복종하게 [ὑποτάξας; 참조. 시 8:7] 해 주시도다.
> 주께서 나를 내 원수들에게서 구조하시니
> 주께서 나를 대적하는 자들의 위에 나를 높이 드시고 [ὑψώσεις]
> 나를 포악한 자에게서 건지시나이다.
> **여호와여 이러므로 내가 이방 나라들 중에서 주께 감사하며**
> **주의 이름을 찬송하리이다.**
> 여호와께서 그 왕의 구원을 [τὰς σωτηρίας] 크게 하시며(magnifying)[39]
> 기름 부음 받은 자에게 [τῷ Χριστῷ αὐτοῦ]

---

38) 여기 나온 번역은 칠십인경의 시 17:47-51을 따른다.

39) 칠십인경은 여기서 구문론적인 혼란을 야기시킨다: 분사 μεγαλύνων은 이전 절에 있는 동사의 주어("나")를 수식하는 것으로 가장 자연스럽게 이해된다. 그러나 다음에 나오는 병행 줄의 ποιῶν는 49절의 "당신"(=하나님) 또는 50절의 호격 κύριε을 수식하는 것으로 이해되어야만 한다.

인자를 베푸심이여 [ποιῶν ἔλεος; 참조. 롬 15:9a의 ὑπὲρ ἐλέους]
영원토록 다윗과 그 후손에게로다 [τῷ Δαυεὶδ καὶ τῷ σπέρματι
αὐτοῦ].

바울은 이 시편의 마지막 문장을 어떻게 읽었을까요? "그 왕"과 "기름
부음 받은 자"가 한 명이고 같은 자입니까? 아니면 그들이 서로 구별되어서,
"다윗과 그 후손"과 대구를 이룹니까? 이것을 결정하는 어려움은 제가 서술
한 해석학적 현상과 매우 닮았습니다: 초기 기독교 주해는 과거의 다윗 왕과
미래의 메시아를 융합시켰습니다.[40] 여기서 핵심은 바울이 본문을 메시아에
대한 "예언"으로 보는 마태의 방식으로 읽지 않는다는 것입니다;[41] 그보다,
다윗의 노래가 메시아의 고난과 영광에 대한 예시로서 회고적으로 읽혀질 수
있다는 방식에 의하여, 메시아는 이스라엘의 운명을 구현합니다. 이것은 케
크(Keck)의 주장, 즉 바울이 시편 18편을 "선재하는 그리스도가 그의 임박한
성육신의 목적을 미리 선포하는 것"으로 해석했다는 주장이 올바르지 못하
다는 것을 보여 줍니다.[42] 그 대신 시편은 "여호와께서 그를 그의 모든 대적
의 손으로부터 건져 주신 그날에" 부른 다윗의 노래입니다; 이것이 그리스도
의 노래로 읽혀지면, 그것은 (예기적[proleptically]으로?) 하나님의 종말론적 승
리를 찬양하는 부활 후 담화로서 읽혀져야 합니다.

---

40) 시 18편은 "여호와의 종 다윗의 시"(τῷ παιδὶ Κυρίου)임을 알려 주시는 (εἰς τὸ τέλος로 시작하는)
긴 표제어를 가지고 있다. 다윗은 그 시에서 "여호와께서 다윗을 그 모든 원수들의 손에서와 사울의 손
에서 건져 주신 날"에 대하여 말한다 — 삼하 22:1의 상호 참조이다. 삼하 22장의 나머지 = 시 18.

41) 행 2:25-36에서 누가는 시 16편의 말을 메시아의 말로 읽는 것이 아니라 메시아에 **관한** 다윗의 예
언적 말로 읽었다. 베드로 연설의 논리는 다윗에 대한 예표론적 해석을 가정하지 않는다. 오히려, 그것
은 다윗과 다윗에 의해 예언된 메시아 사이를 논쟁적으로 이간시킨다. 이런 관측은 사도행전 연설이
후대에 이차적으로 쓰였다는 특성에 대한 추가적인 증거가 될 수 있다; 바울과 초기 전통은 예언-성취
모델보다는 연속성의 예표론적 해석을 다루는 것으로 보인다.

42) Keck, "Christology," 93.

이런 개념들의 결합이 로마서 15장 7-13절에서 바울이 절정으로 삼는 주장에 완벽히 들어맞는 것은 우연이 아닙니다. 바울은 고난당하고 신원 받는 그리스도의 이미지를 불러일으키기 위해 이방인들 중에서 주의 이름을 찬송하는 시편을 인용하는데, 그리스도께서 죽음으로부터 건짐 받는 것은 이스라엘에 대한 하나님의 신실하심(참조. 롬 15:8)과 일치하며 열방에 대한 하나님의 자비로운 주권(롬 15:9a)을 확립합니다. 의미심장하게, 로마서 15장 9-12절에 나오는 일련의 네 인용문들은 — 이번에는 이사야서로부터 — "열방을 다스리기 위하여" 일어나시는 "이새의 뿌리"를 명시적으로 가리키는 것으로 끝납니다. 여기서 다윗의 메시아적 주제를 상기시키는 것은 서신서 서두의 기독론적 고백(1:2-4)과 함께 효과적인 수미쌍관법(inclusio)을 만들어 낸다.[43]

여기서 우리는 다시 한 번 바울이 시편 18편을 메시아의 말로 보는 전통적인 유대적 기독교 해석에서 그 전통에 대한 자신만의 목회적 적용으로 옮겨 가는 것을 봅니다. 하나님의 손에 의해 모든 대적들로부터 건짐 받은 다윗의 후손 메시아가 이 승리를 거두는데 — 바울이 주장하는 바로는 — 그 시편의 마지막 찬양에 나온 바와 같이 정확히 이스라엘과 이방 나라들 모두 "기꺼이 맞이하기" 위한 목적을 위해서입니다; 그러므로, 유대인과 이방인, 약한 자와 강한 자는 바울이 쓴 절정의 명시선이 만들어 내는 찬송의 합창에 동참하는 가운데, 마찬가지로 하나님의 영광을 위하여 서로를 기꺼이 받아들여야만 합니다.

---

43) C. K. Barrett의 다음 논평(*The Epistle to the Romans*, HNTC [New York: Harper and Row, 1957], 272)은 당혹스럽다. "바울은 대체로 예수의 다윗 혈통에 관하여 전혀 관심을 보이지 않으며 여기서 그것에 대한 주석을 하나도 제공하지 않는다." 만약 Barrett이 뜻하는 바가 바울이 예수의 족보에 관심이 없었다는 것이라면(마 1:1-17과 같이), 그 사항은 인정될 수 있다; 하지만, 예수가 다윗 혈통의 메시아라는 것은 롬 15:7-13에서 바울이 맺는 *peroratio*[결론]의 수사학적 절정에 나타난 결정적인 해석학적 강조점이다.

또다시, 로마서 15장 1-6절에서처럼, 바울의 해석학적 전략은 기독론적 변증에 관한 전통적인 부분을 각양각색 사람들로 이루어진 믿음의 공동체 내의 통합과 소망을 위한 정당한 근거로 변형시킵니다. 따라서, 이 발견은 이전에 바울의 해석학은 그리스도 중심적(christocentric)이라기보다 교회 중심적(ecclesiocentric)이라고 표명했던 저의 견해를 보다 설득력 있게 만들어 줍니다; 심지어 메시아 자신의 말로서 전통적으로 읽혀지고 있는 시편을 바울이 인용하는 경우에도, 그는 교회적인 권면을 위해 그것을 해석학적으로 **이용합니다.** 그렇다면 케크(Keck)가 시편 18편 49절의 인용에서 다음과 같이 말한 것은 옳다고 할 수 있습니다. "바울의 관심은 '나'에 있는 것이 아니라 전체의 논리적 근거에 있다: 그리스도로 말미암아 이방인들은 하나님을 찬양하는 것에 동참한다."[44]

그러나 로마서 15장 7-13절에서 "그리스도 사건은 그 메시아/다윗의 측면들을 부활의 의미에 근거한 보다 더 넓은 문맥으로 통합함으로써 해석된다"는 케크(Keck)의 판단에 우리가 동의하는 것에는 의문이 있습니다.[45] 이 내용을 다른 말로 표현하는 게 더 정확할 것입니다: 부활은 메시아/다윗 전통에 의해 제공된 해석학적 구조에 그것을 통합함으로써 해석되는데, 그 메시아/다윗 전통은 오랫동안 그 궁극의 목적으로 하나님이 통치하시는 우주적인 범위와 — 바울의 전통 읽기에 따라 — 이스라엘의 하나님을 찬양하는 데 모든 나라들이 하나 되는 것을 상상해 왔습니다. 이것은 그리스도로 말미암아 하나님에 의해 주어진 구원이 결코 정치와 무관한 것이 아님과, 단순히 개인의 종교적 회심만을 위해 의도된 것이 아님을 확실하게 해 주는 해석학적 배경입니다. 예수가 ὁ Χριστὸς이기 때문에, 그의 부활은 메시아의 **공동체**

---

44) Keck, "Christology," 93.

45) Keck, "Christology," 93.

를 창조하시려는 하나님의 종말론적 의도를 나타내는데, 이 공동체는 메시아가 그들을 기꺼이 받아들이신 것처럼, 그들 자신도 하나님의 영광을 위하여 서로를 기꺼이 받아들이기 위해 부름 받았다는 것을 아는 자들의 공동체입니다. 그러므로, 바울의 해석학 안에서 시편으로부터 메시아의 음성 분간하기를 배우는 공동체는 마침내 그의 고난과 그의 찬송에 동참하는 것을 배우게 될 것입니다.

초기 기독론 형성에 미치는 영향

로마서 15장 3절에 대한 이 연구가 미치는 폭넓은 영향은 무엇일까요? 끝으로 저는 추가적인 생각을 위한 일련의 여덟 가지 주제들을 제안합니다.

1. 예수가 다윗의 혈통에서 난 메시아라는 사실은 바울 기독론에서, 적어도 가정의 단계에서는, 하나의 중요한 양상입니다. 이것은 로마서에서 가장 분명히 드러납니다. 바울 기독론의 비평 연구는 예수에 관한 바울의 사상 가운데 이런 요소의 중요성을 지나치게 경시하였습니다.

2. 바울에게 **그리스도**(*Christos*)란 하나의 이름이지, 칭호가 아니라고 하는 진부한 지혜는 심각한 오해를 불러일으킵니다.

3. 탄원시를 **메시아의 기도**로 보는 해석은 이미 신약성경의 가장 초기 전통의 층에 속한 전제입니다.

4. 따라서, 시편과의 예표론적 일치를 근거로 하여 기독론을 발전시킨 신약성경 본문들은 반드시 후대의, 부차적인 변증 현상이 아닙니다. 예수의 죽음과 부활의 해석은, 우리가 그것을 과거로 올라가 조사할 수 있는 한, 고난 받는 의인에 관한 시편의 기반으로부터 유기적으로 일어났습니다. 이러한 시편들이 고린도전서 15장 3-4절의 신앙 고백문이 언급하는 "구약성경"일 것입니다.

5. 물론, 십자가에 못 박힌 메시아의 선언은 메시아 소망에 대한 근본적인 수정을 필요로 합니다; 하지만, 만약 메시아가 시편의 기도하는 소리라는 해석학적 전제를 받아들이게 된다면, 탄원시 및 수난 기사와의 일치 관계는 십자가에 못 박힌 예수가 하나님의 기름 부음 받은 자라는 모순어법의 고백을 이해하는 데 도움을 줍니다.

6. 시편을 메시아의 기도로 읽는 관행은 메시아가 온 이스라엘 백성의 운명을 대표적으로 구현하는 것으로 이해되는 경우에만 뜻이 통할 수 있습니다. (많은 시편이, 비록 일인칭 단수 담화를 사용하더라도, 엄격히 개인적인 시는 아닙니다; 그것들은 하나님이 언약 백성을 명백히 버려 두심으로 인하여 파생되는 신정론의 위기를 말합니다.) 이러한 기독교 해석학의 초창기 단계에 맞게, 예수는 이스라엘의 운명을 짊어집니다.

7. 우리는 적어도 시편을 메시아의 기도로 읽는 전통이 기독교의 혁신인지, 아니면 기독교 이전 유대 해석자들의 일부 그룹에서 이미 자리 잡은 해석학적 전제였는지 질문해야만 합니다.

8. 초기 기독교는 유대주의의 해석학적 변환으로서 이해되어야 합니다. 이 마지막 주제는 이론의 여지가 거의 없지만, 우리는 그 설득력을 위의 의견들에 비추어서 예민하게 느낄 수 있습니다. 만일 우리가 초기 그리스도인들의 신앙 고백들을 이해하기 원한다면, 우리는 그들의 성경 해석 관행들에 대한 탐구를 지속해야만 하는데, 왜냐하면 구약성경이 — 특별히 시편이 — 초기 기독론을 자라나게 해 주는 기반을 공급해 주었기 때문입니다. 바울은 **그리스도**(Christos)의 죽음과 부활에 의하여 전환된 시편 읽기의 관행을 상상력을 가지고 증언합니다.

제 7 장

묵시적 해석학:
하박국이 "그 의로운 자"를 선포하다

서론: 묵시록과 해석학

루이스 마르틴(J. Louis Martyn)은 묵시적 사고가 부활과 재림의 이미지를 통해서만 아니라 보다 미묘하고 스며드는 표지들(signs)을 통해서도 바울에게 영향력을 발휘했다는 사실을 끊임없이 주지시킴으로써 바울 학계에 탁월한 공헌을 하였습니다: 바울이 현재 시간을 하나님께서 개입하시는 구속 행위에 의해 근본적으로 변형된 것으로 해석하는 어떤 곳에든지 — 모든 곳을 말하는데 — 그가 묵시적 범주를 사용하는 것을 봅니다.[1] 바울이 조심스럽게 재단한 언어의 질감은 그것이 묵시적 직물의 한 필에서 왔다는 것을 드러냅니다; 우리가 바울을 올바르게 읽으려면 우리는 이 질감에 대해 민감히 반응하면서 읽어야 합니다. 이러한 읽기는 갈라디아서가, 비록 특별한 미래의 종말론적 시나리오에 대한 언급이 생략되었음에도 불구하고, "다른 바울서신들이 묵시적인 것처럼 완전히 묵시적인 서신"으로 이해되어야 함을 보여 주는데,[2] 왜냐하면 그것은 현재를 "하나님의 새 창조가 동트는 여명"의 시간으로 밝히기 때문입니다.[3]

만약 바울의 시간적 감수성이 그 특성상 묵시적이라면, 바울이 성경 메시지를 이해하는 방식이라고 할 수 있는 그의 해석학에 관해서도 이와 같이 말할 수 있어야 합니다. 왜냐하면 모든 것이 그리스도 안에서 하나님의 구속적 행위에 의하여 변환되었으므로 (또는 변환될 것이므로) 구약성경은 새로

---

1) 이 통찰력에 관한 중요한 설명은 Martyn의 다음 소논문에서 찾아볼 수 있다. "Epistemology at the Turn of the Ages: 2 Corinthians 5.16," in *Christian History and Interpretation*: *Studies Presented to John Know*, ed. W. R. Farmer, C. F. D. Moule, and R. R. Niebuhr (Cambridge: Cambridge University Press, 1967), 269-287, 그리고 그가 더 나중에 쓴 "Apocalyptic Antinomies in Paul's Letter to the Galatians," *NTS* 31 (1985): 410-424.

2) Martyn, "Antinomies," 420.

3) Martyn, "Antinomies," 417. 또한 다음을 보라. J. L. Martyn, *Galatians*, AB 33A (New York: Doublebday, 1997), 97-105.

운 눈으로 읽혀져야만 합니다.[4] 시대의 전환점에 서 있는 독자는 더 이상 구약성경이 단순히 이스라엘을 위한 일상의 종교를 승인한다는 것을 믿을 수 없습니다; 그 대신, 그것은 새 창조를 약속해야만 합니다. 구약성경은 볼 수 있는 눈을 가진 자들을 위하여, 다가오는 종말론적 변화의 모습을 그려 주어야만 합니다.[5]

구약성경을 이렇게 접근하는 것은 바울의 기독론에 직접적인 결과를 가져옵니다. 만약 바울이 그리스도의 죽음을 옛 우주의 죽음과 새 우주의 탄생을 가리키는 "그의 십자가의 계시"로 해석한다면,[6] 그리고 만약 그 죽음이 "성경대로" 일어났다면(참조. 고전 15:3), 바울이 예수의 정체성과 사역의 계시적인 중요성을 밝혀 주는 해석학을 통하여 구약 본문들을 해석할 것을 기대하지 않을까요? 그리고, 만일 그렇다면, 바울의 기독론적 용어를 세심히 검토함으로써 이제껏 인식하지 못했던 (또는 적어도 충분히 강조되지 않았던) 메시아의 기대와 초기 유대 기독교 범주들과의 관련이 드러나지 않을까요? 분명히 바울이 갈라디아서에서 예수를 소개한 시작 부분에는 묵시적 음영이 짙게 배어 있습니다: 하나님이 "그를 죽은 자 가운데서 살리셨고"(1:1), 그는 "하나님 곧 우리 아버지의 뜻을 따라 이 악한 세대에서 우리를 건지시려고 우리 죄를 대속하기 위하여 자기 몸을 주셨던 그리스도"로 서술됩니다(1:3b-4a).[7] 바울이 그의 서신 서두에 이러한 묵시적 고백들을 인용한 것은 분명히 무턱대고 한 것이 아닙니다; 예수의 죽음과 부활을 악한 시대의 권세로부터 건져

---

4) Martyn은 단지 "그리스도를 아는 것"만 아니라 일반적으로 아는 것에 관해서도 이와 비슷한 논지를 "Epistemology at the Turn of the Ages"에서 충분히 입증한다; 이 주장을 해석학적 쟁점에 적용하는 것은 자연스럽고 동시에 필수적이다.

5) 참조. 고후 3:14-17.

6) Martyn, "Antinomies," 421. "갈라디아서 처음부터 끝까지 바울 묵시의 초점은 그리스도의 재림이 아니라 그의 죽음에 맞추어져 있다" (420).

7) Martyn은 마지막 절을 다음과 같이 번역한다: "그가 우리를 이 악한 세대의 지배로부터 잡아채기 위하여." 이 번역에 관하여 다음을 보라. Martyn, *Galatians*, 90-91.

주는 하나의 종말론적 구속으로 보는 해석이 바울의 이후 진술들을 읽는 우리를 지배해야 합니다.

바울의 구약성경 사용에서 인상적인 한 가지는, 마태와 후대 기독교 변증가들과 달리, 예언의 성취에 근거한 기독론적 증거들에 공공연히 호소하는 것에 바울은 관심이 없다는 것입니다. 그럼에도 불구하고, 이 소논문의 요지는 바울이 기독론적 주해의 일정한 묵시적 전통을 확실히 전제한다고 주장하는 것인데, 그 전통이란 그가 일 세기 다른 많은 유대 기독교인들과 공유했던 전통을 말합니다.

특히, 이 소논문은 밀접하게 연관된 한 쌍의 가설들을 시험해 봄으로써 바울의 하박국 2장 4절 읽기를 재검토해 볼 것입니다: (1) ὁ δίκαιος는 초기 유대 기독교 사회에서 메시아를 가리키는 표준적 별칭이었습니다, 그리고 (2) 바울의 하박국 2장 4절(ὁ δίκαιος ἐκ πίστεως ζήσεται) 인용-(롬 1:17; 갈 3:11)은 그 본문의 묵시적/메시아적 해석을 전제로 합니다. 다양한 학자들이 각각의 가설들을 때때로 제안했었지만,[8] 두 번째 주제는 소수 의견에 머물러 있고, 첫 번째 주제는 좀처럼 중요한 사안으로 인정받지 못하고 있습니다. 저는 다른 곳에서, 갈라디아서 3장에 나타난 바울 주장의 내적 논리에 근거하여, 바울이 참으로 ὁ δίκαιος를 메시아의 칭호로 이해한다고 주장하였습니다.[9] 갈라디아서의 묵시적 윤곽에 대한 마르틴(Martyn)의 묘사는 이제 하나

---

8) (1)에 관하여는 특히 다음을 보라. H. Dechent, "Der Gerechte' — eine Bezeichnung für den Messias," *TSK* 100 (1927-28): 439-443; and H. J. Cadbury, "The Titles of Jesus in Acts," in F. J. Foakes-Jackson and K. Lake, *The Beginning of Christianiy, Part I: The Acts of the Apostles* (London: Macmillan, 1920-33), 5:354-375; (2)에 관하여는 다음을 보라. A. T. Hanson, *Studies in Paul's Technique and Theology* (London: SPCK, 1974), 39-45; L. T. Johnson, "Romans 3.21-26 and the Faith of Jesus," *CBQ* 44 (1982): 90; 추가적인 참고문헌들은 다음을 보라. R. B. Hays, *The Faith of Jesus Christ: The Narrative Substructure of Gal. 3.1-4.11*, 2nd ed. (Grand Rapids: Eerdmans, 2002), 137 n. 67. 두 사항을 지지하는 것으로 특별히 다음을 보라. D. A. Campbell, "Romans 1:17 — a *Crux Interpretum* for the πίστις Χριστοῦ Debate," *JBL* 113 (1994): 265-285.

9) Hays, *The Faith of Jesus Christ*, 134-141, 179-181. 나의 책을 가장 관대하게 받아들였던 비평가

의 새로운 관점을 제공하는데, 우리는 그 관점에서 문제를 검토해야 합니다: 우리는 바울의 묵시적 해석학이 하박국 2장 4절에 대한 그의 이해를 어떻게 형성했는지 물어야만 합니다(그리고 반대의 경우도 마찬가지입니다). 그렇다면 이 소논문에서 저는 우선 ὁ δίκαιος가 메시아의 호칭으로 사용된 것으로 보이는 다양한 非-바울 본문들을 검토할 것이고, 그 뒤에 묵시적 인식이 본문의 용어와 행간에 간접적으로 새겨져 있을 수 있다는 것을 기억하면서, 바울의 하박국서 사용을 마르틴(Martyn)의 통찰력에 비추어서 고찰할 것입니다.

메시아의 칭호인 "의로운 자"? 非-바울 본문들

신약 학자들은 꽤 오랫동안 일 세기의 몇몇 본문들이 하나님의 종말론적 대리인인 "의로운 자"를 언급한다고 인정했습니다.[10] 이렇게 잘 알려진 구절들을 살펴보는 것은 "의로운 자" 칭호가 얼마나 널리 보급됐는지 보여 줄 뿐만 아니라, 이전의 다양한 구약 본문들을 반향함으로써 어떻게 의미를 얻게 되는지도 보여 줍니다.

에녹1서의 증거

기독교의 정경 문서들을 제외하고, 에녹1서만이 "의로운 자"를 메시아

들 중 일부도 이 주장의 관점에 관해서는 회의를 드러냈다 (예를 들어, C. Roetzel, *JAAR* 53 [1985]: 490: "나는 합 2:4이 메시아 본문이라는 것이나 메시아 본문이었다는 것에 대하여 여전히 납득하지 못한다"; 참조. R. N. Longenecker, *Themelios* 10, no. 2 [1985]: 38; T. L. Donaldson, "The 'Curse of the Law' and the Inclusion of the Gentiles: Gal. 3.13-14," *NTS* 32 [1986]: 112 n. 78). 따라서 나는 독자들이 내가 이 같은 문제를 완전히 다른 각도에서 재검토하는 것을 지루해하지 않을 거라고 믿는다.
10) 위 각주 8번에서 언급한 연구에 더하여 다음을 역시 보라. L. Ruppert, *Jesus als der leidende Gerechte?* (Stuttgart: KBW, 1972); 그리고 E. Franklin, *Christ the Lord* (London: SPCK, 1975), 62-63.

의 상징을 위한 칭호로 사용하는 신약성경 이전의 또는 동시대의 유대 문서 가운데 일반적으로 공인된 유일한 예입니다. 그러나 이 하나의 예가 현재 우리의 목적을 위하여 매우 중요한 사례가 됩니다.

에녹1서 38장에서 환상을 보는 에녹은 종말론적인 심판의 장면을 묘사함으로써 그의 계시된 지혜를 이야기하기 시작합니다:

> 의인의 모임이 나타나게 될 때
> 죄인들은 그들의 죄로 인하여 심판 받을 것이고,
> 지상으로부터 쫓겨날 것이며,
> 그리고 의로운 자가 의인 앞에
> 　　나타나게 될 때,
> 그 택자들은, 그들의 행위는 성령의 주께 달려 있다,
> 그가 의인과 땅에 거하는 택자에게 빛을
> 　　드러내 보이실 것이다…
> 의로운 자의 비밀이 드러나게 될 때,
> 그는 죄인들을 심판할 것이며,
> 그리고 악인들은 의인과 택자 앞에서
> 　　쫓겨날 것이다.[11]

이것만 본다면, 이 문서는 단순히 마지막 심판 때 하나님의 활동에 대

---

11) 이것과 이어지는 『에녹1서』 인용문들은 E. Isaac, in J. H. Charlesworth, *The Old Testament Pseudepigrapha*, vol. 1 (Garden City, N. Y.: Doubleday, 1983)의 번역에서 가져왔다. 38:3에서 R. H. Charles (*Apocrypha and Pseudepigrapha of the New Testament* [Oxford: Clarendon, 1913])의 더 오래된 표준 번역과 M. A. Knibb (*The Ethiopic Book of Enoch* [Oxford: Clarendon, 1978])의 새로운 번역은 다른 사본학적 증거를 따라서 복수 "의인들의 비밀"로 읽으며, Knibb 역시 39:6에서 복수를 채택한다: "의와 믿음의 택함을 받은 백성들." 그러나 38:2과 53:6의 매우 중요한 구절들에서 단수 "의인"이 분명하게 선언된다.

한 묘사로 이해될 수 있고, "의로운 자"는 하나님 자신으로 이해될 수 있습니다. 그러나 환상의 서술이 전개됨에 따라, 그 의로운 자는 하나님과 명백히 다른 인물로 확인되는데, "의와 믿음의 택자"(39:6; 참조. 합 2:4!), 하나님의 심판하시며 구원하시는 권능의 도구, 하나님에 의해 영광을 받으시는 분, (특별히 에녹1서 61장을 보라) 그리고 "의가 그에게 속하고 의가 그와 거하는 사람의 아들"(46:3; 참조. 48:2; 62:5이하)로 불리는 자입니다. 에녹1서의 저자는 "택자" 칭호를 선호하는 것처럼 보이지만, 그 별칭은 53장 6절에서와 같이 결합될 수 있습니다: "의롭고 택함 받은 자." 비록 이 의로운 자가 외관상 천상의 천사 같은 존재라기보다 인간의 모습이지만, 그는 종말론적인 심판의 때에만 나타나며, 그 순간까지 하나님에 의해 "감춰집니다"(62:7). 그는 주로 신적 정의의 집행자인 그의 역할에 관해서 의롭다고 여겨집니다.

의로운 자에 대한 이 묘사는 에녹의 비유들(에녹1서 37–71장)에 한정되어 있고 다른 곳에는 나타나지 않습니다. 에녹1서의 그 부분이 쿰란에서 발견된 사본의 증거 파편에서 입증되지 않았기 때문에, 밀리크(J. T. Milik)는 그 책에서 이 부분 전체가 후대 기독교의 삽입이라고 추측했습니다. 하지만, 대부분의 학자들은 그 비유들을 일 세기 유대 문서로 보는 의견을 계속 견지합니다.[12] 그 비유들의 저작 시기와 출처에 대한 문제를 해결하는 것이 물론 여러 가지 면에서 중요하긴 하지만, 우리가 하는 지금의 연구가 이 논쟁의 결과에 좌우될 필요는 없습니다. 만약 — 충분히 가능성 있는데 — 이 자료가

---

12) 다음을 보라. J. C. Greenfield and M. E. Stone, "The Enochic Pentateuch and the Date of the Similitudes," *HTR* 70 (1977): 51-65; J. A. Fitzmyer, "Implications of the New Enoch Literature from Qumran," *TS* 38 (1977): 340-344; J. H. Charlesworth, "The SNTS Pseudepigrapha Seminars at Tübingen and Paris on the Books of Enoch," *NTS* 25 (1978-79): 315-323; M. A. Knibb, "The Date of the Parables of Enoch: A Critical Review," *NTS* 25 (1978-79): 345-359; C. L. Mearns, "Dating the Similitudes of Enoch," *NTS* 25 (1978-79): 360-369; D. W. Suter, *Tradition and Composition in the Parables of Enoch*, SBLDS 47 (Missoula, Mont.: Scholars, 1979), 11-33; M. Black, *The Book of Enoch of 1 Enoch: A New English Edition*, SVTP 7 (Leiden: Brill, 1985), 181-188을 보라.

비기독교적이라면, 그것은 고대하던 종말론적 구원자를 "의로운 자"로 인정하는 유대 전통의 존재에 대한 증거를 제공합니다. 반면에, 만약, 그 비유들이 기독교인 저자가 쓴 작품이라면, 그것은 아래에 신약성경 본문들을 인용한 것에 추가하여, 유대 기독교인들이 이 칭호를 특징적으로 그리고 구별하여 예수에 대해 적용했다는 또 하나의 증거를 제공합니다.[13]

사도행전의 증거

이야기의 틀이 아니라 연설에서 모두 나타나는 사도행전의 세 구절들은 예수를 직접적으로 "의로운 자"라고 언급합니다. 몇 가지 결론들을 도출하기 전에 그 구절들을 각각 차례로 검토해 보기 원합니다.

베드로가 나면서부터 못 걷게 된 이를 고친 후, 솔로몬의 행각에서 백성을 향해 설교할 때, 그는 "아브라함과 이삭과 야곱의 하나님 곧 우리 조상의 하나님이 그의 종(παῖδα) 예수를 영화롭게 하셨느니라. 너희가 그를 넘겨주고(παρεδώκατε) 빌라도가 놓아주기로 결의한 것을 너희가 그 앞에서 거부하였으니, 너희가 거룩하고 의로운 이(τὸν ἅγιον καὶ δίκαιον)를 거부하고 도리어 살인한 사람을 놓아주기를 구하여 생명의 주를 죽였도다. 그러나 하나님이 그를 살리셨으니 우리가 이 일에 증인이라"(3:13-15)고 선언합니다. 백성에게 "넘김 받게" 된 παῖς에 대한 언급은 이사야 52:13-53:12의 언어를 반향할 수도 있지만(행 3:18도 참조), 이 점은 논쟁이 많습니다. 고난 받는 종에 대한 이사야의 상징이 이 언어 뒤에 있든지 없든지 간에,[14] "거룩하고 의로운 이"가

---

13) 문제를 이처럼 명확히 서술하는 것은 Milik가 비유들의 저작 연대를 늦게 잡은 것이 정확하지 않다는 것을 가정하며, 비록 그것이 기독교 모임으로부터 왔다고 판단한다 하더라도, 그것이 보여 주는 이런 종류의 기독교는 특성상 매우 유대적이다.

14) 아래의 벧전 3:18에 관한 논의를 참조하라.

불의한 죽음을 당하셨으나(3:15, 18), 구경꾼들 눈앞에서 못 걷는 자가 고침 받음으로써 명백하게 예시된 우주적인 종말론적 회복의 때까지, 이제 하늘이 마땅히 그를 받아 둔(3:21) 예수 그리스도(3:18, 20)라는 것은 분명합니다. 에녹1서 본문과 같이, 베드로의 연설은 그 의로운 자를 그의 출현이 만물의 우주적 결의를 동반하는 찬송 받는 인물로 묘사합니다; 에녹1서 본문과 달리, 베드로의 연설은 그 의로운 자의 의를 부당한 고난과 부활을 통한 신원의 주제와 연결 지어 생각합니다.

　다음에 나타나는 구절은 적대적인 산헤드린 공회 앞에서 했던 스데반의 설교 정점에 위치해 있다는 것에 의해 특별히 강조됩니다. "목이 곧고 마음과 귀에 할례를 받지 못한 사람들아, 너희도 너희 조상과 같이 항상 성령을 거스르는도다. 너희 조상들이 선지자들 중의 누구를 박해하지 아니하였느냐? 의인이 오시리라(τῆς ἐλεύσεως τοῦ δικαίου) 예고한 자들을 그들이 죽였고 이제 너희는 그 의인을 잡아 준 자요 살인한 자가 되나니, 너희는 천사가 전한 율법을 받고도 지키지 아니였도다 하니라." 여기서 "의인"은 틀림없이 칭호가 있는 방식으로 사용되고 있으며, 이 용어는 매우 묵시적인 배경 안에서 나옵니다: 그의 "오심"은 이스라엘 모든 선지자에 의하여 예언되었고, 그는 7장 55-56절에서 "하나님 우편에 서신 인자"와 동일시됩니다(참조. 단 7:13-14; 시 110:1). 여기서 다시 한 번, 3장 13-15절에서와 같이, 하늘의 영광이 의인에게 있다고 여기는 것은 순교자로서의 그의 죽음에 대한 주제와 융합되는데, 이것은 물론 바로 이 장면에서 재현된 것처럼 스데반 자신의 운명을 위한 모범이 됩니다.

　네 가지 문제가 주의를 요합니다. (1) 의인의 ἔλευσις [오심]에 대한 스데반의 언급은 하박국 2장 3-4절을 메시아 예언으로 여기는 확고한 전통적인 읽기를 반향할 수 있습니다.[15] 일반적으로 메시아의 구약 예언들로 여겨

---

15) 이 전통에 관하여는 다음을 보라. A. Strobel, *Untersuchungen zum eschatologischen Verzögerungsproblem auf Grund der spätjüdisch-urchristlichen Geschichte von Habakuk 2,2ff.,*

지는 다른 본문들 중에서 하박국 2장 3-4절처럼 7장 52절의 용어와 꼭 일치하는 본문은 없습니다. 누가가 이런 전통과 익숙했다는 것은 세례 요한의 제자들이 예수께 했던 질문을 그가 (설명 없이) 삽입한 것으로써 드러납니다: "오실 그이(ὁ ἐρχόμενος)가 당신이오니이까, 우리가 다른 이를 기다리오리이까?"(눅 7:19; 참조. 합 2:3 LXX; 시 117:26 LXX).[16] (2) 같은 인물을 가리키는 칭호로서의 "의인"과 "인자" 용어들 간의 접근성은 이 구절과 위에서 논의했던 에녹1서와의 공통적인 배경을 암시할 수 있습니다. (3) 스데반의 순교 이야기를 담은 서사 배경에서, 7장 52절에서 예수를 ὁ δίκαιος로 언급한 것은 백부장이 십자가에서 했던 말을 기록한 누가의 독특한 이야기를 상기시켜 줍니다 (눅 23:47): "이 사람은 정녕 δίκαιος [의인]이었도다." 만일 누가가 ὁ δίκαιος를 확인 가능한 메시아의 칭호로 생각한다고 가정한다면, 이 이야기는 누가가 극적 아이러니를 특별히 좋아한다는 것을 예시해 줄 것입니다: 백부장은 "이 사람은 결백하다"라고 의미할 뿐이었지만, 그러나 그의 말은 그가 알고 있는 것보다 더 큰 진리를 증언하는데, 누가와 독자에게 알려진 그 진리는 예수가 그 의인이라는 것입니다.[17] (4) 사도행전 7장 51-53절과 갈라디아서 3장 사이에는 몇 가지 멀지만 갈수록 흥미로운 관계들이 있습니다. 물론 가장 설득력 있는 것은 두 본문들 모두 율법이 천사들을 통하여 전해졌다는

NovTSup 2 (Leiden: Brill, 1961), 특히 LXX (47-56)에 대한 그의 논평들. 이 입장은 역시 다음에 의해서도 지지받는다. D.-A. Koch, "Der Text von Hab 2.4b in der Septuaginta und im Neuen Testament," *ZNW* 76 (1985): 73 n. 25.

16) 눅 7:19(= 마 11:3)의 칭호는 시 117:26 (LXX)에 호소함으로써 역시 설명할 수 있다. 그러나 한 번 ὁ ἐρχόμενος가 메시아의 칭호로서 이해되기 시작하면, 시편 본문과 합 2:3 간의 미드라시 연결은 어떤 경우에도 사실상 불가피해질 것이다. 합 2:3이 복음서의 배경이라는 주장에 관한 자세한 논의는 다음을 보라. Strobel, *Verzögerungsproblem*, 265-277.

17) Lake와 Cadbury는 "만일 *ho dikaios*가 예수의 익숙한 칭호였다면 그 이야기는 주장을 관철한다"고 논평하며, 마가의 θεοῦ υἱός보다 "*ho dikaios*가 덜 원래의 것처럼 보인다"는 추론을 이끌어 낸다 (in Foakes-Jackson and Lake, *Beginnings of Christianity*, 4:83).

전통을 언급한다는 것입니다(행 7:53: εἰς διαταγὰς ἀγγέλων; 갈 3:19:διαταγεὶς δι᾽ ἀγγέλων). 하지만 더욱이 두 본문들은 이전에 복음이 선포된 것을 언급하며 (행 7:52; 갈 3:8), ὁ δίκαιος를 어떻게든 기독교 선포의 중요한 요소로 연관시킵니다(행 7:52; 갈 3:11). (저는 일부러 이 마지막 관찰을 가능한 가장 일반적인 방식으로 공식화했습니다; 추가적인 논의는 아래를 보기 바랍니다.)

사도행전에서 ὁ δίκαιος를 칭호로서 마지막으로 사용한 것은 예루살렘 회중 앞에서 한 바울의 연설에 나타나는데, 그때 바울은 다메섹 도상 경험 후 아나니아가 그에게 했던 말을 자세히 말합니다: "우리 조상들의 하나님이 너를 택하여 너로 하여금 자기 뜻을 알게 하시며 그 의인(τὸν δίκαιον)을 보게 하시고 그 입에서 나오는 음성을 듣게 하셨으니; 네가 그를 위하여 모든 사람 앞에서 네가 보고 들은 것에 증인이 되리라"(행 22:14-15). 종말론적 모티프의 부재에도 불구하고, 여기서 문맥은 ὁ δίκαιος가 계시적 환상 가운데 나타났다는 의미에서 묵시적이고, 그 환상은 "보는 자"에게 ἀποκάλυψις [계시]에 관한 증언을 위임하는 것을 수반합니다. 바울은 그 의인에 대하여 무엇을 배웠을까요? 우리가 여기서 듣게 되는 것은 단지 그가 나사렛 예수로 확인되었다는 것뿐입니다(22:8); 의인의 고난, 죽음, 부활, 그리고 종말론 심판에 관한 모티프들이 명시적으로 상기되지는 않습니다. 예수에 대한 "박해"는 사실 그리스도인들에 대한 바울의 박해를 언급하는 것입니다(22:4-5); 이 사항은 중요합니다. 왜냐하면 그것은 메시아와 그의 백성 사이의 강한 일치의 의미를 설명해 주기 때문인데, 그 일치는 초대 기독교 선포의 구원론적인 논리를 위하여 필수적입니다.[18)]

우리 앞에 놓인 이런 구절들을 가지고, 사도행전에 나오는 별칭 ὁ δίκαιος에 대한 몇 가지 결론들을 함께 도출해 보기 원합니다. 이 용어

---

18) 다음에 나오는 논의를 보라. Hays, *Faith of Jesus Christ*, xxix-xxxiii, 210-218.

는 **오직** 유대 청중들을 향한 연설에서만 나오며 ─ 사실은, 예루살렘에 거하는 유대인 청중들에게만 ─ 그리고 언제나 이 용어는 설명 없이 쓰이는데, 마치 그 의미가 청중들에게 자명한 것으로 여겨지고 있는 것처럼 말입니다. 누가는 이 칭호를 그의 편집 구조나 또는 발전적인 기독론적 표현 어디에서도 사용하지 않습니다; 그것을 누가 개인의 신학적 진술 또는 개념으로 (theologoumenon) 여길 만한 어떤 이유도 없습니다. 그러나 이것은 누가가 이야기하는 사건에서 베드로, 스데반, 그리고 바울이 말한 것을 정확하게 서술한다는 의미에서 "진정하다"고 말하는 것은 아닙니다. 바울이 ὁ δίκαιος를 알았고 메시아 칭호로 사용했다는 것을, 예를 들어 사도행전 22장 14절이 증명한다고 가정하는 것은 심각한 방법론적 오류가 될 것입니다. 그것이 시사하는 바는, 역사적 진실성에 관심을 가진 누가가 ὁ δίκαιος를 일 세대 유대 기독교인 설교자들이 유대인 회중들에게 메시아에 관해 말했을 때 사용되었던 메시아의 칭호라고 믿었다는 것입니다.[19] 누가가 실제로 전통적인 자료들을 이용하고 있는지 또는 그가 초기 유대 기독교인의 선포라고 믿은 것을 따라서 이러한 연설들을 자유롭게 썼는지 말하는 것은 매우 어렵습니다. 그러나 둘 중 어느 경우라도, 사도행전의 이러한 세 구절들은 "의로운 자"가 초기 기독교에서, 특별히 유대 기독교인 사회에서 관행적인 메시아 호칭이었다는 것이 매우 신빙성 있음을 여실히 말해 줍니다. 그 용어는 부활과 심판의 묵시적 모티프들과 직접적인 관련성을 가지고 나타나며, 예수의 죽음에 나타난 심각한 불법을 강조합니다. 연설들에서 별칭을 쓰는 것은 하박국 2장 3-4절과 이사야 53장에 대한 암시를 나타내며, 그뿐만 아니라 한편으로는 에녹1서와 다른 편으로는 갈라디아서에 나타난 신학적 견해들을 가진 그룹들과의 접촉점을 가리키기도 합니다.

---

19) 누가가 사도행전의 연설들을 담화 배경에 적합하도록 맞추는 기술에 대한 유익한 논의는 다음을 보라. B. R. Gaventa, "The Overthrown Enemy: Luke's Portrait of Paul," in SBLSP (1985), 439-449.

마지막으로, 사도행전에 있는 한 가지 의외의 침묵은 곰곰이 생각할 가치가 있습니다. 헤게시푸스(Hegesippus)는 (바울이 "주의 형제"라고 하는) 야고보가 "주의 때로부터 지금까지 모든 남자들에 의하여"[20] "그 의인"(δίκαιος)으로 불렸다고 전하고, 실로 거기서 그의 순교에 관한 기사가 그를 반복하여 ό δίκαιος로 불렀는데, 마치 그것이 실질적으로 적절한 이름인 것처럼 말입니다. 예를 들어, 이야기의 정점은 다음과 같이 흐릅니다: "그들 중 어떤 사람이, 세탁업자들 중 한 사람이, 그가 옷들을 때릴 때 사용했던 몽둥이를 들고, 그 **의인**의 머리를 때렸고, 그래서 그는 순교자가 되었다."[21] 레이크(Lake)와 캐드베리(Cadbury)는, 분명히 그들 자신의 무모한 제안으로 인한 신학적 이유들에 당황하여, "의로운 자"라는 칭호가 원래는 예수께 적용되었는데 나중에 "그의 형제 야고보에게 상속되었다"는 추측을 감히 표명했습니다 — 만일 이 문구를 쓸 수 있다면 말입니다.[22] 그러나, 놀랍게도, 비록 야고보가 사도행전에서 중요한 인물로 나타나며, 누가에 의해 사도행전 15장의 예루살렘 공의회에서 호의적으로 묘사되었지만, 누가는 결코 그를 ό δίκαιος로 언급하지 않았으며, 또는 야고보가 그러한 칭호로 알려졌다는 어떤 암시도 그의 독자들에게 주지 않았습니다.[23] 이 생략은 놀라워 보입니다. 왜 야고보에게 적용된 칭호의 흔적이 신약성경에는, 특별히 사도행전에는 없는 것일까요?

　　거기에는 실제로 단지 두 가지 가능성만 있습니다. (1) 누가는 야고보에 관한 그런 전통을 전혀 몰랐습니다. 야고보가 도처에 ό δίκαιος로 알려졌다고 하는 헤게시푸스(Hegesippus)의 주장은 명백히 과도하게 전설적인 성인

---

20) Eusebius, *Historia ecclesiastica* 2.23.4에서 인용됨.

21) Eusebius, *Historia ecclesiastica* 2.23.18.

22) Lake and Cadbury, in Foakes-Jackson and Lake, *Beginnings of Christianity*, 4:104.

23) 이와 동일한 의견을 바울이 갈 2:9, 12에서 야고보에 대하여 언급한 것에 적용할 수 있다. 바울이 그러한 명예로운 칭호를 언급하지 않은 이유들은, 비록 그것이 그에게 알려졌다 하더라도, 상당히 명백했을 것이다.

전의 모티프들로 꾸며진 이야기에 더해진 하나의 장식물입니다. 이 자료는 야고보가 그의 동시대 사람들에게 실제로 무엇으로 불렸는지에 대한 신뢰할 만한 정보를 주지 않습니다. (2) 헤게시푸스(Hegesippus)의 이야기는 최소한 이 점에서는 실제로 신뢰할 수 있고, 누가는 이 지식을 레이크(Lake)와 캐드베리(Cadbury)의 곤혹과 유사한 이유들로 공표하지 않았습니다: ὁ δίκαιος 는 오직 예수에게만 마땅하게 적용되는 칭호입니다. 저는 이 설명들 중 첫 번째를 선호하는 정당한 이유들이 있다고 생각합니다: 야고보의 칭호로서 이 별칭에 대한 전통은 그를 언급한 다른 여러 신약성경 어디에서도 입증되지 않는데, 심지어 야고보서를 포함해서,[24] 요세푸스에서도 나오지 않습니다 (*Antiquities* 20.200). 비록 누가가 야고보의 특징적인 칭호를 은폐시켰다는 나중의 설명이 옳다고 하더라도 — 사실은, **특히** 그것이 만일 옳다고 하면, 누가는 ὁ δίκαιος의 별칭을 종말론적 구원자인 예수에게 따로 남겨 두는 초기 전통의 흐름을 증언하는 것입니다.

공동서신의 증거

의로운 자에 대한 여러 언급들이 공동서신에도 역시 나타나서, 그 용어가 기독론적 칭호로 사용되는 것에 대한 추가적인 증거를 제공해 줍니다. 이 언급들 중에서 가장 중요한 것은 베드로전서 3장 18절에 나옵니다: "그리스도께서도 단번에 죄를 위하여 죽으사, 의인으로서 불의한 자를 대신하셨으니(δίκαιος ὑπὲρ ἀδίκων)."[25] 베드로전서는 여기서 전통적인 신앙고백문처럼 보이는 것을 인용하면서 예수의 고난을, 선을 행함으로 고난 받음으로써

---

24) 위서의 저자는 무슨 동기로 작품의 추정상 저자를 그렇게 단도직입적으로 기릴 수 있는 칭호를 생략한 것일까?

25) 성경 본문 전통에 의거한 다양한 방식의 3:18a 읽기는 문구의 δίκαιος 사용과는 아무 관련이 없다.

(3:17) 그리스도의 본을 따르도록 권면 받는(참조. 2:21) 그리스도인의 행동을 위한 모범으로 표현합니다. 흥미롭게도, 비록 신앙고백문 그 자체는 그 의인의 고난이 가진 대속적 효과를 강조하지만, 베드로는 그것의 모범적인 특징을 강조하기 위해 선택합니다. 현대 비평가들에게는 공통점이 없어 보일 수 있는 이렇게 다른 강조점들은 베드로에게 분명히 단일한 포괄적인 개념의 부분이었습니다. 그 신앙고백문은 이사야 53장 10b-12절(LXX)에 근거한 것이 거의 확실합니다: "여호와께서 ⋯ 많은 자들을 잘 섬기는 한 의로운 종을 의롭게 하길 원하신다(δικαιῶσαι δίκαιον). 그리고 이런 이유로 그는 많은 사람을 상속받을 것이며(κληρονομήσει πολλούς), 강한 자의 탈취한 것을 나눌 것이고, 왜냐하면 그의 영혼이 사망에 내어졌고(παρεδόθη), 그는 범죄자 중 하나로 헤아림을 받았기 때문이다. 그리고 그는 많은 사람의 죄를 짊어지고, 그들의 죄로 인하여 내어 줌을 당했다(διὰ τὰς ἁμαρτίας αὐτῶν παρεδόθη)."[26] 베드로전서 3장 18절이 갈라디아서 1장 4절("그리스도께서 ⋯ 우리 죄를 대속하기 위하여 자기 몸을 주셨으니")과 매우 유사하다는 것을 알아야 합니다.[27] 그 의인의 고난이 가진 명백히 구속적인 측면이 사도행전 구절에서는 나타나지 않았던 주제이긴 하지만, 이 인물과 관련된 다른 모티프들은 우리가 이미 보아 왔던 것들과 유사합니다: 그는 부당하게 고난 받으셨고, 하나님에 의하여 신원을 받으셨으며, 그리고 이제 하늘에 오르사 "하나님 우편에 계시니 천사들과 권세들과 능력들이 그에게 복종합니다"(3:22; 다시 한 번 우리는 여기서 시편 110편뿐만 아니라 에녹1서의 반향들이 있는 것은 아닌지 생각합니다). 노아의 날 이 땅에 임한 물 심판에 대한 언급은(3:20; 참조. 에녹1서 65-67) 우리에게 고난을 인내하

---

26) Douglas J. Moo는 이해할 수 없이 *"dikaios*는 사 53.11 LXX에서 사용되지 않는다"고 말한다 (*The Old Testament in the Gospel Passion Narratives* [Sheffield: Almond, 1983], 158). 이것은 순전히 실수다.

27) 이러한 문구들과 갈 3:13-14 사이의 개념적 관계들을 깊이 생각하는 것 역시 흥미롭다.

라는 베드로전서의 권면이, 처음부터 끝까지 현재의 시간을 종말론적 위기의 때로 바라보는 묵시적 인식 안에 놓여 있다는 것을 또한 상기시켜 줍니다 (특히 4:12-19을 보라).

예로 언급된 마지막 구절은 우리의 연구에서 특별한 관심을 끄는 인용문을 담고 있습니다: "또 의인(ὁ δίκαιος)이 겨우 구원을 받으면 경건하지 아니한 자와 죄인은 어디에 서리요?"(4:18, 잠 11:31 LXX 인용). 우리는 여기서 나온 ὁ δίκαιος를, 3장 18절에 비추어서, 예수를 언급하는 또 다른 사례로 해석해야 할까요, 아니면 이 구절을 잠언에 나오는 원래 뜻대로 "의로운 사람"에 대한 일반적인 언급으로 해석해야 할까요? 4장 17절b와의 비교는 나중 해석이 정확하다는 것을 시사합니다. 따라서, 이 본문은 한 가지 중요한 요점을 논증합니다: 베드로전서는 (누가복음과 다르게?) ὁ δίκαιος를 문맥에 따라서 예수의 별칭이나 또는 일반적인 용어로 사용할 수 있습니다. 예수를 **모범이 되는** 의로운 사람으로 해석하는 것은 두 가지 의미들 간의 변화가 쉽게 되도록 해 줍니다. 한마디로 말하면, ὁ δίκαιος [의인]으로서의 예수와 이사야서에 나타난 종의 모습과의 암시적인 관계(allusive connection)는 사도행전보다 베드로전서에서 더 분명히 나타나지만, 그 표현이 지닌 칭호의 힘은 더 약합니다.

비슷한 문제가 야고보서 5장 6절에 관련하여 발생합니다: "너희는 의인(τὸν δίκαιον)을 정죄하고(κατεδικάσατε) 죽였으나; 그는 너희에게 대항하지 아니하였느니라." 문맥 어디에도 그 구절의 기독론적 읽기를 암시하지 않는데, 그 구절은 죄 없는 자를 억압하는 부한 자에게 화를 선포하는 결론에 나타납니다(5:1-6). 하지만 그 구절은 지혜서 2:6-20의 주제와 언어를 이용하기 위하여 나타납니다: "가난한 의인을 골탕 먹인들 어떻겠느냐? … 의인은 우리를 방해하고 우리가 하는 일을 반대하며 율법을 어긴다고 우리를 책망하고 배운 대로 하지 않는다고 나무라니 그를(τὸν δίκαιον) 함정에 빠뜨리자. … 그를 정죄하여(καταδικάσωμεν) 아주 수치스러운 죽음을 한번 안겨 보자"(10,

12, 20절). 그러나 지혜서 2장에 대한 암시를 인지하게 되면, 야고보서 5장 6절의 해석은 덜 복잡해지는 것 이상이 됩니다. 야고보서 5장 6b절에 나오는 의인의 무저항은 지혜서 2장에 명시된 내용을 근거로 두지 않습니다; 그렇다면 어디에서 이 모티프가 왔을까요? 어떠한 초기 그리스도인도 지혜서 2장 10-20절에서 예수의 수난에 대한 예언적 예시를 발견하지 않고 그것을 읽을 수 있었다고 믿기는 어렵습니다:

> 의인은 자기가 하나님을 안다고 큰소리치고,
> 주님의 아들(παῖδα)로 자처한다. …
> 의인들의 최후가 행복스럽다고 큰소리치고,
> 하나님이 자기 아버지라고 자랑한다.
> 그가 한 말이 정말인지 두고 보자.
> 그의 인생의 말로가 어떻게 될 것인지 기다려 보자;
> 의인(ὁ δίκαιος)이 과연 하나님의 아들(υἱὸς θεοῦ)이라면,[28]
> 하나님이 그를 도와서,
> 원수의 손아귀에서 구해 주실 것이다.
>
> (2:13, 16b-18; 참조. 5:1-7)

우리가 야고보서 5장 6절에서 지혜서 2장에 대한 암시를 찾으려고 할 수록, 우리는 심지어 여기서도 ὁ δίκαιος가 예수에 대한 간접적인 언급이라는 것과 무저항의 모티프가 예수의 수난에 관한 전통으로부터 왔다는 가능성을 받아들일 준비를 해야 합니다. 그런 경우 야고보서 5장 6절은 베드로전서

---

28) 말이 난 김에, 다른 공관복음 기사들이 십자가 아래 있던 백부장의 "고백"에 관해 예수께 돌려진 두 개의 별칭을 지혜서 2:18의 행이 포함하고 있음을 유념하는 것은 흥미로운 일이다(마 27:54 = 막 15:39; 눅 23:47).

4장 18절과 매우 유사하다는 것을 보여 줍니다: ὁ δίκαιος의 일반적인 사용과 장르의 원형으로서의 예수. 여기서 이러한 ὁ δίκαιος 용어 사용은 에녹1서와 사도행전에서 같은 용어를 칭호로 사용하는 것과 어원이 같지만, 그것과 구별할 수 있다는 것을 계속해서 말해야 합니다.

끝으로 요한1서에 나오는 ὁ δίκαιος의 세 가지 경우를 주목해야 합니다. 요한1서 2장 1b절에서 우리는 베드로전서 3장 18절이 δίκαιος 칭호를 사용하는 것과 유사한 방식의 표현을 발견합니다: "만일 누가 죄를 범하여도 아버지 앞에서 우리에게 대언자가 있으니 곧 의로운 예수 그리스도시라 (Ἰησοῦν Χριστὸν δίκαιον);[29] 그는 우리 죄를 위한 화목 제물이니 우리만 위할 뿐 아니요 온 세상의 죄를 위하심이라"(2:1b-2). 베드로전서와 같이, 그 의로운 자는 불의한 자를 위하여 대신 속죄하는 자로 나타납니다; 하지만 권고적인 적용은 여기서 두 가지 방식으로 약간 다릅니다: 의로우신 예수는 죄를 범한 자들을 위해 안도를 주는 자로 나타나며, 그의 모범적인 고난에 대한 특별한 언급은 전혀 나타나지 않습니다. 그의 교훈적인 모범은 명백히 더 일반적인 양식에 속한 것으로, 우리는 이에 대한 추가적인 언급들을 2장 29절과 3장 7b절에서 봅니다: "너희가 그가 의로우신(δίκαιός) 줄을 알면 의 (δικαιοσύνην)를 행하는 자마다 그에게서 난 줄을 알리라. … 의(δικαιοσύνην)를 행하는 자는 그의 의로우심과(δίκαιός) 같이 의롭고(δίκαιός)." 이 구절들에서 δίκαιός는 아마 틀림없이 속성을 나타내는 형용사로 단순히 사용되었고, 그 칭호의 특징은 실질적으로 사라졌거나 또는 2장 1절에 이 용어가 처음 나타난 것을 통해서만 독자의 귀에 속삭입니다. 예수의 이 칭호를 예언적인 구약성경에 연결하려는 뚜렷한 의도는 없습니다. 더구나 이 용어는 여기서 종말론적인 심판자와 구원자를 위한 유일한 칭호로서 작용하지 않습니다; 그

---

29) 이 번역은 내가 한 것이다.

것은 오히려 믿음의 공동체를 위한 교훈적 모범으로 서 있는 예수에 대한 특징을 나타내는 것입니다. 그의 안에 거하는 자들은(2:28) 그가 예시하신 삶의 방식에 참여할 것입니다. 따라서 비록 예수를 "의로운 자"로 묘사하는 전통은 특유한 요한의 해석을 덧입게 되지만, 이 용어의 종말론적 전망은 2장 28-29절에서와 같이 완전히 사라진 것이 아님을 주목할 필요가 있습니다: 그의 안에 거하여 의를 행하는 자들은 그가 강림하실 때에 담대함을 얻어 그 앞에 서게 될 것입니다.

히브리서의 증거

마지막으로, 히브리서는 우리를 바울과 아주 가까운 거리로 데려다주는데, 왜냐하면, 바울과 같이 히브리서도 하박국 2장을 인용하기 때문입니다. 이 인용문의 중요성은 우리의 세심한 주의를 받을 만합니다.

이 λόγος παρακλήσεως [권면의 말]을 한 저자는(13:22) 그의 독자들에게 역경 중에도 "우리가 믿는 도리의 소망을 움직이지 말고 굳게 잡으라"고 권하면서(10:23), ὑπομονή [인내]를 위한 그의 간청의 한 부분으로서 하박국의 예언에 호소합니다:

그러므로 너희 담대함을(παρρησία; 참조. 10:19) 버리지 말라, 이것이 큰 상을 얻게 하느니라. 너희에게 인내가 필요함은, 너희가 하나님의 뜻을 행한 후에 약속하신 것(τὴν ἐπαγγελίαν; 참조. 10:23; 갈 3:14-22)을 받기 위함이라.
잠시 잠깐 후면,
오실 이가(ὁ ἐρχόμενος) 오시리니 지체하지 아니하시리라;

나의 의인은 믿음으로 말미암아 살리라(ὁ δὲ δίκαιός μου ἐκ πίστεως
　　ζήσεται),

또한 뒤로 물러가면

내 마음이 그를 기뻐하지 아니하리라.

우리는 뒤로 물러가 멸망할 자가 아니요,

오직 영혼을 구원함에 이르는 믿음을 가진 자니라. (10:35-39)

　　여기서 하박국 인용문의 형식은 히브리서 저자가 거기에 배정한 해석
에 관하여 중요한 단서들을 제공합니다. 비록 본문은 칠십인경과 비슷하지
만, 여기에는 몇 가지 기본적인 차이가 있습니다.[30] 칠십인경은 그 구절을
이미 "메시아적"으로 번역하지만,[31] 히브리서는 이 지점에서 정관사 ὁ를 분
사 ἐρχόμενος 앞에 삽입함으로써 모호함을 줄 수 있는 어떤 가능성도 제거
해 버립니다. 여기서 "오실 이"는 마태복음 11장 3절=누가복음 7장 19절에서
와 같이 칭호로 이해됩니다. 하지만, 본문의 가장 결정적인 수정은 10장 38
절에 나타나는데, 거기서 히브리서 저자는 하박국 2장 4a절과 2장 4b절의
순서를 뒤집음으로써[32] 하나의 중대한 새로운 해석을 만들어 냅니다. 맨슨
(T. W. Manson)이 인지한 것처럼,[33] 칠십인경 본문은 그 오실 이를 위한 두 가
지 가능성 있는 행동의 양식들을 ― 뒤로 물러가지 않으면서 ἐκ πίστεως [믿
음으로 말미암아] 살아갈 자라고 확언되는 ― 대조합니다; 따라서, 칠십인경

---

30) Koch, "Der Text von Hab. 2.4b," 75-78의 논의를 참조하라.

31) 위 각주 15번에 있는 참조문헌들과 T. W. Manson, "The Argument from Prophecy," *JTS* 46
(1945): 133-134를 보라.

32) 명확한 표와 논의는 다음을 보라. C. H. Dodd, *According to the Scriptures* (London: Nisbet,
1952), 50.

33) Manson, "The Argument from Prophecy," 134.

을 가장 자연스럽게 읽는 방식은 ὁ δίκαιος [의인]을 메시아를 찬미하는 또 다른 말인 ὁ ἐρχόμενος [오실 이]와 동의어로 취급하는 것입니다. 하지만 히브리서 저자는 그 절들을 뒤바꿈으로써 권고적인 의제가 동기가 된 매우 다른 읽기 방식을 성취합니다. 오실 이가 잠시 잠깐 후면 오실 것이라는 확신에 비추어서, 중요한 문제는 기다리는 자들의 반응입니다: 그것은 어떤 특징을 나타낼까요? 신실한 인내일까요, 아니면 배교일까요?[34] 10장 39절의 끝맺는 말은 이 점을 분명히 설명해 주는데, 하박국 2장 4절에서 πίστις [믿음]과 ὑποστολή [뒤로 물러감] 용어들을 가지고 와서 기독교 공동체의 신실한 지체들과 배교자들을 구별하는 주제 표어들로 높입니다. 그러므로 히브리서 10장 37-38절은 ὁ δίκαιος에 대한 비-메시아적 해석을 하도록 이끕니다: 이 구절의 "나의 의인"은 "오실 이가 오시기 이전, 현재의 종말론적 간격에 있는 신실한 그리스도인 신자"를 의미합니다.

그러므로, 히브리서의 하박국 2장 3-4절 해석은 1QpHab에 의해 입증된 것처럼, 쿰란 공동체에 주어진 해석과 놀랄 만한 형식적 유사성을 지닙니다. 쿰란의 해석자는 칠십인경보다 히브리어 본문을 가지고 연구하기 때문에, 심지어 "정한 때"의 지연에 대한 주석으로 이해되는 2장 3절에서도 메시아적 읽기에 대한 흔적이 없습니다: 그럼에도 불구하고, 히브리서와 1QpHab은 이 구절을 근본적으로 종말의 지연을 수반하는 고난 가운데 믿음을 지키라는 권면으로 이해합니다.

만일 그것이 늦어지면, 그것을 기다리라, 왜냐하면 그것은 반드시 올 것이며 늦지 않을 것이기 때문이다(ii, 3b). 해석하자면, 이것은 마지막 시

---

34) 이 관찰은 아마도 히 10:38 본문의 μου 위치를 치환한 것도 설명해 준다: 만일 μου가 πίστεως를 수식하도록 남겨진다면, 칠십인경과 같이, 10:39에서 분명히 표현된 요점의 권고적인 힘이 무디어질 것이다.

대가 연기될 때 율법을 지키며, 그 손이 진리를 섬기는 데 게으르지 않는 진리의 사람들과 관계가 있다. 왜냐하면 하나님의 모든 시대는 그가 그것들을 위하여 그 지혜의 신비 안에서 결정하시면 그것들의 정해진 끝에 이르기 때문이다. ⋯ **[그러나 의인은 그의 믿음으로 말미암아 살 것이다](ii, 4b).** 해석하자면, 이것은 유다의 집에서 율법을 준수하는 자들, 그들의 고난 때문에, 그리고 의의 교사에 대한 그들의 믿음 때문에 심판의 집으로부터 하나님께서 구원해 주실 사람들과 관계가 있다.[35]

쿰란 주석은 "그 의인"을 (아마 맛소라 사본에서 발견된 것과 같은 특이한 히브리어 본문 읽기를 좇아)[36] 의의 교사가 전하는 해석에 따라 "율법을 준수하는 모든 (복수) 자"와 동일시합니다. 물론 히브리서에서 신실은 율법의 준수가 아니라 기독교 신앙고백에 대한 충성으로 정의됩니다; 여전히 하박국 2장 4절의 권면적 해석은 두 본문 안에 동일하며, 하박국의 "의인"은 두 군데 다 고난 앞에서 굳건한 순종을 보이는 이상적인 인물로 해석됩니다.

그러나 만일 우리가 스스로에게 히브리서에서 누가 그 굳건한 순종을 보이는 이상적 인물을 예시하는지 묻는다면, 대답은 분명하다: 예수로, 그는 "자기를 세우신 이에게 신실하셨고"(3:2), "믿음의 주요 또 온전하게 하시는 이"(τῆς πίστεως ἀρχηγὸν καὶ τελειωτὴν, 12:2)로서 11장에서 수사학적으로 소환된 구름같이 둘러싼 허다한 증인들의 증언을 개괄하고 완결시킨 분입니다. 아마 다른 어떤 신약성경보다 더 분명히, 히브리서는 예수를 믿음의 삶을 위한 모범으로 제시합니다. 그러므로, 비록 히브리서 10장 37-38절의 하박국 인용문이 ὁ δίκαιος를 메시아 칭호로 이해하지 않더라도, 그것은 예수가 원형

---

35) 1QpHab 7.9-8.3, G. Vermes, *The Dead Sea Scrolls in English*, *2nd ed.* (Harmondsworth: Penguin Books, 1975), 239에 의하여 번역됨.

36) 본문의 이 부분이 포함된 두루마리 조각은 훼손되었다.

이 되는 신실에 대한 비전을 표명합니다. 히브리서 저자가 예수를 "그 의인"으로 생각하지는 않지만, 그가 예수에 대한 생각 없이 "의인"을 생각하기는 거의 불가능했을 것입니다. 결론적으로, 이것은 위에서 야고보서 5장 6절을 언급하며 이미 논의했던 형세와 비슷합니다: 용어 ὁ δίκαιος는 칭호가 아니지만, 예수는 그 모범으로서, 그것에 관한 중요한 내용을 제공해 주는 분입니다.

한 가지 마지막 관찰은 하박국 2장 3-4절 읽기를 위하여 히브리서 10장에서 전제된 묵시적인 해석학적 배경에 추가적인 빛을 비춰 줍니다. 유대주의 성장기와 기독교 초기에 이 구절이 종말의 지연을 신학적으로 이해하기 위한 결정적인 장소로서 폭넓게 논의되었다는 것은 스트로벨(A. Strobel)이 이 본문의 해석사를 광범위하게 연구한 것에 의해 충분히 입증되었습니다;[37] 따라서, 히브리서 저자가 그것을 종말론적인 ὑπομονή [인내]를 위한 간청의 한 부분으로 사용하는 것은 전혀 놀랍지 않습니다. 그러나 그 인용문의 강렬한 묵시적 색채는 주석가들이 자주 알아차리지만 거의 숙고하지 않는 한 가지 사실에 비추어서 더 분명히 드러납니다: 하박국서 인용문은 히브리서 10장 36절에서 이사야 26장 20절 칠십인경을 단편적으로 암시하는 문구에 의하여 소개됩니다("잠시 잠깐 후면" [ἔτι γὰρ μικρὸν ὅσον ὅσον]). 물론 그 부사구는 하박국 2장 3절과 구문론상으로 연결되면 단순히 오실 이의 오심이 급박함을 강조하는 역할을 하지만, 주의 깊은 독자는 이사야 칠십인경이 가진 본래 문맥의 묵시적인 이미지를 상기할 것입니다: "주의 죽은 자들은 살아나고, 그들의 시체들은 일어나리이다. 티끌에 누운 자들아 너희는 깨어 노래하라. 주의 이슬은 빛난 이슬이니 땅이 죽은 자들을 내놓으리로다. 내 백성아 갈지어다, 네 밀실에 들어가서 네 문을 닫고 분노가 지나기까지 잠깐(μικρὸν ὅσον

---

37) Strobel, *Untersuchungen zum eschatologischen Verzögerungsproblem auf Grund der spätjüdisch-urchristlichen Geschichte von Habakuk 2,2ff.*

ὅσον) 숨을지어다. 보라 여호와께서 그의 거룩한 처소에서(또는: 거룩한 이에게서[ἀπὸ τοῦ ἁγίου]) 분노를 가지고 오사 땅의 거민의 죄악을 벌하실 것이라"(사 26:19-21). 분노와 부활의 환상들, 하나님을 두려워하지 않는 자들을 향한 심판 그리고 하나님의 백성에게 하나님께서 권능으로 역사하실 때까지 잠깐 동안 숨어 있으라는 경고들 — 히브리서 10장 37절에 나타나는 이사야의 반향은 이러한 주제들과 이미지들을 면밀히 계산하여 환기시킨 것일까요? 만약 그렇지 않다면, 왜 이사야 26장 20절의 독특한 어법을 사용해야만 했는지 이해하기가 어렵습니다. 만약 그렇다면, 그 묵시적 기반의 존재는 — 초대 그리스도인들은 하박국 2장 3-4절을 묵시적 기반의 범위 안에서 읽었는데 — 보다 더 분명해집니다.

종말론적인 "의인"을 말하는 본문들에 대한 조사를 마치면서, 우리는 몇 가지 결론들을 도출할 수 있습니다. "의인"이 기독교 이전 유대주의에서 메시아를 가리키는 확정된 공식적인 칭호라고 주장하기는 어렵습니다. (물론, 기독교 이전 유대주의에서 "그 메시아"에 관하여 무엇을 믿었을 것이거나 또는 말했을 것이라는 **어떠한** 주장도 입증하기란 매우 어렵습니다.) 하지만, 최소한 몇몇 그리스도인 사회 안에서는 ὁ δίκαιος 칭호를 이미 예수에게 적용하는 관행이 있었다는 것은 분명합니다. 사도행전의 증거는 이 관행이 유대 기독교 공동체의 특징이었을 것이라고 가정하도록 이끌며, 에녹1서의 증거는 비기독교인인 유대인 역시 마지막 때에 심판자로 나타나 사태를 바로잡을 종말론적 의인에 대한 기대를 품을 가능성이 있게 만듭니다. 이런 종류의 기대들이 하박국 2장 3-4절의 기초가 충분히 되었을 것입니다. 비록 이 본문의 메시아 해석이 특히 그 예언을 히브리어 본문보다 칠십인경 번역본으로 읽는 공동체 안에서 발생했어야 함에도 말입니다.

오실 이/의인을 이사야 53장의 고난받는 의인과 결합시킨 것은 확실히 구별되는 기독교 주해의 발전입니다. 그러나 이 결합이 한번 이루어지게 되면, 여러 가지 결과들이 따라옵니다: (1) 이사야 본문은 (그리고 아마도 지혜서 2장 역시) 예수의 결백을 변호하고 그를 처형시킨 자들의 죄를 주장하기 위하여 우리가 사도행전의 연설들에서 보는 바와 같이 변증적으로 사용됩니다; (2) 의인의 고난은 베드로전서와 요한1서에서처럼, 죄를 대속하기 위한 것으로 해석됩니다; (3) 의인의 고난은 베드로전서, 히브리서, 그리고 아마 야고보서와 같이, 종말론적인 역경의 때에 하나님을 향한 변함없는 순종을 위한 모범으로 해석됩니다. (2)와 (3)의 의견들은 매우 밀접하게 연결되는데, 왜냐하면 두 가지 의견 모두 의인을 그의 백성과 동일시하는 것을 전제로 하기 때문입니다 — 실제로, 요한1서 2장 29절과 (곳곳의) 히브리서 본문들에서 명백하게 나타나듯이, 그 동일시는 너무 완벽해서 때때로 그것은 존재론적인 결합을 가정하는 것처럼 보이기도 합니다.

이러한 모든 본문들은, 에녹1서는 제외될 가능성과 함께, 바울서신들보다는 약간 후대로 추정되지만, 의인의 모티프는 전통적이어서 초기 것일 수 있는 명확한 어구들에서 나타납니다. 이것은 특별히 사도행전과 베드로전서의 관련 구절들에 대해서 그렇습니다. 히브리서 10장 37-38절에 있는 이사야 26장 20절과 하박국 2장 3-4절의 혼합 인용도 현재 있는 주해 전통을 전제로 할 수 있습니다. 신약성경 그 자체 안에 있는 증거와 뒤이은 해석의 역사 안에 있는 증거는 예수에 관하여 ὁ δίκαιος를 칭호로 사용하는 것이 후대의 신학적 발전이라는 주장을 설득력 없게 만듭니다; 오히려, 그 증거는 반대 방향으로 향합니다. "그 의인"은 가장 초기 묵시적 유대 기독교 안에서 예수에게 수여된 명칭으로 보이나 그 후로 교회는 그 명칭을 버렸는데, 아마도 그 명칭이 충분히 구별되지 않거나 (참조. 동일한 명칭을 야고보에게 적용했던 위의 논의)[38] 또는 그리스도인들이 예수에 관하여 만들기 원하는 고상한 형이

---

38) Cadbury ("Titles of Jesus," 364 n. 2)는 청렴한 아테네 정치가 아리스티데스(Aristides) 그리고 평범한 라틴식 성인 Justus의 사용과 같은 유사한 용례들도 지적한다 (참조. 행 1:23; 18:7; 골 4:11).

상학적 주장을 표현하기에 적합하지 않기 때문일 것입니다. 그 명칭이 후대의 공동서신에서 계속 예수에 속한 것으로 생각되는 범위에서는, 그것은 그 묵시적인 기원의 특징을 떠나 뛰어난 도덕적 모범으로서의 예수에 대한 강조를 향해 옮겨 갑니다. 다만 그 묵시적 의미들은 신약성경 안에서 결코 완전히 없어지지는 않습니다.

바울서신의 의인

이러한 의견들의 입장에서, 우리는 바울이 하박국 2장 4절을 명시적으로 인용한 두 구절들을 다룰 수 있으며, 이 본문이 초기 기독교 전통의 렌즈와 그 자신만의 묵시적 해석학을 통하여 그에게 이 본문이 어떻게 보였을지 질문할 수 있습니다. 저는 갈라디아서 3장 11절을 나중에 다루려고 하는데, 왜냐하면 두 가지 구절 가운데 그것이 훨씬 더 어렵기 때문입니다.

로마서 1장 17절

로마서 1장 17절에 있는 바울의 하박국 2장 4절 인용문이 묵시적인 신학적 문맥에서 나타났다는 것은 힘들게 입증할 필요가 없습니다. 하박국 본문은 하나님의 의가 복음에 나타난다는(ἀποκαλύπτεται) 바울의 선포를 지지하기 위하여 인용됩니다; 더구나, 이 하나님의 의에 대한 계시는 하나님의 진노에 대한 계시(1:18-32)와 임박한 종말론적 심판을 동반합니다(참조. 2:1-11). 그러므로, 1장 16-17절의 계획적인 선언은 묵시적 어조로 쓰였던 복음의 기조가 됩니다.[39]

---

39) 비록 Ernst Käsemann이 묵시적인 신학적 담화에 있는 전문 용어로서의 δικαιοσύνη θεοῦ에 대하여 틀렸다 하더라도 이 사항은 유효하다.

이 선언에 사용된 용어는 시편과 이사야서의 많은 구절들을 반향하는데, 그 구절들은 이스라엘의 구원을 위한 하나님의 개입이 모든 열방으로 이스라엘의 하나님을 찬양하도록 하는 미래의 종말론적 완성을 약속합니다. 그중에서도 로마서 1장 16-17절의 거의 모든 중요한 용어들을 예시하는 명쾌한 예가 시편 97편 2절 (LXX)에 나옵니다: "여호와께서 그의 구원(σωτήριον)을 알게 하시며; 그의 공의(δικαιοσύνην)를 뭇 나라(ἐθνῶν)의 목전에서 명백히 나타내셨도다(ἀπεκάλυψεν)." (참조. 사 51:4-5; 52:10.) 바울은 이러한 구약 구절들을 명시적으로 언급하지는 않지만, 바울이 이 용어를 사용한 것은 그의 복음이 그것들이 가리키는 소망의 성취로서 이해되어야 한다는 것을 암시합니다: 하나님의 의는 첫째로 유대인과 또한 이방인들을 위한 구원의 한 행위 안에서 계시되리라는 것입니다.[40] 이 주장은 서신서 나머지 부분에 의하여 만들어지는 변증론 체계의 기초가 되는데, 그 부분에서 바울은 예수 그리스도로 말미암은 구원의 행위로 인하여 하나님의 의가 손상되지 않고 그 참됨이 입증된다고 강하게 주장합니다(참조. 3:5-26).[41]

어떻게 이 문맥에서 하박국 2장 4절 인용문은 주장을 뒷받침하는 역할을 하는 것일까요? 종교개혁 이후 어떻게 ὁ δίκαιος ἐκ πίστεως ζήσεται [의인은 믿음으로 말미암아 살리라] 표현을 해석해야 하는가에 관한 여러 논쟁이 있는 동안, 토론하는 양편 모두 놀랍게도 바울이 하박국의 예언에 있는 본래 배경은 완전히 무시한 채 그 구절을 증거 본문으로 사용했다고 가정하는 데 만족했습니다. 하지만, 바울이 로마서에서 이스라엘과 언약을 맺은 하

---

40) 이러한 관찰은 로마서에 나타난 "하나님의 의"가 무엇보다 이사야서와 시편에 나타난 이 용어의 배경과 관련해서 이해되어야 한다는 것을 또한 암시한다. 참조. R. B. Hays, "Psalm 143 and the Logic of Romans 3," *JBL* 99 (1980): 107-115 (현재 책에서 재판됨); 다음 역시 보라. Hays, "Justification," in *ABD* 3:1129-1132.

41) 자세한 논의는 다음을 보라. R. B. Hays, *Echoes of Scripture in the Letters of Paul* (New Haven: Yale University Press, 1989), 34-83.

나님이 신실한가를 묻는 질문을 시도하고 있다는 것을 만일 인식한다면, 하박국서로부터 가져온 인용문의 적합성이 즉시 눈에 띕니다. 하박국서에서 바울이 인용한 구절은 명백히 불의한 하나님의 수단에 대하여 선지자가 불평할 때(합 2:1), 하나님이 그에게 대답하시는 말씀의 핵심에서 나옵니다. 어떻게 하나님은 악인이 의인을 억압하는 것을 허락하실 수 있습니까(1:13; 참조. 1:2-4)? 하나님은 그의 백성을 버리셨습니까? 하박국 2장 4절이 어떤 뜻으로 해석되든지 간에, 그것은 하나님의 의에 대한 암묵적인 주장인 신정론의 문제에 대한 응답입니다. 신실한 공동체는 그들이 아직 보지 못한 것을 위하여 인내를 가지고 기다리도록 명령 받습니다: 하나님 정의의 도래. 이 소망을 하나님은 실망시키지 않으실 것입니다.

그러나 1QpHab과 히브리서와는 달리, 바울은 인내를 권고하는 데 도움을 받으려고 하박국 본문에 호소하는 것이 아닙니다. 대신, 그는 그 구절을 이제 복음의 계시 안에서 성취된 예언으로서 취급합니다. 하나님의 의가 나타난 것은 단순히 미래의 소망이 아니라 현재의 실체입니다. 의인은 믿음으로 말미암아 살리라고 기록된 것처럼(καθὼς γέγραπται), 이제는 참으로 하나님의 의가 ἐκ πίστεως εἰς πίστιν [믿음에서 출발하여 믿음을 향하여] 계시됩니다. 하나님의 복음은 선지자들을 통하여 성경에 "미리 알리신 것"이며(1:2), 그리고 이제 그 예언된 종말론적 구원이, 예언의 말씀과 현재 실체와의 상관관계가 하나님의 의에 대한 주장을 보강하는 방식으로 이루어지기 위해 옵니다/오는 중입니다. 요약하면, 바울은 하박국의 소망이 드디어 ἐκ πίστεως [믿음에서] 난 계시를 통하여 그 해답을 얻었다고 주장하는 것입니다.

만약 우리가 하박국 2장 3-4절의 칠십인경이 특성상 메시아적이라는 것을 상기한다면, 그러한 주장을 이해하기란 어렵지 않습니다. 그것은 오실 이를 약속했으며, 기독교 선포의 모든 중요성은 예수께서 바로 그 오래 고대해 왔던 인물임을 밝히는 데 있습니다. 따라서, 바울이 하박국서를 묵시적으로 해석했을 때 그 예언에서 예수의 오심에 관한 약속을 알아 보았다는 주장은 충분히 가능성이 있습니다. 도드(C. H. Dodd)가 말했듯이, 바울의 인용문 사용은 만일 "그가 하박국서 구절을 그리스도의 오심에 관한 증언(testimonium)으로 이미 인정하는 전통을 이용한다면" 가장 잘 이해됩니다.[42]

그러나 ὁ δίκαιος는 어떤가요? 바울이 이 용어를 메시아 칭호로 이해했다는 어떤 징후라도 있을까요? 아니면 히브리서 저자처럼, 바울도 하박국 구절을 묵시적으로 읽으면서 ὁ δίκαιος는 예수에 대한 직접적인 언급으로 해석하지 않았다는 것이 더 가능성이 있나요? 불행히도, 로마서 1장 17절의 간결하고 공식적인 특징은 이 질문에 대하여 확실하게 대답하는 것을 불가능하게 합니다. 이 소논문의 범위 안에서 우리가 할 수 있는 최선은 로마서 1장 17절의 "메시아적" 해석을 지지하는 것으로 보이는 세 가지 요소들을 간단히 제안하는 것입니다. (독자들은 스스로 반론들을 만들어 낼 수 있습니다.)

1. 로마서 1장 17절의 구문론이 우리에게 요구하는 바와 같이, 하나님의 구원하시는 의가 믿음으로부터(ἐκ πίστεως) 계시되었다는 것은 무슨 의미일까요? 하나님을 향한 인간의(그리스도인의) 믿음의 특성이 하나님의 종말론적 의가 이제 새로운 방식으로 계시되는 원천 그 자체가 되어야만 한다고 생각하는 것은 분명히 특이하다고 여겨질 것입니다. 몇몇 신학적인 전통들 안에서 바울은 그렇게 해석되었지만, 그 해석의 독특함을 유의해야만 합니다. 유대인들은 항상 하나님을 믿고 있지 않았습니까? 만약 바울이 의인인 예수의 πίστις [믿음]을 통하여 하나님의 의가 믿는 자들에게(εἰς πίστιν) 이제 나타났다고 의미했다면, 그의 문장을 더 잘 이해할 수 있지 않을까요? (결국, 바울은 로마서 3장 25-26절에서 하나님이 **예수**를 자기의[하나님의] 의로우심을 나타내려 세우셨다고 말합니다; 이것은 하박국 2장 4절이 하나님의 의가 복음에 나타났다는 바울의

---

42) Dodd, *According to the Scripture*, 51.

주장[1:17]을 확증하는 것으로 해석될 수 있다는 설명과 아주 유사해 보입니다.) 저는 다른 곳에서 로마서 3장 21-26절에 나타난 주장의 논리가 이와 같은 "예수 그리스도의 믿음"의 해석을 필요로 한다고 주장했기 때문에,[43] 저는 그 주장을 여기에 되풀이하여 독자의 인내를 시험하려 하지 않을 것입니다.

2. 바울이 로마서 5장 18-19절에서 설명한 구원의 구조는, 아담의 불순종이 낳은 결과와 대조되는 평행 위치에서, 예수의 "의로운 행위"(δικαίωμα, 아담의 παράπτωμα와 대조됨)가 모두를 위하여 "생명의 의"를 낳았고(참조. 합 2:4) **예수**의 순종하심으로 많은 사람이 의인이(δίκαιοι) 되리라고 주장합니다. 이처럼 매우 난해한 구절에서 "의인"은 예수의 칭호로 사용되지 않지만, 5장 19절에 있는 이사야 53장 11절의 확실한 암시는, 바울이 여기서 예수를 자신의 의가 "많은 사람"에게 대리적으로 효과를 주는 그 δίκαιος으로 묘사하는 전통을 이용하고 있다는 것을 비칩니다.[44]

3. 이 소논문에서 다뤄진 다른 신약성경 본문들은 (사도행전, 공동서신, 히브리서) 바울이 ὁ δίκαιος가 예수의 일반적인 칭호였던 이야기의 세계 — 즉, 초기 유대 기독교 — 안에서 살면서 썼다는 것을 제안합니다. 만일 그렇다면, 바울은 하박국 2장 4절의 기독론적 주해를 언급하지 않고도 그것을 전제로 할 수 있습니다. 마치 그가 로마서 15장 3절에서 시편 69편의 기독론적 주해를 언급하지 않고 전제로 했듯이 말입니다. 반대로, 만약 그가 그 본문에 대한 어떤 색다른 해석을 가지고 있었다면 ("행위로 말미암지 않고 믿음으로 말미암아 의로운 사람은 살리라" 함과 같은), 그는 로마서 1장에서 한 것보다 더 적은 설명을 가지고 그 구절을 로마의 낯선 기독교 회중들에게 인용함으로써, 매우 심각하게 오해받을 수 있는 위험을 분명히 감수해야 했을 것입니다.

---

43) Hays, *Faith of Jesus Christ*, 156-161.

44) 롬 5:18-19에 관하여는 특히 다음에 나오는 논의를 보라. Johnson, "Faith of Jesus," 87-90.

이러한 의견들 가운데 어떤 것도 완전히 설득력 있다고 할 수 없지만, 묵시적 성격이 강한 로마서 1장의 신학적 배경은, 바울이 언제든지 가장 쉽게 쓸 수 있으면서 그 서신의 주장을 가장 잘 이해할 수 있는 하박국 2장 4절의 메시아적 주해에 유리한 가정을 만들어 냅니다. 이와 비슷한 주장을 갈라디아서 3장 11절에 관련해서도 할 수 있는지에 관해서는 다음에 살펴보려고 합니다.

갈라디아서 3장 11절

로마서의 묵시적 신학에 관하여 위에서 언급된 지식의 도움을 받아, 우리는 갈라디아서 3장 11절 문맥에서 그 구절의 해석과 특별히 관련이 있는 갈라디아서의 네 가지 묵시적 모티프를 확인할 수 있습니다.[45]

1. 로마서에서 그랬던 것처럼, 갈라디아서에서 바울은 구약성경이 하나님의 백성 가운데 이방인들이 들어오는 것을 약속하고(3:8-9), 이방인들이 복음을 받아들이는 현재의 경험적인 현상은 그 약속의 종말론적 성취를 구성한다고 주장합니다(3:14). 이방인들의 (기독교) 신앙은 단순히 이스라엘의 종교적인 후원자를 늘리는 것이 아닙니다; 그보다 그것은 묵시적인 징조로서, 새 시대의 현존을 증언하는 현상입니다(3:23-29).[46] (이것이 갈라디아 사람들을 유대교 개종자들로 돌이키려는 남들의 노력에 바울이 극심하게 반대하는 이유들 가운데 하나입니다: 그것은 묵시적인 징조를 지워 버림으로써 달력을 되돌리는 일일 것입니다.)

2. 공동체에 있는 성령의 존재는(3:3-5) 새 시대의 또 다른 징후로서, 종말론적 약속의 성취입니다(3:14; 4:6).

---

45) Martyn, "Antinomies," 416-418에 의하여 열거된 모티프들을 참조하라.
46) 바울의 신학적 사색 안에서 이 주제의 중심적인 역할에 대한 유익한 논의를 위하여 다음을 참조하라. Donaldson, "Curse," 94-112.

3. 성령은 **삶**의 근원으로서(5:25), 그 삶은 단지 일상적인 인간의 생활 양식만 아니라 하나님을 향한/하나님과 함께하는 종말론적 삶이고, 그리스도의 죽음에 참여함으로써(2:19-20) 새 시대의 권능 안에 사는 삶입니다. 바울은 하박국 2장 4절의 ζήσεται를 이 종말론적 삶을 언급하는 것으로서 해석하며(참조. 롬 1:16-17), 그리고 그는 율법이 자기 선언과는 반대로(레 18:5; 갈 3:12) 그런 삶을 줄 수 있는 힘이 없음을 확신합니다(3:21).

4. 이러한 모든 묵시적 축복들은 (믿음, 성령, 생명) 오직 정해진 시간에만(3:23; 4:4) 그리고 오직 한 분에게만, 즉 "약속하신 그 자손"(3:19)에게만 가능합니다. 바울은 그 "자손"이 오직 그리스도 한 분이며, 다른 이들은 충만한 종말론적 축복을 오직 "그리스도 안에서"(3:14), 즉, 그와 합하게 된 결과로서 받게 된다고 주장합니다(3:26-29). 바울에게 그리스도는 하나님의 약속이 체결된 분이며 그 안에서 성취되는 분입니다.

갈라디아서에 나타난 바울 논지의 기반과 골격을 구성하는 이런 묵시적 주제들의 배치에 비추어서, 우리는 한 개의 단순한 질문을 되풀이할 수 있습니다: ὁ δίκαιος는 누구입니까? 이런 종류의 묵시적인 지적 기반으로부터 움직이는 바울이, 이미 그 당시 유대인들을 위하여 묵시적/메시아적 반향들을 전했던 칠십인경 문서에서 하박국 2장 3-4절을 읽었을 때, 그는 그것을 어떻게 이해했을까요? 저의 주장은 그가 — 우리에게는 매우 놀라운 방식으로 — 창세기 17장 8절을 메시아 예언으로 이해했던 것과 같이(갈 3:16), 그것을 메시아 예언으로 이해했다는 것입니다. 이런 종류의 계시적 읽기는 사도의 묵시적인 해석학적 관점에서 나오는 직접적이고 자연스러운 결과입니다: 하나님 아들의 계시를 경험한 자들은 그에 대한 구약의 증언을 오시는 이/의인으로서의 그에 대한 증언과 함께 인식할 수 있도록, 이제 구약에서 그 수건이 벗겨지는 것을 경험합니다.

이 제안을 위한 한 가지 매우 간단한 실험이 있습니다: 갈라디아서 3

장 10-18절을 다음과 같은 ὁ δίκαιος = Χριστῷ Ἰησοῦ = σπέρμα 작업가설을 가지고 읽어 보시기 바랍니다. 그 가설에 근거한 바울의 해석적 주장은 이치에 더 맞는가요, 아니면 덜 맞는가요?

우리는 우리가 바라는 것보다는 훨씬 더 캄캄한 데 머물러 있습니다. 만약 바울이 하박국 2장 4절의 메시아 해석을 생각하고 있었다면, 왜 바울은 창세기 17장 8절의 예에서 그랬던 것처럼, 왜 더 분명하게 말하지 않을까요? 여기에 결정적인 대답은 없지만, 그래도 우리는 스트로벨(Strobel)의 유익한 암시를 기억하는 것이 현명할 것입니다: 바울이 3장 11절에서(δῆλον) 인용문을 도입하는 방식은 그의 독자들 모두 그것을 이미 알고 있다는 사실을 가정하는데,[47] 이 가정은 하박국 2장 3-4절의 지위를 유대 묵시 전통 안의 고전적인 장소로 보는 스트로벨(Strobel)의 증거에 비추어 보면 충분히 합리적으로 보입니다. 그 인용문의 의미를 설명하려고 하기보다, 바울은 어떤 점을 주장하기 위해 그것을 사용했다고 할 수 있습니다. 바울이 로마서 1장 17절에서 같은 본문을 다루는 방식에서 이와 같은 점을 관찰할 수 있습니다: 그는 그의 주장의 전례 법규와 결정적인 논변으로 즉시 쓸 수 있는 유명한 본문을 인용하는 것으로 보입니다.

바울이 하박국 2장 4절을 종말론적 구원자의 오심에 대한 묵시적 **증언**으로 이해했다는 가능성에 대한 이러한 의견들은 물론 증거로서 유효하지는 않습니다; 그것들은 마르틴(Martyn)이 갈라디아서를 묵시적인 신학적 문맥 안으로 능숙하고 도발적으로 배치하는 것에 대한 의미들을 충분히 고찰하려는 첫 시도를 나타냅니다.[48] 로마서 1장 17절과 갈라디아서 3장 11절의 해

---

47) Strobel, *Verzögerungsproblem*, 191.

48) 학술 기념 논문집이 발간될 만큼 존경받는 학자가 될 때 발생하는 위험들 중 하나는 그 논문집의 모든 기고자들이 그들의 갖가지 체계와 개념이 수상자 덕분이라고 생각하길 원한다는 것이다. 그러므로 이것에 의하여 Louis Martyn은 이 논문집 가운데 있는 어떤 경솔한 것에 대한 책임으로부터 면제를 받으며, 내가 그로부터 배운 참되고 유용한 것들에 대하여 깊은 감사를 받을 만하다고 말할 수 있겠다.

석에 관한 이런 제안들이 마음에 들거나 안 들거나, 우리가 마르틴의 도전을 받아들여서 갈라디아서가 "바울 묵시의 본질이 무엇이었는지 우리에게 정확히 보여 주는 그 자신만의 역할을 하도록" 허용할 때 더 큰 과업이 우리 앞에 놓입니다.[49) 그 과업이란 바울의 **구약** 읽기가 세계와 본문의 묵시적 인식을 밝히는 방식에 대한 이해를 찾는 것입니다.

---

49) Martyn, "Antinomies," 412.

제 8 장

바울의 윤리에서 구약의 역할

문제

바울의 윤리에서 구약은 어떻게 작용할까요? 우리는 그것이 그의 윤리적 가르침에서 중요한 역할을 하리라 기대하는데, 왜냐하면 그가 로마서 15장 4절에서 이렇게 썼기 때문입니다: "무엇이든지 전에 기록된 바는 우리의 교훈을 위하여 (εἰς τὴν ἡμετέραν διδασκαλίαν) 기록된 것이니, 우리로 하여금 인내로 또는 성경의 위로로 (διὰ τῆς παρακλήσεως τῶν γραφῶν) 소망을 가지게 함이니라." 여기서 성경의 저작들은 교훈(διδασκαλία)과 윤리적인 권면(παράκλησις)의 기본적인 자료로 묘사됩니다. 그 본문들에 대한 이런 견해는 자신을 "히브리인 중의 히브리인"(빌 3:5)으로 부르며 스스로를 "[그의] 조상의 전통"에 대하여 그의 동시대 사람들보다 더욱 열심이 있었다고 하는 자에게는 전혀 놀랍지 않은 것입니다(갈 1:14). 이스라엘의 구약성경은 그의 뼛속 깊이 새겨져 있었습니다. 바울 사상에 관한 최근 연구들은 바울이 상상하는 세계를 구성하는 데 있어서 구약[1]이 중요한 역할을 했었다는 것을 점점 더 인식하고 있습니다.[2]

---

1) 바울은 이스라엘의 성(聖)문서들을 언급하기 위하여 "성경"(Scripture, ἡ γραφή) 용어를 특징적으로 사용한다. 그는 "구약"(Old Testament)이라는 표현을 결코 사용하지 않는다. 그가 단 한 번 사용한 용어 "옛 언약"(old covenant, ἡ παλαιὰ διαθήκη, 고후 3:14)은 전체로서의 정경을 말하는 것이 아니라 구체적으로 모세의 율법을 말하는 것이다. 바울이 단 한 번도 사용하지 않았던 "히브리어 성경"(Hebrew Bible)이라는 용어 역시 혼란스럽고 부적절한데, 왜냐하면 헬라어를 사용하는 독자들에게 헬라어로 썼던 바울은 히브리어 본문을 번역하기보다 보통 칠십인경을 인용하였기 때문이다.

2) 나는 이 견해를 광범위하게 *Echoes of Scripture in the Letters of Paul* (New Haven: Yale University Press, 1989)에서 주장했다. 다음을 역시 보라. D. A. Koch, *Die Schrift als Zeuge des Evangeliums: Untersuchungen zur Verwendung und zum Verständnis der Schrift bei Paulus*, BHT 69 (Tübingen: J. C. B. Mohr [Paul Siebeck], 1986); Christopher D. Stanley, *Paul and the Language of Scripture: Citation Techhnique in the Pauline Epistles and Contemporary Literature*, SNTSMS 69 (Cambridge: Cambridge University Press, 1992); J. W. Aageson, *Written Also for Our Sake: Paul and the Art of Biblical Interpretation* (Louisville: Westminster/John Know, 1993); C. A. Evans and J. A. Sanders, eds., *Paul and the Scripture of Israel*, JSNTSup 83 (Sheffield: JSOT Press, 1993); R. H. Bell, *Provoked to Jealousy: The Origin and Purpose of the Jealousy Motif in Romans* 9-11, WUNT 2, ser. 63 (Tübingen: J. C. B. Mohr [Paul Siebeck], 1994); F. Wilk, *Die Bedeutung des Jesajabuches*

하지만 우리가 바울의 **윤리적인** 주장들을 형성하는 데 있어서 바울의 실제적인 구약 사용을 검토해 보면, 그 증거가 현저히 적어 보입니다; 도덕적 가르침에 대한 바울의 관습은 로마서 15장 4절의 계획적인 진술에서 구약성경에 속한 것으로 생각되는 교훈적인 역할을 자명하게 예시하지 않습니다. 바울은 구약을 하나의 규칙서로 취급하는 것을 꺼려합니다. 사실대로 말하자면, 그는 모세오경의 다양한 요구들이 그의 이방 교회들에게 구속력이 있지 않다고 분명히 주장합니다: 할례(고전 7:17-20; 갈 5:2-6), 음식법(롬 14:1-4, 14, 20), 그리고 아마도 안식일일 것입니다(롬 14:5; 갈 4:9-11). 바울은 말하기를, 율법은 παιδαγωγός [초등교사]로서 그것의 임무는 믿음이 올 때까지만 유효하고 필요하나, 하지만 이제 예수의 부활 이후로는 더 이상 율법이 필요하지 않습니다(갈 3:23-25). 그러므로, 그가 그의 교회들 안의 다양한 행실의 문제들에 맞닥뜨렸을 때(예. 이혼, 우상의 제물을 먹는 일), 그는 모세오경을 절대적 판례로 사용하는(casuistically) 랍비적 방식으로 그것들을 해결하지 않았습니다. 예를 들어, 고린도전서 7장 10-16절에 있는 이혼의 문제를 다룰 때, 바울은 그 주제에 관한 랍비들의 논의에서 중심이 되는 모세오경 구절인 신명기 24장 1-4절을 언급하지 않습니다. 그 생략은 놀랍지 않은데, 왜냐하면 신명기가 이혼을 허용하는 반면, 바울은 그것을 금지하기를 원하기 때문입니다.

빅터 퍼니시(Victor Furnish)는 바울의 윤리적 주장들 안에서 바울이 인용한 다수의 구약성경 구절들을 검토한 후에, 그 입장을 적절하게 요약합니다:

바울이 행동의 양식을 개발하려는 목적으로 구약성경을 **생략 없이**(*in*

---

für Paulus, FRLANT 179 (Göttingen: Vandenhoeck & Ruprecht, 1998); J. R. Wagner, *Heralds of the Good News: Isaiah and Paul "In Concert" in the Letter to the Romans*, NovTSup 101 (Leiden: Brill, 2002); F. Watson, *Paul and the Hermeneutics of Faith* (London: T. & T. Clark, 2004).

extenso) 인용하는 것은 절대로 아님을 주목해야 한다. 여러 다른 성경 문맥들로부터 모아진 구절들이 연속하여 있는 몇몇 경우를 제외하고는, 바울의 인용문들은 항상 간결하다. 게다가, 더 중요한 것은 그 인용문들이 결코 절대적 판례로(casuistically) 해석되거나 다듬어진 것이 아니라는 것이다 ⋯ 그 사도가 [구약성경을] 상세한 도덕 지침을 위한 자료집이나 윤리적 규범을 위한 입문서 정도로 간주했음을 알려 주는 그 어떤 증거도 없다.[3]

그 대신에 바울은 그의 규범적인 도덕 교훈들을 복음 자체를 기초로 하여 추천하려고 합니다: 옳은 행실은 그리스도 안의 새로운 삶으로부터 자연스럽게 흘러나오는 "성령의 열매"(갈 5:22-23)로서 이해됩니다. 윤리적 판단은 기록된 법을 지키는 문제가 아니라 새로운 묵시적 상황에서 하나님의 뜻을 분별하는 문제가 됩니다: "그러므로 형제들아 내가 하나님의 모든 자비하심으로 너희를 권하노니, 너희 몸을 하나님이 기뻐하시는 거룩한 산 제물로 드리라. 이는 너희가 드릴 영적 예배니라. 너희는 이 세대(τῷ αἰῶνι τούτῳ)를 본받지 말고, 오직 마음을 새롭게 함으로 변화를 받아 하나님의 선하시고 기뻐하시고 온전하신 뜻이 무엇인지 분별하도록 하라"(롬 12:1-2).

따라서 많은 학자들은 바울의 윤리에서 구약은 사실상 관련이 없다고 — 아니면 적어도 중요하지 않다고 — 주장합니다.[4] 예를 들어, 린데만 (Andreas Lindemann)은 이렇게 단언합니다: "그러나 [바울은] 그의 성경인 구

---

3) V. P. Furnish, *Theology and Ethics in Paul* (Nashville: Abingdon, 1968), 33. 더 최근에는 P. J. Tomson (*Paul and the Jewish Law: Halakha in the Letters of the Apostle to the Gentiles*, CRINT III/1 [Assen and Maastricht: Van Gorcum; Minneapolis: Fortress, 1990])가 그와 반대로, 바울의 윤리적 교훈은 유대교 율법 성경 해석의 랍비 전통에 깊이 뿌리를 둔다고 주장한다.

4) 이 입장을 취하는 인상적인 학자들의 명단은 다음에 나온 개요를 보라. B. S. Rosner, *Paul, Scripture, and Ethics: A Study of* 1 *Corinthians* 5-7, AGJU 22 (Leiden: Brill, 1994), 3-9.

약을 적합한 율법으로 이해하지 않는다; 그것은 그들이 그리스도인인 한, 더 이상 인간의 행동을 위한 하나님의 지시의 원천이 아니다."[5] 이것이 정확하다고 할 수 있을까요? 만약 그렇다면, 어떻게 바울은 로마서 15장 4절을 쓸 수 있었을까요?[6] 아니면 우리는 이스라엘 광야 세대의 운명을 언급하는 고린도전서 10장 11절을 어떻게 생각해야 할까요? "그들에게 일어난 이런 일은 본보기(τυπικῶς)가 되고 또한 말세를 만난 우리를 깨우치기 위하여 기록되었느니라(ἐγράφη δὲ πρὸς νουθεσίαν ἡμῶν)." 여기서 바울은 기록된 성경의 증언을 그 자신의 공동체를 위한 지침의 말씀으로 간주하는데, 이 말씀은 이제 사도와 교회가 처한 종말론적인 시기를 위하여 하나님이 정확하게 의도하신 말씀입니다. 바울이 말하고 있는 그 상황을 위한 이 말씀의 윤리적 의미는 매우 명료합니다: 공동체는 우상 숭배하는 일을 피해야 하며(10:14) 하나님의 은혜를 너무 자만하게 생각하는 뻔뻔스러움을 주의해야 합니다(10:12). 이러한 경우, 우리는 바울이 교회에 주는 윤리적 권면을 위한 근거로서 구약성경에 매우 직접적으로 호소하는 것을 봅니다.

명백히 그 문제에 대한 새로운 시각이 필요합니다. 린데만(Lindemann)과 다른 이들은 바울이 랍비들처럼 구약성경을 사용한 것이 아니라고 한 점에 대해서는 옳습니다. 하지만 바울서신 안에는 구약성경이 그의 윤리적 비

---

5) "[Paulus] versteht aber das Alte Testament, seine Bibel, gerade nicht mehr als Tora in eigenlichen Sinne; sie ist ihm nicht mehr die Quelle der Weisungen Gottes für das Verhalten der Menschen, soweit sie Christen sind." A. Lindemann, "Die biblischen Toragebote und die paulinische Ethik," in *Studien zum Text und der Ethik des Neuen Testaments: Festschrift zum 80. Geburtstag von Heinrich Greeven*, ed. W. Schrage (Berlin: De Gruyter, 1986), 242-265, 263-264로부터의 인용문.

6) 이 문제에 대한 한 가지 해결책이 L. E. Keck ("Romans 15:4 — an Interpolation?" in *Faith and History: Essays in Honor of Paul W. Meyer*, ed. J. T. Carroll, C. H. Cosgrove, and E. E. Johnson [Atlanta: Scholars, 1991], 125-136)에 의해 제시되었다. Keck는 바울이 그것을 쓰지 않았다고 주장한다; Keck는 그 구절이 바울 후대의 난외 주석이라고 제안한다.

전을 어떻게든 형성했다는 매우 많은 표시들이 존재합니다.[7] 이 문제를 검토해 온 퍼니쉬(Furnish)가 도출한 결론은 다음과 같이 가망이 있는 길을 제시합니다:

> 사실상, 바울의 윤리적 가르침에 있는 그의 구약성경 사용은 그의 전반적인 구약성경 사용과 근본적으로 구별되는 것이 아니다. 윤리적 권면과 가르침에 관련하여, 다른 곳과 같이, 중요한 전제 조건은 구약성경이 하나님께서 그의 백성을 다루시는 역사에 관한 성경적 증언이며, 그들을 향한 그의 주장이고, 그들의 미래에 관한 그의 약속들이다. … 그렇다면 구약성경은 좁은 의미에서 바울의 윤리적 가르침을 위한 "출처"가 아니지만, 보다 더 기본적인 방식에서 그것을 위한 출처이다. … 구약성경은 그것이 그에게 규칙, 금언, 격언, 그리고 잠언을 제공하는 점에서 그의 윤리적 가르침을 위한 출처가 되는 것이 아니다. 그보다 그것은 그에게 그리스도 안에서 하나님의 모든 사건과, 하나님이 신자에게 요구하는 부수적이고 필연적인 요구를 해석하게 해 주는 관점을 그에게 제공한다는 점에서 그것은 그의 윤리적 가르침을 위한 출처가 된다.[8]

비록 퍼니쉬(Furnish)는 이런 프로그램에 입각한 주장을 상세하게 발전시키지 않지만, 그의 기본적인 통찰력은 충분히 심사숙고할 만합니다: 바울

---

7) 예를 들어, Rosner (*Paul, Scripture, and Ethics*)의 연구는 고전 5-7장에 나타난 바울의 교훈이 성경 본문들을 전제로 삼고 암시하는 몇 가지 방식들을 밝혀낸다. *WTJ* 58 (1996): 313-316에 실린 나의 논평을 보라.

8) Furnish, *Theology and Ethics*, 34, 42. 지금의 소논문은 Victor Furnish가 바울의 윤리학을 세심하고 생산적으로 연구한 것에 대하여 감사할 뿐만 아니라 동료로서의 그의 지원에 감사해서 그에게 증정된 것이다.

의 윤리에서 구약성경의 역할을 이해하기 위하여, 우리는 우리 시야의 영역을 넓혀야 하고 구약성경이 바울을 위하여 "세계"를 만드는 방식을 고찰해야 하는데, 그 방식이란 그의 상징적인 세계가 이스라엘의 거룩한 문서들을 특별하게 읽는 것에 의하여 구성된 방식을 말합니다.

저는 우리가 이 문제를 구약성경이 바울의 윤리를 특징짓는 다섯 가지 방식을 고려함으로써 생각해 볼 것을 제안합니다. 이러한 다섯 가지 측면들을 다루기 위하여 우리는 바울의 도덕적 세계를 형성하는 성경 본문들이 수행하는 가장 포괄적인 역할에서부터 시작하여 가장 개별적인 역할까지 살펴볼 것입니다.

바울의 윤리에서 구약의 몇 가지 기능들

공동체 정체성을 위한 서사 구조로서의 구약

바울은 구약을 서사 해석학에 비추어서 선택과 약속의 장엄한 이야기로, δικαιοσύνη θεοῦ [하나님의 의]에 관한 이야기로, 타락하고 깨어진 인류를 되찾기 위해 뻗는 하나님의 언약적 신실함으로 읽습니다.[9] 이것이 왜 그의 구약 사용이 아브라함의 이야기 (하나님과 우주적인 약속을 맺게 된 조상), 신명기의 절정을 이루는 장들 (언약 갱신과 백성의 회복을 약속함), 그리고 무엇보다 우리에게 제2이사야로 알려진 예언적인 구절들을 강조하는지 알려 줍니다 (모든 육체를 향한 하나님의 구원 계시를 약속함, 먼저는 유대인에게 그리고 모든 열방에게도). 교회는 자신의 정체성과 사명을 아담으로부터 아브라함에게, 모세에게, 이사야에게, 그리스도에게, 그리고 바울 자신의 역사적인 순간에 있는

---

9) 이러한 주제들을 충분히 발전시키고 변호한 것에 관하여는 다음을 보라. Hays, *Echoes*, 특히 156-164.

성도들에게 이르기까지 뻗어 나가는 서사시 같은 이야기 안에서 찾도록 부름 받습니다.

"지금은 몇 시인가?" "하나님은 세상에서 무엇을 하시는가?" "하나님의 백성으로서 우리의 소명은 무엇인가?" 이것들이 구약을 기초로 하여 바울이 묻고 답한 질문들입니다. 그중에서도 이런 구약 읽기 방식을 강력하게 보여 주는 예시가 고린도후서 5장 17절-6장 2절에서 발견됩니다:

그런즉 누구든지 그리스도 안에 있으면 새로운 피조물이라: 이전 것은 지나갔으니; 보라, 새것이 되었도다! 모든 것이 하나님께로 났으며, 그가 그리스도로 말미암아 우리를 자기와 화목하게 하시고, 또 우리에게 화목하게 하는 직분을 주셨으니; 곧 하나님께서 그리스도 안에 계시사 세상을 자기와 화목하게 하시며, 그들의 죄를 그들에게 돌리지 아니하시고, 화목하게 하는 말씀을 우리에게 부탁하셨느니라. 그러므로 우리가 그리스도를 대신하여 사신이 되어 하나님이 우리를 통하여 너희를 권면하시는 것같이 그리스도를 대신하여 간청하노니, 너희는 하나님과 화목하라. 하나님이 죄를 알지도 못하신 이를 우리를 대신하여 죄로 삼으신 것은, 우리로 하여금 그 안에서 하나님의 의가 되게 하려 하심이라. 우리가 하나님과 함께 일하는 자로서 너희를 권하노니, 하나님의 은혜를 헛되이 받지 말라. 이르시되,

"내가 은혜 베풀 때에 너에게 듣고,
구원의 날에 너를 도왔다."

하셨으니, 보라, 지금은 은혜 받을 만한 때요; 보라, 지금은 구원의 날이로다!

지금은 몇 시입니까? 지금은 이사야가 선포한 구원의 날로서(사 49:8), 여호와의 종이 야곱의 지파들을 일으키며 땅끝까지 하나님의 구원을 이르게 할 시간입니다(사 49:6). **하나님은 세상에서 무엇을 하십니까?** 하나님께서 세상을 자기와 화목하게 하시며 이사야가 예언했던 새 창조를 실현하고 계십니다(사 43:18-19; 65:17-25; 66:22-23). **하나님의 백성으로서 우리의 소명은 무엇입니까?** 우리의 소명은 하나님의 의가 **되어 감**으로써, 화목의 메시지를 구현하는 것입니다(δικαιοσύνη θεοῦ). 즉, 다시 말하면, 공동체의 소명은 세상에서 하나님의 화목케 하시는 언약적 사랑의 명백한 표현이 되는 것입니다.[10] 비록 바울이 고린도후서의 이 지점에서 충분히 설명하고 있지는 않지만, 공동체 정체성을 이렇게 설명하는 것은 윤리를 위한 폭넓은 의미들을 함의하고 있습니다. 그러나 바로 뒤이어 나오는 6장 3-10절의 사도적 자기묘사에서 바울은 하나님에 대해 여전히 적대적인 세상에서 새 창조를 만들어 가는 것이 무엇을 의미하는 것인지에 대한 어떤 암시를 제공합니다: 환난, 고난, 그리고 예수의 본을 따르는 것.

그러므로 구약은 세상을 구속하시려는 하나님의 계획에 관한 무엇보다 중요한 예기적 비전(proleptic vision)을 제공하며, 신자들의 공동체를 이 극적인 구속의 이야기 안에 위치시킵니다. 바울이 그의 교회들에게 주는 윤리적 조언의 모든 말은 이 서사적 골격에서 그 궁극적인 근거를 찾습니다. 만일 윤리적인 판단이 공동체 정체성에 대한 기초적인 해석과 분리될 수 없다면, 바울의 윤리를 검토하기 위해서는 교회의 소명에 대한 바울의 이해가 그의 구약 읽기에 뿌리박고 있는 그 방식에 주의해야만 합니다.

---

10) 언약 용어로서의 δικαιοσύνη θεοῦ에 관하여는 다음을 보라. R. B. Hays, "Justification," in *ABD* 3:1129-1133.

의와 사랑에 대한 요청으로서의 구약

교회의 정체성에 대한 바울의 비전에는 하나님의 백성은 그 행실이 하나님의 뜻과 일치하는 거룩한 백성이 되도록 부름 받았다는 자명한 확신이 포함되어 있습니다(참조. 고전 1:2). 바울에게 똑같이 자명한 것은 율법이 ― 그것은 "거룩하고 의로우며 선하다"(롬 7:12) ― 하나님의 뜻을 긍정적으로 드러낸다는 확신입니다. 따라서 바울은 여러 곳에서 율법을 포괄적인 방식으로 의 그리고/또는 사랑에 대한 명령으로 해석하는 광범위한 요약 진술들을 제공합니다. "피차 사랑의 빚 외에는 아무에게든지 아무 빚도 지지 말라; 남을 사랑하는 자는 율법을 다 이루었느니라. '간음하지 말라, 살인하지 말라, 도둑질하지 말라, 탐내지 말라[출 20:13-17; 신 5:17-21]' 한 것과 그 외에 다른 계명이 있을지라도 '네 이웃을 네 자신과 같이 사랑하라[레 19:18]' 하신 그 말씀 가운데 다 들었느니라. 사랑은 이웃에게 악을 행하지 아니하나니; 그러므로 사랑은 율법의 완성이니라"(롬 13:8-10). 여기서 바울은 레위기 19장 18절을 십계명의 도덕적 교훈에 대한 요약으로 인용하고, 그것에 의하여 그가 갈라디아서 5장 14절에서 말한 것이 무엇을 의미하는지 보다 더 정교하게 만듭니다. "온 율법은 '네 이웃 사랑하기를 네 자신같이 하라' 하신 한 말씀에서 이루어졌나니." 이렇게 레위기 19장 18절을 율법의 요약으로 호소하는 것은 랍비 힐렐(Hillel)의 가르침과 공식적으로 유사하다는 점이 자주 언급되었습니다: "네가 싫어하는 것을 네 이웃에게 행하지 말라"(b. Šabbat 31a).[11] 그러나 여기서 우리의 각별한 관심은 단지 바울이 율법을 요약하는 전략이

---

11) 바울의 레 19:18 사용에 대해서는 다음을 보라. V. P. Furnish, *The Love Command in the New Testament* (Nashville: Abingdon, 1972), 94, 97, 102-104, 107-111; W. Schrage, *Die konkreten Einzelgebote in der paulinischen Paränese* (Gütersloh: Gütersloher Verlagshaus, Gerd Mohn, 1961), 97-100, 249-271; A. Nissen, *Gott und der Nächste im antiken Judentum: Untersuchungen zum Doppelgebot der Liebe*, WUNT 15 (Tübingen: J. C. B. Mohr [Paul Siebeck], 1974).

그의 유대 동시대 사람들 안에서 유사점이 있다는 것을 주목하는 데 있는 것만 아니라, 그가 이런 요약을 다른 성경 본문을 인용함으로 인하여, 구약에 의하여 구약을 해석함으로써 성취했다는 것을 아는 것에도 있습니다.[12] 율법의 해석학적 재구성은 예수의 가르침이나 어떤 다른 규범적인 의견에 호소함으로써 성취되는 것이 아니라, 구약 그 자체를 다시 읽음으로써 성취됩니다.

이렇게 율법을 포괄적으로 해석하는 것의 주목할 만한 특징은 그것이 바울로 하여금 그리스도인들이 율법을 그것이 요구하는 모든 상세한 관례들을 준수하지 않고도 실제로 "성취"할 수 있다고 주장하게 해 준다는 것입니다. 이 확신은 — 바울 자신이 이전에 가졌던 바리새파 신념을 공유했던 유대인들에게는 분명 이상했다 — 고린도전서 7장 19절의 기초가 됩니다: "할례 받는 것도 아무것도 아니요 할례 받지 아니하는 것도 아무것도 아니로되; 오직 하나님의 계명을 지킬 따름이니라." 할례가 하나님의 계명들 중 하나였기 때문에, 이런 단언은 바울 당시 동시대 유대인들에게는 단지 별나고 괘씸하게 보였을 수 있습니다. 그러나 바울은 자신의 구약 읽기에서 상상력의 전환을 경험하였고, 이것은 그로 하여금 그리스도 안의 이방인들을 율법의 요구에 대한 성취로 볼 수 있도록 해 주었습니다. 이것은 로마서 2장 26-29a절에서 분명히 나타납니다:

> 그런즉 무할례자가 율법의 규례($\tau\grave{\alpha}$ $\delta\iota\kappa\alpha\iota\acute{\omega}\mu\alpha\tau\alpha$ $\tau o\hat{\upsilon}$ $\nu\acute{o}\mu o\upsilon$)를 지키면 그 무할례를 할례와 같이 여길 것이 아니냐? 또한 본래 무할례자(=이방인)가 율법을 온전히 지키면 율법 조문과 할례를 가지고 율법을 범하는

---

12) 바울이 레 19:18을 골라낸 것이 그가 독창적으로 한 것인지 또는, 아마 예수 그 자신에게까지 거슬러 올라가는 (참조. 막 12:28-34 병행 구절.) 초기 기독교 전통에 그가 의존한 것인지는 여기서 우리가 관여할 필요가 없는 질문이다. 다음을 보라. J. D. G. Dunn, *Romans 9-16*, WBC 38B (Dallas: Word, 1988), 779.

너를 정죄하지 아니하겠느냐? 무릇 표면적 유대인이 유대인이 아니요 표면적 육신의 할례가 할례가 아니니라. 오직 이면적 유대인이 (진정한) 유대인이며 (진정한) 할례는 마음에 할지니 영에 있고 율법 조문에 있지 아니한 것이라.

여기서의 해석학적 움직임은 바울이 빌립보서 3장 2-3절에서 "몸을 상해하는 일"을 하는 유대교주의자(Judaizers)들에 대하여 경고한 것과 일치합니다: "하나님의 성령으로 봉사하며 그리스도 예수로 자랑하고 육체를 신뢰하지 아니하는 **우리**가 곧 할례파라." 두 가지 경우에서, 바울은 명예를 표하는 용어 περιτομή("할례" — 하나님의 택자라는 칭호로 이해됨)가 유대 백성에게 한정될 수 있다고 인정하기보다는, 그 용어를 은유로 만들고 예수 그리스도를 믿는 새로운 공동체 지체들을 위하여 그것에 대한 권리를 요구합니다. 그들이 비록 육체적으로는 할례를 받지 않았지만, 그럼에도 불구하고 그들은 율법이 명령하는 순종의 모습을 마음으로부터 분명히 나타냅니다. 이것은 단순히 변덕스러운 해석학적 속임수가 아닙니다: 그것은 로마서 2장이 보여주듯이, "마음에 하는 할례"라는 성경적 이미지에 근거하는데, 바울은 그것을 신명기에서 두드러지게 찾습니다. 특별히 중요한 것은 신명기 30장 6절로서, 이 말씀은 마음에 하는 할례를 언약 갱신의 은혜로운 행위로 묘사합니다: "네 하나님 여호와께서 네 마음과 네 자손의 마음에 할례를 베푸사 너로 마음을 다하며 뜻을 다하여 네 하나님 여호와를 사랑하게 하사 너로 생명을 얻게 하실 것이며"(참조. 신 10:16). 만일 하나님이 이방인 신자들의 마음에 할례를 베푸시기 위해 이제 선택하셨다면, 바울이 주장하는 것처럼, 그것은 그들이 언약 공동체의 완전한 관계자여야만 한다는 것을 의미합니다.

이 모든 것은 로마서 8장 3-4절에서 눈에 띄게 설명됩니다: "율법이 육신으로 말미암아 연약하여 할 수 없는 그것을 하나님은 하시나니: 곧 죄로 말미암아 자기 아들을 죄 있는 육신의 모양과 속죄 제물로[13] 보내어 육신에 죄를 정하사, 육신을 따르지 않고 그 영을 따라 행하는 **우리에게 율법의 요구** (ὁ δικαίωμα τοῦ νόμου: 참조. 롬 2:26)**가 이루어지게 하려 하심이니라.**" 사랑 안에서 행함으로 율법을 성취하라는 일반적인 명령은, 바울의 읽기에 의하면, 구약 그 자체에서 발견됩니다. 그러므로 높은 일반론의 단계에서 구약은 특정한 "윤리"를 명령하면서 예시하는데, 그 윤리는 하나님을 섬기는 데 헌신되어진 삶의 양식입니다. 성령 안에서 행하는 사람인 그리스도 안에 있는 자들은 ― 유대인이나 이방인 관계없이 ― 율법이 요구하는 하나님의 사랑으로 생기가 넘치는 삶을 이제 성취합니다.

개별 규범에 내재된 출처로서의 구약

물론 이와 같은 일반적인 명령은 추가적인 행동에 관한 세부 사항을 필요로 합니다. 바울이 이방인들에게 율법을 성취하는 것을 말할 때, 그는 하나님을 기쁘시게 하는 도덕적인 행위의 종류에 관한 어떤 가정을 하고 있는 것입니다. 그는 로마서 13장 8-10절이 가리키듯이 간음, 살인, 도둑질, 그리고 탐심이 이웃을 사랑하는 것과 반대라는 것과 "율법을 성취하는 것"은 함축적으로 십계명의 명령들에 대한 순종을 요구한다는 것을 가정합니다. 하지만 우리가 여기서 보는 것은 단지 빙산의 일각입니다: 바울은 그 출처가 궁극적으로 이스라엘 율법에 있는 도덕적 판단과 규범의 전반적인 네트워크를 뒷받침하는 논증 없이 당연하다고 생각합니다.[14] 의식적인 생각의 단

---

13) 이 번역에 대해서는 다음을 보라. N. T. Wright, *The Climax of the Covenant: Christ and the Law in Pauline Theology* (Minneapolis: Fortress, 1991), 220-225.

14) 다음을 보라. Schrage, *The Ethics of the New Testament* (Philadelphia: Fortress, 1988), 205: "바울이 마치 본능적으로 그리고 추가적인 변명 없이 율법에 근거한 유대적 사고로부터 추론해 낸 확실한 결론들을 전제하고 있는 것 같은 사례들이 있다."

계에서는 거의 수면 위로 드러나지 않는 이러한 가정들은 여기저기 있는 바울의 악 목록들에서 바로 나타납니다. "육체의 일은 분명하니 곧 음행과 더러운 것과 호색과 우상 숭배와 주술과 원수 맺는 것과 분쟁과 시기와 분냄과 당 짓는 것과 분열함과 이단과 투기와 술 취함과 방탕함과 또 그와 같은 것들이라. 전에 너희에게 경계한 것같이 경계하노니 이런 일을 하는 자들은 하나님의 나라를 유업으로 받지 못할 것이요"(갈 5:19-21). 바울은 이러한 행동들에 대한 그의 정죄를 구약으로부터 명시적으로 이끌어 내려고 시도하지 않습니다; 그는 그것들의 부정적인 속성을 자명한(φανερὰ) 것으로 간주합니다. 악 목록의 모든 사항을 하나의 개별적인 구약성경의 계명에서 찾아낼 수 있는 것도 아닙니다. 그럼에도 불구하고 일부 사항들은 명백히 성경 교훈에 대한 위반입니다: 음행, 더러운 것, 우상 숭배, 주술. 이런 목록들에서, 비록 바울이 성경적인 규범과 일반 상식적인 도덕 기준 사이를 분명히 구별하려고 애쓰지는 않았지만, 도덕적 삶에 관한 그의 비전을 형성하는 데 있어서 구약이 한 역할을 했다는 것은 확실합니다.

바울은 새로운 삶을 살기 위하여 기독교 공동체의 지체가 된 자들을, 과거에 그들의 모습이었던 음란한 행실을 버린 자들을 부릅니다: "불의한 자가 하나님의 나라를 유업으로 받지 못할 줄을 알지 못하느냐? 미혹을 받지 말라. 음행하는 자나 우상 숭배하는 자나 간음하는 자나 탐색하는 자(μαλακοί)나 남색하는 자(ἀρσενοκοῖται)나 도적이나 탐욕을 부리는 자나 술 취하는 자나 모욕하는 자나 속여 빼앗는 자들은 하나님의 나라를 유업으로 받지 못하리라. 너희 중에 이와 같은 자들이 있더니, 주 예수 그리스도의 이름과 우리 하나님의 성령 안에서 씻음과 거룩함과 의롭다 하심을 받았느니라"(고전 6:9-11). 이 목록과 갈라디아서 5장 19-21절 목록과의 유사성은 명백하지만, μαλακοί [탐색하는 자]를 더한 것과 특별히 ἀρσενοκοῖται [남색하는 자]를 추가한 것은 바울의 윤리에 나타난 구약의 "배경" 기능에 대한 하나의 흥미로운 예시를 제공합니다. 바울은 동성 간의 성관계를 부정적으로 평가하는 것을 당연하게 여기는데, 이것은 구약의 법에 근거한 유대적 태도에 특징적으로 그 뿌리를 두고 있습니다. 사실, 스크로그스(Robin Scroggs)가 제안했듯이, ἀρσενοκοῖται [남색하는 자]라는 용어는 — 이전 헬라어 자료들에는 입증되지 않은 — 칠십인경의 레위기 18장 22절, 20장 13절의 단어에서 유래된 신조어가 거의 확실합니다.[15] 하지만 바울은 여기서 장과 절을 인용하거나 동성애 행위에 반대하는 윤리적 **논거**를 만들 필요성을 느끼지 않습니다. 그런 행동에 대한 율법의 정죄는 유대 문화와 도덕적 사고방식에 철저히 퍼져 있었습니다; 바울은 단순히 그의 독자들이 이런 도덕적 판단을 공유할 것이라고 당연하게 생각하고 있는데, 마치 그가 그들에게 도둑질이 그릇된 일이라고 설득할 필요가 없는 것과 같습니다.

비슷한 가정들이 로마서 1장 18-32절에 있는 바울의 가장 널리 발전된 악 목록의 근저에 있으며, 거기서 그는 인류의 곤경을 그들의 창조자에 대한 반역 안에서 묘사합니다.[16] 여기서 성경이 가지고 있는 근저의 뜻은 다면적이고 복합적입니다: 우상숭배에 대한 정죄는 솔로몬의 지혜서(특별히 12:23-14:31)에 상당한 빚을 졌지만, 부정한 사람들이 하나님의 영광을 우상의 형상들과 바꾸었다는 개념은(롬 1:18-23) 시편 106편 20절("자기 영광을 풀 먹는 소의 형상으로 바꾸었도다")과 예레미야 2장 11절을 의지합니다:

어느 나라가 그들의 신들을
신 아닌 것과 바꾼 일이 있느냐?
그러나 나의 백성은

---

15) R. Scroggs, *The New Testament and Homosexuality* (Philadelphia: Fortress, 1983), 106-108.

16) 자세한 논의는 다음을 보라. R. B. Hays, "Relations Natural and Unnatural," *JRE* 14, no. 1 (1986): 184-215.

그의 영광을 무익한 것과 바꾸었도다.

우상을 숭배하면서 한 분이신 참 하나님을 부인하는 이 근본적인 죄는 인류를 온갖 끔찍한 행동으로 이끌었고, 하나님께서는 그들을 마음의 더러움과 정욕대로 "내버려 두셨습니다"(롬 1:24-32). 여기서도 바울은 이 죄 목록에 대한 그의 정죄를 위하여 구체적인 영적 근거를 인용하려고 하지 않습니다; 부정적인 판단은 도덕적 담화 직물의 한 부분으로서 여겨집니다. 하지만 이 직물이 이스라엘 구약성경으로부터 뽑아낸 많은 씨실과 날실을 가지고 짜서 만든 것에는 의심의 여지가 없습니다.[17]

모범적 서사로서의 구약

그러나 구약은 구체적인 규범과 계명을 넘어서서 역시 바울의 사고에서 교회의 생활을 위한 폭넓은 모범을 제공해 주는 — 행동의 예들, 긍정적이든 부정적이든 — 서사의 자료로서 기능합니다. 이것은 바울이 이스라엘의 이야기를 그가 살던 당시의 교회가 겪는 경험을 예시하는 것으로 명시적으로 읽는 구절들에서 가장 두드러지게 나타납니다. 저는 *Echoes of Scripture in the Letters of Paul*(『바울서신에 나타난 구약의 반향』)에서 이 예표론적 읽기 전략이 — 구약 읽기를 위한 교회 중심적 해석학 — 바울서신들 안

---

17) 나는 바울이 그의 도덕적 판단을 헬라-로마의 철학 전통들을 포함한 다른 출처로부터 역시 가져 왔음을 부인한다고 말하는 것이 아니다. 예를 들어, 다음을 보라. Furnish, *Theology and Ethics*, 44-51; H. D. Betz, *Galatians*, Hermeneia (Philadelphia: Fortress, 1979), 여러 곳에; J. Paul Sampley, *Walking between the Times*: *Paul's Moral Reasoning* (Minneapolis: Fortress, 1991), 94-98. 핵심은 구약성경이 여러 가지 이유들 중 한 부분이기는커녕, 바울이 규범으로 전제하는 의와 불의에 대한 당연한 근거가 이스라엘 구약성경의 도덕적 세계에 의하여 헤아릴 수 없는 중요한 방식들로 영향 받는다는 것이다.

에 배어들었다고 주장했습니다.[18] 공동체의 정체성은 이스라엘과의 동일시에 의하여 형성됩니다.

이방인이 대부분인 고린도의 교회에 편지를 쓰면서, 바울은 그들을 이스라엘의 이야기 안에 포함시키는 방식으로 말하면서 그리고 동시에 교회의 관행에 비추어서 이스라엘의 이야기를 재형성합니다: "형제들아 나는 너희가 알지 못하기를 원하지 아니하노니 우리 조상들(ὅτι οἱ πατέρες ἡμῶν)이 다 구름 아래에 있고 바다 가운데로 지나며, 모세에게 속하여 다 구름과 바다에서 세례를 받고, 다 같은 신령한 음식을 먹으며, 다 같은 신령한 음료를 마셨으니 이는 그들을 따르는 신령한 반석으로부터 마셨으매 그 반석은 곧 그리스도시라"(고전 10:1-4). 이방인인 고린도인들은 이스라엘의 광야 세대를 "우리 조상들"로 인정했으며, 그들의 방랑과 역경은 이제 교회의 상황에 대한 예시로서 읽혀집니다. 심지어 하나님께서 이스라엘을 속박으로부터 건져 내시고 광야에서 그들을 보호해 주신 초자연적인 영적 사건들조차도 하나님의 무조건적인 호의를 보장하는 역할을 할 수 없었습니다; 이와 마찬가지로, 고린도인들도 오로지 세례와 주의 만찬을 하나님의 은혜를 요구하는 잘못될 수 없는 권리로서 의지하면 안 됩니다.

고린도전서 10장 1-22절에서 유일하게 실제로 인용된 성경 본문은 금송아지 사건에 대한 서사 기술뿐입니다: "백성이 앉아서 먹고 마시며 일어나서 뛰놀더라"(출 32:6, 고전 10:7에서 인용됨). 하지만 이 단일한 인용은 보다 더 큰 이스라엘의 광야 이야기를 환기시키며, 바울은 민수기 14장 26-35절, 25장 1-9절, 26장 62절, 21장 5-9절, 그리고 16장 41-50절(고전 10장 8-10절)에 기록된 사건들을 암시와 함께 추적합니다. 바울은 고린도인들에게 특정한 행동을 경고하기 위하여 권고적인 방식으로 이러한 각각의 사건들을 사용

---

18) Hays, *Echoes*, 84-121. 『바울서신에 나타난 구약의 반향』(여수룬 역간).

합니다: 우상숭배, 성적 음행, 그리스도를 시험함, 그리고 하나님을 원망함. 요약하면, 바울은 여기서 이스라엘의 이야기를 반역의 행동과 그에 따른 무서운 결과를 보여 주는 부정적인 전형으로서 사용하고 있습니다.[19] 고린도인들은 성경적 서사의 거울에 비추어 자신들을 인식해야 하며 그들의 행동을 그에 따라서 수정해야 합니다. 만일 그들이 이 경고를 주의 깊게 듣는 데 실패한다면, 만일 그들이 우상의 제물을 부주의하게 먹음으로써 우상 숭배와 어울리는 것을 지속한다면, 그들은 이스라엘의 믿음 없음을 재현하게 될 것입니다. 바울은 이 단락을 모세의 노래(신 32장)를 반향하는 수사학적 질문으로 마무리함으로써 이 요점을 미묘하게 강조합니다: "그러면 우리가 주를 노여워하시게 하겠느냐(παραζηλοῦμεν)? 우리가 주보다 강한 자냐?"(고전 10장 22절). 이 질문에 내포된 힘은 우리가 신명기 본문을 상기할 때만 비로소 분명해집니다:

> 그들이 다른 신으로 그의 질투를 일으키며,
>> 가증한 것으로 그의 진노를 격발하였도다.
> 그들은 하나님께 제사하지 아니하고, 귀신들에게 하였으니[참조. 고전 10:20] …
> 그러므로 여호와께서 보시고 미워하셨으니(ἐζήλωσεν);
>> 그 자녀가 그를 격노하게 한 까닭이로다.
> 그가 말씀하시기를: 내가 내 얼굴을 그들에게서 숨겨 …

---

19) 그러나, 바울이 광야 기사를 능숙하게 이야기하는 방식은 대체주의자(supersessionist)의 해석을 허락하지 않는다: 이스라엘은 그리스도(4절)와 성례를 소유했고(1-4절), 교회는 이스라엘이 겪었던 동일한 시험에 직면한다(12-13절). 따라서 교회는 종말론적으로 특권을 받는 입장에 서 있음에도 불구하고(11절), 우월한 위치에 있는 것은 아니다. 사실대로 말하자면, 바울의 예표론적 읽기에 담긴 수사학은 고린도인들로 하여금 자신들을 광야에 있었던 이스라엘과 같은 상황에 있는 것으로 보도록 이끈다. 다음을 보라. Hays, *Echoes*, 94-104.

그들이 하나님이 아닌 것으로 내 질투를 일으키며(παρεζήλωσάν),

허무한 것으로 내 진노를 일으켰으니.

(신 32:16-17a, 19-20a, 21a)[20]

이스라엘의 재난 기사가 "말세를 만난 우리를 깨우치기 위하여" 기록되었기 때문에(고전 10:11), 고린도인들은 성경 이야기로부터 교훈을 배워야 하며 "귀신의 식탁"을 피해야만 합니다(10:21).

바울이 여기서 요점을 주장할 때 계명을 인용한 것이 아니라 이야기를 다시 진술하면서 성경의 서사와 현재의 문제 사이의 반향을 듣도록 그의 독자들을 격려했다는 것이 주목할 만합니다. 고린도전서 10장의 이 구절은 바울서신 가운데 윤리적 주장의 이런 양식이 가장 광범위하게 발달된 예이지만, 그러나 우리는 다른 많은 예들을 인용할 수 있습니다. 바울은 구약을 자신과 그의 공동체에 대한 예표론적 예시들의 광대한 네트워크로 읽습니다. 이것이 그로 하여금 성경의 이야기들을 그 자신의 사명을 위한 모범으로서(예. 롬 10:14-17; 11:1-6; 갈 1:15), 바울이 공동체가 수행하기 원하는 행동을 위한 모범으로서 사용하도록 만듭니다(예. 갈 4:21-5:1; 고후 8:7-15).[21]

구약의 서사를 윤리적 모범으로서 읽는 이 전략의 특별한 경우는 바울이 예수의 모습을 — **구약에 예표된 것처럼** — 본받기 위한 양식으로 사용한 것입니다.[22] 바울은 구약에서 예수 그리스도의 이야기를 남들을 위하여 고난을 당하고 권세를 내려놓는 종의 이야기로 봅니다. 가장 확실한 예는 로마서

---

20) 이것은 NRSV 번역이다. 헬라어 삽입은 칠십인경이 관련 단어들을 어떻게 번역했는지 설명해 준다.

21) 이 구절들에 대한 논의는 다음에서 보라. Hays, *Echoes*, 111-118, 88-91.

22) 바울 윤리학에서 모티프로서 *imitatio Chrisit* [예수를 본받는 것]에 관한 중요성은 다음을 보라. Furnish, *Theology and Ethics*, 217-223.

15장 1-13절에서 발견되는데, 거기서 바울은 공동체의 덕을 세우기 위하여 강한 자에게 그리스도를 본받아 약한 자를 받아 주라고 권고합니다. 그리스도가 행하신 것의 특징은 시편 69편 9절 인용문에 의하여 설명됩니다: "그리스도께서 자기를 기쁘게 하지 아니하셨나니 기록된 바, '주를 비방하는 자들의 비방이 내게 미쳤나이다' 함과 같으니라"(롬 15:3). 바울은 7-13절에서 유대인과 이방인 모두 그리스도를 환영하는 것이 일련의 성경 구절들에도 역시 예표되었음을 제안합니다: 시편 18편 49절, 신명기 32장 43절, 시편 117편 1절, 그리고 이사야 11장 10절.[23] 그리스도의 이 행위에 비추어서, 로마의 그리스도인들은 "하나님의 영광을 위하여 … 너희도 서로 받으라"고 강력히 권고를 받습니다(롬 15:7).

이 구절의 인상적인 특징은 — 로마서의 수사학적 요약 — 그리스도를 시편 인용문의 일인칭 화자로 묘사한 것입니다(롬 15:3, 9). 저는 다른 곳에서 메시아를 제왕적 탄원시의 기도하는 목소리로 이해하는 장치가 초대 기독교의 폭넓은 해석학적 관행이었으며, 로마서 15장에 나오는 그 전통에 대한 바울의 독특한 적응은 이 모티프를 **권고적인** 방식으로 (변증적인 방식이라기보다) 해석하는 것이라고 주장했습니다.[24] 다른 말로 하면, 바울은 시편의 고난 받는 의로운 인물을 교회의 행실을 위한 모범으로 여깁니다: "시편에서 메시아의 음성을 알아듣도록 배운 공동체는 마침내 그의 고난과 그의 노래에 동참하는 것을 배울 것입니다."[25] 다시 한 번, 우리는 바울의 기본적인 구약 읽기가 — 이 경우는, 시편의 기독론적 해석 — 공동체를 위한 그의 윤리적 비전

---

23) 신 32장이 정점의 요약으로 나타나는 것을 다시 한 번 유의하라.

24) R. B. Hays, "Christ Prays the Psalms: Paul's Use of an Early Christian Exegetical Convention," in *The Future of Christology: Essays in Honor of Leander E. Keck*, ed. A. J. Malherbe and W. A. Meeks (Minneapolis: Fortress, 1993), 122-136; 이 책에 재발간됨(6장).

25) Hays, "Christ Prays the Psalms," 136 (이 책 6장).

의 모범이 되는 서사를 낳는다는 것을 봅니다.

공동체에 주는 구체적인 말씀으로서의 구약

마지막으로 우리는 바울이 구약을 그의 공동체 상황에 직접적으로 말씀하신 하나님의 말씀으로 읽는 다수의 구절들을 생각해 볼 수 있습니다. 제가 여기서 생각하고 있는 것은, 신명기 32장 35절과 잠언 25장 21-22절을 인용한 로마서 12장 19-21절처럼, 단순히 항상 어디에서나 적용할 수 있는 일반적인 도덕적 충고가 아닙니다: "내 사랑하는 자들아, 너희가 친히 원수를 갚지 말고, 하나님의 진노하심에 맡기라; 기록되었으되, "'원수 갚는 것이 내게 있으니 내가 갚으리라.'고 주께서 말씀하시니라'[신 32:35]. '네 원수가 주리거든 먹이고 목마르거든 마시게 하라; 그리함으로 네가 숯불을 그 머리에 쌓아 놓으리라'[잠 25:21-22]. 악에게 지지 말고 선으로 악을 이기라." 이 구약의 교훈은 교회에 전해졌다는 느낌이 있지만, 그 말은 매우 일반적인 성격을 갖습니다. 잠언에 대한 호소는 바울이 권고를 할 때 보편화할 수 있는 도덕적 지혜를 이용하고 있다는 것을 보여 줍니다. 물론 초대교회에 이러한 지혜의 힘은 예수의 가르침과 본보기에 의하여 강화되었지만, 로마서 본문에는 바울이 이 도덕적 충고를 로마의 그리스도인들 상황에 특징적으로 관련된 것으로 간주했다는 분명한 표시가 없습니다.

그러나 다른 경우에는 바울이 구약의 말씀을 과녁을 겨냥한 말씀으로, "말세를 만난 자들인" 그의 교회들을 안내하기 위해 직접적으로 주어진 말씀으로 듣습니다. 아마도 고린도전서 9장 8-12절에 있는 신명기 25장 4절의 인용은 이 범주에 들어맞습니다: "모세의 율법에, '곡식을 밟아 떠는 소에게 망을 씌우지 말라' 기록하였으니, 하나님께서 어찌 소들을 위하여 염려하심이냐? 오로지 우리를 위하여(δι' ἡμᾶς πάντως) 말씀하심이 아니냐? 과연 우리를 위하여 기록된 것이니 … 우리가 너희에게 신령한 것을 뿌렸은즉, 너희의 육적인 것을 거두기로 과하다 하겠느냐?" 곡식을 밟아 떠는 소에게 망을 씌우지 말라는 율법의 계명은 교회를 위하여 쓰였고, 그것이 지시하는 진정한 대상은 바울과 그의 사도적 동료들입니다. 이 율법의 숨겨진 의미는 바울이 사도로서 그의 교회들로부터 재정 지원을 요구할 수 있는 권리를 가진다는 것입니다.

때로는 말씀이 갈라디아서 4장 30절처럼, 특정한 상황을 향하여 훨씬 더 날카롭게 조준될 수도 있습니다. 구약은 무엇을 말합니까? 구약(ἡ γραφή)은, 실질적으로 의인화된 하나의 등장인물로서, 그리고 하나님을 위한 중재하는 대변인으로서, 갈라디아인들에게 직접 말하며, "여종과 그 아들을 내쫓으라"(창 21:10)고 그들에게 명령하는데, 이 명령은 바울이 사라-하갈 이야기를 알레고리화한 것에 비추어 보면 갈라디아인들이 할례를 외치는 유대 기독교 설교자들을 그들의 공동체에서 내쫓아야 한다는 것을 의미합니다.[26]

하지만 구약의 명령이 항상 단일한 행동을 향하는 것만은 아닙니다. 고린도전서의 첫 장에서 바울은 반복해서 그의 독자들에게 구약 말씀을 고린도교회를 분열시키는 분쟁에 대하여 정확하게 말하는 **인격-형성**의 메시지(*character-shaping* message)로 들을 것을 요구합니다. 고린도전서에 나타난 바울의 첫 번째 명시적인 구약 인용은 십자가의 도가 역설적으로 하나님의 능력이라는 그의 주장을 뒷받침하기 위하여 인용됩니다:

십자가의 도가 멸망하는 자들에게는 미련한 것이요,

구원을 받는 우리에게는 하나님의 능력이라. 기록된 바,

---

26) 이 구절에 관한 논의는 다음을 보라. Hays, *Echoes*, 111-118. 이와 다른 해석은 다음을 보라. S. Eastman, "Cast Out the Slavewoman and Her Son': The Dynamics of Exclusion and Inclusion in Galatians 4:20," *JSNT* (근간).

"내가 지혜 있는 자들의 지혜를 멸하고,
총명한 자들의 총명을 폐하리라."

(고전 1:18-19)

이사야 29장 14절에서 인용된 이 구절은 고린도에서 자신을 지혜롭다고(σοφοί) 여기면서 스스로를 높이는 자들을 향한 예리한 경고의 말씀입니다. 실제로 더 포괄적인 이사야서 문맥이 메타렙시스(metalepsis) 기법으로 감춰져 울리는 반향은 특별한 힘을 가지고 교만한 고린도인들에게 울려 퍼져야만 합니다:

주께서 이르시되:
이 백성이 **입으로는** 나를 가까이하며
입술로는 나를 공경하나
그들의 마음은 내게서 멀리 떠났나니
그들이 나를 경외함은 사람의 계명으로 가르침을 받았을 뿐이라;
그러므로 내가 이 백성 중에 기이한 일
곧 기이하고 가장 기이한 일을 다시 행하리니
그들 중에서 지혜자의 지혜가 없어지고
명철자의 총명이 가려지리라.

(사 29:13-14)

자신들의 모든 언변과 모든 지식을 자랑으로 여기던 고린도인들은(참조. 고전 1:5) 바울이 인용한 이사야의 심판 말씀을 들으면서 직접적으로 도전받았습니다.

이것은 1장 끝에서 바울의 다음 인용에 의하여 보다 더 뚜렷해집니다:

그리스도는 "하나님으로부터 나와서 우리에게 지혜와 의로움과 거룩함과 구원함이 되셨으니, 기록된 바 **'자랑하는 자는 주 안에서 자랑하라'** 함과 같게 하려 함이라"(1:30-31). 하나님은 인간의 전형적인 평가 기준들을 반전시키기 위하여 선택하시며, 아무 육체도 하나님 앞에서 자랑하지 못하게 하시려고 지혜와 권세와 특권을 뒤집으십니다(1:20-29). 그러므로 주 안에서 자랑하는 것을 제외하고는 자랑할 근거는 있을 수 없습니다 — 즉, 하나님께서 십자가를 통해 행하신 것을 인하여 그를 찬양하는 것입니다. 자랑을 금하는 인용문은 일반적으로 예레미야 9장 22-23절로부터 부정확하게 나왔을 것이라고 생각되는데, 이 구절은 하나님의 신실하지 않은 백성을 향한 가혹한 심판 예언의 결론에 나타납니다.[27] 하지만 똑같이 좋은 예가 고린도전서 1장 31절에서 사무엘상 2장 10절의 인용을 듣는 경우에 만들어질 수 있으며, 그 인용은 인간의 권세를 뒤엎으시고 가난한 자와 빈궁한 자를 높이시는 하나님을 찬양하는 한나 노래의 결론입니다.[28] (참조. 사무엘상 2장 3절: 심히 교만한 말을 다시 하지 말 것이며[μὴ καυχᾶσθε] 오만한 말을 너희의 입에서 내지 말지어다; 여호와는 지식의 하나님이시라, 행동을 달아 보시느니라.") 어느 경우에나, 그 정확한 출처와는 상관없이, 바울의 인용문은 고린도인들에게 그들을 향해 직접 하는 말로 들리며, 겸손과 행실의 변화를 그들의 마음에 불러일으킵니다.

동일한 주제들이 고린도전서 3장 18-23절에서 다시 들립니다. 이번에는 어떤 특정한 사도들을 자랑하는 것을 단념시킵니다. 여기 인용된 본문들은 다르지만, 고린도전서 3장 21절에서 설명한 바와 같이 이 인용문들의 목적은 서신서의 첫 장의 관심사들을 생각나게 합니다: "이는 아무 육체도 자

---

27) 이 상호텍스트적 연결의 수사학적이고 신학적인 함축에 관한 통찰력 있는 논의는 다음을 보라. G. R. O'Day, "Jeremiah 9:22-23 and 1 Cor 1:26-31: A Study in Intertextuality," *JBL* 109 (1990): 259-267.

28) J. R. Wagner, "'Not beyond the Things Which Are Written': A Call to Boast Only in the Lord (1 Cor 4.6)," *NTS* 44 (1998): 279-287.

랑하지(καυχάσθω) 못하게 하려 하심이라."

이러한 결과로 미루어 보아, 우리는 고린도전서 4장 6절의 다소 모호한 언급이 이 특별한 구약 인용들을 다시 언급한다고 결론 지어야 합니다: "형제들아 내가 너희를 위하여 이 일에 나와 아볼로를 들어서 본을 보였으니 이는 너희로 하여금 '기록된 말씀 밖으로 넘어가지 말라' 한 것을 우리에게서 배워 서로 대적하여 교만한 마음을 가지지 말게 하려 함이라." 바울은 서신서 3장에서 아볼로와 자신의 관계를 말하는데, 성경의 명령에 의해 부득이 사람의 은사나 인격으로 자랑하는 것이 아니라 오직 주 안에서 자랑하는 것이 무엇을 뜻하는지 예증하기 위함입니다. 고린도인들은 자랑에 대한 구약의 훈계를 그들과 그들의 상황에 대하여 하나님께서 직접 하시는 말씀으로 듣고 주의해야만 합니다.

마지막 예 역시 고린도전서에 가져온 것으로서 바울이 5장 13절에서 솜씨 좋게 사용하는 신명기의 반복적인 후렴구입니다. "이 악한 사람은 너희 중에서 내쫓으라." 여기 고린도전서에서 이 명령은 — 성경 인용문 표시가 없이 — 바울이 고린도인들에게 아버지의 아내와 성적 관계를 맺은 남자를 쫓아내라고 하는 명령의 결론에 있습니다. 물론, 신명기의 문맥에서 이 명령은 이스라엘이 언약 공동체로서 그 정결함을 보존하는 것을 목표로 주어졌습니다. 그러므로 이방 고린도인들을 마치 그들이 이스라엘 언약 공동체의 지체들인 것처럼 부름으로써, 바울은 정교한 신학적 요점을 만듭니다: 이스라엘을 향한 하나님의 명령은 그들에게 단지 유추적으로만 아니라 직접적으로 적용되는데, 왜냐하면 그들이 실제로 하나님의 백성 중에 접붙임이 되었기 때문입니다(참조. 로마서 11장 17-24절). 이 명령(ἐξάρατε τὸν πονηρὸν ἐξ ὑμῶν αὐτῶν, 또는 그것과 가까운 상당 어구)은 신명기에서 대략 아홉 번 나오며, 이스라엘을 우상숭배나 음란으로 이끄는 행위에 대하여 사형 판결을 지시합니

다: 신 13:5; 17:7, 12; 19:19; 21:21; 22:21, 22, 24; 24:7.[29] 고린도인의 경우와 가장 가까운 상황은 신명기 22장 22절에서 다루고 있습니다: "어떤 남자가 유부녀와 동침한 것이 드러나거든 그 동침한 남자와 그 여자를 둘 다 죽여 이스라엘 중에 악을 제할지니라." 본문의 이 단락(신 22:13-30)은 다양한 성적 범죄를 처리하는 법령을 제공하며, 30절에 나오는 고린도인 범죄자 경우와 직접적으로 관계가 있는 금지에서 절정을 이룹니다: "사람이 그의 아버지의 아내를 취하여 아버지의 하체를 드러내지 말지니라." 비록 신명기는 이런 경우에 대한 형벌을 명시적으로 규정하지는 않지만, 아마도 바울은 이 구절을 고린도의 문제와 연관시켜 생각하는 중에 신명기 22장 22절의 인접 문맥으로부터 추방 법칙을 가져와 단순히 사용했을 가능성이 상당히 높아 보입니다.[30]

어쨌든, 요점은 바울이 신명기 본문을 고린도인들에게 직접적으로 주는 말씀으로 읽는다는 것입니다. 그들은 구약성경에 의하여 "이방인 중에서도 없는" 음행(πορνεία)을 행한 자를 쫓아냄으로써 공동체 징계를 시행하도록 요구받습니다(고전 5:1). 그들은 공동체를 정화해야 합니다.

이 예는 우리를 제자리로 돌아오게 합니다: 이방인 교회를 향한 이런 직접적인 명령의 타당성은 광대한 구조 서사(grand framing narrative)에 대한 바울의 전제에 달려 있습니다(위의 "공동체 정체성을 위한 서사 구조로서의 구약" 내용을 보기 바랍니다). 신명기의 언약 명령은 이방인인 고린도인들에게 하나님의

---

29) 바울은 칠십인경의 **미래 능동 직설법** 이인칭 **단수** 동사(ἐξαρεῖς)를 **부정과거** 능동 **명령법** 이인칭 **복수** 동사(ἐξάρατε)로 바꾼다. 이것은 칠십인경 표현을 (이것은 명령형 대신에 미래형을 사용하려는 칠십인경의 경향을 따른다) 보다 더 관용적인 헬라어 어법으로 번역하는 효과가 있다; 동시에, 이인칭 복수로 바꾼 것은 이번 사례에서 권징을 시행하는 교회의 공동 책임을 보다 더 명확히 강조한다.

30) 나는 이 구절을 Echoes (97) 책에서 취급했을 때는, 네슬-알란트 본문의 여백에 적혀 있는 비슷한 구절인 신 17:7만 단지 언급했다. 본문을 더 연구하면서 나는 신 22:22의 반향이 고전 5:13에서 바울의 문구 사용을 이해하는 데 있어서 더 중요하다는 것을 깨닫게 되었다.

말씀으로 들릴 수 있는데, 그 이유는 오직 하나님께서 세계를 자신과 화목하게 하기 위하여 행동하셨고 그럼으로써 그들을 "하나님의 이스라엘" 안으로 데리고 오셨기 때문입니다(참조. 갈 6:16). 무엇보다 중요한 그 이야기 안에서 구약은 바울의 윤리를 위한 상징적인 용어를 제공합니다. 그리스도 안에서 하나님이 화목케 하시는 역사에 비추어 본 바울의 구약 재읽기는 새로운 상상의 형상을 만들어 내면서, 그의 동시대 유대인들에게 본문을 놀라운 방식으로 읽도록 요구하며, 그의 이방인 회심자들에게는 그들의 삶을 구약 이야기 안에서 새롭게 읽도록 요구합니다. 이 해석학적 전략의 생성적인 힘은 바울이 고린도전서 5장 6-8절에서 표현하고 있는 주목할 만한 은유에 의하여 암시됩니다: 교회 자체가 유월절 떡이 되는데, 그것은 "악하고 악의에 찬 묵은 누룩"을 내버림으로써 깨끗하게 되어야 하며, 공동체가 속박에서 자유로 옮긴 것을 나타내고 기념하기 위하여 그리스도께서 희생당한 유월절 양이 되십니다. 이 희생은 이미 이루어진 것이므로, 공동체 징계를 통한 공동체의 윤리적 정화 활동은 이제 이 축제가 올바르게 기념되기 위하여 매우 중요합니다. 윤리적 고찰 안에서 이렇게 구약을 "사용하는 것"은 본문을 규칙서로 읽는 것을 훨씬 능가하며, 새 창조의 공동체가 옛이야기를 대담하고 풍부한 상상력을 동원해 읽음으로써 하나님의 뜻을 발견해야만 한다고 제안합니다.

결론

우리가 한 조사는 구약이 바울의 윤리적 비전을 형성하는 데 중요한 역할을 했다는 것을 보여 줍니다. 우리가 공동체의 정신과 정체성을 형성하는 모든 요소들을 포함하는 "윤리"의 의미를 이해할 때, 우리는 구약이 바울의 윤리에 있어서 여러 가지 방식으로 매우 중요하다는 것을 알 수 있습니다. 그것은 도덕적 삶을 위하여 무엇보다 중요한 서사 구조를 제공하며, 공동체가 사랑과 정의를 갈망하도록 부르고, 하나님을 기쁘시게 하는 행실의 함축적인 개념에 동의하여 서명합니다. 또, 신실함의 의미를 부정적으로도 긍정적으로도 만들어 가는 이야기들을 들려 주고, 공동체를 향한 구체적인 도전과 지시의 말을 전합니다.

바울은 그의 교회들에게 구약이 말하는 이야기 세계 안에서 살도록 요청합니다. 그들은 거기서 하나님의 언약 백성인 그들의 정체성을 찾아야 하며, 화목케 하는 메시지를 세상에 전하고, 율법을 성취하는 사랑과 자기희생적인 행위를 통해서 하나님의 의를 나타내야 합니다. 이 비전과 연관된 특정한 행동을 이해한다는 것은 성령에 이끌린 분별과 공동체 생활의 변화를 필요로 합니다. 하지만 바울은 성령이 그의 교회들을 더 분별력 있는 구약의 독자들이 되게 하고, 구약이 그들에게 직접적으로 말하는 것을 들으며, 그에 따라서 그들의 삶을 형성하도록 인도하실 것을 확신했습니다.

바울의 대담한 해석학적 예는 다음으로 우리 공동체를 형성하는 구약의 의미에 대하여 새롭게 숙고하도록 이끕니다. 만일 우리가 바울의 본을 따른다면, 우리는 구약에 몰두하면서, 하나님이 예수 그리스도를 통하여 이 세상을 화목케 하시는, 진행 중인 그 이야기에 우리의 삶이 어떻게 들어맞는지를 물어야 할 것입니다. 윤리는 결의론(決疑論: 양심의 문제나 행위의 선악을 일반적인 윤리 원리로 규정하려는 학설 — 역주)의 문제도, 규칙과 원칙을 통하여 추론하는 문제도 아니고, 하나님의 말씀을 들으며 하나님의 의를 나타내기 위하여 상상의 자유로 반응하는 문제일 것입니다. 성실히 그 일을 하기 위해서 우리는 당연히 상상력의 전환을 경험해야만 할 것입니다: 우리는 "이전에 기록된 것들은 우리를 깨우치기 위하여 기록되었다"는 사실과 우리가 바로 "말세를 만난 자들"이라는 것을 생각해야 할 것입니다. 교회를 향한 바울 윤리의 도전은 이러한 주장들을 심각하게 받아들이고 그것들을 행동으로 옮기라는 것입니다.

제 9 장

비평에 대한 반향:
『바울서신에 나타난 구약의 반향』의
비평가들에 대한 답변

성서학회(SBL)의 '초기 유대교와 기독교의 성서' 분과는 1990년에 회의를 열어서 당시 저의 새롭게 출판된 책 *Echoes of Scripture in the Letters of Paul*(『바울서신에 나타난 구약의 반향』)에 대한 논의를 하였습니다. 비평적인 반응들이 크레이그 에반스(Craig A. Evans), 제임스 샌더스(James A. Sanders), 윌리엄 그린(William Scott Green), 그리고 크리스티안 베커(J. Christiaan Beker)에게서 나왔으며, 저의 응답과 그룹 토의가 이어졌습니다. 이 소논문들은 이어서 크레이그 에반스(Craig A. Evans)와 제임스 샌더스(James A. Sanders)의 편집 책임 아래 수집되어 *Paul and the Scriptures of Israel*, JSNTSup 83 (Sheffield: JSOT Press, 1993)으로 출판되었습니다. 여기서 이어지는 소논문은 저의 응답으로, 처음에 출판된 책 70-96쪽에 해당하는 부분입니다. 저는 그 비평들을 먼저 읽지 않은 독자들을 위하여 그 부분을 약간 편집했지만, 이 소논문이 학회라는 특정 상황에서 오간 대화를 배경으로 쓰였음을 보여 주는 표지들을 없애려고 하지는 않았습니다. 그 포럼에서 제기되고 논의됐던 질문들은 계속하여 두드러지게 *Echoes of Scripture in the Letters of Paul*(『바울서신에 나타난 구약의 반향』) 논의들의 특징을 이룹니다. 그러므로, 저는 그러한 경우에 대한 저의 답변이 이스라엘의 성경에 대한 바울의 해석을 공부하는 학생들에게 보다 더 일반적인 관심사가 되기를 소망합니다. 저의 연구에 관해 이 대화를 계획한 에반스 교수(Craig A. Evans)와 샌더스 교수(James A. Sanders)에게 다시 한 번 감사를 전합니다.

저의 연구가 크레이그 에반스(Craig A. Evans), 제임스 샌더스(James A. Sanders), 윌리엄 그린(William Scott Green), 그리고 크리스티안 베커(J. Christiaan Beker)에 의하여 주의 깊게 읽혀진 것은 매우 영광입니다. 저는 그들의 답변이 유익하다는 것을 알게 되었고, *Echoes of Scripture in the Letters of Paul*(『바울서신에 나타난 구약의 반향』)에 의하여 촉발된 논의를 진척시키기 위한 기회를 갖게 되어서 감사합니다. 이 책은 그 주제에 대한 최종적인 방법으로 고안된 것이 아니라, 하나의 탐구로서 익숙하지만 다루기 어려운 본문들에 관한 몇 가지 새로운 질문들을 제기하기 위한 시도로서 계획된 것입니다. 따라서, 그 대화가 지속되는 것은 적절합니다. 저는 제 동료들의 통찰력 있는 비평들에 답변하기 위한 기회를 기쁘게 받아들입니다.

크레이그 에반스에 대한 답변

크레이그 에반스(Craig A. Evans)는 우리가 "미드라쉬"(midrash)와 "예표론"(typology) 용어를 사용하는 데 있어서 세심히 주의해야 한다는 저의 호소에 주의를 집중합니다. 예표론은 — 에반스가 말한 대로 — "주해의 **방법**(*method*)이라기보다는 구약에 대한 유대교적 그리고 기독교적 이해의 기초를 이루는 **전제**(*presupposition*)"이며, 미드라쉬는 **문학 형식**(*literary form*)이라기보다는 **활동**(*activity*)으로서, 그것의 해석학적 전략과 결과는 각각의 실제적인 예에서 자세한 조사를 필요로 합니다. 저는 에반스가 저의 권고적인 말을 적절하다고 생각해 주어서 기쁩니다. 저의 해석에 대한 그의 중요한 답변은 바울이 어떻게 구약을 읽는가에 대한 세부사항을 더 세심히 고려하기 위해 이런 단계를 넘어서는 것에 대한 가치를 설명합니다.

에반스는 논의를 위하여 두 가지 중요한 사안을 제기하는데, 저는 이것 모두 저의 주장들을 계속 발전시키시기 위한 우호적인 제안들로 삼습니다. 첫째, 사도 바울은 **백지 상태**(*tabula rasa*)로 구약 읽기를 시작한 것이 아닙니다; 그는 유대교의 해석학적 전통 안에서 해석합니다. "바울은 구약 자체보다 더 많은 것을 들었다; 그는 구약이 고대 후기에 해석되어 온 것처럼 구약을 듣는다." 그러므로, "바울서신에서 해석된 구약의 반향들을 말하는 것이 더 정확할 것이다."(샌더스는 비슷하게 논지를 입증합니다; 추가적인 논의는 아래를 보기 바랍니다.) 둘째, 에반스는 하나님 앞에서 이스라엘의 특권적인 지위를 전복시키는 바울의 개정된 해석이 제 논의가 그들에게 놀랍게 보여질 것보다는 덜 놀랍다고 제안합니다: 바울은 이미 이스라엘의 전통적인 선지자들 안에서 잘 발달된 "선지자적 비평의 해석학"(hermeneutics of prophetic criticism)을 실천하고 있었습니다.

이 사안들 가운데 첫 번째가 *Echoes*(『반향』)의 작업 방식에 대한 더 중대한 도전이 됩니다. 에반스가 주장하기를, 바울 안에서 상호텍스트성(intertextuality) 현상은 저의 해석이 허용하는 것보다 더 복잡합니다. 그의 예는 유용한 설명을 제공합니다: 로마서 10장 7절의 "무저갱 하강"에 대한 참조는 신명기 30장 13절 *Targum Neofiti* (탈굼은 구약성경의 아람어 역본을 말한다 — 역주)의 반향으로서 이해되어야 합니다. (아니면 아마도 그 반향은 탈굼 그 자체의 것이 아니라 그보다 탈굼에 의하여 독립적으로 입증되는 하나의 해석학적 전통일 것입니다; 저는 에반스가 후자를 의미했다고 가정합니다.) 이 경우 우리는 최소한 4부로 이루어진 다성 음악을 고려해야 합니다: 신명기 (칠십인경을 통하여 전해진 것같이), 바룩(Baruch), 네오피티(Neofiti), 그리고 바울입니다.

이 예는 여러 가지 이유로 유용합니다. 에반스가 언급한 대로, 이 구절에 대한 저의 해석은 이미 신명기 30장과 로마서 10장 사이의 중간 단계로서의 바룩 구절이 갖는 중요성에 대하여 주의를 돌리게 했습니다: 전통적으로 율법을 지혜와 동일시하는 것은 바울로 하여금 지혜 기독론을 전제로 하면서, 신명기의 "그 말씀"을 그리스도를 가리키는 비유적 지시로 해석하도록 허용했습니다.[1] 그러므로 에반스와 저는 다층적인 상호텍스트 반향들을 인

---

1) 이 제안은 물론 독창적인 것이 아니다; 나의 논의는 다음에서 지식을 상당히 제공받았다. M. J. Suggs, "'The Word Is Near You': Romans 10.6-10 within the Purpose of the Letter," in *Christian History and Interpretation: Studies Presented to John Know*, ed. W. R. Farmer, C. F. D. Moule, and R. R. Niebuhr (Cambridge: Cambridge University Press, 1967), 289-312.

식해야 하는 필요성에 대하여 원칙적으로 불일치가 없습니다. 실제로, 에반스의 도전은 제가 그 책에서 아마 불충분하게 강조했던 요점을 반복하도록 해 주었습니다: 바울의 상호텍스트적인 해석학에 대한 저의 논의는 바울서신에 있는 성경 외적인 반향들과 영향들의 가능성을 결코 배제하는 것이 아닙니다. 저는 바울과 구약 사이의 중간매개 없는 마주침을 위하여 주장하는 것에 이해관계가 없습니다. (물론 방법론적인 어려움은 바울에게 이미 알려진 전통과 나중에 알려지게 된 것들 사이를, 독립적으로 아니면 심지어 바울의 주해에 대한 반응으로, 어떻게 구별하는지 아는 것입니다.) 성경에 나오지 않는 반향들이 헬라-로마 문화에서 왔든지 또는 유대의 성경 해석 전통에서 왔든지, 바울의 담화는 그의 문화의 언어학적 교향곡 안에서 (또는 불협화음일 수 있는 사례 안에서) 수행됩니다. 비평적인 청취자로서, 우리는 사실의 주요한 부분들 중 일부를 확인할 수 있지만, 우리 중 누구도 이런 역사적 간극에서 바울과 동시대를 살았던 유능한 청취자가 들었던 것처럼 모든 반향들을 되찾으리라고 기대할 수는 없습니다. 우리는 우리가 할 수 있는 최선을 다하는 것입니다.

그러면 에반스와 저는 어디에서 다를까요? 저는 로마서 10장 7절의 "무저갱" 모티프가 창공의 둘레를 만들며 무저갱 깊은 곳을 거니는 지혜에 대해 말하고 있는 집회서 24장 5절과 같은 본문으로부터 유래되었다고 제안했었습니다. 이것은 집회서 24장 5절과 바룩 3장 29-30절 간의 밀접한 유사점을 고려하면 제게는 여전히 정당한 읽기로 여겨집니다. 그러나 에반스는 탈굼 네오피티(*Targum Neofiti*)를 가리킴으로써 보다 더 설득력 있는 제안을 — 하나의 명확한 반향 — 하는데, 거기서 "무저갱" 모티프는 신명기 30장 12-13절의 해석에서 명시적으로 사용됩니다. 바울이 이 전통을 알고 있었다는 것은 (또는 그의 독자들이 알고 있었다고 예상했다는 것은) 충분히 가능성 있

어 보입니다.[2]

이 경우 에반스는 더 유능한 청취자이므로 그가 더 좋은 해석을 제공합니다; 정확히 말하면, 그는 "제 청각으로는" 듣지 못했던 한 전통을 들을 수 있는 청각을 가지고 로마서에 귀를 기울이고 있습니다. 탈굼에 대한 그의 언급은, 집회서 역시 여기에 하나의 배음(overtone)으로 존재한다는 저의 확인을 무효화함 없이 우리의 로마서 본문 듣기를 풍부하게 해 줍니다. 이제 우리는 최소한 5부로 구성된 다성 음악을 갖습니다.

이것이 바로 존 홀랜더(John Hollander)의 예에 의하여 우리에게 촉구된 복합적인 읽기의 종류로서, 문학적 반향에 대한 그의 연구는 제 바울 연구의 촉매제였습니다: 홀랜더는 *The Figure of Echo*에서 모티프와 이미지가 문학 전통을 통하여 시간의 흐름을 따라 그것이 의미들을 모으는 방식으로 어떻게 일반에 널리 알려지는지 추적하려고 합니다. 예를 들어, 『실낙원』 제3권의 기도에서 밀턴은 그 자신의 시적인 활동을 나이팅게일이 노래하는 것과 비교하는 하나의 직유로 새로이 만듭니다: "… 잠 못 이루는 새가/어둠 속에서 노래하며, 그리고 숨겨진 어스레한 은신처에서/밤의 음색을 맞춘다…" 키츠(Keats)는 "나이팅게일을 향한 송가"에서 부지불식간에 밀턴의 언어를 불러일으키지만, 시인인 그가 이제 노래보다는 "어둠 속"을 들으려고 그것의 성질을 바꿉니다. 다음에 토마스 하디(Thomas Hardy)는 "어둠 속에 있는 개똥지빠귀"(The Darkling Thrush)에서 밀턴과 키츠를 다 생생하게 그려 내는데, 그 시의 효과가 두 전임자들에 대한 청취자의 청각 기억과 그것들 사이의 긴장에 대한 인식에 의지하는 방식으로 말입니다.[3] 통찰력 있는 독자는 연주에서 그

---

2) 이것이 바울서신의 증거가 탈굼 전통의 초기 저작을 확증하는 데 도움을 줄 수 있는 하나의 사례이다.

3) 다음을 보라. J. Hollander, *The Figure of Echo: A Mode of Allusion in Milton and After* (Berkeley: University of California Press, 1981), 89-91.

다른 목소리들을 들을 것입니다. 저는 비슷하면서 미묘한 차이가 있는 로마서 10장 듣기에 대한 에반스의 공헌을 환영합니다.

다른 한편, 저는 에반스의 더 추가된 제안, 즉 바울이 예수가 자신을 요나와 비교했던 전통을 알았고(마 12:40) 탈굼 네오피티(*Targum Neofiti*) 신명기 30장 13절 역시 요나의 무저갱 강하를 언급하고 있기 때문에 바울이 신명기 본문에 끌렸다는 제안에 대해서는 회의적입니다. 물론 이것이 불가능하지는 않지만, 저는 본문에서 그것에 대한 증거를 찾을 수 없고, 우리가 로마서 10장을 이해하는 데 기여한 에반스의 공헌은 이런 추측을 거의 필요로 하지 않습니다. 이것은 제가 "소실점"(vanishing point) 문제로 부르는 하나의 예처럼 보입니다: "우리가 명백한 인용으로부터 멀어질수록, 출처는 종잡을 수 없이 멀리 사라져 가고, 상호텍스트적인 관련성은 덜 명확해지며, 독자의 청취력을 더욱 요구한다. 우리는 반향의 소실점에 가까워질수록, 어쨌든 우리가 실제로 반향을 듣고 있는 것인지, 아니면 우리가 단지 우리 자신의 상상력의 속삭임으로부터 무엇을 불러내는 것인지를 판단하는 것은 불가피하게 어려워진다."[4)]

여기서 중요한 요점은 바울을 읽으려는 노력에 있어서 적합한 방법을 사용하는 것에 관하여 저와 에반스 사이에 근본적인 불일치가 없다는 것입니다. 에반스는 바울의 구약 읽기에 대한 우리의 이해를 두텁게 할 수 있는 유대주의 안의 어떤 성경 해석 전통들에 우리 주의를 환기시킵니다. 저는 그것이 적절한 증거가 있는 칭찬할 만한 목표라고 생각합니다. 그러나 저는 계속해서 해석 작업에는 **바울이 그 자신만의 독특한 해석을 상속 받은 전통에 더하는** 방식에 대한 세심한 주의가 포함돼야만 한다고 주장합니다. 신명기 30장 12-13절의 경우, 탈굼은 명시적으로 그 구절을 모세 율법의 계명들에 대

---

4) R. B. Hays, *Echoes of Scripture in the Letters of Paul* (New Haven and London: Yale University Press, 1989), 23. 『바울서신에 나타난 구약의 반향』(여수룬 역간).

한 언급으로 이해합니다. 바울은, 그 "말씀"을 그리스도와 동일시함으로써, 말씀을 "무저갱으로부터" 가지고 오는 것에 대한 언급을 그리스도의 부활에 대한 풍자로 읽습니다. 비록 바울이 탈굼 전통에 의하여 신명기를 "마치 고대 말에 해석된 것처럼" 읽는다 하더라도, 그는 동시에 그것을 자신만의 독특한 해석학적 필터를 통하여 읽고 있는 것입니다.

"예언적 비평의 해석학"(hermeneutics of prophetic criticism)에 관한 에반스의 또 다른 요점은 제가 기쁘게 인정하고자 하는 바입니다. 그는 거기서 선지자가 다윗 왕이 여호와의 도우심으로 브라심산과 기브온 골짜기에서 승리한 것을 상기하는 이사야 28장 21절의 예를 인용하는데, 단지 하나님께서 이제 예루살렘을 **대항하여** 싸우시는 "다른 일"을 행하실 것을 선포하기 위해서입니다. 이런 강력한 사례는 물론 증가될 수 있습니다: 예를 들어, 어떤 사람은 열방에 대한 아모스의 계시가 유대와 이스라엘에 대한 새로운 심판의 계시로서 극적으로 정점에 달하는 방식을 생각합니다(암 2:4–3:2): "내가 땅의 모든 족속 가운데 너희만을 알았나니; 그러므로 내가 너희 모든 죄악을 너희에게 보응하리라." 이처럼, "바울의 해석학은 사실 성경의 해석학이다"라고 한 에반스의 말은 맞습니다.[5] 그러나 세 가지 사항에 대한 설명이 필요합니다.

첫째로, 에반스의 논평은 저의 주장을 문제 삼기보다는 오히려 지지한다는 것이 강조되어야 합니다. 바울의 해석학에 관한 저의 결론들을 요약한 *Echoes*(『반향』)의 마지막 단원에서, 저는 특별히 신명기와 이사야서가 바울의 해석학적 선구자들이라는 것을 진술했습니다: 그는 그것들이 하나님께서 이스라엘을 다루신 과거의 역사를 "보다 더 큰 종말론적 계획의 예시"로서 읽

---

5) Evans의 요점에 대한 상세한 말은 그가 쓴 다음의 유익한 글을 보라. "Paul and the Hermeneutics of 'True Prophecy': A Study of Romans 9-11," *Bib* 65 (1984): 560-570. 내가 『반향』을 쓸 당시 이 소논문이 나에게 주목을 받지 못했던 것에 대하여 유감스럽게 생각한다.

는 방식을 채택하였습니다. 따라서, 바울의 "읽기 전략은 본문 그 자체에서 이미 시작된 예표론적 궤도를 확장합니다."[6] 이 의견은 로마서에서만 아니라 바울의 선구자들 안에 나타난 심판과 구원의 변증법과 관련하여 정확하게 성립됩니다. 결론적으로, 저는 에반스가 "분명히 헤이스는 … 이런 종류의 해체나, 논란이 되는 반전이 이스라엘의 전통적인 선지자들에 의해 자주 실행되었다는 것을 충분히 인식하지 못했다"고 쓴 것을 보고 당황스러웠습니다. 저처럼 "신명기 32장은 로마서를 **축약하여**(*in nuce*) 담고 있다"[7]고 쓴 사람은 바울의 해석학이 성경적이라는 것을 인정하기 위해 어떤 압박도 받을 필요가 없습니다. 혹자는 에반스가 *Echoes*(『반향』)의 2단원에 나온 저의 로마서 분석에 대한 그의 비평에 집중하느라 그 책 마지막 단원에 실린 저의 결론에 충분히 주의를 기울이지 못한 것은 아닐까 의심합니다.

둘째로, 바울의 해석학은 선택적입니다: 다양한 정경의 모델들 가운데 바울은, — 예를 들어 — 사무엘하 7장의 직접적인 승리주의 이데올로기보다는, 신명기와 이사야서에 나타나는 매우 변증법적인 심판과 구원의 해석학을 차용합니다. 이 변증법적인 해석학은 확실히 십자가의 케리그마와 일치합니다. 사실, 우리는 그것을 뒤집어 말할 수 있을 것입니다: 십자가의 케리그마는 해석학적 렌즈가 되는데, 바울은 그것을 통해 예언적 비평의 전통적인 해석학을 다시 들여다봅니다. 정확하게 바로 이 점이 바울의 구약 읽기가 다른 많은 유대의 전통적인 성경 해석과 확연히 차이가 나는 부분입니다: 이사야 탈굼보다 바울의 해석학이 이사야 해석과 더 불협화음을 일으킨다고 보는 사람은 거의 없을 것입니다.

마지막으로, 바울의 복음은, 하나님께서 이방인들을 이스라엘과 동등

---

6) Hays, *Echoes*, 164. 『바울서신에 나타난 구약의 반향』(여수룬 역간).

7) Hays, *Echoes*, 164. 『바울서신에 나타난 구약의 반향』(여수룬 역간).

하게 받아 주신다는 것을 선포함으로써 (즉, 예수 그리스도의 은혜를 통하여), οὐ γάρ ἐστιν διαστολή [차별이 없느니라] (롬 3:22), 선지자적 비평의 해석학을 새로운 음조로 이조(移調)합니다. 누군가는 — 바울이 그랬듯이 — 이 메시지가 이미 구약성경 안에 그리고/또는 유일신론의 논리 안에 잠재해 있었다고 주장할 수 있습니다.[8] 하지만 우리는 바울 이전의 어떤 유대인도, 우리가 지금까지 말할 수 있는 한, 바울이 했던 것처럼 예언적 문서로부터 같은 결론을 도출해 낸 사람은 없었다는 것을 동시에 인정해야 합니다. 바울의 이방인 선교는 새로운 해석학적 배경을 만들어 내는데, 이 안에서 전통적인 예언의 해석학은 은유적으로 재형성됩니다(metaphorically reconfigured). 이 재형성이 바로 제가 바울은 "본문 그 자체에서 이미 시작된 예표론적 **궤도를 확장한다**"고 말했을 때 강조하고자 한 바입니다. 바울의 해석학은 선지자적 해석학과 **유사하지만**, 그것의 단순한 반복은 아닌 것입니다.[9]

제임스 샌더스에 대한 답변

제임스 샌더스(James A. Sanders)는 Echoes(『반향』)을 성서학 분야 안에 유용하게 위치시키면서, 그것을 두 종류의 신약성경 학문에 대한 대안으

---

8) 이 요점은 다음에 의하여 우아하게 진술된다. J. A. Sanders, *Torah and Canon* (Philadelphia: Fortress, 1972), 87: "선지자들은 충실한 유일신론자들이었기 때문에, 다음 의견만큼 그들의 유일신론을 강조하는 개념은 없었다. 하나님은 그가 택하신 백성을 하나님의 섭리 안에서 하나님께서 그들에게 주셨을 모든 제도들[즉, '율법']을 떠나서 결핍의 혹독한 시련 속에 있는 하나의 공동체로 바꾸실 만큼 충분히 자유로우시다."

9) 이 마지막 사항에서 내가 Sanders와 일치한다는 것을 발견했다. Sanders는 "그리스도를 통하여 경계가 없는 백성을 부르시는 하나님의 이러한 **더 먼** 행위"를 말했고 이 행위가 "옛 본문들을 다시 읽도록 강요하는데, 하나님이 다시 한 번 이전의 신적 역사와 일치하여 일하신다는 것을 확인하면서 새로운 모든 장이 그것에 앞선 것들에 빛을 비춘다는 것을 주장한다는 것"을 인지한다. (나는 Evans가 그리스도 안에서 하나님이 새롭게 행하신 것에 대한 강조와 그것의 해석학적 결과들을 적합지 않다고 여기지는 않았을 것 같다고 생각하지만, 그는 그것을 Sanders처럼 분명히 말하지 않는다.)

로 평가합니다. 하나는 신약성경을 "오직 그 헬라 배경의 관점에서만 공시적으로(synchronically)" 읽는 것이고, 다른 하나는 "성경 안에서의 해석"(inner-Biblical interpretation)이라는 이스라엘의 지속적인 경향으로부터 신약성경을 제외시키는 마이클 피쉬베인(Michael Fishbane)의 방법입니다. 저는 저자의 본래 의도와 역사적 상황을 초월할 수도 있는 예기치 못한 해석들을 만들어 내는 본문의 힘을 강조하였는데, "정경화 과정"에 대한 샌더스 자신의 민감함 역시 그로 하여금 저의 강조점을 향하여 호의적인 견해를 갖게 합니다. 그 책은 그의 판단에 의하면 창조적인 긴장 안에서 해석학적 사건을 위한 가능한 여러 가지 중심들을 함께 붙잡는 데 "아주 훌륭히 성공했습니다."

저는 샌더스의 친절하고 통찰력 있는 논평에 감사하는 한편, "그 책의 저자 [헤이스]가 의도했든 아니든, 그는 실로 그 책 내내 정경화 과정의 양상들을 다루고 있다"는 그의 생각을 수정해야 할 필요를 느낍니다. 이 문장은, 누군가 단지 "양상들"이라는 단어만 강조한다면, 제가 써야만 했다고 샌더스가 믿는 것에 관한 평가라기보다는, 저의 책에 대한 평가로서 수용될 수 있습니다. 샌더스와 달리, 저는 전통과 정경 형성의 "과정"을 추적하는 것에 관여하고 있지 않습니다; 이 지점에서 저의 연구 과제와 그가 원하는 것 간의 중요한 차이가 있습니다. 구약성경 독자로서의 바울에 관한 저의 연구는 샌더스가 상상하는 것보다 더 큰 연구 과제에 사용될 수도 있겠지만,[10] 저의 관심은 바울이 구약성경을 적용할 때 발생하는 "해석학적 사건"(hermeneutical event)에 있습니다.

그러므로 저는 "처음에 타나크(Tanak, 유대인의 구약성경 — 역주) 자체에서

---

10) 확실히, 나는 바울의 구약사용에 관한 나의 탐구를 — 상당 부분 Sanders가 강조하는 통시적인 궤적들에 대한 언급 없이 수행되었는데 — "유효하고 (비록 예비 단계일지라도) 필수적인 과업"으로 묘사한다 (*Echoes*, 11).

시작하여 … 칠십인경과 거기에서 비롯된 사해문서, 외경, 위경, 필로, 요세푸스, 타나크 문서와 불가타 성경까지" 모티프들을 서로 비교하거나 그 발전 과정을 다루기보다는 하나의 본문을 깊이 읽는 것을 목표로 삼습니다. 정경 형성의 역사에 대한 샌더스의 질문은 중요하고 관심을 끌지만, 그것은 저의 방식과는 다릅니다. 저의 접근 방식과 샌더스의 접근 방식은 상호 보완적입니다; 그럼에도 불구하고 그것을 다른 것과 혼동하지 않는 것은 중요합니다.

저의 연구에 대한 샌더스의 특징 부여를 놓고 제가 억지스러운 변명을 하는 동시에, 저는 로마서 10장 5-10절을 *Baba Meṣiᵉa* 59b과 비교한 것을 그가 잘못 해석했다는 사실 또한 언급할 수밖에 없습니다. 샌더스는 제가 신명기 30장 12-14절의 두 해석들을 서로 반대되도록 놓은 한 구절을 *Echoes*(『반향』) 3쪽에서 인용한 후에, *B.Mes.* 구절이 "그와 같은 방식으로 읽혀질 수 있다. 즉, 구약성경의 '올바른' 해석은 하늘의 *tavnit* (사상 또는 형상)와 같은 것이 아니다 … 그것은 항상 변하는 공동체의 필요로부터 성경을 읽고 다시 읽는 해석자들의 이어지는 세대들 손안에 있는 것"임을 반대합니다. 샌더스의 요점은 분명하지만, 저는 그것이 제가 그 구절을 취급한 것에 대한 곤혹스러운 반대라는 것을 발견합니다. 왜냐하면 저는 샌더스가 인용하고 있는 쪽 그다음에 실질적으로 똑같은 내용을 말하고 있기 때문입니다: "양쪽 모두 … 이전에 구약성경 안에 숨어 있는 진리를 드러내는 혁신적 읽기의 합법성을 가정한다. … 랍비들은 해석 공동체 안의 다수 의견에 호소함으로써 본문에 대한 영향력을 얻는다. 따라서 랍비의 이야기는 해석학적 종결을 향한 탐구가 착각임을 폭로한다. 본문들은 항상 새로운 해석을 요구하며 만들어 내는데, 마치 이 할라카[유대교의 관례 법규 — 역주]에 관한 논쟁이 보여 주듯 말이다."[11] 샌더스는 제가 설명하는 비교 가운데 있는 잠정적인 표현에

---

11) Hays, *Echoes*, 4. 『바울서신에 나타난 구약의 반향』(여수룬 역간).

대하여, 이 비교를 결론까지 따르지 않은 채, 반응하는 것처럼 생각됩니다. 그러므로, 우리는 여기서 랍비 해석학의 특징에 관하여 의견이 다를 수 있다는 그의 제안과 달리, 저는 사실 우리가 그렇지 않다고 생각합니다.

제 판단으로 Echoes(『반향』)에 대한 샌더스의 건설적인 반응들 가운데 가장 중요한 것은 바울의 해석학이 제가 주장했던 대로 교회 중심적(ecclesiocentric)이 아니라, 하나님 중심적(theocentric)이라는 그의 주장입니다. **하나님**이 바로 그 백성의 마음에 할례를 베풀겠다고 약속하시며, **하나님**이 죽이기도 하시고 살리기도 하시며, **하나님**이 이스라엘에 대한 맹세를 지키겠다고 약속하십니다; 간단히 말하면, 바울이 구약을 읽는 것처럼 구약의 중심과 주역은 교회가 아니라 하나님인 것입니다. 샌더스의 요점은 근거가 매우 확실하며, 로마서는 그의 주장을 위한 설득력 있는 증언입니다. 따라서 저는 기꺼이 이런 교정의 말을 받아들이고 바울의 해석학이 중요한 의미에서 하나님 중심적이라고 말하겠습니다.

그렇다면 제가 바울서신 안에서 교회 중심적인 해석학을 식별하도록 해 준 상당한 증거 본문은 어떻게 되는 것일까요?[12] 그 증거는 여전히 유효하며 샌더스가 그렇게 하길 원하는 것처럼 그 설득력을 인정해야만 합니다. 아마도 우리는 "교회 목적적"(ecclesiotelic)이라는 말과 같은 새 용어가 필요합니다. 설사 구약이 **하나님**의 역사에 대한 이야기를 말한다 하더라도, 우리는 그와 동시에 하나님의 역사가 **백성**의 형성을 향한다는 것을 말해야만 합니다.[13] 하나님은 이스라엘을 택하시고 구원하시는 그분의 역사를 통하여 자신

---

12) 다음을 보라. Hays, Echoes, 84-121. 『바울서신에 나타난 구약의 반향』(여수룬 역간). 내가 "교회 중심적"이라는 도발적인 용어를 의도적으로 선택한 것은, 바울이 마태와 요한에 대비하여 상대적으로 기독론적 예언-성취 도식에 대한 관심이 덜하다는 것을 나타내기 위해서였다.

13) N. T. Wright가 바울 신학을 구성하는 근본적인 쌍둥이 주제들로서 유일신론과 선택을 다음에서 강조하는 것을 참조하라. "Putting Paul Together Again," in *Pauline Theology* I, ed. J. Bassler (Minneapolis: Fortress, 1991), 183-211.

을 정확히 드러내십니다.[14] 그렇다면, 하나님 중심적으로 읽은 구약을 통하여 드러난 하나님께서 종말론적인 ἐκκλησία [교회]의 창조를 향해 역사하시는 하나님이라는 것을 동시에 인식하지 않고서 하나님 중심적인 해석학을 말하는 것은 불가능합니다; 이와 마찬가지로, 교회 중심적으로 읽은 구약을 통해 드러난 ἐκκλησία [교회]는 한 분이신 하나님의 자비로운 역사와 그 역사를 통해서만 생명을 갖는다는 인식 없이 교회 중심적인 해석학을 말하는 것은 불가능합니다.

어쩌면 어려움은 "중심"이라는 공간적 은유에 있다고 할 수 있습니다. 만약 바울의 신학적인 해석학이 근본적으로 서사와 일치한다면 — 샌더스와 제가 모두 다른 곳에서 주장했던 것처럼[15] — 다른 모든 곳의 "중심"이 되는 한 모티프를 골라내는 것은 부자연스럽습니다. 그 해석학의 독특한 특징은 단지 모든 공동체 경험을 하나님의 구속적인 의에 관한 **이야기** 안으로 통합할 수 있는 그 능력 안에서만 드러날 수 있습니다.

지금까지는 샌더스와 제가 의견이 일치한다고 생각합니다. 하지만 바울의 해석학을 "신학적 역사에서 나오는 … 주장"이라고 표현하는 것이 과연 옳을까요? 여기에 주의가 필요합니다. 문제의 역사, 하나님께서 이스라엘을 다루시는 역사는, 예수 그리스도의 죽음을 통하여 하나님이 세상을 그분 자신과 화목케 하시는 그 역사의 렌즈를 통하여 바울에 의해 회고적으로 읽혀집니다. 바울이 구약에서 인식하는 "신적 역사의 경향"은 본문의 글자에서 읽힐 수 있는 단순한 것이 아닙니다; 그것은 오직 바울이 처한 선교적 상황

---

14) 실제로, 만일 우리가 하나님은 그분의 존재를 오직 그분의 행위를 통해서만 알 수 있다는 Karl Barth의 고백에 합류한다면, 성경에서 계시된 하나님은 그의 언약 백성 이스라엘과 따로 생각할 수 없다.

15) 예를 들어 다음을 보라. J. A. Sanders, "Torah and Christ," *Int* 29 (1975): 372-390; R. B. Hays, *The Faith of Jesus Christ: The Narrative Substructure of Galatians* 3.1-4.11, 2nd ed. (Grand Rapids: Eerdmans, 2002); Hays, "Crucified with Christ," in *Pauline Theology* I, 227-246.

안에서 구약과 복음 사이의 변증법적인 만남을 통해서만 나타납니다. 더구나 바울에게 있어서 ἡ γραφή [구약]은 단순히 하나님의 과거 역사에 관한 역사적 개요를 구성하기 위한 자료가 아닙니다; 그보다, 구약은 공동체에게 지금 직접적으로 말하고 있습니다.[16]

이것들이 샌더스와 제가 상당히 의견 일치를 이룬 것 같다고 생각하는 부분입니다. 저는 다만 "과정"과 "역사"와 같은 항목에 대한 그의 강조가 바울의 개정된 구약 읽기에 의해 소개된 극적인 불연속성을 과소평가할 수 있다는 것과[17] 그의 읽기 전략에 나타난 은유적 측면을 과소평가할 수 있다는 것을 우려합니다. 물론 이런 우려들에 대한 시험은 오직 개개의 본문에 대한 상세한 주해에서만 실행될 수 있습니다; 따라서, 저는 동료로서 갖게 되는 이런 논의가 계속되기를 기쁘게 고대합니다.

윌리엄 그린에 대한 답변

윌리엄 그린(William Scott Green)에 의해 제기된 질문들의 성격은 주해 단계의 판결에 영향을 쉽게 받지 않습니다. 그린은 제 연구의 이론적인 토대에 관하여, 그리고 저만의 신학적 헌신이 제 분석의 결과들을 특징짓거나 심지어 결정짓는 방식에 관하여 근본적인 질문들을 제기합니다. 저는 이처럼 예리한 방식으로 문제점을 제기해 준 그에게 감사합니다. 그의 통찰력 있는 방법론적 도전에 알맞은 답을 명확히 서술하기 위해서는 제가 다른 책을 써

---

16) 이것에 관한 상세한 논의는 다음을 보라. Hays, *Echoes*, 154-178. 『바울서신에 나타난 구약의 반향』(여수룬 역간).

17) 구약성경과 바울 신학 간 단순한 선형적 연속성을 가정하는 것에 대한 매우 강한 경고는 다음을 보라. J. L. Martyn, "Events in Galatia: Modified Covenantal Nomism versus God's Invasion of the Cosmos in the Singular Gospel: A Response to J. D. G. Dunn and B. R. Gaventa," in *Pauline Theology* I, 160-179.

야 할 것입니다. 그러나 일단 저는 세 가지 밀접히 연관된 항목들에 대하여 간략한 답변을 제시하겠습니다: ⑴ 비평 방법으로서의 상호텍스트적 분석의 특징; ⑵ 바울서신에 관한 문예적 분석과 신학적 분석 사이의 관계; ⑶ 제가 전개하고자 하는 전통 **안에서의** 비평적 입장에 관한 쟁점들.

　　1. 그린은 그가 저의 "상호텍스트성에 관한 최소주의 개념(minimalist notion of intertextuality)"이라고 부르는 것을 문제 있다고 간주하는데, 왜냐하면 제가 그들만의 전문용어를 사용하는 최근 대다수 문예 비평가들의 이념적 관습을 충분히 이해하는 데 실패했기 때문이라고 합니다. 그린은 "상호텍스트적 분석의 더 큰 목적은 본문 의미의 유동성(fluidity)에 관한 이념적 입장을 뒷받침하고 강조하는 것"이라고 주장합니다. 그린이 그의 견해를 위한 근거를 인용하지 않고 있기 때문에, 나는 단지 그가 롤랜드 바르트(Roland Barthes)와 줄리아 크리스테바(Julia Kristeva)[18]와 같은 후기구조주의 기호학 이론가들의 연구나 또는 아마도 해롤드 블룸(Harold Bloom)의 "잘못 읽기"에 관한 이론화[19]를 마음에 두고 있다고 가정할 수밖에 없습니다. 저는 이러한 이론가들이 사용하는 상호텍스트적 분석이 있는 철학적 배경을 잘 알고 있었던 반면, 상호텍스트적 반향에 대한 저의 관심이 왜 그들의 이념적인 틀을 받아들이도록 강요해야 하는지 몰랐습니다. 제가 *Echoes*(『반향』)의 긴 각주에서 주장했듯이, 바울의 상호텍스트적 표현에 의해 만들어진 의미 효과들을 추적하는 문예-비평 작업은 "언어와 진리에 관한 메타 이론들(metatheories)과 관련하여 원칙적으로 중립적입니다."[20] 사실, 상호텍스트적 현상을 분석해서 얻

---

18) 도서 목록 인용들은 다음을 보라. Hays, *Echoes*, 198 n. 50. 『바울서신에 나타난 구약의 반향』(여수룬 역간).

19) 논의와 참고 문헌들은 다음을 보라. Hays, *Echoes*, 16-19 and 199 n. 58. 『바울서신에 나타난 구약의 반향』(여수룬 역간).

20) Hays, *Echoes*, 227 n. 60. 『바울서신에 나타난 구약의 반향』(여수룬 역간).

을 수 있는 한 가지 가능한 결과는 이전 본문들이 후대 해석자들에게 부과한 일정한 의미의 제약들에 관한 지속성을 증명하는 것일 수 있습니다; 만일 그렇다면, 그 방법은 "본문 의미의 유동성"만 드러낼 뿐 아니라, 만약 제가 그 어구를 뒤집을 수 있다면, 그것의 고정성(solidity) 또한 드러낼 수 있습니다. 실제로, 그것이 제가 *Echoes*(『반향』)에서 분석해서 얻은 결과들 중 하나입니다: 비록 단지 부지불식간이라도, 심지어 바울이 새로운 목적을 위해 그것들을 사용하려고 노력한다 하더라도, 구약 본문들은 최소한 일부분이라도 그것의 본래 의미들을 바울의 의견에 계속 강요하고 있습니다. 이것이 제가 이 책 마지막 장에서 제안할 때 의미하는 바로, 토마스 그린(Thomas M. Greene)의 표상을 사용하여, 바울의 해석학은 "변증법적"이라는 것입니다.[21]

윌리엄 그린(Green)이 올바르게 지적했듯이, 저의 연구 방법에 영향을 끼친 주요한 이론가는 존 홀랜더(John Hollander)와 토마스 그린(Thomas Greene)이고 — 마이클 피쉬베인(Michael Fishbane)도 마땅히 주목 받아야 합니다. 이 비평가들 중 누구도 윌리엄 그린이 상호텍스트적 분석의 필연적인 부수물이라고 믿는 관념적인 관점을 신봉하지 않습니다. 저는 제가 *Echoes*(『반향』)에서 처음으로 "상호텍스트성" 용어를 소개한 제1장부터 이 모든 것을 분명히 했다고 생각합니다.[22]

비슷하게, 그린(Green)의 진술과 반대로, 제가 유의어인 "메타렙시스"(환용, metalepsis)와 "환제"(transumption)를 사용한 것은 해롤드 블룸(Harold Bloom)이나 그의 제자인 허버트 마르크스(Herbert Marks)를 의존한 것이 아니고 홀랜더(Hollander)를 직접 의존한 것입니다. 그 구별은 중요한데, 왜냐하면 홀랜더의 이러한 용어 사용은 고대와 중세 수사학자들이 이 어구를 정의한 것에 관

---

21) Hays, *Echoes*, 173-178. 『바울서신에 나타난 구약의 반향』(여수룬 역간).
22) Hays, *Echoes*, 14-21. 『바울서신에 나타난 구약의 반향』(여수룬 역간).

한 그의 폭넓은 역사적 설명에 근거하고 있기 때문입니다.[23] 홀랜더(Hollander) 가 이 전문 용어를 다루었던 긴 부록의 공식적인 목적 중 하나는 그의 용어 사용을 블룸(Bloom)의 색다른 용어 사용과 **구별**하는 것이었습니다.

상호텍스트성의 정의에 관한 다른 한 가지 문제는 설명이 필요합니다. 그린(Green)이 "상호텍스트성은 실로 독자의 작업이지, 저자의 작업이 아니 다"라고 주장했을 때,[24] 그는 바울이 구약과 씨름할 때 그리고 다시 우리가 바울과 씨름할 때 발생하는 변증법적 상호 작용의 한쪽 면을 명령에 의해 폐 지하려는 것처럼 보입니다. 만약 그린이 제 연구가 "역사적으로–사실에 관 하여–울려 퍼지는 문구들"임에도 불구하고, 실제로 상호텍스트적 일치를 찾 는 데 있어서 오직 저만의 독창성을 드러내며, 그런 발견들이 바울이나 그의 원래 독자들의 읽기 경험에 속할 수 없다는 것을 제안하려고 한다면, 바울은 침묵에 빠지게 됩니다. 그의 구약 읽기는 상호텍스트적 반향의 현상들에 아 무것도 기여하지 못합니다; 반향들은 오직 우리 머리 안에만 있는 것입니다. (누군가 조이스[Joyce]의 *Ulysses*(『율리시즈』)를 읽으면서 호머의 상호텍스트적 반 향들이 오직 독자에게만 있는 독창력의 산물이라고 가정할 수 있을까요? 우 리가 단테[Dante]를 읽으면서 그가 베르길리우스[Virgil]를 반향하려고 했 다는 것을 가정하지 않을 수 있을까요?) 하지만, 외관상 그린은 이런 종류 의 해석학적 유아론(唯我論)을 승인할 만큼 멀리 가지는 않았습니다; 그는 구 약의 반향에 관한 저의 논의가 "본문의 타당성과 상상의 가능성 범위 내에서 신뢰할 만하고, 잘 훈련되어 있다"고 간주합니다. 그러므로, "상호텍스트성 은 실로 독자의 작업"이라는 그의 논평은 저자의 의미를 수입하지 못하게 하 는 하나의 입출항 금지령으로 이해하기보다, 주의를 촉구하는 하나의 기록

---

23) "Appendix: The Trope of Transuption," in Hollander, *The Figure of Echo*, 133-149.

24) 이와 비슷한 논평으로 *Echoes*에 관한 다음 논평을 보라. D. B. Martin in *Modern Theology* 7 (1991): 291-292.

으로 받아들여야 합니다.

어쨌든, 제가 상호텍스트적 암시에 초점을 두었음에도 불구하고, 그린 (Green)은 저의 연구에 있는 결점을 찾았습니다. 왜냐하면 제가 현재 유행하는 본문 의미의 안정성에 관한 회의론(skepticism)과 발맞추는 데 실패했기 때문입니다. 저는 단지 제가 실로 그린의 정경에 의하면 "최소한"인 상호텍스트성에 대한 개념을 다루었으며, 제가 의식적으로 그렇게 하기로 선택했다는 것만을 말할 수 있습니다. 만약 그린이 제가 "상호텍스트성" 용어를 사용하는 것을 허락해선 안 된다고 주장해야 한다면, (저의 연구가 그것의 "더 큰 목적"을 적절히 존중하지 않기 때문에) 저는 어깨를 으쓱하면서 그것을 넘겨줄 것입니다. 저는 그 용어 사용에 있어서 위기에 처한 것이 전혀 아닙니다.

2. 그린(Green)은 예리하게 묻습니다. "비록 우리가 그 책의 주장처럼 … 바울의 저작 안에서 구약과 복음이 긴장을 불러일으키며 변증법적인 관계라는 것을 받아들인다 하더라도, 그것은 문학적인 것이 본질적으로 신학적인 것과 일치한다는 점에서 발생하는 것일까? 두 본문 간의 문학적 관계가 필연적으로 신학적 관계를 내포하는 것일까?" 여기서 쟁점이 되는 구체적인 사안은 대체주의(supersessionism)에 관한 질문입니다: 바울의 신학은 율법을 폐기하고 그것을 새로운 종교로 대신하는 것인가?[25]

그린(Green)은 제 책이 바울의 신학이 대체주의가 **아니라는** 것을 보여주려고 한다는 것을 정확히 진술합니다. 더 두드러지게, 그는 "문학적인 것

---

25) 덧붙여 말하자면, Green이 "대체주의 혐의"가 "다양한 방식으로 Harnack, Bultmann, 그리고 Hebert Marks에 의하여 만들어졌다."라고 말했을 때, 그의 표현은 약간 오해를 불러일으키는데, 왜냐하면 그 말은 이 비평가들이 대체주의를 **찬성하지 않는다**는 것을 암시하기 때문이다. 실제로, Harnack과 Bultmann은 바울을 그들 편에 가입시키려고 하려는 열정적인 기독교 대체주의자들이다. Marks는 매우 다른 경우이다: 그의 바울은 "그 자신만의 생각들을 이전 전통에 강요함으로써 그것들의 우선성을 단언하는 독단론자이다." 하지만 그것은 바울을 "아주 잘못 읽는 사람"으로 만드는데, Marks의 비평적 세계에서는 그것이 돼야 할 하나의 **좋은** 사례이다; Marks는 사실 Bloom이 바울을 향해 그는 유약한 전통적인 독자라고 하는 의견을 반박하여 바울을 변호하고 있는 것이다.

이 신학적인 것과 본질적으로 일치하는지"에 대한 쟁점을 정확히 제기합니다. 그린은 *Echoes*(『반향』)의 주장이 바울서신과 구약 사이의 복잡한 문학적인 연결 고리에 대한 서술로부터 대응하는 신학적 일관성에 대한 주장으로 움직인다는 것을 올바르게 분간합니다. 그린의 관점에서는 이런 주장이 실질적으로, 그리고 방법론적으로 문제를 안고 있습니다.

그린(Green)은 다음과 같이 주장합니다:[26] 바울에게 있어서, 구약의 "선택과 약속에 관한 서사는 … 구약 바깥의 것으로 성취되었기 때문에"(예수의 죽음과 부활), 바울의 입장은 그가 아무리 많은 문학적 암시와 반향을 만들어 낸다 하더라도 신학적으로 구약과 불연속적입니다. 다른 말로 하자면 (그의 말이 아니라, 제 말로), 그린(Green)은 — 토마스 그린(Thomas Greene)의 표상을 다시 한 번 사용해서 —바울의 해석학을 **발견적 방법**(heuristic)이라고 서술할 것입니다: 바울은 구약의 상징 세계를 자신의 상징 세계 안에서 체계적으로 바꾸기 위하여 그것을 정확하게 불러일으킵니다.

그 불평은 바울서신 자체만큼이나 오래되었습니다. 특별히 로마서는 바울이 그의 동시대인들과 정확하게 이 쟁점들에 관하여 격렬히 논쟁한 것을 증언하고 있습니다. 바울은 그의 복음이 이스라엘 율법과 분명히 개정된 관계에 있음에도 불구하고, 그의 복음은 그것과 확실히 연속적인 관계에 있다는 것을 주장했습니다. "이제는 율법 외에 하나님의 한 의가 나타났으니 율법과 선지자들에게 증거를 받은 것이라[μαρτυρουμένη]. 곧 예수 그리스도를 믿음으로 말미암아 모든 믿는 자에게 미치는 하나님의 의니 차별이 없느니라. … 그런즉 우리가 믿음으로 말미암아 율법을 파기하느냐? 그럴 수 없느니라! 도리어 율법을 굳게 세우느니라"(롬 3:21-22, 31). 바울의 주장이 신뢰

---

26) 정확히 말하면, 나는 Green이 그의 의견을 의문문 양식으로 개진한다는 것을 언급해야만 한다: "이것은 다음 … 을 의미하는 것이 아닐까" 단순함을 위하여, 나는 Green의 수사학적 질문을 마치 그것이 단언인 것처럼 다루는 자유를 취했다. 그 때문에 나는 그의 견해를 잘못 전했다고 생각하지 않는다.

받아야 할까요, 아니면 우리가 그린(Green)의 불확실함을 공유해야 할까요? 한 가지 점에 있어서는 그린(Green)이 확실히 옳습니다: 단순히 바울의 담화에 구약 인용, 암시, 그리고 반향이 존재한다는 것만으로 문제가 해결되는 것은 아닙니다. 만일 그것이 제가 *Echoes*(『반향』)의 주장에서 입증해야 할 책임이라면, 그린(Green)의 회의적인 태도는 충분히 정당화될 수 있습니다.

그러나 사실 저의 주장은 그린이 그렇게 말하는 것보다 훨씬 덜 단순합니다. 모든 것은 바울의 저작과 이스라엘의 구약성경에 쓰여 있는 것 사이의 상호텍스트적 관계의 **특성**에 달려 있습니다. 만약 제가 전에 길게 보여 주려고 했듯이, 상호텍스트적 관계가 진실로 **변증법적**이라면, 만약 구약이 실제로 그 자신만의 목소리와 힘을 가지고 있어서 바울이 서술하는 담화를 도전하고 형성한다면, 확실히 바울의 입장은 대체주의가 아닙니다. 최소한 그 용어가 일반적으로 이해되는 범위에서는 아닙니다. 하지만 구약의 목소리를 억누를 것인지, 계속 들어야 할지 결정하는 것은 대부분 그 본문의 비유적 용법이 어떻게 작동하는지에 대한 문학적 판단입니다. 그러므로, 만일 문학적인 것이 신학적인 것과 본질적으로 일치하지 않는다면, 그것은 최소한 유기적으로 녹아 있습니다.

진정한 대체주의 기독교 신학은 성경 본문을 롤러가 달린 차량으로 고르게 하여 포장도로로 평평하게 만들듯이 "주 [예수]의 길을 예비하게 할 것입니다." 비대체주의(nonsupersessionist) 신학은 필연적으로 보다 더 고뇌에 차고 사랑스러운 방식으로 구약과 맞잡고 겨룹니다. 그 차이는 "최종적인"(bottom-line) 신학적 입장에서만 아니라 옛 본문과 새 본문 간 문학적 관계에 대한 일정한 대화체 특성에서 분명히 나타납니다. 따라서, 그린(Green)의 질문에 대한 답변으로, 저는 두 본문들의 문학적 관계와 그것들의 신학적 관계 간에 **다소의** 상관관계가 있다고 말할 것입니다. 그 상관관계는 일대일의 일치가 아닙니다; 그럼에도 불구하고, 상호텍스트적 문학의 결합은 신학적 신념을 반영하면서 만들어 냅니다.

3. 마지막으로, 그린(Green)은 저를 "본문 작업을 그것을 위해 한다"는 이유로, 바울 수사학에 의하여 솜씨 있게 다루어진 도구가 된다는 이유로 비난합니다. 저의 "상호텍스트성에 관한 최소주의적 개념"(minimalist notion of intertextuality)은 바울의 읽기를 불충분하게 의심하기 때문에, 저의 분석은 "비평적 힘을 잃으며 단순한 서술이 된다"고 합니다. 그 결과 그 책은 "[바울] 서신이 청자와 독자가 이해하기 원하는 것만을 강화시킨다: 바로 기독교 가르침은 이스라엘의 구약성경을 이용한다기보다 '그 안에 … 근거를 둔다'는 것입니다." 요약하면, 그 책은 비록 어렴풋하긴 하지만, 기독교 신학의 한 부분으로 기능한다는 것입니다. 따라서 — 마지막 잽으로 — *Echoes*(『반향』)의 주장은 "종교에 대한 분석이라기보다는 오히려 그것의 표본"이라는 것입니다. 하나의 표본 말입니다!

그리고 내가 명확히 나타나게 될 때, 핀 위에 큰 대자로 뻗은 채,

내가 벽 위 핀으로 고정되어 꿈틀거릴 때,

그러면 나는 어떻게 시작해야만 할까?

그린이 정확히 말했습니다: 제 책은 ἐκ πίστεως εἰς πίστιν [믿음으로부터 믿음을 향하여] 쓰였습니다. 저는 마지막 단원에서 기독교 사상가들과 작가들이 해야만 하는 것에 대해 말했는데, 제 책은 그것을 하려는 학술적인 분석의 글을 쓰기 위한 의식적이고 명시적인 시도였습니다: 바울을 해석학적 모델로 삼는 것입니다. 그 책 끝맺는 쪽에서 저는, 특히, "우리가 바울에게 구약을 어떻게 읽는지 배운다면, 우리는 구약을 선포의 측면에서 읽게 될

것이다"라고 말했습니다.[27)]

그러므로, 저는 그린(Green)의 비평을 의도치 않았던 칭찬으로, 제가 하려고 시작한 바를 성취했다는 확인으로 받아들입니다. 만일 제 책이 "[바울]서신이 청자와 독자가 이해하기 원하는 것만을 강화시킨다"면, 그것은 말씀의 도구로서 신실하게 섬겼다고 할 수 있습니다. (저는 샌더스[Sanders]가 칭찬했던 정확히 동일한 것을 가지고 그린[Green]이 제게 지적을 했다는 사실에 흥미를 가지고 덧붙입니다: "구약을 단지 역사적으로 생겨난 문학 작품으로만 아니라 정경으로도 그 가치를 인정한다.") 그 책을 종교의 "표본"이라고 말하는 것은, 추정하건대 "종교 연구" 학문 하위문화의 가치중립적인 은어로, 그것이 그 내용과 고백적 연속성에 서 있다는 것과, 그것이 바울의 신학적 궤도를 진척시킨다는 것을 말합니다. 만일 그렇다면, 이것은 ─ 저에게 있어서 ─ 기쁨을 낳습니다.

여전히 저는 이분법을 불안하게 생각합니다. 왜 고백적인 것과 분석적인 것을 대조되는 것으로 간주할까요? 개인의 신앙 전통 안에 있는 학자의 해석학적 입장은 그 전통에 대한 비평적 사고를 가로막는 것일까요?[28)] 정반대로, 저는 Echoes(『반향』)이 오직 전통과 내부로부터의 그 고투를 아는 해석자들에게만 가능한 동정적 읽기 양식을 제정하려고 한다는 것을 제안하고 싶습니다.[29)] 본문의 메시지를 충실하게 숙고함으로써, 하지만 약간 새로운 개성적 표현 형식으로써, 이런 종류의 읽기는 그렇게 하지 않으면 그것을 듣지 못하는 독자들을 위해 본문을 생생히 만들려고 노력합니다. 그것은 단지 학술적인 분석이 할 수 있거나 해야 하는 것만 아니라, 분명코 하나의 정당한

---

27) Hays, *Echoes*, 184. 『바울서신에 나타난 구약의 반향』(여수룬 역간).

28) 이러한 가정들에 대한 설득력 있는 반박은 다음을 보라. R. L. Wilken, "Who Will Speak *for* the Religious Traditions?" *JAAR* 57 (1989): 699-717.

29) 부적절하지만 아마도 유용한 현재 인류학의 용어를 사용한다면, 바울의 해석학에 대한 그 책의 설명은 "etic"[언어·행동의 기술에서 기능면을 문제 삼지 않는 관점에 대해 말함—역주]이라기보다는 "emic"[언어·문화 현상 등의 분석·기술에서 기능면을 중심하는 관점에 대해 말함—역주]이다.

연구 목적이기도 합니다. 그린(Green)은 이러한 읽기를 배제하기 원할까요?

크리스티안 베커에 대한 답변

Echoes(『반향』)에 대한 크리스티안 베커(J. Christiaan Beker)의 비평에 주의를 돌리면서, 저는 제가 익숙한 영역으로 돌아온 것을 느낍니다. 베커(Beker)의 가장 긴급한 질문들은 특별한 본문들의 주해에 초점을 맞춥니다; 그의 비평은 바울을 신학적으로 읽는 것의 타당성에 있지 아니하고 제가 제시한 그 읽기의 신학적 윤곽에 있습니다. 그가 제기한 이의들은 제가 대답하는 데 있어서 특별히 중요합니다. 왜냐하면 그것들은 많은 전통적인 신약 비평가들이 제 책에 대하여 가질 수 있는 반대 의견들을 나타내기 때문입니다. 베커(Beker)는 자신의 답변을 세 개의 항으로 나눕니다: 문예-비평적이고 역사적인 질문들, 주해적인 쟁점들, 그리고 신학적인 질문들입니다. 저는 주해적이고 신학적인 관심사들을 상세히 논의하기 전에 우선 첫 번째 항목의 질문들을 간략히 검토할 것입니다.

문예-비평적이고 역사적인 질문들

베커(Beker)가 알기 원한 것은 바울과 저에게 있어서 상상력 가득한 자유의 제한들이 무엇이냐는 것입니다. 제가 생각하기로 여기에는 두 개의 명료한 질문들이 있습니다: 어떤 제한이 바울 저작에 있는 구약 반향의 존재와 중요성에 관한 우리의 핵심적인 주장에 한계를 설정합니까? 그리고 어떤 제한이 우리가 성경 본문을 건설적이고 신학적으로 사용하는 것에 한계를 설정합니까? 저는 무슨 이유로 그러는지를 알 뿐만 아니라, Echoes(『반향』)에서 두 질문들에 대한 답을 이미 했습니다.

첫 번째 질문에 관하여, 저는 저의 동료에게 29-33쪽을 참조하라고 할 것입니다. 거기에서 저는 바울서신에 있을 수 있는 특별한 반향의 존재를 평가하기 위한 일곱 개의 검사를 제의했습니다. 베커(Beker)는 제가 제안한 일곱 개의 검사가 충분치 않다고 생각할 수도 있지만, 그것이 피쉬베인(Fishbane)의 것보다 덜 명료하다고 볼 수는 없습니다. 오히려, 저의 기준이 더 폭넓고 미묘한 차이가 있습니다.[30] (이 일곱 가지 검사들은 이 책 제2장에 있는 저의 소논문 "'누가 우리의 말을 믿었느냐?' 바울의 이사야서 읽기."에 추가적으로 설명되어 있습니다.)

두 번째 질문에 관하여, 저는 190-191쪽에서 세 가지 해석학적 제한들을 제안하였습니다: 우리의 창조적인 구약 해석은 하나님이 이스라엘과 맺으신 언약에 신실하시다는 것을 단언해야 하고, 예수의 죽음과 부활을 하나님의 의가 결정적으로 드러난 것으로 고백해야 하고, 독자들의 공동체를 그리스도 안에서 나타난 것처럼 하나님의 사랑을 구체화하는 공동체로 만들어가도록 이끌어야 합니다. 베커(Beker)는 이 부분을 각주에 인용하지만, 그는 그 부분이 — 불가사의하게도 — "반향" 자체는 어쨌든 해석학적 변덕에 대한 제한으로 작용한다고 말하는 것처럼 여기는 듯합니다. 저는 그가 다시 가서 이 부분을 다시 읽기를 촉구합니다.

마찬가지로, 제가 욥기 19장 25-26절을 빌립보서 1장 19절과 관련하여 다룬 것을 베커(Beker)가 완전히 오해했다고 생각합니다. 저는 그 구절을 하나의 제한적인 예로서, 의미론적 중요성이 없을 만큼 희미한 하나의 가능한 반향으로서 인용했습니다. 그것은 그 책에서 제가 논의하려고 하지 **않은** 종류의 반향에 대한 예로서 사용된 것입니다.[31] 저는 베커(Beker)가 이 지점

---

30) 나는 Becker가 Gail O'Day의 "Jeremiah 9.22 and 1 Corinthians 1.26-31: A Study of Intertextuality" (*JBL* 109 [1990]: 259-267)가 유익한 상호텍스트 분석의 훌륭한 예라는 의견에 동의한다.

31) Hays, *Echoes*, 23-24. 『바울서신에 나타난 구약의 반향』(여수룬 역간).

을 주의 깊게 읽지 않았다고 결론 낼 수밖에 없습니다.

보다 더 중요한 것은 바울의 암시적인(allusive) 구약 사용에 있는 "의사소통 구조"(communication-structure)에 관한 베커(Beker)의 질문으로, 바울의 독자들을 위한 그것의 설득력 있는 가치에 관한 것입니다. 만약 이러한 서신들이 부수적인 상황들을 말하는 목회적 의사소통이라면, 베커(Beker)가 올바르게 주장하듯이, 이방인 회심자들이 대부분인 그의 독자들이 처음부터 잘 알수 없었던 본문에 대한 바울의 간접적인 반향은 얼마나 효과적일까요? 이 질문은 중요합니다. 그에 대한 답은 바울이 사용하는 의사소통 전략의 효과가다른 상황과 다른 독자/청중에 따라 달라진다는 것입니다. 각각의 경우는 개별적으로 검토되어야만 합니다. 바울이 항상 완전한 의사 소통가였다고 가정하는 것은 잘못된 생각일 것입니다. 증거는 다르게 암시합니다: 그는 뒤섞인결과들과 함께 그의 회심자들을, 심지어 바울 자신의 마음에서도 여전히 형성 중이었던 새로운 상징적인 세계 안으로 재사회화(resocialize)하기 위하여 애썼습니다. 거기에는 일부 성공도 있었고, 일부 실패도 있었습니다. 종종 그의 독자들이 그가 허우적거리고 있는 것을 본 것처럼 여겨집니다. 그들이 이해할 수 없었던 한 가지 이유는 아마도 그가 구약을 암시적으로 언급함으로써생겨난 모든 간극들을 그가 그의 청중들을 위해 채우지 못했기 때문일 것입니다; 그는 전제로 하지 말았어야 할 지식을 일관되게 전제했을 것입니다.

그러나 기본점인 요점은 이것입니다: 바울이 부수적인 상황에서 의사소통을 하려고 노력했다는 것은 그가 그의 서신에서 암시적인 반향들을 사용할 수 없었다는 것을 뜻하는 것이 **아닙니다.** 그것들이 이해될 때, 암시들은의사소통의 강력한 전략이 됩니다. 반면에, 반향과 암시의 많은 사용 용례들은 미리 생각하지 않은 것이며 잠재의식에서 나온 것입니다; 그것들은 심지어 그 저자에게조차도 단지 가끔씩만 의식적으로 파악됩니다.

베커(Beker)는 또한 그가 "페쉐르(pesher)와 미드라시(midrashic) 방법"에 대한 보다 상세한 논의를 기대했을 것이라고 언급합니다. 물론, 우리는 바울의 원래 청중들이 그런 방법들에 익숙했을 것이라고 가정할 수는 없습니다. 베커(Beker)의 요점은 미드라시 주해(midrashic exegesis)가 그 인용문이 있는 넓은 문맥을 상기시키는 것 없이 증거 본문들을 고른다는 것입니다. 사실, 저는 미드라시 주석가들의 구약 사용을 이렇게 특징짓는 것이 적합한지에 대하여 의문이 가지만,[32] 어쨌든, 바울의 해석학적 관행은 독자적인 연구가 필요할 만큼 그들의 방법과는 많이 다릅니다. (저는 유대주의 형성기가 자신의 전공분야인 그린(Green)이, 랍비 미드라시(rabbinic midrash)로부터 유래된 공식적인 분류 항목을 사용하지 않고 바울의 구약 읽기를 분석하기 위한 저의 방법론적인 결정을 승인했다는 사실에 어느 정도 만족하며 덧붙이는 바입니다.)[33]

주해적인 쟁점들

베커(Beker)의 주해적인 비평은 논의를 위한 네 개의 중심들을 식별합니다.

1. 그는 "신명기 32장은 로마서를 **축약하여**(*in nuce*) 담고 있다"는 저의 선언에 이의를 제기합니다. 그는 "신명기 32장의 전체적인 체계는 **로마서 전체**에 들어맞아 보이지 않으며, 단지 로마서 9-11장의 흐름에만 들어맞아 보인다"고 언급합니다. 이스라엘에 대한 하나님의 신실하심은 로마서 9-11장만 아니라 서신 전체에 있어서도 중심적인 주제라고 설득력 있게 주장한 논문을 출간했던 베커(Beker)가 이렇게 반대하는 것이 제게는 이상하게 느껴집

---

32) 랍비 미드라시에 있는 성경 인용문들의 암시적 특성에 관해서는 다음을 보라. D. Boyarin, *Intertextuality and the Reading of Midrash* (Bloomington: Indiana University Press, 1990).

33) Hays, *Echoes*, 10-14. Green이 쓴 답변은 이 문제를 언급 없이 지나간다; 나의 접근법에 대한 그의 의견 일치는 집단 토론에서 명백해졌다.

니다.[34] 실제로, 베커(Beker)에 의하면 로마서 11장 32절은 "바울 주장의 정점이고 왕관입니다."[35] 만일 로마서의 부수적인 특성이 로마서 9-11장에서 가장 명료하게 나타난다면, 이 세 장의 흐름을 주도하는 것이 무엇이든 그것은 분명히 전체 서신에서 생식력이 있는 것(generative)으로 간주됩니다.

따라서 베커(Beker)가 로마서에는 단지 세 개의 명시적인 신명기 32장 인용이 있다고 이의를 제기하는 것은 요점을 벗어났습니다: 이스라엘의 선택, 거절, 그리고 회복의 신비에 대한 바울의 묵상은 신명기에서 그 신학적 기원을 찾습니다. 신명기 32장의 중요성은 명시적인 인용에 의해서만 아니라, 로마서 9장 14절과 11장 11-14절에 나타난 암시에 의해서도 나타납니다. 베커(Beker)는 — 참고문헌에 대한 언급 없이 — 신명기 32장은 로마서에서 "배어드는 반향"으로 존재한다고 주장하는 저의 말을 인용하지만, 저는 제 글에서 그런 진술을 찾을 수가 없습니다. 오히려 저의 제안은 신명기 32장이 배어드는 것이라기보다는 생식력이 있다는 것입니다. 신명기 32장이 로마서를 **축약하여**(*in nuce*) 포함한다는 것은 신명기와 로마서의 관계가 마치 도토리와 떡갈나무의 관계와 같다는 말입니다.

그 요점을 다른 방식으로 말해 보도록 하겠습니다: 신명기는 바울이 그 자신의 선교 활동에서 겪었던 당혹스러운 경험을 설명할 수 있도록 바울에게 근본적인 신학적 자원을 제공해 줍니다. 이방인들은 믿지만, 유대인들은 믿지 않습니다. 여기서 무슨 일이 일어나는 것일까요? 신명기는 바울에게 설명을 위한 서사 양식만 제공하는 것이 아니라 (언약 선택, 이스라엘의 불성실, 하나님의 심판, 이어지는 하나님의 궁극적이고 은혜로운 화해/새 창조의 역사), "시기"(jealousy) 이론도 역시, 신명기 32장 21절에 근거하여, 불성실한 이스라엘

---

34) Beker, "The Faithfulness of God and the Priority of Israel in Paul's Letter to the Romans," *HTR* 79 (1986): 10-16.

35) Beker, "The Faithfulness of God," 14.

을 회심시키기 전에 많은 이방인을 구원으로 인도하기 위한 하나님의 놀라운 결정에 대한 하나의 설명으로서 제공합니다.[36]

이것은 다른 구약의 자료들이 가지는 유사한 생식력을 부인하는 것이 아닙니다. 창세기, 시편, 그리고 이사야는 바울서신에서 규칙적으로 나타나고 있으며, 베커(Beker)가 특별히 언급했듯이, 하박국 2장 4절은 로마서의 수사학적 구조에 있어서 특별한 중요성을 갖습니다. 하지만, 베커(Beker)에 반대하여, 하박국서가 로마서에는 단지 **한 번만** 인용된다는 것을 누구나 알아차릴 수 있습니다. 그렇다면 어떻게, 인용 빈도에 대한 베커(Beker)의 기준을 사용하여, 그것이 "바울에게 있어서 그(the) 핵심적인 구약성경 본문"이라고 주장할 수 있습니까?

2. 베커(Beker)는 제가 주장한 것처럼 로마서 안에 실제로 상호텍스트적 구약의 반향이 배어들어 있는지 질문합니다: "서신을 피상적으로 보면, 구약 참조가 1-4장과 9-11장에 많으며, 매우 중요한 5-8장에서는 거의 다 사라지고, 12-14장에서는 급격히 줄어드는데, 15장에 있는 서신의 결론에 다시 나타나기 위함이다." 여기서 중요한 말은 "피상적"이라는 단어입니다.

저의 작업이 한 가지 함축하는 것은 우리가 바울의 상호텍스트성에 관한 연구를 자료의 명시적 인용(καθὼς γέγραπται)이 있는 구절들에 한정할 수 없다는 것입니다. 사실상, 만약 우리가 단지 인용만 아니라 구약성경의 인물과 모티프에 대한 암시도 본다면, 베커(Beker)가 고른 장들이 구약 배후에 숨은 의미와의 관계를 생각하지 않고서는 이해할 수 없는 근본적인 특징들을 포함한다는 사실을 발견하는 것은 어렵지 않습니다. 로마서 5장에서 우리는 모세와 — 특별히 — 아담이 주요 인물로 등장하는데, 그들의 정체성과 이야기는 바울에 의하여 이미 읽은 적이 있는 인식(déjà lu)처럼 취급되고 있습니

---

36) 아래 있는 롬 10:6에 대한 추가적인 논의를 보라.

다. 더욱이, 로마서 5장 19절은 이사야 53장 11절을 뛰어난 솜씨로 반향합니다. 로마서 7장에서 우리는 모세의 율법 규례들을 듣는 자가 받는 영향에 대한 복합적인 분석을, 전형적인 예로서 가져온 출애굽기 20장 17절/신명기 5장 21절과 함께 보게 됩니다(롬 7:7). 로마서 8장에서 우리는 여러 개의 중추적인 구약 암시들을 발견합니다: 속죄제물(8:3),[37] τὸ δικαίωμα τοῦ νόμου [율법의 요구](8:4), 썩어짐의 종노릇하는 타락한 피조물(8:20-21), 로마서 8장 32절에서 아브라함의 제물 이삭에 대한 반향(창 22:12, 16: "네 아들 네 독자도 아끼지 아니하였으니"), 로마서 8장 36절에서 시편 44편의 인용, 그리고 주위 구절들에 있는 이사야 50장의 많은 반향들.[38]

저는 여기에 단지 로마서 5-8장에 있는 가장 명백한 증거만을 인용했습니다. 베커(Beker)는 구약에 대한 참조가 이러한 장들에서 "거의 완전히 사라졌다"고 주장하기를 정말 원하는 것일까요? 그러한 입장은 오직 직접 인용문에 엄밀히 초점을 맞추면서 바울이 그의 담화에 사용하는 구약으로 가득 찬 언어를 무시함으로써만 유지될 수 있습니다. 확실히 바울은 그가 이 서신의 다른 부분들에서 주장한 것처럼, 이 장들에서 특정한 성경 본문의 해석에 **관하여** 주장하는 것이 아닙니다. 저는 절대로 그가 그랬다고 주장하지 않습니다. 다시 한 번, 베커(Beker)의 비평은 제게는 단순히 그가 저의 논의를 오해했다는 암시를 줍니다.

이 복음은 "하나님이 선지자들을 통하여 성경에 미리 약속하신 것"(롬 1:2)이라는 주장과 함께 시작하고, 그 주장의 연속을 "무엇이든지 전에 기록된 바는 우리의 교훈을 위하여 기록된 것이니 우리로 하여금 인내로 또는 성

---

37) 롬 8:3의 문맥 안에 있는 περὶ ἁμαρτίας가 의도치 않는 죄를 위하여 드리는 율법의 제물을 암시적으로 언급해야만 한다는 N. T. Wright의 설득력 있는 주장을 보라: *The Climax of the Covenant* (Edinburgh: T. & T. Clark, 1991), 220-225.

38) 나는 롬 8:31-39의 성경적 짜임새를 *Echoes*, 57-63에서 논의하였다.

경의 위로로 소망을 가지게 함이니라"(15:4)라는 기쁜 주장으로 결론을 맺는 하나의 책은 — 최소한 51개의 구약 직접 인용들과 그 사이에 수십 개의 암시들이 있는 — 구약과 그 해석에 온통 관계되어 있다고 충분히 주장할 수 있습니다.[39] 이것이 논쟁을 일으키는 주장이 될 수 있을까요? 아마 바울은 이렇게 말할 것입니다. "내가 이상하게 여기노라!"

베커(Beker)는 또한 제가 로마서 15장 1–13절을 서신의 절정으로 서술하는 것에 대하여 이의를 제기하면서, 대신 15장 14–21절을 절정으로 읽어야 한다고 주장합니다. 저는 서신의 수사학적 구조에 대한 분석이 저의 견해를 지지한다고 믿지만, 여기서 그 주장을 설명하기에는 공간이 충분하지 않습니다. 저는 저의 분석이 제임스 던(J. D. G. Dunn)의 것과 일치하는 것을 주목하는데, 그는 15장 7–13절을 "끝맺는 요약으로서 ⋯ 서신의 본론을 완전하게 하기 위하여 의도되었다"고 말합니다.[40]

3. 베커(Beker)는 구약이 바울의 사고에서 구조적인 역할을 하지 못한다고 주장하면서, 아돌프 하르낙(Adolf von Harnack)의 본을 따라서, 바울은 유대주의자 대적들을 반박하는 우발 사건에 의하여 구약으로 억지로 떠밀려질 때에만 구약을 인용한다고 주장합니다. (과연 이것이 로마서의 구약 사용을 적합하게 묘사한 것인지 누구나 의심해 볼 수 있겠지만, 지금은 그냥 지나갈 것입니다.) 이런 입장에 대한 증거는 바울이 빌립보서, 데살로니가전서, 그리고 빌레몬서에서 구약을 드물게 인용하는 것에 있다고 여겨집니다.

제가 크리스 베커(Chris Beker)를 찾을 것이라고 예상하는 마지막 장소들 중 하나가 하르낙(Harnack)과 연합한 곳입니다! 분명히 바울 신학의 묵시

---

39) 나는 롬 16:26의 문제를 고려하지 않았는데, 그것은 그 서신의 본래 부분이 아닐지도 모른다. 비록 이것이 후대 편집자에 의해 삽입된 결론이라 할지라도, 그것은 매우 이른 시기부터 이 서신이 복음을 나타내는 데 있어서 "선지자들의 글"의 역할과 근본적으로 관련된 것으로 이해되었음을 보여 준다.

40) Dunn, *Romans 9–16*, WBC 38B (Dallas: Word, 1988), 844.

론적 특성을 위한 베커 자신만의 계획에 따른 주장은, 바울의 구약 사용을 순전히 우발적인 요소 때문이라고 여기는 것보다는, 바울이 하나님의 우주적 승리를 선포하는 것은 성경적인 근거가 있다고 인정하는 것에서 훨씬 더 많은 도움을 받을 것입니다. 따라서 저는 베커(Beker)가 이런 논의의 방향을 추구하기로 결정한 것에 당혹감을 느낍니다.

어쨌든, 고린도전서는 하르낙/베커(Harnack/Beker) 입장을 결정적으로 반박하는 위치에 있습니다. "유대교화"(Judaizing) 문제가 없는 여기에서, 바울은 계속하여 성경 인용(예. 1:19, 31; 2:16; 3:19-20; 5:13; 6:16; 9:9; 10:7; 14:21, 25; 15:32, 54-55)과 암시를 사용하며, 그의 이방인 회심자들을 언약 공동체의 일원으로 숙고함 없이 부릅니다(특별히 5:13; 10:1; 12:2을 보기 바랍니다).[41] 이런 예들 중 어디에도 바울이 구약 해석에 **관해서** 주장하거나 어떤 "유대교화" 경향을 거부해야 한다고 주장한 경우는 없습니다. 그보다 그는 구약을 그의 논의에서 단순히 하나의 권위적이거나 설명에 도움이 되는 근거로 삼고 있습니다. 더구나 그는 그의 독자들이 이런 주장을 인정하리라고 가정합니다.

바울은 "오직 우발적인 상황이 그를 몰아서 그렇게 하도록 만들 때만" 구약을 사용한다고 주장하는(베커) 세 개의 서신들은 바울의 저작이라고 일반적으로 인정받는 서신들 가운데 가장 짧은 서신들이라는 것이 눈에 띕니다. 그러므로 그 명시적인 인용의 부재는 긴 서신에서의 부재처럼 그렇게 이목을 끌지 않습니다. 어쨌든, 이러한 서신들의 말투는 지속적으로 구약의 언어에 바울이 몰두해 있다는 것을 반영합니다. 제가 다른 곳에서 언급하였듯

---

41) 고린도전서에 있는 이 수사학적 전략에 대한 논의는 다음을 보라. Hays, *Echoes*, 91-104. 『바울서신에 나타난 구약의 반향』(여수룬 역간). 또한 이 책에 있는 나의 소논문 "해석학적 상상력의 전환"을 보라(1장).

이,[42] 이 서신들에는 다수의 성경적 암시들이 있습니다: 예를 들어, 빌 1:19/욥 13:16; 빌 2:10-11/사 45:23; 살전 3:9/시 115:3 LXX; 살전 3:13/슥 14:5(?); 살전 5:8/사 59:17입니다.

제2바울서신과 목회서신은 바울에게 구약이 중요하지 않았다는 증거로 간주되어야 하는데, 왜냐하면 그것들은 구약을 거의 인용하지 않았기 때문이라고 하는 베커(Beker)의 제안은 더 이상합니다. 베커(Beker)가 묻기를, 우리는 "바울의 제자들이 그를 완전히 오해했다"고 결론을 내리려는 것일까요? 이 주장은 두 길로 나아갈 수 있습니다. 사람들은 일반적으로 바울의 제자들이 확실히 그를 오해하였거나, 또는 적어도 그들이 바울 교훈의 전통을 그의 사고가 가진 독특한 특성과는 상당히 생소한 방향으로 발전시켰다고 말합니다. 이것이 어떻게 바울의 후기 서신들이 바울의 "진정한"(authentic) 서신들과 구별되는지를 말해 줍니다. 만약 그렇다면 왜 우리가 2세대 또는 3세대 지지자들이 구약을 더 주변부로 물러가도록 허용했던 것을 보고 놀랍니까? 그것은 아마도 다른 것들(예. 종말론, 교회론)과 결합해서 이 서신들의 비진정성(inauthenticity, 바울 저작이 아님)을 보여 주는 추가적인 하나의 신학적 리트머스 시험이 될 것입니다. 확실히 이 주장은 베커(Beker)에게 부메랑 효과를 낳습니다.

4. 끝으로, 우리는 로마서 10장의 주해에 관한 문제에 이릅니다. 베커(Beker)는 이것이 저의 일을 위한 결정적인 본문이라고 정확히 식별했고, 그의 논평은 우리가 그 본문의 적합한 해석에 관하여 상당한 불일치가 있다는 것을 분명히 보여 줍니다. 그 구절은 매우 어려운 본문입니다. 그 문제를 이 소논문의 범위 안에서 충분히 토의하기란 불가능합니다; 저는 여기에서 단지 베커(Beker)의 일부 비평들에 대한 답변만을 제공할 것입니다. 저는 베커

---

42) Hays, *Echoes*, 195 n. 16. 『바울서신에 나타난 구약의 반향』(여수룬 역간). R. B. Hays, "Crucified with Christ," in *Pauline Theology* I, 246.

(Beker)가 제 주장의 방식을 "필연적"(apodictic)이라고 묘사하는 것에 놀랐습니다. "로마서 10장 5절과 10장 6절을 서로 대립하는 위치에 놓으면 안 된다"[43]고 하는 저의 주장은 자의적이지 않습니다: 그것은 베커(Beker)가 명백히 간과하고 있는 앞 단락에서 추론된 증거를 근거로 합니다. (저의 문장이 "그러므로"라는 단어로 시작한다는 것을 유념하기 바랍니다.) 저는 주요한 요점들을 다시 말할 것입니다: 로마서의 모든 논증은 계속해서 율법이 하나님의 의를 증언한다는 것과(3:21), 믿음으로 말미암은 의의 복음이 율법을 파기하기보다 굳게 세운다는 것입니다(3:31). 아브라함의 이야기에 대한 호소(롬 4장)는 율법(즉, 구약)이 그 청중들을 믿음으로 말미암는 의를 받도록 한다는 주장을 지지하도록 작용합니다. "육신의 생각"(τὸ φρόνημα τῆς σαρκὸς)은 하나님의 법(τῷ γὰρ νόμῳ τοῦ θεοῦ οὐχ ὑποτάσσεται — 8:7)에 굴복하지 않습니다; 이것은 바울이 κατὰ σάρκα [육신으로] 하면 그의 친족이 하나님의 의에 복종하지 아니하였다는 탄식과 그 뜻이 같습니다(τῇ δικαιοσύνῃ τοῦ θεοῦ οὐχ ὑπετάγησαν — 10:3). 그러나 κατὰ πνεῦμα [영을 따라] 행하는 자는 이제 τὸ δικαίωμα τοῦ νόμου [율법의 요구]를 성취합니다(8:4); 이것이 왜 바울이 그리스도는 τέλος νόμου [율법의 마침]이라고 — 그의 이방인 선교에서 나온 경험적인 증거에 근거하여 — 확언할 수 있는 이유입니다. "율법의 골자와 실체는 … 믿음으로 말미암는 의입니다."[44] 만약 그렇지 않으면, 10장 4절에서 γὰρ는 무슨 다른 기능을 가지겠습니까? 만일 바울이 베커(Beker)가 제안한 것을 의도했었다면, 그는 대신 ἀλλά를 썼을 것으로 여겨집니다.

이러한 사항들을 고려하여, 저는 베커(Beker)가 로마서 3장 9-20절에 근거해서, "로마서의 논증은 … — 우리가 10장을 읽기 **전에** — 이미 결정되

---

43) Hays, *Echoes*, 76. 『바울서신에 나타난 구약의 반향』(여수룬 역간).
44) Hays, *Echoes*, 76. 『바울서신에 나타난 구약의 반향』(여수룬 역간).

었는데, 바로 레위기 18장 5절에서 예시된 νόμος가 우리를 **오직** [강조가 추가됨] 정죄할 수 있다는 것이다"라고 주장한 것을 놀랍게 여깁니다. 오히려 저는 베커(Beker)가 10장을 읽기도 전에 종교개혁 시대의 로마서 해석이 그의 마음에 너무 깊게 새겨져서, 율법에 한결 긍정적인 계시적 기능을 부여하려는 바울의 큰 노력을 무시하게 된다고 말하고 싶습니다. 제가 중요한 각주에서 제안한 것처럼, 논지를 입증할 책임은 τέλος를 "종결"(termination)로 읽는 베커(Beker)와 다른 해석자들에게 있습니다.[45] τέλος를 "목적, 목표"로 해석하는 강점은 그 각주에 인용된 바데나스(Badenas)와 마이어(Meyer)의 설득력 있는 연구에 의하여 강조됩니다.[46]

물론, 이것은 바울이 로마서에 있는 레위기 18장 5절을 갈라디아서 3장 12절에 있는 그의 부정적인 해석과 다른 방식으로 해석한다는 것을 의미합니다. 이것이 제가 그 구절을 해석하는 데 있어서 갖는 어려움들 중 하나입니다. 그럼에도 불구하고, 저는 레위기 18장 5절 읽기에 나타난 이 변화가 갈라디아서에서 율법에 대한 바울의 냉정한 부정적 평가와 로마서에서 율법에 대한 그의 변증법적인 해석 사이의 큰 변화와 일치한다고 말하고 싶습니다.

베커(Beker)가 "바울은 — 신명기와 반대로 — 율법의 *miṣwoth*가 아니라 πίστις를 강조한다"고 언급할 때, 저는 **바울** 자신이 그가 πίστις를 강조한 것이 신명기와 대립된다고 전혀 생각하지 않았다는 중요한 조건을 붙여서 그 의견에 동의할 것입니다. 실제로 그는 신명기에서 ἡ ἐκ πίστεως δικαιοσύνη [믿음으로 말미암는 의]에 대한 결정적인 증거를 찾았습니다. 이렇게 놀라운 개정된 읽기는, 제가 주장했던 바와 같이, 부분적으로는 신명기 32장에 해석

---

45) Hays, *Echoes*, 208 n. 83. 『바울서신에 나타난 구약의 반향』(여수룬 역간).

46) Hays, *Echoes*, 208 n. 83에서 인용된 참조문헌들에 추가하여 다음을 보라. C. T. Rhyne, *Faith Establishes the Law*, SBLDS 55 (Chico, Calif.: Scholars, 1981), and G. N. Davies, *Faith and Obedience in Romans*, JSNTSup 39 (Sheffield: JSOT Press, 1990), 185-204.

학적으로 집중할 때 가능하게 되는데, 거기서 (모세의 노래에 나타나신) 하나님은 이스라엘을 "πίστις [믿음, 진실]이 없는 자녀로 심히 패역한 세대"라고 정죄하십니다(신 32:20).[47]

　　로마서 10장 5-10절은 성가신 본문으로 남습니다. 왜냐하면 바울이 너무도 대담하게 모세의 목소리를 마음대로 사용하기 때문입니다. 바울의 수사학적 전략은 거부(rejection)보다는 개정(revision)의 한 종류입니다. 비록 우리가 그의 읽기에 불편함을 느끼더라도, 우리는 바울이 해석학적 변환 과정에 신명기를 집어넣어 율법으로 복음을 증언하게 만든다는 것을 인정하지 않을 수 없습니다. 반면에 종교개혁가들이 그 구절을 읽는 방식은 (베커에 의해 옹호되는) 바울이 (로마서에서) 배제하기로 결정한 바로 그 대립에서 율법과 복음을 제외함으로써 해석학적 반감을 축소시켜 줍니다.

신학적인 질문들

　　베커(Beker)의 첫 번째 신학적 질문은 그의 마지막 주해 질문에서 나온 자연스러운 결과입니다. 저의 바울 읽기가 "이스라엘과 기독교 사이의, 즉 율법과 복음 사이의" 불연속성을 과소평가하나요?[48] 분명히 이러한 연속성 대 불연속성의 문제는 제 책이 제기한 핵심적인 문제들 중 하나입니다. 베커(Beker)는 저의 주장이 "마틴 루터(Martin Luther)와 루돌프 불트만(Rudolf Bultmann)의 견해에 대한 중요한 교정책"이라는 것을 인정합니다; 상반되게, 저는 저의 작업이 때때로 연속성의 예를 과장하여 말할 수 있다는 것을 인정

---

47) 논의를 위하여 다음을 보라. Hays, *Echoes*, 82-83. 『바울서신에 나타난 구약의 반향』(여수룬 역간).

48) 이것은 William Scott Green이 약간 다른 용어들로 반대한 것과 동일한 문제인데, 그는 내가 문예적 상호텍스트 결합을 신학적 연속성으로 잘못 해석한다고 했다. 이 문제에 대한 나의 논의는 위에서 말한 것을 보라.

할 것입니다. 만일 그렇다면, 저는 제가 학문의 문헌에서 급격한 불균형이라고 인지한 것을 바로잡으려는 노력에서 그렇게 했던 것입니다. 바울을 해석하기 원하는 우리 모두를 위한 과업은 그의 사고에 나타난 두 측면을 정당하게 취급하는 것입니다: 한편 그는 주장하기를, 예수 그리스도의 복음은 하나님의 구원하시는 능력이 결정적이면서 근본적으로 새롭게 표현된 것이고, 동시에, 이 표현은 하나님이 그의 백성 이스라엘을 은혜롭게 다루시는 것과 완전히 일치한다는 — 그리고 그것에 의하여 어렴풋이 예시된다는 — 것입니다. 저는 베커(Beker)와 제가 이 점에 관하여 일반적으로 일치한다고 생각합니다; 의견 차이는 특정한 구절들에 관한 주해 문제들로 거슬러 올라갑니다.

둘째로, 베커(Beker)는 제가 바울의 해석학을 "교회 중심적"(ecclesiocentric)이라고 묘사하는 것에 대해 질문합니다. 이 질문에는 두 개의 갈래가 있습니다. 먼저 베커(Beker)는 교회 중심적 해석학이 그리스도 중심적(christocentric) 해석학과 분리가 가능한지를 묻는데, 왜냐하면 바울은 교회를 σῶμα Χριστοῦ [그리스도의 몸]으로 이해하기 때문입니다. 베커(Beker)의 첫 번째 신학적 질문에 관한 것처럼, 여기에서도 불일치가 있다면 그것은 강조의 문제라고 생각합니다. Echoes(『반향』)의 많은 독자들은 그 책의 3장 결론을 유념하지 않고서 저의 문구인 "교회 중심적 해석학"에 대하여 반응을 보였다고 여겨집니다:

기독론은 그의 교회 중심적 반대 읽기(counter-readings)가 건설된 기초다 … 마지막으로 갈라디아서 3장 29절은 바울의 교회 중심적 해석과 그의 기독론적 확신 사이의 관계에 대한 난제를 푼다 … 바울 사고의 이러한 양상들은 모순적이라기보다는 보완적이다: 예수 그리스도를 아브라함 언약의 진정한 상속자로 여기는 바울의 이해는, 비록 그의 해석학적 전략들이 그 자체로는 그리스도 중심적이 아니지만, 그의 전략들에 있어서 매우 중요한 신학

적 전제이다.[49]

　　바울의 해석학이 가지는 교회 중심적 특성에 대한 저의 강조는 다음 질문을 숙련된 방식으로 질문하려고 했던 것의 결과입니다: 바울이 그의 주장 안에서 구약에 호소하는 경우, 그는 실제로 구약을 가지고 무엇을 **하고 있나요?** 이 연구의 놀라운 결과는 바울서신에서 기독론적으로 해석된 구약성경 구절들이 상대적으로 희소하다는 것을 드러냅니다. 저는 이 현상을 설명하기 위하여 바울의 기독론적 확신이 그의 사고에서 기초를 이루는 "하부 구조"에 속한다고 제안합니다; 그의 기독론적 전제들과 떨어진, 그의 교회 중심적인 읽기는 (또는, 제가 위에서 제안했듯이, 교회 목적적인[ecclesiotelic] 읽기는) 이치에 맞지 않습니다. 그러나 이 문제를 이러한 용어들로 공식화하는 것은 여전히 바울이 그 성경 본문을 기독론적으로 해석하는 일부 구절들에 대한 주의 깊은 연구를 할 여지를 — 그리고 실제로 필요성을 — 남겨 둡니다(예. 롬 15:3).[50]

　　하지만 베커(Beker) 질문의 두 번째 갈래는 정확히 저의 연구를 꼬챙이에 펩니다. "어떻게 … 교회 중심적인 해석학이 바울의 묵시적 관점과 연관됩니까?" 제가 저의 교회 중심적인 초점이 마치 "실현된 종말론"을 가진 바울 읽기를 야기한다는 베커(Beker)의 불평에 비추어서 *Echoes*(『반향』)을 다시 읽었을 때, 저는 그 반대의 힘을 인정해야만 했습니다. 저의 관심은 대부분 과거의 서사가 바울의 교회들이 놓인 현실에서 그 의미를 찾는 방식에 있는데, 바울은 그들을 향해, "보라 지금은 구원의 날이로다"라고 선포합니다(고후 6:2). 바울의 교회 중심적 해석학의 묵시적 문맥을 입증함으로써, 저는 그의 해석

---

49) Hays, *Echoes*, 120-121. 『바울서신에 나타난 구약의 반향』(여수룬 역간). 나의 초창기 갈 3장 주해 연구를 참조하라. *The Faith of Jesus Christ*; 특히 193-209, 225-235를 보라.

50) 이 책에 있는 나의 소논문 "시편을 기도하는 그리스도," 6장을 보라.

활동을 그의 사고에 팽배한 "이미/아직"의 변증법 안에 위치시키려고 하였지만, 사실 제 논의는 "아직" 쪽을 정당하게 평가하는 데 실패했습니다.

　이 결함을 고치기 위하여 저의 분석은 두 가지 중요한 사항을 더 강조해야 할 것입니다. 첫째로, 바울이 구약 말씀은 "말세를 만난 우리를 깨우치기 위하여" 기록되었다고 했을 때(고전 10:11) 그는 교회를, 옛 시대는 우리에게 요구할 권리를 잃었지만 새 시대는 단지 예기적으로(proleptically) 존재하는 시간적 접점에 정확히 서 있는 것으로 인식합니다. 사실 그것이 그가 출애굽 세대의 이야기를 사용하는 것의 힘입니다: 그런즉 선 줄로 생각하는 자는 (고린도 교회에서 "강한" 자들) 넘어지지 않도록 조심하라(고전 10:12). 그 이야기는 아직 끝나지 않았고, 교회는 자신을, 광야의 이스라엘과 유사하게, 약속의 땅에 아직 도착하지 않은 나그네 백성으로 상상해야 합니다. 둘째로, 로마서 9-11장은 교회에서 구원의 경험이 갖는 일시적인 특성을 분명히 강조합니다. 성령의 처음 익은 열매를 받은 우리까지도 구속 받지 못한 피조물과 함께 탄식하며 고통을 겪는 것처럼(롬 8:18-25), 예수를 주로 고백하는 현재의 공동체도 비정상적이고 불완전한 상태에 있으면서, "온 이스라엘이 구원을 받으리라"(롬 11:26)는 말씀이 성취되는 종말론적 완성까지 이스라엘의 불신앙으로 인해 고통스러워합니다. 이렇게 "실현되지 않는" 바울 종말론의 양상들이 그의 해석학적 관점에 없어서는 안 될 특성이라는 것을 인정해야 합니다. 저는 바울의 사고에 있는 이런 양상을 ― 저 스스로 바울 신학에서 아주 중요하게 여기는 ― 제 논의에서 더 충분히 해명하지 않은 것을 후회합니다.[51]

　그러나 베커(Beker)의 마지막 신학적인 질문은 제게는 목적을 달성하지 못한 것으로 보입니다. 그는 제가 "바울에게 감리교 해석학을 강요한다"

---

51) 바울의 묵시적 관점은 "신 중심적 초점과 절정"을 가지고 있다는 Beker의 주장에 관하여, 나는 독자에게 Sanders의 유사한 요점에 대해 내가 위에 답변한 것을 보라고 한다.

고 비난합니다. 그 말에서 그가 의미하는 것은, 교회가 "성령을 완전히 구현하여," 그 결과 기록된 말씀이 비평적 기능인 "교회를 '마주 대하는 상태'"(*overagainstness*)를 잃게 되는 방식으로, "말씀이 이제 성령의 선물과 완전히 섞인다"는 것입니다. 말씀은 신실한 자의 현실 세계에서 순종으로 구현되어야 한다는 저의 주장이 저 자신의 웨슬리 유산에 의해 영향 받은 것은 의심할 여지가 없지만, 저는 저의 바울 해석이 교회를 마주 대하는 말씀의 비평적 기능을 포기하도록 이끈다는 주장에 대하여는 단호히 거부합니다. 이와 반대로, 저는 바울이 말씀을 살아 있고 위험한 것으로, 예측할 수 없는 방식으로 공동체를 만들고 바꾸려고 작용하는 것으로 이해했다고 여깁니다. 이것이 제가 바울의 읽기 전략을 묘사하기 위하여 "변증법적 모방"(dialectical imitation)이라는 토마스 그린(Thomas Greene)의 범주를 사용한 것에 대한 명확한 의미입니다: "두 상징적인 세계가 충돌에 이르러 각자가 다른 것의 비평과 해석에 상처 받기 쉽게 된다."[52] 저는 "바울이 구약을 사용하는 암시적인 방식은 구약의 소리가 다시 응답하기 위한 충분한 침묵의 공간을 남겨 둔다 … 바울이 침묵에 잠긴 곳에서 구약이 전하는 말씀은 그와 논쟁할 수 있는 힘을 여전히 가진 말씀이다"라고 주장했습니다.[53]

그렇다면 제가 주장했듯이, 바울의 예를 따르는 것은 그와 함께 말씀과 죽기 살기로 씨름하는 것을 의미하며, 우리 인생에서 하나님의 행위에 대한 우리의 모든 주장은 철저히 성경의 검증을 받아야 한다는 것을 인식하고 ― 동시에 ― 우리의 성경 읽기는 항상 수행의 시험을 받아야만 함을 인식하는 것입니다:[54] "따라서 만약 성경 읽기가 독자들을 그리스도 안에서 나타난

---

52) Hays, *Echoes*, 174. 『바울서신에 나타난 구약의 반향』(여수룬 역간).

53) Hays, *Echoes*, 177. 『바울서신에 나타난 구약의 반향』(여수룬 역간).

54) G. Steiner가 *Real Presences* (Chicago: University of Chicago Press, 1989), 7-11에서 성경 해석학을 "대답할 수 있는 이해력의 법률 제정"이라고 품위 있게 기술한 것을 보라.

하나님의 사랑을 구현하는 공동체가 되도록 만들어 가는 데 실패한다면, 그 성경 읽기는 진정한 것일 수 없다."[55] 만일 베커(Beker)가 그것을 "감리교 해석학"이라고 부른다면, 그렇게 하도록 하기 바랍니다. 그러한 해석학에서, 말씀은 그 비평적 기능을 잃게 되나요? Μὴ γένοιτο [그럴 수 없느니라]. 이와 반대로, 우리는 말씀의 비평적 기능을 그것의 살아 있는 능력을 지지함으로써 떠받칩니다.

결론

베커(Beker)의 마지막 신학적 질문에 대한 저의 단호한 반론에도 불구하고, 저는 그가 질문한 것에 대하여 깊은 감사를 전합니다. 이것이 바로 우리 해석학자들이 서로 물어야 하는 궁극의 신학적인 성격의 질문입니다. 우리가 이것을 거의 하지 않는다는 것은 우리 학문에 대한 고발입니다. 하지만, 지금의 포럼은 심오하게 중요한 쟁점들에 대하여 검토할 수 있는 하나의 기회가 되었습니다. 우리의 큰 형님 바울은, 제가 생각하기로, 우리가 벌인 토론의 신학적 진지함으로 인해 기뻐했을 것 같습니다. 저는 다시 한 번 에반스(Evans), 샌더스(Sanders), 그린(Green), 그리고 베커(Beker)가 주의 깊으면서 도발적으로 비평한 것을 고맙게 생각합니다. 이런 토론으로 우리 모두가 바울이 구약을 듣는 방식과, 말씀이 우리와 가까워지는 방식을 더 잘 이해하기를 바랍니다.

---

55) Hays, *Echoes*, 191. 『바울서신에 나타난 구약의 반향』(여수룬 역간).

제 10 장

믿음의 성경해석학

16세기 종교개혁가들은 성경의 하나님 말씀이 모든 인간의 전통과 경험을 최후로 판단하는 역할을 수행해야 한다고 선포했습니다. 우리를 제멋대로 내버려 둔다면, 우리는 끝없는 자기기만, 혼란, 그리고 악도 불사할 존재입니다. 그러므로 우리가 우리의 불법을 올바로 진단 받고 치료 받기 위해서는 성경으로 돌아가 우리 자신을 성경에 굴복시켜야만 한다고 종교개혁가들은 주장했습니다. 오직 성경 저자들의 증언을 통해서만 우리는 하나님의 은혜에 관한 메시지를 만납니다; 고유하고 대체할 수 없는 복음서 저자들과 사도들의 증언을 통하여 드러난 예수 그리스도의 계시만이 자비로운 하나님에 관한 진리 및 그 하나님과 우리의 관계에 관한 진리를 말해 줍니다. 우리 밖에서 우리에게 찾아온 이 말씀이 없다면, 우리는 멸망할 수밖에 없습니다.

의심할 여지없이, 우리가 성경을 읽는 풍토는 철저히 바뀌었습니다. 계몽주의 이편에서 하는 것처럼 살아가면서, 우리는 위대한 "의심의 대가들"이 끼친 지적인 영향을 피할 수 없습니다: 니체(Nietzsche), 마르크스(Marx), 프로이드(Freud), 그리고 보다 최근에 푸코(Foucault)와 "비평 이론"을 퍼뜨리는 다른 사람들입니다. 이 사상가들은 언어를 비신화화하고, 권력자들의 이익을 조장하는 이데올로기들에 의해 우리의 언어학적 그리고 문화적 체계가 만들어진 방식들을 폭로하려고 하였습니다.

성경은 이렇게 의심에 찬 조사에서 면제되지 않았습니다. 사람들은 단지 매년 미국 종교 아카데미(American Academy of Religion)와 성서학회(Society of Biblical Literature)에서 전시된 책을 검토하기만 하면 됩니다. 누구든지 거기를 둘러본다면 성경 본문에 의심의 해석학(hermeneutic of suspicion)을 적용한 책이 그 진열대에 가득한 것을 발견할 수 있습니다. 어떤 사람들은 사도적 증언을 하나님의 자비에 대한 계시적 증언으로 묘사하기보다 학대하는 하나님 이미지의 가혹한 전달자로 더 많이 묘사합니다. 예를 들어, 엘리자베스 피오렌자(Elisabeth Schüssler Fiorenza)는 다음과 같이 썼습니다: "페미니스트

비평적 의심의 해석학은 모든 성경 본문에 주의 라벨을 붙인다: **조심! 당신의 건강과 생존에 위험할 수 있다.**[1] 저는 의심에 찬 해석자들은 단정적으로 성경을 거부한다고 암시하는 것이 아닙니다; 그들 대부분은 성경이 해방시키고 억압하는 메시지들을 둘 다 포함한다고 믿습니다. 이것이 성경은 이데올로기 비평을 받아야만 한다고 그들이 말하는 이유입니다. 다른 곳에서 피오렌자(Schüssler Fiorenza)는 설명합니다: "우리가 성경의 하나님을 폭력적인 하나님으로 만들지 않기 위해서는 여자, 아이, 그리고 '노예'에 대한 폭력을 영속시키는 가부장적인 성경 본문에 신적 계시의 지위를 결코 허용할 수 없다. 이것은 우리가 신약성경의 가족 규범 본문들을 … 설교할 수 없다는 것을 의미하지 않는다. 이것은 단지 우리가 그것들이 가부장적 폭력을 촉진하는 본문임을 드러내기 위하여 비평적으로 설교해야만 한다는 것을 의미한다."[2]

그런 진술의 윤리적 열정은 환영 받아야 합니다. 슬프게도, 일반적으로 알려진 우리의 역사는 여자와 아이, 그리고 약자들에 대한 폭력이 포함된 만연한 폭력에 의하여 얼룩져 있습니다. 확실히 이런 폭력은 비난 받아야 하고, 누구나 성경 해석자들이 이러한 책망을 선포하기 위하여 좋은 근거를 가지고 있을 것이라고 소망합니다. 하지만, 우리 자신이 처한 어려움은 이것입니다: 만일 성경이 — 계시적이고 정체성을 정의하는 기독교 공동체의 본문 — 그 자체로 억압적인 것으로 묘사된다면, 우리는 무슨 근거로 하나님을 알거나 하나님과 관계를 맺을 수 있습니까? 그 결과로 생긴 질문은 성경 해석에 있어서 결정적인 함의를 가지고 있습니다: 만일 성경이 위험하다면, 우리는 무슨 근거 위에 서서 성경을 보다 덜 위험스럽게 만드는 성경 비평을 실행합니까?

---

1) Schüssler Fiorenza, "The Will to Choose or to Reject: Continuing Our Critical Work," in *Feminist Interpretation of the Bible*, ed. L. Russell (Philadelphia: Westminster, 1985), 130.

2) Schüssler Fiorenza, *Bread Not Stone: The Challenge of Feminist Biblical Interpretation* (Boston: Beacon Press, 1984), 145.

피오렌자(Schüssler Fiorenza)에게 그 마지막 질문에 대한 대답은 분명합니다: 페미니스트 비평 해석학은 "그것의 근원적인 출처인 성경에 호소하지 않는 대신 여자들만의 경험과 해방의 비전으로 시작한다."[3] (어떤 종류의) **경험**이 분명히 계시적으로 취급 받으며, 성경은 그 빛 안에서 비평적으로 조사 받습니다. 유감스럽게도, 의심의 해석학을 실천하고 있는 많은 사람들은 ─ 그리고 결코 페미니스트 해석자들만 말하는 것이 아닙니다 ─ 유달리 경험의 주장을 쉽게 믿습니다. 그 결과, 그들은 성경 본문을 끝없이 비평하지만 우리를 향한 성경의 비평이나 그 은혜의 메시지를 들을 기회는 좀처럼 찾지 않습니다.

의심의 해석학이 ─ 올바로 사용된다면 ─ 우리 시대에 성경을 해석하려는 어떤 시도에서 적당한 자리를 차지하는 것에 반하여, **믿음의 해석학** (*hermeneutic of trust*)은 필수적이면서 주요하다는 것을 주장하기 원합니다. 성경에 대한 우리의 근본적인 태도가 어떠한지 그 향방을 알기 위해서, 저는 우리가 종교개혁가들을 본받아서 성경 그 자체로 돌아갈 것을 제안합니다.[4] 만약 우리가 바울이 로마서에서 믿음과 불신을 다룬 것을 조심스럽게 주의한다면, 그 사도는 우리 자신의 의심을 알아차리도록 우리를 인도할지도 모릅니다.

이 소논문은 네 단계로 진행할 것입니다. (1) 로마서에서 πίστις ("믿음" 또는 "신뢰") 용어와 그 반대인 ἀπιστία (문자적으로, "불신" 또는 "의심") 용어를 바울이 사용한 것을 조사; (2) 믿음과 속죄 간의 관계에 대한 몇몇 관찰들; (3) 믿음의 해석학 모델로서의 구약 해석을 바울이 **자신만의** 방식으로 접근한 것에 관한 논의; 그리고 (4) 우리 자신의 해석의 실천들을 위하여 이 모든 것의 실천적 영향들에 관한 몇몇 논문들.

---

3) Schüssler Fiorenza, *Bread Not Stone*, 88.
4) 종교개혁가들은 순진하거나 잘 속는 독자들이 아니었다; 그들은 당시 해석을 통제했던 교회 기구들을 날카롭게 의심했었다; 그러나, 그들의 신념은 오직 성령의 인도 아래서 성경을 새롭게 읽는 것만이 이러한 기구들에 대한 결정적인 영향력을 그들에게 준다는 것이었다.

로마서에 나타난 Ἀπιστία와 Πίστις

바울에 의하면, 하나님과 올바른 관계에 있는 자들은 하나님께서 말씀하신 것을 듣고 믿는 자들입니다. 그는 이것을 행하지 못한 이스라엘의 비극적인 실패를 슬퍼합니다. 그가 그 실패에 붙인 이름은 ἀπιστία [믿지 아니함]입니다(롬 3:3). 이 용어는 이스라엘 백성이 하나님의 율법을 순종하는 데 실패한 것과 하나님의 언약 약속들을 신뢰하는 데 실패한 것을 모두 가리키며 — 그 두 가지는 함께 긴밀히 묶여져 있습니다. 그들의 ἀπιστία [믿지 아니함]은 예수 그리스도의 선포된 복음에 대한 그들의 부정적인 반응을 통하여 바울에게 두드러진 초점으로 다가옵니다. 그는 로마서 3장 1-4절에서 그 문제를 숨김없이 말합니다: "그런즉 유대인의 나음이 무엇이며, 할례의 유익이 무엇이냐? 범사에 많으니, 우선은 그들이 하나님의 말씀을 맡았음이라(ἐπιστεύθησαν). 어떤 자들이 믿지 아니하였으면(ἠπίστησάν) 어찌하리요? 그 ἀπιστία [믿지 아니함]이 하나님의 πίστις [미쁘심]을 폐하겠느냐? 그럴 수 없느니라!" 바울의 언어유희는 인간의 신앙 없음(infidelity)과 하나님의 약속 엄수(fidelity) 사이의 대조를 강조합니다: 이스라엘에 대한 하나님의 신실함(πίστις)은 약속의 말씀을 통하여 이스라엘에게 선포됩니다("하나님의 말씀"). 그러나 그 말씀을 믿는 데 실패한 이스라엘은 믿지 아니한 것에 대한 책임이 있습니다 — ἀπιστία [믿지 아니함]. 우리는 여기서 그 단어를 "불신" 또는 "의심"이라고 변역해도 좋을 것입니다. 그들은 하나님의 구약 계시를 믿는 대신에 (바울의 관점에서는 그리스도와 교회를 향한), 이방인들과 같이 믿지 아니함 속으로 슬며시 떠나갔습니다(참조. 9:30-33). 그럼에도 불구하고, 그들의 믿지 아니함은 하나님의 미쁘심을 폐할 수 없는데, 그 하나님은 그들에게 말씀하신 언약을 통하여 그들을 안아 주시는 분입니다.

이스라엘의 믿지 아니함과 신적인 미쁘심 사이의 역설적 관계는 바울이 그 서신에서 계속 씨름하고 있는 문제를 만들어 냅니다. 이러한 문제들에 관한 그의 고찰은 11장에서 절정을 이루는데, 거기서 이스라엘의 ἀπιστία 주제가 나무에서 꺾인 감람나무 가지에 관한 그의 은유에서 다시 한 번 등장합니다: "그들은 ἀπιστία [믿지 아니하므로] 꺾이고, 너는 πίστις [믿음으로] 섰느니라. ⋯ 그들도 ἀπιστία [믿지 아니하는 데] 머무르지 아니하면 접붙임을 받으리니 이는 그들을 접붙이실 능력이 하나님께 있음이라"(롬 11:20, 23).

서신 앞에서 바울은 아브라함을, 믿지 아니하는 이스라엘과 대조하여, 하나님을 믿는 유형을 나타내는 자로 묘사하였습니다:

> 아브라함이 바랄 수 없는 중에 바라고 믿었으니(ἐπίστευσεν) 이는 "네 후손이 이같으리라" 하신 말씀대로 "많은 민족의 조상"이 되게 하려 하심이라[창 15:5]. 그가 (백 세나 되어) 자기 몸이 죽은 것 같고, 사라의 태가 죽은 것 같음을 알고도 믿음(πίστις)이 약하여지지 아니하고, 믿음이 없어(ἀπιστία) 하나님의 약속을 의심하지 않고 믿음(πίστις)으로 견고하여져서 하나님께 영광을 돌리며, 약속하신 그것을 또한 능히 이루실 줄을 확신하였으니(롬 4:18-21).

이 구절은 특별히 흥미를 끄는데 왜냐하면, 비록 불임과 좌절에 대한 아브라함 자신의 **경험**이 하나님의 약속과는 불일치함에도 불구하고, 아브라함의 πίστις [믿음]이 하나님의 약속을 향한 그의 **믿음**으로서 명시적으로 해석되기 때문입니다. 아브라함은 그에게 셀 수 없이 많은 자손들을 약속했던 하나님의 말씀에 대하여 의심의 해석학을 사용할 좋은 이유가 있었습니다. 왜냐하면 모든 경험적인 증거들이 — 그의 경험이 — 하나님의 말씀을 거절하는 것처럼 보였기 때문이었습니다. 그러나 그는 그러지 않았습니다: "어떤 ἀπιστία [믿음 없음]도, 어떤 의심도 그를 흔들지 못했습니다." 아브라함은 자신의 경험과 그를 향한 하나님의 말씀 사이에 있는 긴장을 알아차리지 못하는 얼간이가 아니었습니다. 그는 의심과 씨름해야 했고 — 참으로 — 자연적 임신에 대한 모든 인간적인 소망이 사라지는 것과 싸워야만 했습니다. 이러한 씨름은 바울의 간략한 요약에서보다, 아브라함이 하나님께 자유롭게 질문하는 창세기 담화에서 더 분명히 나타납니다(창 15:2-3; 16:1-16; 17:17-18; 사라의 의심에 관하여는 18:12-15을 보기 바랍니다). 그럼에도 불구하고, 바울에 의하면, 아브라함은 자신의 경험을 고려하지 않았고, 회의주의를 거부했으며, "죽은 자를 살리시며 없는 것을 있는 것으로 부르시는" 하나님의 약속에 매달렸습니다(롬 4:17); 그러므로, "그것이 그에게 의로 여겨진 바 되었습니다." 따라서, 아브라함은 인간의 모든 경험을 하나님의 말씀에 대한 믿음을 통하여 해석하는 믿음의 공동체의 원형이 됩니다: 간략히 말하면, **아브라함은 동의의 해석학**(hermeneutic of consent), **믿음의 해석학**(hermeneutic of trust)**을 예시합니다.** (이 점에 있어서 그는 미심쩍은 눈으로 "어찌 이 일이 있으리이까?"라고 묻지만 결국에는 자신을 약속의 말씀에 굴복시키는 마리아와 같습니다: "주의 여종이오니 말씀대로 내게 이루어지이다" [눅 1:34, 38].)

믿음의 해석학은 부활의 말씀을 믿지만 여전히 피조물이 썩어짐의 종 노릇하는 것을 보며 사망이 하나님께 굴복하는 것을 아직 보지 못하는 모든 자들을 위하여 필수적입니다. 믿음의 해석학은, 더 자세히 조사해 보면, 결국 죽음과 부활의 해석학이라는 것이[5] — 모든 세계를 케리그마의 렌즈를 통하여 보는 한 방식 — 드러납니다. 우리가 하나님을 신뢰하는 것은 상식에 대한 죽음을 포함하며 우리의 믿음은 오직 부활에 의하여 정당성이 입증됩니다.

---

5) 나는 이런 지식을 N. T. Wright (1996년 11월 17일의 대화)에 빚지고 있다. 다음을 역시 보라. R. B. Hays, "Reading Scripture in Light of the Resurrection," in *The Art of Reading Scripture*, ed. E. F. Davis and R. B. Hays (Grand Rapids: Eerdmans, 2003), 216-238.

믿음과 속죄

바울에게 믿음의 주제는 — πίστις — 하나님과 인간 사이의 올바른 관계 형성과 밀접히 연관되어 있습니다. 이것을 다르게 말한다면 바울에게 믿음과 속죄의 주제들은 불가분의 관계에 있다는 것입니다. 그러나 저는 여기서 중요한 경고를 소리 내어 알려야 합니다. 우리는 믿음이라는 우리 자신의 행위를 통하여 우리가 하나님과 올바른 관계에 들어갈 수 있다고 가정해서는 안 됩니다. 바울의 주장은, 더 정확히 말하자면, 언약 관계란 하나님의 주도로 διὰ πίστεως Ἰησοῦ Χριστοῦ — 예수 그리스도의 신실함을 통하여 — 회복된다는 것입니다. 그러므로, 바울에게 믿음과 속죄는 **예수 그리스도의 인격 안에서** 나뉠 수 없도록 연결되어 있습니다.[6]

믿음과 속죄의 관계에 대한 바울의 견해는 로마서 3장에서 가장 긴밀하게 표현되어 있습니다. 그 주장은 다음과 같이 전개됩니다:

1. 이스라엘의 ἀπιστία [믿지 아니함]이 하나님의 미쁘심(πίστις)을 폐할 수 없습니다(3:3-6a).
2. 유대인과 헬라인이나 다 죄 아래에 있습니다(3:9-18).
3. 율법은 온 세상으로 하나님의 심판 아래에 있게 하지만 죄 아래에 있는 자들에게 의롭다 함을 얻게 해 주는 — 그들을 하나님과 올바른 관계에 있게 해 주는 — 권능은 없습니다.
4. 그러므로 하나님의 정의는 율법 외에 예수 그리스도의 신실함을 통하여(3:21-22) — 그의 순종적이며 자기희생적인 십자가의 죽음을

---

6) 다음을 보라. R. B. Hays, *The Faith of Jesus Christ: The Narrative Substructure of Gal* 3:1-4:11, 2nd ed. (Grand Rapids: Eerdmans, 2002). 『예수 그리스도의 믿음』(에클레시아북스 역간).

통하여 — 나타났습니다.[7]

그러므로, 바울에 의하면, 하나님은 우리의 ἀπιστία [믿지 아니함]을 극적으로 새로운 πίστις [믿음]의 행위를 통하여 이기십니다 — 예수 그리스도의 πίστις, 하나님은 그리스도를 하나님 자신의 언약적 신실함에 대한 결정적인 증거(ἔνδειξιν)로 세우셨습니다(3:25). 이것이 "하나님의 의"에 대한 의미입니다. 하나님과 우리 믿음의 관계는 예수 그리스도의 믿음을 통하여 회복됩니다.

이 좋은 소식을 받아들이는 자들은 그것에 믿음을 가지고 반응합니다. 구약의 아브라함 이야기 안에 예시된 그들의 πίστις [믿음]은 예수 자신의 믿음–순종 양식에 의하여 형성됩니다. 이것이 "그 아들의 형상을 본받게 하기 위하여" 하나님께서 미리 아신 자들을 부르셨다고 바울이 말했을 때(롬 8:29), 그리고 그가 그의 독자들에게 자신을 비우시고 십자가에 죽기까지 복종하신 그리스도 예수의 마음을 품으라고 말했을 때(빌 2:5–13), 바울이 의미한 것의 한 부분입니다.

따라서, 바울에게 속죄란 단순히 대속적인 피의 희생을 통한 죄의 용서만이 아닙니다. 속죄는 하나님의 백성을 하나님에 대한 믿음의 화신이 되신 예수 그리스도의 형상으로 **변화**(*transformation*)시키는 것 역시 포함합니다. 왜냐하면 예수가 신실하셨기 때문에, 우리는 믿음으로 부름 받았고 믿음을 가질 수 있게 되었습니다.

바울의 고유한 해석학적 실천

믿음에 관한 바울의 이해는 속죄에 관한 그의 견해를 특징지을 뿐만

---

7) 참조. 롬 5:19: "한 사람이 순종하심으로 많은 사람이 δίκαιοι [의인이] 되리라."

아니라 그의 해석학적 이론과 실천도 만듭니다. 그는 말하길, 이스라엘이 하나님의 말씀을 믿는 데 실패하였지만(롬 3:2-3), 그는 이 잘못이 예수의 믿음에 의하여 설립된 새로운 믿음 공동체의 해석학적 실천에서 되풀이되면 안된다고 굳게 결심했습니다. 복음에 의하여 다시 만들어진 마음을 가지고, 바울은 구약으로 돌아가 그것을 믿음의 해석학을 통하여 새롭게 읽습니다.

이 새로운 관점을 가지고 구약을 다시 읽는 것은 하나님의 약속을 믿는 것이 아브라함에게 그랬던 것처럼 바울에게 힘든 일이었습니다. 바울이 전도 설교에서 얻게 된 실제적인 경험은 바울과 새로운 공동체 모두에게 심각한 어려움을 초래했습니다. 폴라 프레드릭센(Paula Fredricksen)이 그것을 표현한 것처럼, 복음을 믿은 사람들 중에서 "이방인은 너무 많았고, 유대인은 너무 적었고, 그리고 끝이 보이지 않았습니다."[8] 만일 하나님의 목적이 이스라엘의 ἀπιστία [믿지 아니함]을 이기려 하는 것이라면, 무엇이 잘못된 것이었을까요? 왜 이스라엘은 복음의 사자가 선포하는 것을 들었을 때조차도 ἀπιστία [믿지 아니함]을 고집하는 것일까요?

이런 위기의 관점에서, 바울은 구약으로 물러나게 됩니다. 이스라엘을 향한 하나님의 약속은 참되어야만 합니다. 왜냐하면, 그는 추론하기를, "하나님의 은사와 부르심에는 후회하심이 없기 때문입니다"(롬 11:29). 하지만 이것이 어떻게 그 자신의 **경험**에 비추어서 진실일 수 있을까요? 유대인은 복음을 받아들이기를 거부하였고, 하나님은 의를 전혀 구하지 않았던 자들에게 — 이방인들 — 은혜를 명백히 베풀어 주셨습니다. 구약은 참되어야만 하는데, 하지만 이 상황은 어떻게 납득될 수 있을까요?

그 문제는 로마서 9-11장에서 중대한 국면을 맞이합니다. "그러므로 내가 말하노니 하나님이 자기 백성을 버리셨느냐?"(11:1). 바울의 대답은 힘

---

8) Paula Fredricksen, "Judaism, the Circumcision of the Gentiles, and Apocalyptic Hope: Another Look at Galatians 1 and 2," *JTS* 42 (1991): 532-564.

차고 분명한 μὴ γένοιτο, "그럴 수 없느니라!"입니다. 하나님이 이스라엘을 버리지 않으셨다는 것을 믿으면서, 그는 구약과 씨름했고 하나님의 약속을 설득력 있게 받아들이면서 새롭게 읽는 길을 발견했습니다.

로마서 9-11장은 믿음의 해석학을 실행에 옮긴 하나의 설득력 있는 예입니다. 여기서 바울은 그가 로마서 5장 8절에서 일찍이 주장한 확신의 렌즈를 통하여 구약의 변혁적 다시 읽기를 이룹니다: "우리가 아직 죄인 되었을 때에 그리스도께서 우리를 위하여 죽으심으로 하나님께서 우리에 대한 자기의 사랑을 확증하셨느니라." 이스라엘의 ἀπιστία 문제에 적용된 이 확신은 바울이 구약에서 이방인을 향한 하나님의 부르심에 대한 예시와 ("내가 내 백성 아닌 자를 '내 백성'이라 부르리라" ― 9:25, 호세아 2:25 인용[=호 2:23 영어/한글 번역]) 이스라엘을 향한 그의 궁극적인 자비에 대한 예시를 발견하도록 이끕니다 ("하나님이 그 미리 아신 '자기 백성을 버리지 아니하셨나니'" ― 11:2, 시 94:14 인용).[9]

그러므로, 바울의 새로운 구약 읽기에서 하나님이 이스라엘을 택하신 것, 이스라엘이 완악해진 것, 이방인들이 하나님의 백성으로 들어온 것, 그리고 이스라엘이 궁극적으로 회복되는 것을 그리는 이 신비로운 드라마는 **구약 자체 안에** 예시된 것으로 나타나지만, 이 예시는 오직 구약을 믿음의 해석학으로 읽을 때에만 알아볼 수 있습니다. 하나님의 계시와 약속은 아무도 내다볼 수 없는 방식으로, 예수의 죽음과 부활을 통한 은혜의 경험에 비추어서 새롭게 해석됩니다. 그와 동시에, 바울 당시 교회의 경험은 구약에 비추어서 해석되는데, 이것은 바울로 하여금 이방인 신자들이 스스로 지혜 있다 하지 말라고 경고하도록 만들어 줍니다(11:25a). 사건들은 하나님의 손안에 있습니다. 이방인들은 자랑할 이유가 없습니다. 이 변증법적 과정을 통하여 경험은

---

9) 또는 다시: "구원자가 시온에서 오사; 야곱에게서 경건하지 않은 것을 돌이키시겠고; 내가 그들의 죄를 없이할 때에 그들에게 이루어질 내 언약이 이것이라" ― 롬 11:26-27, 사 59:20-21과 사 27:9을 인용함, 이와 동시에 렘 31:33-34 역시 암시함.

구약과 확실히 서로 관련되는데, 이런 변증법적 과정은 오직 믿음의 해석학을 통해서만 가능합니다.[10]

믿음의 해석학으로 구약 읽기

말씀의 해석자인 **우리의** 연구를 위하여 바울의 해석학을 분석해서 얻게 되는 결과는 무엇일까요? 최소한 세 가지를 말할 수 있습니다.

1. 성경을 올바르게 읽으려면 우리는 성경을 통하여 말씀하시는 하나님을 **믿어야만** 합니다. 피오렌자(Schüssler Fiorenza)가 올바르게 주장했듯이, 하나님은 폭력의 하나님이 아니시고, 학대자가 아니시며, 사기꾼이 아니십니다. 하나님은 우리의 안전과 온전함을 너무도 간절히 원하셔서 그의 아들을 우리를 위하여 죽게 하려고 보내셨습니다. "자기 아들을 아끼지 아니하시고 우리 모든 사람을 위하여 내주신 이가 어찌 그 아들과 함께 모든 것을 우리에게 주시지 아니하겠느냐?"(롬 8:32). 아브라함처럼, 마리아처럼, 예수처럼, 바울처럼, 우리는 텅 비고 열린 손으로 하나님 앞에 섭니다. 이것이 성경 읽기가 올바르게 수행되는 마음가짐인 것입니다. 슈툴마허(Peter Stuhlmacher)는 그가 "동의의 해석학"(*Einverständnis*)을 요구했을 때 이와 비슷한 것을 말했습니다: 사랑하는 하나님께서 우리 믿음의 선진들이 준 증언을 통하여 우리에게 주기를 원하시는 것을 기꺼이 신뢰하며 받아들이는 마음.[11]

2. 그러면, 의심의 해석학은 어떻게 될까요? 모든 질문은 배제되고, 모든 비평적인 읽기는 추방되나요? Μὴ γένοιτο [그럴 수 없느니라]. 필수적

---

10) 구약 해석자로서의 바울의 전략에 대한 보다 더 상세한 논의는 다음을 보라. R. B. Hays, *Echoes of Scripture in the Letters of Paul* (New Haven: Yale University Press, 1989). 『바울서신에 나타난 구약의 반향』(여수룬 역간).

11) P. Stuhlmacher, *Historical Criticism and Theological Interpretation of Scripture* (Philadelphia: Fortress, 1977).

이고 어려운 질문들을 ἀπιστία [믿지 아니함]과 같게 여겨서는 안 됩니다. 우리가 성경을 하나님에 대한 믿음의 해석학으로 읽으면, 우리는 우리가 실로 의심하는 마음이 되어야 한다는 것을 발견합니다: 우선적으로 우리 자신을 의심해야 하는데, 왜냐하면 우리의 마음은 부패하였고 이 악한 세대에 의하여 만들어졌기 때문입니다(갈 1:4). 우리의 마음은 은혜에 의하여 새롭게 되어야 하고, 이것은 성령의 도움을 받아 성경을 신뢰하며 받아들이는 마음으로 읽을 때 가장 강력하게 일어납니다.

수용적이고 신뢰하는 마음으로 읽는다는 것은, 바울이 율법을 자신만의 비평적인 체로 거르며 읽는 것을 보여 주듯, 본문에 있는 모든 것을 액면 그대로 받아들인다는 것을 의미하지 않습니다. 우리가 성경 안에 있는 내적 긴장 관계를 인정해야만 하는 경우들이 발생할 수 있습니다. 그것들은 우리에게 안내 받을 하나의 성경적 증거를 택하도록 하며, 다른 증거는 거부하도록 합니다. 성경 자체의 증거는 단순하지도 않고 하나의 뜻만 가지고 있는 것도 아니기 때문에, 믿음의 해석학은 필연적으로 듣고 분별하기 위한 신실한 몸부림의 문제입니다.[12] 따라서, 우리는 자신들의 경험으로 성경 본문을 새롭고 도전적인 방식으로 듣게 된 페미니스트나 다른 해석자들이 제공하는 읽기 방식들을 환영합니다.

그와 동시에, 우리는 해석을 지배하고 형성하는 기관들에 대하여 의심해야만 합니다. 이것은 교회 기관들만 아니라 학술 기관들도 의미합니다. 만일 우리의 비평적 읽기가 예수 그리스도 안에 있는 하나님의 은혜를 믿는 데서 우리를 멀어지도록 한다면, 무엇인가 잘못된 것이고, 우리는 우리 자신을 교만하게 또는 걱정스럽게 본문에서 멀어지도록 가르치거나, 성경의 은혜로

---

12) 우리가 정경 안에서 내적 긴장을 발견하는 상황들을 포함하여, 어떻게 성경이 믿음의 공동체를 형성해 가는지 이해하려는 광범위한 시도에 대해선 다음을 보라. R. B. Hays, *The Moral Vision of the New Testament: Community, Cross, New Creation* (San Francisco: HarperSanFrancisco, 1996). 『신약의 윤리적 비전』(IVP 역간).

운 약속의 말씀을 놓치도록 가르치는 방법과 전제들을 기꺼이 심문하는 것이 현명할 것입니다.

3. 불신이 우리의 성경 읽기를 방해할 수 있다는 저의 우려는 저를 제 마지막 요점으로 이끕니다. 실제로 해석하는 작업은 본문을 **귀담아듣는** 것입니다. 우리는 성경의 메시지를 여는 방식으로, 하나님을 향한 믿음을 만들고 촉진하는 방식으로 어떻게 성경을 읽고 가르칠지 숙고해야만 합니다. 현재 학계를 지배하고 있는 이처럼 많은 이데올로기 비평은 이 목적들을 달성하는 데 실패했습니다. 성경을 비평하지만 절대로 **해석하지** 못합니다. 비평가들은 **폭로하지만** 결코 **해설하지** 못합니다. 그러므로 말씀 그 자체는 배경으로 물러나고, 우리는 단지 해석의 정치학에 관하여 이야기하게 되며, 해석을 **수행하는** 역량을 잃게 됩니다.

학계에 있는 우리 중 상당수가 이러한 비평적 회피의 전술들에 진력이 납니다. 그리고 형세가 일변하기 시작한 것 같습니다. 듀크대학교에서 영문학을 가르치는 프랭크 렌트리키아(Frank Lentricchia)는 문학 **이론**에 집중하고 **문학**은 무시하는 비평적 접근에 그가 과거 동조했던 것을 공개적으로 철회하는 주목할 만한 책을 발간하였습니다. *Lingua Franca*에 나오는 이 작품에는 "이전-문학 비평가의 마지막 바람과 증언"(Last Will and Testament of an Ex-Literary Critic)이라는 제목이 달려 있습니다.

이전 연구로 "문학 이론의 더티 해리"(the Dirty Harry of literary theory)라는 별명까지 얻게 된 렌트리키아(Lentricchia)는 *Criticism and Social Change* (1983)의 저자로서, 모든 문헌 읽기란 "(우리 모두를 향한 정치적인 의도로 쓰인) 수사학적 담화를 가장 우회하는 것으로서, 적소의 권력에 대항하거나 아니면 공모하거나의 방식으로 한다"고 주장했습니다.[13] 하지만 렌트리키아는 대

---

13) Lentricchia, "Last Will and Testament of an Ex-Literary Critic," *Lingua Franca*, September/October 1996, 60.

학원생들이 그의 비평적인 관점을 뜻도 모르고 흉내 내는 것을 점점 못 견뎌 했습니다. 그들은 문학을 사랑하지도 않고, 위대한 문학의 주제나 내용을 올바로 이해하지도 않았으며 — 실제로, 그것을 좀처럼 읽지를 않는데, 왜냐하면 그들이 "비평 이론"에 너무 매혹되었기 때문입니다. 그래서 이제 렌트리키아는 공개적으로 후회합니다:

> 지난 십 년 동안, 나는 문학 비평 읽기를 거의 그만두었는데, 왜냐하면 그것 대부분이 문학적이지 않기 때문이었다. 그러나 비평은 다음과 같은 종류다 — 자신이 묘사하고 있는 작가보다 자신이 도덕적으로 더 우월하다는 의식에서 나오는 종류다. 이런 사고방식은 작가들이 서양 문학 전통의 주요 섬들을 나타낼 때 당연한 것으로 여겨지는데, 그것들은 말하자면 인종주의, 빈곤, 성차별주의, 동성애 공포증, 그리고 제국주의의 주요한 문화적 원동력이다: 인류의 유익을 위하여 문학 비평가들이 드러내는 불결한 장소이다. … 이것은 분명한데, 학계에 있는 문학 비평의 영웅적인 자기 팽창을 과장해서 말하는 것은 불가능하다. … 많은 문학 비평의 함축된 근본적인 메시지는 자기 의이고, 다음 형식을 취한다: "엘리엇(T. S. Eliot)은 동성애 혐오자이고 나는 그렇지 않다. 그러므로, 나는 엘리엇(T. S. Eliot)보다 더 뛰어난 사람이다. 엘리엇(T. S. Eliot)이 아니라, 나를 본받아라." 그것에 대한 바람직한 대답은 이렇다: "하지만 엘리엇(T. S. Eliot)은 정말로 쓸 수 있었고, 당신은 그러지 못한다. 우리에게 사실대로 말해라. 당신의 영혼에는 더러운 것이 없는가?"[14]

---

14) Lentricchia, "Last Will and Testament," 60.

"우리에게 사실대로 말해라. 당신의 영혼에는 더러운 것이 없는가?"라고 묻는 렌트리키아(Lentricchia)의 질문은, 아마도 무심코, 서양의 문학적 상상력이 싹튼 보다 깊은 근원을 향해 되돌아갑니다 — 그 근원은 상상력이 가득한 전통으로, 바울이 가진 하나님에 대한 믿음의 해석학과 우리 자신에 대한 의심에 많이 빚지고 있습니다. 정확히 우리 자신의 영혼에 더러운 것이 있기 때문에, 우리는 성경 본문으로 와서 벌거벗은 우리 마음의 숨겨진 것들을 발견하기 원하며 거기서 우리를 사랑하시는 하나님을 만나기 원합니다.

제가 예일대학교 학생이었을 때, 학생들은 앨빈 커넌(Alvin Kernan) 교수가 하는 셰익스피어 강의 과목을 들으려고 몰려왔습니다. 커넌(Kernan) 교수의 연구는 현재 이데올로기 비평에 심취해 있는 학계보다 앞서 있었습니다. 비록 그때가 1960년대 후반이었고 우리는 모두 정치적인 의심과 항의로 가득 찬 분위기에서 살고 있었지만, 이것들 중 그 어떤 것도 커넌 교수의 강의에 명백히 영향을 미친 것은 없었습니다. 커넌 교수는 화려한 것을 좋아하는 강사가 아니었습니다. 그러면 도대체 무엇이 학생들을 끌어들였을까요?

그는 본문을 **사랑했습니다.** 그가 가르치는 방식은 — 제가 기억하는 바로 — 단순히 셰익스피어의 비극과 희극을 묵상하는 방식으로 세밀히 읽는 것에 착수하는 것이었고, 이미지와 은유의 풍부한 문장 짜임새를 서술하는 것이었으며, 그것들의 복합적인 — 도덕적, 철학적, 그리고 종교적인 — 중심 주제들을 자유롭게 이야기하는 것이었습니다. 종종, 커넌 교수는 본문을 크게 읽는 데 그의 강의 시간의 많은 부분을 쏟곤 했습니다. 매우 극적인 방식으로 읽는 것이 아니라 본문의 리듬과 의미의 뉘앙스에 민감한 방식으로 읽었습니다. 저는 자주 수업 시간에 앉아서 생각했었습니다. "오 저런! … 나는 그것을 본문에서 전에는 듣지 못했구나." 그리고 저는 셰익스피어가 말했던 문제들에 대해 곰곰이 생각하면서 교실을 떠났습니다: 사랑, 배신, 정절, 희생, 죽음, 그리고 소망.

셰익스피어의 작품 『자에는 자로』(*Measure for Measure*)에서 독선적인 장본인 안젤로(Angelo)는 간통죄를 범한 클라우디오(Claudio)에게 사형선고를 언도합니다. 클라우디오의 누이 이사벨라(Isabella)는 남동생을 살려 달라고 간청하기 위하여 안젤로에게 왔지만, 이사벨라와 동침하기 위하여 이사벨라를 교묘히 조종하려고 했던 안젤로는 그녀의 탄원을 쌀쌀맞게 거절하면서 이렇게 말합니다.

당신의 오라비는 법을 어겨 사형을 선고 받았으니,
변호해 본들 아무 소용없소.

이사벨라의 대답은 로마서의 위대한 주제를 넌지시 비치고, 위선적인 재판관 안젤로에게 하나님의 심판과 은혜에 비추어서 그의 삶을 새롭게 볼 것을 요청합니다:

아, 아!
세상 사람들은 누구나 한 번은 법을 어기게 마련이죠.
그래서 하나님은 얼마든지 벌 주실 수 있지만
오히려 구원해 주셨어요. 만일 최고의 심판관이신
하나님께서 지금 있는 그대로의 나리를 심판하신다면
나리는 어떻게 되실까요? 오, 그 점을 생각하신다면,
나리의 입술에선 다시 태어난 사람처럼
자비의 말씀이 터져 나올 겁니다.[15]

---

15) W. Shakespeare, *Measure for Measure* 2.2. 『자에는 자로』(동인 역간).

이사벨라는 의심의 해석학을 안젤로가 가진 의에 관한 마음가짐에 적용함으로써, 그리고 하나님의 자비가 담긴 성경 이야기에 있는 믿음의 해석함에 호소함으로써 압제자에게 저항합니다. 이사벨라는 통찰력 깊은 성경 해석자입니다. 우리는 그녀의 모범을 따라야 합니다.

인명 색인

성경 및 기타 고대 문헌 색인

구약성경

창세기

출애굽기

레위기

민수기

신명기

사무엘상 (LXX = 1 Kingdoms)

사무엘하 (LXX = 2 Kingdoms)

욥기

상상력의 전환: 구약성경의 해석자 바울

초판 발행일 ㅣ 2020년 3월 5일
지은이 ㅣ 리처드 B. 헤이스
옮긴이 ㅣ 김태훈

발행인 ㅣ 김양재
편집인 ㅣ 김태훈
편집위원 ㅣ 이성훈
편집장 ㅣ 정지현
편집 ㅣ 진민지 고윤희 유소연
디자인 ㅣ 디브로㈜
발행한 곳 ㅣ 큐티엠
주소 ㅣ 경기도 성남시 분당구 운중로267번길 3-5, 4층 큐티엠 (우)13477
편집 문의 ㅣ 070-4635-5318   **구입 문의** ㅣ 031-707-8781
팩스 ㅣ 031-8016-3193
홈페이지 ㅣ www.qtm.or.kr   **이메일** ㅣ books@qtm.or.kr
인쇄 ㅣ ㈜신우디앤피
총판 ㅣ ㈜사랑플러스 02-3489-4300

ISBN ㅣ 979-11-89987-19-6

큐티엠(QTM, Quiet Time Movement)은 '날마다 큐티'하는 말씀묵상 운동을 통해
영혼을 구원하고, 가정을 중수하고, 교회를 새롭게 하는 일에 헌신합니다.

이 도서의 국립중앙도서관 출판예정도서목록(CIP)은 서지정보유통지원시스템 홈페이지(http://seoji.nl.go.kr)와 국가자료종합목록 구축시스템(http://kolis-net.nl.go.kr)에서 이용하실 수 있습니다. (CIP제어번호 : CIP2020004337)